現代インド経済

発展の淵源・軌跡・展望

柳澤 悠 【著】
Haruka Yanagisawa

名古屋大学出版会

現代インド経済

目　　次

巻頭地図　vi

序　章　現代インドの経済成長の淵源を求めて …………… 1

第 I 部　経済発展への胎動
──第一次大戦後の輸入代替工業化と農村・農業社会の変容──

第 1 章　世界農業不況下の植民地インド ………………… 23
　　　　──農業生産と農村社会の変化──
　　1　環境変動，農産物価格の下落と農業生産の停滞　23
　　2　農村社会構造の変動と下層階層自立への胎動　29

第 2 章　植民地下での製造業部門の発展 ………………… 36
　　　　──民族運動，輸入代替工業化と多層的労働市場──
　　1　インド民族運動と選択的保護関税の開始　36
　　2　輸入代替工業化の部分的開始　42
　　3　多層的労働市場の端緒的形成　50

第 3 章　インフォーマル産業発展の原型 ………………… 62
　　　　──在来・小零細企業の展開と消費構造の変動──
　　1　手織業の残存・発展と消費パターンの変化　63
　　2　小規模経営の発展と下層民消費の変動　70

第 II 部　独立インドの経済発展
──基盤の形成──

第 4 章　国家主導の輸入代替工業化 ……………………… 87
　　　　──工業化の基礎の形成──
　　1　ネルー体制下の重工業化　87
　　2　工業発展の減速──「高コスト経済」化と新産業の育成　94
　　3　おわりに　105

目　次　iii

第5章　独立インドの農業発展 …………………………… 109

  1　農業生産の発展　109
  2　「緑の革命」　117
  3　コモンズと環境への影響　128
  4　土地改革と土地所有の変動　138

第6章　農村社会構造の変容と農村市場の拡大 …………… 148

  1　自立する下層民――南インドの事例から　148
  2　他地域の事例と全国的動向　160
  3　非農業就業の拡大と農業労働者賃金の上昇　173
  4　農村市場の発展へ　181
  5　おわりに　196

第III部　経済発展加速の構造
――二層的発展とその交錯――

第7章　小・零細工業の発展と低価格品生産 ……………… 201

  1　小・零細工業の発展　201
  2　「歪んだ発展」か？　203
  3　小・零細工業の拡大と農村・貧困層市場　208
  4　安価な「疑似ブランド品」消費の構造　213
  5　小・零細企業による安価品生産のシステム　217
  6　グローバリゼーションと小・零細工業　233
  7　農村・地域社会を基盤とした「下から」の産業発展　238

第8章　サービス部門の拡大と農村社会経済変動 ………… 242

  1　サービス産業の発展――伝統的部門の重要性　242
  2　大都市のサービス産業――インフォーマル部門の重要性　246
  3　都市インフォーマル・サービス業の拡大と都市下層民　253
  4　農村の社会経済変容とサービス産業　258
  5　経済改革下の近代的サービス部門の発展　275

　　　　6　おわりに　282

第9章　農村-都市インフォーマル部門経済生活圏　284

　　1　都市インフォーマル階層の形成と拡大　284
　　2　都市インフォーマル階層と農村社会　288
　　3　都市インフォーマル部門と農村社会との物的循環　294
　　4　農村-都市インフォーマル部門経済生活圏の形成　299
　　5　都市インフォーマル部門上層階層の台頭——都市中間層の拡大　307
　　6　消費市場としての農村-都市インフォーマル部門経済生活圏　310
　　7　都市インフォーマル部門内の対流と上昇の限界　313

第10章　経済改革と工業・サービス産業の発展　319
　　　　——大企業部門を中心に——

　　1　大衆的市場と中間層市場の形成　322
　　2　新資本家グループの形成と経済改革　324
　　3　工業製品とサービスの国内市場への浸透　336
　　4　技術開発・訓練システムと技術集約型産業の発展　344
　　5　輸出の新たな展開　351

第11章　インド社会の階層的構造は変化したのか　356
　　　　——都市と農村社会の現在——

　　1　農村から都市へ——農村階層と都市の階層との対応性　356
　　2　階層間の流動性・断絶性と教育　365
　　3　二層の構造——都市中間層と農村-都市インフォーマル部門経済生活圏　370

終　章　21世紀インド経済の制約と可能性　373
　　　　——二層的社会経済構造の形成と展望——

　　1　二層構造の歴史的形成　373
　　2　社会経済構造の階層性と経済発展——二層の発展の交錯　375
　　3　経済発展の制約要因としての階層的構造　376
　　4　展　望　379

参考文献 381
あとがき 403
図表一覧 407
索　引 411

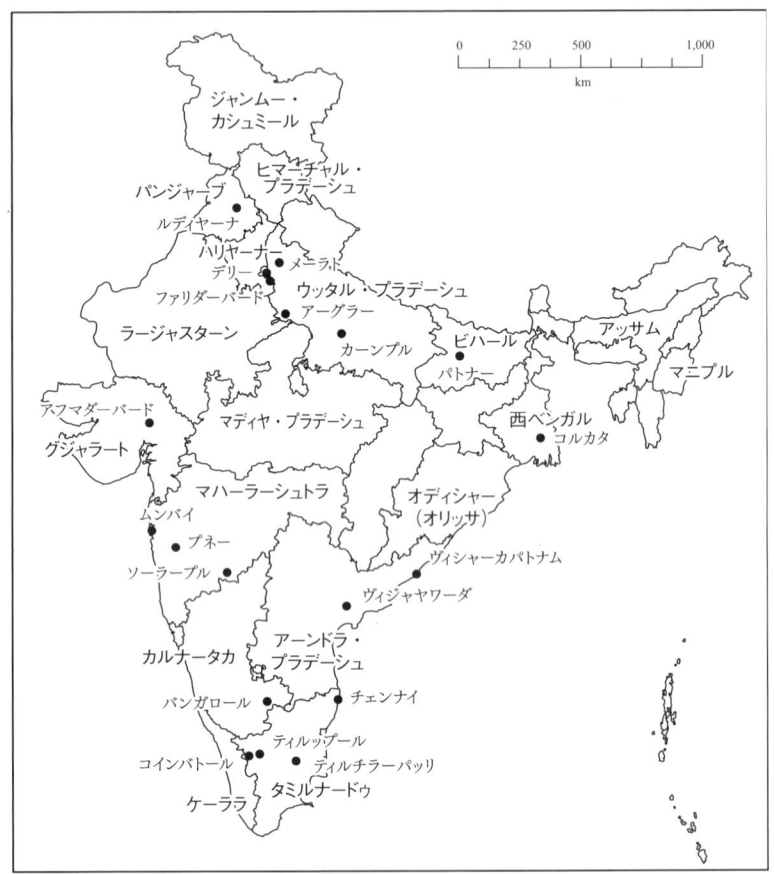

巻頭地図　現代インド

注）本書で言及した州名・都市名等を示した。

序 章

現代インドの経済成長の淵源を求めて

1980 年代からの成長率の加速はなぜ起こったか

　インドの経済が，年平均6％前後を超える成長率を長期にわたって維持していることは，周知の通りである。表序-1 に示すように，1947 年の独立以来 1970 年代末までは平均3％台の成長率が続いたが，1980 年代に入って6％前後の水準に到達し，その水準は 21 世紀に入っても維持されている。世界的には，インドは長期にわたって高度成長を続けている国になったといっていいであろう。南アジアの歴史に即していえば，インド経済の「離陸過程」が，開始されているとみてよいであろう。

　1980 年代からのインドは，経済政策の上でも大きな転換点を迎えた。1991 年を画期とする経済自由化政策への転換である。インドは，独立以来，国営部門が主導する，政府による統制的な性格をもつ輸入代替工業化政策を採ってきた。鉄道・航空，兵器産業，航空機製造，鉄鋼業，重電機はじめ重要な産業分野は公営部門のみが新規企業を設立できる部門として留保され，民間部門による新設や工場の拡張が認められる分野でも政府による認可（ライセンス）を必要とした。外国為替管理の下で，外国貿易は厳しく制限され，輸入が許可された品目にかんしても，数量制限や極めて高率の輸入関税が課され，その輸入には政府による認可を必要とした。外資による持株比率は制限され，海外からの技術導入も政府に

表序-1　インドの GDP 成長率

年	％
1951-55	3.6
1956-59	3.6
1960-64	5.0
1965-69	2.9
1970-74	2.3
1975-79	3.6
1980-84	5.7
1985-89	6.0
1990-94	5.0
1995-99	6.5
2000-05	6.0

出典）Nayar 2006, Table 1.

よる認可を必要とした。

　こうした対外閉鎖的で国内競争制限的な政策体系は，1980年代以降少しずつ緩和されたが，全面的な政策の転換は1991年を待たなくてはならなかった。この年，政府は，公企業による独占分野を民間に開放し，工場の新設・拡張などへの規制や認可制度を廃し，外国貿易の制限を大幅に緩和して原則的に自由化し，外資の持株制限も緩和し，外資の積極的導入を図る政策に方向転換した。外国との技術提携は，自動的に承認されるようになった。

　こうした経済活動の自由化・市場化とグローバル化を図る政策が，インド経済の成長率の加速化をもたらしたという見解は，多くの支持を集めてきた。経済自由化は投資活動を活発化し，その中からは，グローバル化の波にのってソフトウェア輸出を増大させたIT産業のような新たな産業の急成長がインド経済の成長を主導し，IT産業など新たなビジネスに活躍の場を見出した新しい形の「中間層」が成長し，この中間層の消費需要が高度成長の市場的基盤としての役割を果たしてきたという理解は，広く受け入れられてきた（絵所1996）。独立以降のネルー時代に始まるインドの国家主導型の輸入代替工業化政策は，非効率で停滞的な経済をもたらした政策体系とみなされるにいたり，基本的には国家による市場への介入を抑制し国際市場との結合を強める親市場的な政策体系こそが，インドの経済の成長をもたらしたと理解されたのである。

　しかし，経済成長加速の原動力を親市場主義的な経済政策の採用に求める見解は，強い批判にさらされている。たとえば，Rodrik and Subramanian（2004）や著名な政治学者のKohli（2006）らは，親市場主義的な解釈は，いくつかの重要な現象を説明できないという。第一に表序-1からも確認できるように，インドの高い経済成長が，1991年の自由化よりも10年も早く，1980年前後に始まっていることである。1980年代から経済政策の変化が徐々に進行したことは事実であるが，経済自由化政策は1991年の政策転換が全面的で画期的であったことに異論はない。それにもかかわらず，1991年以降の90年代は，80年代と比しての成長率の加速は極めて小さかった。第二に，上記のように国家主導の工業化政策のもとでの政府による諸規制はいうまでもなく工業に重

点があり，工業分野こそ自由化によって刺激を受けて成長率を高めると考えられるが，工業生産の成長率は1990年代に加速しなかっただけでなく，1980年代に比較するとむしろ後退する傾向を示した[1]。第三に，自由化によって経済的な効率性が上昇したであろうという予想に反して，多くの研究は，1990年代の工業の総要素生産性の成長率が80年代のそれと比べて顕著に低下したことを明らかにしている（McCartney 2010, 41-42；佐藤 2009）[2]。

一方，インドの経済成長率の転換点にかんする計量経済学的分析も，自由化政策への転換を経済成長のエンジンとして捉える見解に疑問を提出する。Balakrishnan他（2007）は，次のように指摘する。まず1950年以降のGDPの成長率の構造変化点を求めれば，1978-79年に1回だけである。他方，製造業の

---

1) コホーリーは，さらに，インド政府の政策の結果であればインド内のすべての地域で基本的には同様な方向の変化が生じるはずなのに，州間で変化はかなり異なること，インドより深くグローバル化が進行した地域（たとえば，ラテン・アメリカやサブサハラ・アフリカ）での経済成長はインドほど良好でないこと，インドの経済成長の初発条件というべき1980年前後の経済条件とくに工業部門は国際的にみて強固であったこと，また対外債務の程度も低かったという事情を考慮すべきであるという。コホーリーらは，1980年からのインドにおける政府の役割の変化に注目する。インド政府は，それまでの親左翼的で反資本主義的政策から，経済成長を優先する親企業的な政策に転換した。この新しい政策は，国家の市場介入を抑制して最小にする政策ではなく，むしろ非常に介入的である。経済成長を国家の目的とし，労働階層を抑制しつつ資本家を支援し，経済ナショナリズムを動員し，保護された国内市場と輸出市場向けの生産活動に企業を誘導する，韓国など東アジア諸国型の政策であるという（Kohli 2006；Rodrik and Subramanian 2004）。この議論については，さらに絵所（2008）参照。
2) こうした批判に対して，Panagariya（2004）は，第一に1980年代の成長は変動が激しい脆弱なものであったこと，しかもインド国内外からの借入にもとづいて行った財政支出の増大による成長であるため非持続的な成長であったが，1990年代のそれはより安定的で持続的であったこと，第二に，経済改革は，1991年以降のように組織的全面的ではないものの，1980年代にはすでに開始されており，1980年代の経済成長にはこのすでに始まった経済自由化が重要な役割を果たしていると主張した。なお，80年代の経済成長加速を公共投資の拡大によって説明しようという議論との関連では，Balakrishnan（2010, Ch. 3）は，公共投資は製造業の拡大をもたらすが，製造業がGDPに占める比率は80年代後半でも16%程度と低く，経済全体の成長への影響は大きいとはいえないと指摘する。また，1980年代の「改革」について，Rodrik and Subramanian（2004）は，80年代には消費財の実効保護率は上昇するなど，輸入代替化を促進するものだった，という。

成長率の変化点は3回あり，最初のものは1960年代半ばであり，このときには製造業成長率の低下が見られた。次は1982-83年で，その成長率は上昇し，第3回目は1994-95年で成長率は低下した。1982-83年の第2回目の変化点がもっとも重要であるが，それはGDP成長率の変化点の後に生じており，製造業成長率の加速化がインド経済全体の成長率の加速化をもたらしたのではない，ということを示している。Wallack (2003) も，1980年代の改革は，インドの経済成長を促進したことは事実であるが，農業・製造業やサービスなどもっとも重要なセクターの拡大率に影響を与えたという証拠は乏しいという。こうしてバラクリシュナンらの分析は，経済成長を経済自由化による工業投資の促進に起因させる説の難点を明らかにしている (Chandrasekhar 1996)。

1991年の改革以降1990年代には改革の中心であった工業の成長率は上記のように減速したが，サービス部門の成長率は加速化している。このことから，ソフトウェアの輸出の急成長を記録したIT産業など，サービス産業の輸出主導の発展がインド経済の成長を主導したという意見も強いが，近年の実証的成果はこの議論の難点を指摘している。Verma (2012, 278-279) は，「輸出は，サービス部門の中で増大しているものの，サービス部門の付加価値の小さな一部に過ぎない」として，サービス部門が輸出主導で発展してきたという説は維持しがたい，と指摘している。さらに，後に第8章で詳細に検討するように，Bosworth et al. (2006/07) の研究は，IT産業，コミュニケーション産業，金融サービスなど，経済自由化によって促進されたと思われるサービス産業の分野が，1980年から2004年の間にインドの経済成長にもっとも寄与してきたという主張を裏付けることは非常に困難であることを示している。彼らは，1960年以降のサービス部門の成長率をサービス部門の産業分類ごとに算出し，IT産業，電話など通信産業，金融サービスなどを含む"通信，金融，ビジネス・サービス，教育，医療"などの近代的な産業群，"商業，運輸，その他のサービス"など伝統的な産業群とを比較している。算出の結果は，サービス部門全体の総産出額に占める近代的産業群の比率は低く2004年にいたっても40％に過ぎないこと，そのため，近代的産業群がサービス部門全体の成長率上昇に寄与する比率は伝統的産業群に比べてかなり低いことを示した。近年刊行された

Nayyar（2012, 213）も，サービス部門の雇用で最大の部分は1993/94年にも2004/05年にも，低教育水準の人を劣悪な労働条件で雇う低質な雇用が最大のグループで，この種類の雇用がこの間のサービス雇用の増大にもっとも大きな比率で貢献していることを明らかにしている。少なくとも世紀の交までの時期については，経済改革やグローバリゼーションによって刺激を受けたような近代的な分野のサービス部門がインド経済の高度成長に中心的な貢献をしたということは，非常に困難といわざるをえない。

　こうした現代インドの経済成長の原動力を親市場的改革や経済のグローバル化の進行に求める見解への批判と関係して，植民地期を含む20世紀全体のインドの経済成長についても，新たな見解が提出されるにいたった。そのきっかけをなしたのは，1900年以降20世紀末までのインドの経済成長率の推計を行った，Sivasubramonian（2000）が刊行されたことだった。Nayyar（2006）は，20世紀全体を見た場合の経済成長の第一の構造変化点は1951年前後にあり，第二の変化点は1980年前後であるが，前者の1950年代の変化点は後者よりずっと重要であるという。第4章の表4-1で示されているように，20世紀前半の植民地期の経済成長率が0.9％と極めて低かったことと対照的に，1950年代以降のインド経済の成長率の3-4％は，東アジア諸国よりは低いもののアフリカよりは高く，労働者1人当たりの実質成長率は世界の平均に近い。1980年代からの成長率の加速化はそれ以前の30年間の政策や公共行動の累積が重要な役割を果たしていることを重視し，植民地の状態から独立した1950年から80年の時期のインド経済の成長を再評価することを主張した。後に検討するように，20世紀前半のインドでは一部に保護関税制度の導入が進みながらも基本的には自由貿易の体制が維持されていた。この自由貿易期のインドの経済成長率が1％弱の低さであったことと対照的に，強固な保護貿易体制を確立して国家主導の輸入代替工業化政策を採用した独立インドでは経済成長率は3-4％台へと飛躍したのである。しかも，Sivasubramonian（2004, 320-321）の推計では，1950/51-64/65年の時期に工業など農業外の部門における総要素生産性の成長率は1.21％で，独立後の製造業の成長が生産性の向上をともなったものであったことを示している。こうした歴史的な経過は，経済

的な対外開放体制の成立が自動的に経済成長をもたらすものではないことを，ほとんど論駁の余地なく示しているといえよう[3]。

このこととの関係で，いくつかの産業研究では，1990年代のグローバリゼーションのもとで国際競争力をもって発展していった産業が，輸入代替工業化戦略のもとで，外国資本の活動を厳しく制限する政策によって保護・育成されてきたことも明らかになった。その代表例は製薬業で，後に詳しく検討するように，インド政府は1970年代以降それまでインド市場で支配的な地位をもっていた多国籍企業の活動を制限し，特許法を改正して国内企業を育成する政策を展開した (Chaudhuri 2004)。そうした強固な保護の中で育ったインドの製薬業が，自由化以降は国際市場にインドの代表的な輸出産業のひとつとして発展していることは周知の事実である。インドを代表する産業となっているIT産業についても，ネルー時代以来，科学技術の育成には大きな力が注がれ，特に高等教育に力が注がれて，高度教育を受けた人材の供給が可能な体制がつくられてきたこと，また，IBMなどの外資の活動を規制する政府による保護の体制のもとで産業が育成されてきたことが指摘されている (Balakrishnan 2006)。つまり，輸入代替工業化と国家による産業育成は，グローバリゼーション下で発展するインド企業の基礎をつくり，その後の発展を準備する機能を果たしたことは明らかであろう。

もちろん，これらの独立以来の事実は，逆に保護貿易体制が自由貿易体制よりも常に経済成長に適合的であるということを示唆しない。後に第4章で検

---

[3] Roy (2004a) は，確かに独立後のインド経済は成長したが，独立後の国際競争を排除した政策による否定的な結果として，独立後の製造業における総要素生産性の成長率は，独立前の時期と比べて低下した，という。確かにロイの依拠したMukherjee (1973, 133-140) の研究では，非農業部門総要素生産性は，1900-46年の1.22%から1946-60年の1.08%へと低下している。しかし，1900-46年の間の製造業の成長は主として1920年代後半以降に達成されたといってよいが，第2章で述べるように20年代末以降の時期には保護関税制度が部分的に導入されており，製造業の成長の中核的な部分は保護関税制度によって保護された結果であるということができよう。つまり，総要素生産性の成長率の差異は，国際競争の環境下と産業保護政策下の間の差異ではなく，輸入代替工業化過程における初期段階とより後期段階との差異であると理解すべきであろう (Yanagisawa 2006)。

討するように1960年代半ば以降のインド工業の停滞や「高コスト・低品質」経済化は，こうした高度な保護体制と国内外の競争の欠如がもたらしたことも事実であるし，1980年以降のインド経済は，1980年代の部分的な，1991年以降の全面的な自由化とグローバリゼーションの中で，少なくとも6％台の成長率を維持し，その中で競争力を増進させたいくつかの産業が拡大し，さらには2003年以降は成長率全体を高めている。長期の輸入代替工業化過程を通じて，資本・技術・生産者・労働者やさまざまな生産と分配のシステムを形成・蓄積してきたインドの経済と社会は，経済自由化とグローバリゼーションによって新たな競争力と成長の質を獲得し，2003年以降の成長率の加速につながったといってよいであろう。いずれにせよ，インドの歴史的な経過は，経済成長と国際市場との結合関係について，開放体制と閉鎖体制とのいずれが経済成長を促進するかという二項対立的な把握を超える新たな視点からの考察を求めているように思われる[4]。

経済成長の基盤としての農村市場・農村経済の発展

こうして，インド経済の経済成長率加速化の推進力を，親市場的な政策体系の採用やグローバリゼーションと直線的に結びつける見解は，現時点では容易に維持することが困難な状況にあるといってよいだろう。それでは，この経済発展をどのように理解すべきであろうか。この点で，Balakrishnan (2010, xxii-xxiii, 155) の指摘は重要であろう。彼は，経済学者が経済成長の基本動向は政策体系によって決められるという見解に執着し，需要と供給の関係の変化に関心をもってこなかったことが一因となって，1980年前後に経済政策上の顕著な変更なしに始まったインドの経済成長の加速化の事実が気付かれないできた，という。いうまでもないことだが，経済成長のメカニズムは，多様な要因の複雑な絡み合いから構成されている。その中で，政府の政策は重要である

---

4) こうした二項対立的な把握との関係では，Basu (2009) は，中国とインドの経済発展の理解にかかわって，政府の大きさ（「大きな政府は悪い」とか「大きな政府はよい」）や市場対国家というような単純化した視点からの経済分析には欠陥がある，と指摘している。以下の議論との関係からも重要な指摘である。

が，ひとつの要因に過ぎない。経済成長と経済政策とがいかに関連しているかという点に視角を限定することなく，インド経済を構成する多くの部門・分野を視野にいれてこの経済成長を見れば，どのような新たな側面が見えてくるであろうか。この点の検討を通して，本書の中核的な主張を示したい。

その点で，第一に注目されることは，一連の計量的研究が，インド経済の成長率加速化の推進力としての農業部門の重要性を指摘していることである。インドの中では，すでに 1992 年に Kumar（1992）が，インドの GDP の構造変化点は 1981/82 年にあること，この成長率の変化は第一次産業の成長率の上昇という構造変化によって誘発されたと思われること，第二，第三次産業がこれに次いで成長率を加速したことを明らかにした。

こうした農業における成長率の上昇が GDP の成長率の構造変化を誘発したという認識は，Balakrishnan（2010, Ch. 3）によってより全面的に展開される。彼は，前述のように，インド経済の成長率の構造変化点の検討から，製造業の成長率の加速化よりも経済成長率の転換がより早期に起こっていること，そのため政策転換による工業成長率の上昇が経済成長の加速化をもたらしたという議論が成り立たないことを明らかにしたうえで，「緑の革命」などを通しての農業の成長が経済全体への需要の増大をもたらし，サービス部門等の成長の加速化を可能にしたことが，1980 年代からの経済成長率の上昇をもたらしたことを指摘する[5]。

さらに，Sastry et al.（2003）による投入産出分析や回帰分析による農業，工業，サービスの 3 部門間の関係の分析も，農業の成長が経済成長を促進している関連を明らかにした。シャストリーらは，農業・工業・サービスの 3 部

---

5) Dholakia（2007）は，農業における近代的投入財の増大が農業セクターの成長率の上昇の重要な要因である，としている。日本の中では，すでに藤田幸一がバングラデシュの経済発展にかんして農業部門の発展が重要な前提となっていることを指摘し（藤田幸一 2005, 第 1 章），さらに日本南アジア学会の全国大会の報告においてインド経済に即して農業部門や農村市場の重要性を指摘している（藤田幸一「インドの農村変容とその国民経済的インプリケーション」日本南アジア学会・第 19 回全国大会［2006 年 10 月 8 日，京都大学］，全体シンポジウム「巨像よ，どこへゆく――インドをみるさまざまな視点」報告）。

門間のリンケッジは強いこと，農業生産の上昇は工業製品への需要を増大させること，こうして引き起こされる工業の拡大がサービスへの需要を増大させること，こうして経済の全体的な拡大への波及効果は，直接的な影響よりも大きいことを明らかにした。農業部門は他部門とのリンケッジを媒介にしてインド経済全体の成長の重要な規定要因であり続けていること，1960 年代には主として生産のチャネルを通してであったが，1990 年代には主として需要チャネルを媒介とすること，農業の GDP における比率は低下したが，人口の 3 分の 2 を支える農業部門は，他の部門特に工業部門に対する需要の面では，1993-94 年にはその貢献をむしろ増大させたと結論づける。つまり，1980 年代を通じて，農業部門がその工業品への需要の増大を通じて工業部門の成長を促すという，農業 = 工業のリンケッジが形成され，この関連は 90 年代も維持されたと見ることができよう[6]。

　実際，本書第 6 章で詳述するように，1980 年代・90 年代を通じて，食費外の消費支出総額に占める農村支出のシェアは 6 割前後を占めており，農村市場が工業やサービス業の最大の市場であり続けてきたことを示している[7]。特に注目されることは，農村社会の 1 割のエリート層をのぞいた非エリート階層の食費外支出総額は，都市の上位 2 割の所得階層による食費外支出総額の 2 倍前後の規模に達していることである。都市の上位 2 割の所得階層が都市の中間層に相当すると仮定すれば，この事実は，しばしばいわれる「都市中間層

---

6) Kaur et al.（2009）によれば，1998 年から 2003 年にかけての時期については，生産のチャネルを通しての農工業リンケッジはわずかに低下したが，この間に需要を通じてのリンケッジは増大している。需要チャネルの重要性を重視する Sastry et al.（2003）の指摘する動向に，基本的な変化は生じていないといってよいだろう。

7) 第 6 章で詳述するように，1980 年代以降，GDP に占める農業部門のシェアは減少しつつあるが，農村人口の非農業就業も増大した。また，農村世帯からの都市への出稼ぎも増大し，都市就業からの収入も重要となっていった。Lanjouw and Murgai（2009）は，インドのかなり多くの州で，非農業部門からの収入が農村世帯の収入の半分近くに達しているという。これらの増大する非農業部門からの所得が加わっていることが，農村市場が 90 年代以降も重要性を失わない基盤となっている。Binswanger-Mkhize（2013）も，1 人当たり所得・消費や貧困率などの面で都市・農村間の格差は過去 30 年間に大きく変動していないことを確認し，その原因を農村人口の非農業就業の増大に求めている。

の消費が高度成長を牽引した」という議論には重要な難点があることを示している。国立応用経済学研究協会の調査は，80年代にブームとなった耐久消費財の市場として農村市場が非常に重要であること，それも富裕層以外の階層が重要な購買者として現れていることを報告しているし，90年代の末には大多数の耐久消費財において農村市場は過半を占めている。貧困地域とみなされているビハール州の一農村でも，2011年に63％の世帯が携帯電話を所有していることが報告されている（Tsujita and Oda 2012, Appendix Table 2 [p. 28]）。第7章と第8章で示すように，雇用の面で主導的な重要性を示した小規模・零細部門の工業やサービス産業の大半を占めるインフォーマル部門や住宅建設などの分野では，農村市場は中核をなした。さらに，第10章で述べるように，農村経済と社会は，製薬業などの技術集約型産業の分野で活躍する「新資本家」を始め，多くの新しいタイプの経営者層を生み出してきた。

　以下述べるように，経済自由化改革を含めていくつかの重要な要因が80年代以降の経済発展を支えているが，本書は，農業・農村部門や農村市場の発展を，1980年代の経済成長加速化の最重要の契機であると捉える議論がもっとも説得的であると考え，農業・農村経済や農村市場の発展は，それなしでは80年代以降の経済成長はありえなかったといってよいほどの，基盤的な重要性をもっていると考えている。これが本書の中核的な主張の第一である[8]。

　しかし，農業や農村社会が，農業外の諸分野に影響を及ぼすほどのダイナミズムをもつにいたったという上記の命題には，正当にも農村を「貧困と不平等の社会」と考えてきた多くの人が違和感をもつことは自然であろう。これにか

---

8)「耐久消費財など工業製品の主たる購買者は，インドでは常に，ごく一部の富裕層である」という「常識」は，検証されることなしに一部の研究者によって共有されているように思われる。Chandrasekhar (2011) は，1960年代半ばから1970年代にかけての製造業成長の停滞を，中核をなした耐久消費財生産が，主として依存する中・上層階層の需要拡大の制約のために成長を阻まれた結果であると認識し，80年代以降の成長率の加速化については，そうした需要制約の状況が80年代以降も継続したにもかかわらず製造業成長率の上昇を可能にした要因は，主として政府財政支出の増大による需要創出にある，と主張している。この議論も，1980年代に耐久消費財を含めた工業製品の市場が，農村市場など中・上層階層以外の階層に広く拡大していった事実を見逃している。

んして，本書は，いまなお農村が「貧困と不平等の社会」であることを認めつつも，インドの農村社会は，農業生産の発展と，農村社会構造の変容の2つの面で，20世紀初頭以来顕著な変動を経験してきたと理解している。

まず農業生産の発展について大まかに述べよう。インド農業は19世紀後半以降荒蕪地の開墾を含めて農業の外延的発展と生産性の上昇を着実に実現してきた。19世紀末に耕作地の拡大は一定の限界に到達するが，1920年までは購入肥料投入や井戸の削掘によって土地生産性の維持向上に成功してきた。しかし，世界市場に繰り込まれていたインドの農業は，1920年代から始まる世界農業不況，さらには世界恐慌の影響による農産物価格の下落によって，肥料投入を減少させ井戸の増設を停止した。その結果，両大戦間期のインド農業は停滞あるいは後退を余儀なくされる。こうして自由貿易を基調とした植民地期の20世紀前半には世界貿易の動向の影響を受けてインド農業は停滞と後退を体験するが，独立以降の農産物価格の上昇と政府の農業投資の拡大によって農業生産性は1950年代には上昇を再開した。1960年代半ば以降の「緑の革命」は，こうした背景でインド各地に浸透し，かつ小規模農家を含めて多様な階層に普及して，農業生産の全インド的な上昇をもたらした。このように，19世紀末以降，インドの農業生産者は，劣化する農業生産環境にもかかわらず多様な方法の導入によって生産性の維持・上昇を図ってきたし，農業のこのダイナミズムは，世界農業不況下の両大戦間期にはその発現は見られず農業は停滞するが，独立インドにおいて復活し，「緑の革命」の浸透によっていっそう促進されたと理解している。

このインド農業の発展，特に「緑の革命」期における農業生産の拡大と生産性の上昇は，全体としての農村内余剰を増大させ，農外のさまざまな就業機会を増やし，農業労働者の実質賃金の上昇をもたらす重要な基盤となった。こうして本書は，19世紀末以来のインド農業のダイナミズムの中で「緑の革命」を位置づけること，また，農業生産の増大の中で農外雇用が増大し農業労働者賃金が上昇するなど農村下層を含めた農村内諸階層の所得が増大するメカニズムを解明することが，農村市場の発展の経済的な基盤の解明にとって重要と考えている。かくて，19世紀末以来の長期の農業生産の発展過程こそが，農村

内の諸階層の所得の増大および農業投入財需要の拡大をもたらして農村市場を発展させ，ひいてはインド経済の成長率の加速化を促進した重要な要因であるというのが，本書の第二の主張である。

　第三に，しかし，農業生産の上昇が，農村社会の諸階層，特に農業労働者層など農村の下層階層の所得の増大に帰結するかどうかは，じつは自明ではない。19世紀から20世紀前半に見るインドの農村社会は，少数の有力階層が農地の大半をもち，人口の多数を占める村民はほとんど土地を所有せず，有力者のもとで農業労働者や小作人として労働する従属的な位置にあった。農業労働者たちのかなり多くは長期の隷属状態にあり自由な職業選択ができないなど，村落下層の労働条件や経済状態は，上位カーストの有力者の社会的・経済的な支配下にあった。この支配と隷属の体制は，農業生産の上昇による農業余剰の増大の成果を有力階層が独占的に享受できるシステムといってよく，もしその体制が継続していたら，農業生産上昇の成果が農業労働者などに均霑することは非常に困難であったであろう。

　しかし，有力者支配の体制は，19世紀末以降徐々に弱化の方向に向かっていた。南インドなどでは海外プランテーションなどへの出稼ぎを機に下位カーストの農業労働者たちの間で土地所有者層からの自立を求める動向が強まり，他方で上位カーストの村落上層民は，雇用や教育のために都市に生活の基盤を移動させ始め，彼らの村落内の支配力を弱め始めた。後に第6章で見るように，インドの多くの地域で，上位カーストは都市雇用への依存を増大させながら農村内の土地所有を少しずつ減らし，村内の他の階層への支配力もさらに弱めていった。他方で，いままでは土地所有がなかった「後進」カーストや下位カーストの成員は土地改革や荒蕪地の獲得や売買を通じて少しずつ耕地を取得しながら，社会的な自立を求める運動に参加して社会的・経済的な上昇への動きを強め，村落内の発言力を増していった。非農業就業の機会の拡大や出稼ぎの増大は，下層階層のこの動向をさらに強めた。こうして，少数有力者が土地の多くを所有するという村落の土地所有の基本構造に大きな変化はないものの，農業労働者など村落下層民は上昇と自立の動きを強める中で，農業労働者の実質賃金の上昇を実現した，といえよう。こうして，20世紀初頭から始ま

る，村落社会の社会経済的な支配構造の変容と下層民の自立化の動向が，農業
労働者など下層民が実質所得の顕著な上昇を実現する背景となったこと，かく
て下層民を含めた農村社会が工業品やサービスの市場として発展しえた基盤と
なっているということが，本書の第三の主張である。

　この第三の主張と関連して，第四に本書が注目することは，階層的な社会構
造の中で自立と社会的な上昇を志向してきた下層階層が農村消費市場の大きな
部分を占めてきたことが，農村消費に特徴的な方向性をもたらしていることで
ある。19世紀の南インド社会では，上層階層と下層階層との間には経済的な
格差や支配に加えて，消費生活に大きな差異があり，その差異はしばしばカー
ストやコミュニティにかかわるルールによって規定されていた。19世紀末以
降，前述のように自立を試みた下位カースト成員は，しばしば，禁じられてき
た衣服を着用したり，米を食べたりコーヒーを飲むなど上位カーストの生活習
慣を取り入れ始めた。グローバル化の進んだ1990年代のケーララ州の村落に
おける消費調査も，同様の傾向を見出している。ここでは，指定カーストの若
者などは，映画俳優の着ていたシャツの安価なイミテーションを購入して，上
位カーストの反発に抗してそれを着用したり，それより経済力のあるカースト
では，必ずしも必要があるわけではない耐久消費財を購入して社会的地位の上
昇を確認する，という。つまり，ここでは消費行動は純粋な経済活動にとどま
るわけではなく，しばしば経済的な購買力の余裕の枠を超えて，社会的地位の
上昇への志向の表現として消費行動が行われている。その際に，経済力の低い
彼らが購入できる物は，品質に保証はないが安価な，ブランド品のイミテー
ション品となりやすい。こうした商品を，本書では「疑似ブランド品」と呼び
たい。こうして，農村市場では，消費は下層階層の社会的な上昇の象徴として
行われる傾向をもち，農村市場の消費嗜好は「疑似ブランド品」に向かうこと
になる，というのが本書の第四の主張である。

国民経済の形成――生産主体の歴史的形成

　第五に，インド経済の中には，このような工業やサービスへの需要の拡大に
対応して，供給を行う体制が成立していた事実も，1980年代からの経済成長

の加速を可能にした条件として忘れてはならない。その点からすれば，1980年代からの成長率の加速化はそれ以前の 30 年間の政策や公共行動の累積が重要な役割を果たしていると主張し，1950-80 年の時期のインド経済の成長を再評価すべきことを主張した Nayyar（2006）の見解は当然であろう。周知のようにインドでは保護関税制度は，1920 年代後半から部分的に導入された。ケイン／ホプキンズの「ジェントルマン資本主義」論は，イギリスの金融資本の利害がインド産業保護の方向を主導したものと理解しているが，本書は，イギリスの対インド経済政策の基調はイギリス産業の市場としてインド市場を確保する点にあって，保護関税の導入はインド民族運動の要求に譲歩を余儀なくされた結果である，と理解している。英領期における部分的な保護関税制度の導入もインドの製造業の発展に大きく貢献したが，独立以降の全面的な保護関税制度や国家主導の国民経済建設の戦略のもとで，独立前は鉄鋼業を除けば軽工業のみがあった産業構造を，重工業や生産財生産を含む産業構造に高度化し，基本的に自給できる生産の体制を構築し，問題を含みながらも，その後のインド経済発展の基礎を築くことができた。前述のように，自由化改革後に国際市場に展開していく製薬業などが，この輸入代替工業化の体制の中で育成されたことも注目される。インド経済の長期変動を考察した T. ロイが指摘するように，90 年代以降の対外開放体制で発展するグローバル産業の基礎は，対外的な閉鎖体制期である輸入代替工業化戦略の中で形成されたのである（Roy 2011）。

　本書は，こうした国民経済の建設を目指した国家主導の輸入代替工業化の過程をその後の 1980 年代以降の経済発展の前提的過程として評価するとともに，国内的・国際的な競争関係を欠如したこの体制が，「高コスト・低品質」経済の体質を作りあげたことも重視したい。

　本書は，さらに，19 世紀以来，手織業など在来産業や中小零細企業が工場制度との競争関係にかかわらず 1930 年代からはある種の発展を遂げたことに注目したい。後に示すように，現代インドの織物生産の主たる担い手は，数台の動力織機を設置した小工場のパワールーム部門であるが，パワールーム経営者の少なくない部分は，手織物生産者であった。つまり，20 世紀前半の在来

産業の再編成の過程で生き残った小・零細規模経営は，独立以降の小・零細企業の発展の母体となったという意義がありそうである．

インフォーマル部門の発展

　本書は第六に，1980年代以降のインドの工業生産への需要の大きな部分が，安価な「疑似ブランド品」への嗜好をもった農村地域や下層階層からの需要であったことが，インドの工業発展のあり方に大きな影響を与えた，と考えている．政府による産業への規制がほとんどなかった1930年代のインド・メリヤス工業でも，変動が激しく地域差のある需要に対応して多種の製品を生産していたメリヤス品の生産において大規模綿工場は「規模の経済」を発揮して優位にたつことはできず，この分野は小規模・零細工場が支配的な地位を確保していた．1980年以降の農村からの工業製品の需要の増大に対しても，その需要の拡大に対応して発展したのは，インフォーマル部門など小規模・零細企業部門であって，たとえば織物生産の分野では，都市市場向けにブランド品を主として生産していたフォーマル部門の大企業（ミル）は，小規模企業のパワールーム企業の作る織物との競争に負けていった．本書は，繊維産業・履物製造業・プラスチック再生業などを検討し，安価品が主として小規模・零細規模生産者によって生産されていることを確認したうえで，これら産業では一般に生産の最小ユニットが小さいこと，生産過程に参加しながら監督を行う形の労働者管理が生産効率の上昇に成功していること，多種類の製品が需要され季節的な変動の大きな市場に対応していること，低学歴の労働力を，農村社会と連続性をもつ労働市場から調達することによって安価な労働力の利用が可能となっていること，原料などの投入財や機械などを安価に入手していること，経営者の生産や取引の現場への参加の深さが重要な競争力となっていることなど，小規模・零細企業部門が，「質の保証はないが安価な」疑似ブランド製品の生産を可能にする一連のシステムをもっているという仮説を提出し，それを構成する相互に関連する諸要因を検討している．1980・90年代のインドの経済成長においてフォーマル部門の雇用増大はほとんどなく（「雇用なき成長」と呼ばれる），雇用増大はインフォーマル部門で実現されたが，この特徴はこうした需

要のあり方と関連しているように思われる[9]。

　さらに，1980年代から始まる機械輸入の漸進的な自由化の中で，東アジア等からの中古機械を含む機械輸入が，これらの中小企業の競争力を強めたこと，また80年代から増大する繊維製品の輸出なども，中小・零細企業の発展を促進したことも間違いないであろう（第7章）。

　第七に，1980年代に6%台の成長率に加速し90年代にさらに1%の成長率の加速化をみて7%台の成長を実現した，サービス産業や建築業においても，1990年代末までは，農村需要が中心的な役割をもっていたこと，インフォーマル部門中心の発展が見られたことを指摘できる。サービス部門の90年代の1%の加速分は91年改革の影響を受けたコミュニケーション・金融・IT産業など「近代的な」サービス部門の成長で説明されるが，80年代から持続する商業や交通など「伝統的な」分野は，21世紀の初めまでサービス産業の総産出額の6割以上の大きさを占めつづけた。これらのサービス産業の「伝統的」分野と建築業の成長は，農村需要や農業の発展が最大の基盤となってきたといってよいだろう。「緑の革命」は商業の発展を促進し，農村人口の移動の増大や巡礼旅行の拡大の結果，インドの国内旅行者の大半は農村居住者であり，住宅建設については，農村地域での実績は建設件数ではもちろん，建設・購入支出総額においても都市部の実績を超えている（第8章）。

　第八に，本書は，「農村-都市インフォーマル部門経済生活圏」という理解の枠組みを提案したい。農村需要を重要な基盤とするインフォーマル部門の拡大の結果，都市部には大きなインフォーマル産業が発展する一方で，それら産業の労働者として，農村地域の下層階層を中心に多数の出稼ぎ労働者や移民が都市のスラム地域などに居住することになる。これらの人々は，農村の家族へ恒

---

9) フォーマル部門の雇用者数の停滞とは対照的にインフォーマル部門で顕著な増大が見られたことにかんして，政府による小規模企業保護政策や大規模企業への産業・労働規制の存在を主因とする説が有力であるが，第7章で検討するように，政府による規制がほとんどなかった独立前のメリヤス業の上述の事例やT. ロイのパワールーム産業におけるミルと小規模工場の比較の研究などから見て，これら政府による規制は，小規模工場が支配的となることを促進したひとつの要因であるとはいえ，主因ということはできない（Roy 1998）。

常的な送金を行うなど農村との関係を維持することが多く，農村地域の生活と都市での生活は，補完関係をもって営まれているといえそうである。消費の指向の面でも，農村住民と都市インフォーマル階層とは低価格品の疑似ブランド品を選好するなど共通点が大きい。こうした，物的にも人的にも密接な関連をもち，両者をつなぐ物的な循環と重なる形で両者にまたがる人的な循環をもつ社会的な生活圏として，農村−都市インフォーマル部門経済生活圏を捉えることができる。農村−都市インフォーマル部門経済生活圏に住む非エリートの人々の消費需要は，乗用車などの非常に高価な商品を除く大半の耐久消費財を含めて，インドにおける工業品やサービスの7割程度，あるいはそれ以上を吸収する，もっとも基盤的な市場である。さらに，拡大するインフォーマル部門の経営者層は，インフォーマル部門の発展にともなって所得を上昇させて，インドの所得上位20％層の中核を占めるにいたった（第9章）。

経済自由化改革と大企業部門の発展

　第10章は，1980年代から徐々に始まり，1991年の政策転換で確立する，インド経済の自由化とグローバル化の政策の歴史的な意義を検討する。ここでは，第一に，農業の発展や農村社会の変容は，前述のように非農業製品やサービスへの農村市場の拡大をもたらし，さらに農村−都市インフォーマル部門経済生活圏の非エリート階層およびインフォーマル部門経営者層など，それぞれインドの中核的な大衆的市場と中間層市場が歴史的に形成されてきたことを確認する。第二に農業の発展と農村社会における資本主義的経営の展開の中から農村経済を基盤とする工業資本家などの新資本家層が輩出し，機械産業や製薬業など90年代以降成長する技術集約型産業において特に先進的な役割を果たすのみならず，1991年の経済自由化政策への転換においても重要な役割を果たすことを確認する。この市場および新資本家層の形成を歴史的な背景として，耐久消費財産業や通信産業などは，経済自由化とグローバル化の政策の中で，強まる国内外の競争関係，技術や機械の海外からの輸入，外資の導入，規制緩和などによって，製品価格の低下と品質の向上・競争力の強化を実現し，農村−都市インフォーマル部門経済生活圏に急速に市場を拡大するとともに，

インフォーマル部門の経営者層などから大量に創出される富裕層を，新たな購入者層に加えることによって，耐久消費財や通信産業主導の経済発展の基盤をつくりあげた。さらに，自動車産業やIT産業など技術集約型の産業では，企業内の技術形成・習得・訓練のシステムを確立して製品の国際的な質を確保する体制をつくることによって輸出市場にも進出する基盤を形成した点も，自由化とグローバリゼーションの重要な歴史的意義といえよう。2003年以降の経済成長率のいっそうの加速化は，こうした脈絡で理解されよう。

二層的な発展と農村社会の二層性――発展の制約条件

　第十に，本書は，こうしたインドの経済発展は，産業でいえばインフォーマル部門など小・零細企業部門とフォーマル部門・大企業部門，社会層としては農村-都市インフォーマル部門経済生活圏の非エリート階層と都市上層階層という二層の構造をなして進行していたことを確認する。この二層性は，農村社会の二層性に淵源をもち，教育の構造や労働市場の二層性，さらに多くの企業における管理層と一般労働者層との二層性，消費市場の二層性（「疑似ブランド商品」とブランド商品），流通機構の二層性と，インド社会の物的社会的な再生産の構造を特徴づけている。この2つの階層間の流動性は個々にはあったとしても全体としては低く，世代を通しての下層階層から上層階層への上昇には大きな限界が画されている。インドの経済発展は，階層的な社会経済構造を基本的には再生産する形で，進んできた。

　このことは，インドの経済成長が，インドの社会構造が階層的であることによって促進されたということを意味しない。むしろ逆である。本書は，農村社会の下層階層の上層階層への抵抗や自立化の動きを通して実現された，ハイアラーキー関係の弱化こそが，農村市場が拡大したもっとも重要な要因のひとつであることを明らかにする。下層階層の非農業品やサービスへの需要の大きさと特徴は，彼ら／彼女らの社会的上昇への志向を見ることなしには理解不可能であろう。農村下層市場の拡大によってインフォーマル部門が拡大し，そこから農村-都市インフォーマル部門やインフォーマル部門経営者が中核をなす都市「中間層」が形成されて，耐久消費財産業の市場を成すという脈絡の中で

は，農村社会における階層関係の弱化は，現在の高度成長を理解するうえで，決定的に重要な基盤をなしているのである。

　独立以降，都市の大企業部門は，市場的には主として国家財政やエリート階層の需要と結び付きながら発展してきた。こうした経済の上層部分の発展については，階層関係を打破する中から形成されてきた農村-都市インフォーマル経済生活圏の拡大という「下からの発展」と市場的に結合することによって，1980年代以降の大企業部門の展開があるといってよく，その意味では，二層の発展は，経済自由化政策によって交錯することで，インド経済の新たな成長の基盤をつくったといえよう。また，旧来の商業資本系譜の産業資本が支配的な体制の中で，農業発展を起点としながら農業カーストなど多様な非商人系のコミュニティや階層が工業や商業に進出して，その流れの中からは技術集約的な産業を主導するような資本も形成された。ここでも，「資本の民主化」を通して形成された新資本家層が，経済改革やその後の経済発展に重要な役割を果たした。その意味では，資本形成の面でも，二層の発展が交錯することによって，インド経済の新たな発展の構造が形成されたといってよいであろう。

　本書の終章では，こうした発展の構造を総括しつつ，その構造がもたらす発展への制約を指摘したい。

　本書は，このように，「緑の革命」に集約される長期の農業発展，農村社会の構造変動，農村市場の形成・農業経済の発展など農業・農村の社会経済の長期変動，1950年代からの輸入代替工業化過程における工業発展の基盤の形成とその過程における「高コスト」経済の形成，こうした基盤の形成を背景とする経済自由化改革とグローバリゼーションの進行という，インドの経済と社会が20世紀前半以来経験した歴史的な変化の累積の帰結として，現在見るインド経済の高度成長があると捉えている。その発展の様相が農村社会の二層性によって全体が規定される構造的な特徴をもっていることに注目して，経済発展の歴史的な過程を再構成しようとしたひとつの試みである。本章の冒頭の問題設定にもどれば，以上の議論のように，本書は，1990年代の経済改革やグローバリゼーションが90年代以降の経済成長に果たした重要性を否定してい

るわけではない。それらを経済成長をもたらした唯一の要因としてとらえることを批判しているのである。経済改革やグローバリゼーションは，インドの社会経済の長期にわたる変化の累積の中に位置づけることによって，その歴史的意義はより明確になると考えている。

第Ⅰ部

経済発展への胎動
——第一次大戦後の輸入代替工業化と農村・農業社会の変容——

20世紀全体を見た場合，インドの経済成長の最大の構造変化点は，1950年前後にある。基本的には自由貿易体制下にあった植民地期のインド経済の成長率は，年率1％弱と非常に停滞的であったが，独立インドでは3％を超える成長が実現されるなど大きな変化が起こった。

　植民地期を扱う第I部は，まず，なぜ植民地期のインド経済が停滞したかを検討する。インド経済の動向を基本的に左右する大きさをもっていた農業生産は，自由貿易体制のもとで世界経済と密接に結びつけられていたが，1920年代から顕著となる世界的な農業不況や世界恐慌の影響によって農産品価格の下落が生じ，その影響でインド農業が停滞に陥ってゆく。

　しかし，農業中心のインド経済の成長が停滞する中で，独立以降の経済発展につながるいくつかの発展への胎動が見られることも重要である。農業生産発展への可能性はすでに植民地期に見られるし，村落では村落有力者層による社会経済的な支配体制のもとで下層階層の自立への動きが始まっている。

　独立を指向する民族運動の発展の結果，保護関税制度が部分的に導入されて，製造業の発展が見られるなど「内向き」の輸入代替工業化が端緒的に開始された。こうした工業発展にともない農村社会からの労働者の移動が見られたが，農村社会の階層性に対応して，労働市場も多層的構造をなしていた。独立以降の多層的な労働市場の原型が作られる。

　また，手織業など伝統的な「在来産業」は需要動向や競争環境の変化に対応することによって新たな発展を実現し，また，下層階層の新たな需要に応じて小規模・零細規模経営が一部地域で発展するなど，小規模・零細規模経営の分野でも，独立後の発展につながりうる重要な展開を地域的には限定的であれ見ることができる。その際，階層的社会の中で下層民が社会的地位を上昇させる試みがなされ，一部の下層階層が上層階層の消費パターンを取り入れるなど消費の多様化を試み始めたことがこれら小規模・零細経営の存続や発展の背景にあったが，これも，独立以降に顕著となる下層階層の消費動向の萌芽といえよう。20世紀前半のインドの経済と社会は，こうして経済成長が停滞する中で，独立以降の社会経済的な発展につながる胎動が始まった時期でもある。

第1章

世界農業不況下の植民地インド
——農業生産と農村社会の変化——

1 環境変動,農産物価格の下落と農業生産の停滞

農業生産の変動——外延的拡大と集約的土地利用の発展

　20世紀前半,植民地期インド経済の成長率は,第4章表4-1に掲げるように,0.9%であり,人口1人当たりではわずか0.1%である。この低い経済成長率をもたらしたのは,当時のインド経済の中心を占めた農業生産の停滞であった。1900/01年から1946/47年の間の第一次産業の成長率はわずか0.4%であった。

　しかし,インドの農業生産は,1920年前後までは決して停滞的な産業ではなかった。19世紀以来,農業生産は,荒蕪地への外延的な発展と集約的土地利用の両方の方向で発展してきた。19世紀初めには,耕作や作付された土地は,村落やその周辺の地域でもごく一部で,広大な未耕作の荒蕪地が存在した。19世紀初め以降,これら荒蕪地の開墾・耕地化が急速に進展する。たとえば南インドのある県の乾燥地帯の例では,かつて村落の土地の4割近くを占めた荒蕪地の9割は19世紀末の段階では耕地として耕作されるようになった。地域によって程度は異なるが,多くの地方で耕地拡大の余地は小さくなっていった。こうして1860年代から90年代初めの間には,耕地の外延的拡大によって,かなりの農業生産の増大がもたらされた。

　1890年代から1911年前後までの時期にも,農業生産は全体として増大し

た。米や小麦などの食糧穀物の生産は，人口成長率を超える速度で増大した。綿花やジュートなどの非食糧穀物作物の増大は食糧作物以上に顕著で，この時期には人口1人当たりの農業生産がかなりの程度増大した。ベンガル地方では例外的に1人当たりの農業生産は減少したが，ほとんどの地域では，かなりの成長をみた。もっとも大きな成長を記録したのはパンジャーブ地方で，ついでマドラス管区と中央州であった（Blyn 1966, Tables, 5.1, 5.2, 5.6, 5.8）。かくて，1860年から1920年の時期には，人口1人当たり食糧穀物やその他の作物の生産がかなり増大した（Kumar 1983, Ch. IV）。

　こうした農業生産の発展は，19世紀には主として荒蕪地の開墾という外延的な拡大の方法によった。特にパンジャーブ地方やマドラス管区では政府による灌漑制度の整備・拡大が大いに行われた。1880年からの20年間で，政府管轄の灌漑面積は60％もの拡大を見た（Kumar 1983, 718）。これらの灌漑システムの拡大が，荒蕪地の開墾にも貢献したであろう。しかし，荒蕪地の耕地化は，1880年以前の時期に比して，ずっと緩慢になった。19世紀末の段階ではかつての荒蕪地のかなり多くの部分が耕地として耕作される状態にいたった。米と小麦については，作付面積の増大率よりも面積当たりの収量の増大率の方が大きかった。作付面積の増大についても，荒蕪地の耕地化よりも，むしろ一作地が二作地化されたり三作地化されるという作付回数の増大の方がより大きく貢献している（Blyn 1966, 130）。つまり，作付面積増大をもたらしたもっとも大きな要因は，既存耕作地のより集約的な利用の増大だったのである。

　面積当たり収量の増大をもたらした要因としては，多くの地域で灌漑の改善が見られたことがあげられる。政府管轄の灌漑施設による灌漑面積は，インド全体で1880年から1895年の間に2倍程度になった。しかし，より重要なのは井戸などの私的灌漑で，1900年前後のインド全体の灌漑面積の6割程度は私的灌漑による灌漑面積であり，その半分以上は井戸による灌漑地であった。井戸灌漑の面積は，19世紀末以降，急速な増大を見せた（Kumar 1983, Ch. VIII）。

共同利用地の減少と農業の集約化[1]

　このような 19 世紀末からの農業の集約的な発展は，農業生産をめぐる環境条件が劣化してゆく過程の中で，農業生産者などの対応を通じて，実現されたものだった。南インド・タミル地方の事例から検討しよう。

　19 世紀に広範に存在した荒蕪地は，木材，燃料，肥料，飼料などの採取地や放牧地，採石地として，人々の生活と経済をささえるインフラストラクチュアの役割を果たしていた。前述したような 19 世紀後半以降の急速な荒蕪地の減少は，その地域における農業の持続的な継続を可能にした不可欠のインフラストラクチュアの劣化を意味した。しかし，この重要なインフラストラクチュアの劣化にもかかわらず，タミルナードゥ地方の農業生産は，少なくとも 1920 年まではその生産性を低下させることはなかった。農民たちは，農業生産の方法を変更しより集約的な農業に移行したり，地域間の肥料の交易や家畜の移動を発展させて，農業の生産性を維持しただけでなく多くの地域では多少とも上昇させることに成功した。

　この地方の農業中心地ともいうべきカーヴェリ川流域など，河川灌漑による米作地帯では，荒蕪地の減少は，より早期に，おそらく 19 世紀前半にはかなりの程度で進行していた。1880 年代の報告書は，こうした地域では耕地の拡大が進んでいたため荒蕪地はほとんどないという。ティルチラーパッリ県ラールグディ郡の河川灌漑地帯でも，荒蕪地は 1865 年の時点でほとんどなくなっていた。村落にも牧草地がないために家畜は稲藁のみで飼育され，その結果貧弱な状態であった。肥料が入手できないために施肥される農地は非常に少なく，施肥をしないために二作は作れず一作のみの土地がほとんどで，かつ一作当たりの収量は他地域に比して低かった。河川が運ぶ灌漑中の泥土が，稲作を支える唯一の肥料であった。

　こうした状態は，19 世紀末に大きな転換を迎える。河川上流におけるダムの建設によって，唯一の肥料として機能してきた河川水中の泥土の量と質が低下したのである。しかし，この地域の農家は，農業生産の方法を変更して，こ

---

1) 本項については，Yanagisawa (2011), 柳澤 (2001) で詳述している。

うした事態に対応した。彼らは,遠方の地域から来るヤギや羊を農地内に囲いいれて,その糞を肥料として利用し始めた。また,遠方の県で採取される野生インディゴなどが大量に牛車で運ばれ,それが肥料として農地に投入されるようになる[2]。1900年以降の報告書は,「農民は肥料を入手することが可能だと知るようになったし,実際に施肥は非常に拡大した」という。さらに,河川地域の農民は自分たちの家畜を放牧地の多い地方に送り出して,その育成を図るようになった[3]。

こうして,灌漑水中の汚泥の減少にもかかわらず,農民は,購入肥料の投入によって稲作の土地生産性を維持しただけでなく多少とも上昇させ,さらに肥料投入の増大によって二作地面積をかなりの程度増大させることに成功した(Yanagisawa, 2011)。

こうした購入肥料の投入の背景には,当時の米価の上昇など,それを可能にした経済条件があったことにも注意する必要があろう。コインバトール県の水路灌漑地帯からの1910年の報告によれば,この地域では,「米の価格の上昇によって,農民は肥料への支出を増大させることが可能になり」,その結果,野生のインディゴをつみ取ったり運搬するなどの雇用が増大した,という[4]。

河川灌漑地域以外の地域では,降水,井戸,あるいは貯水池に灌漑を依存する農業を行っていた。そういう地域では,19世紀半ばには,耕作されていない荒蕪地,すなわち村落共同利用地は多く残されていた。農民は,その荒蕪地を村落の共同利用地として,樹木の葉や草などの緑肥,飼料の採取地や,放牧地としても利用した。

しかしここでも,農業を支えた条件は悪化した。前述のように,19世紀末にかけて,未耕作の荒蕪地の開墾が進み,村落の共同利用地が急速に減少し

---

2) F. R. Hemingway, *Madras District Gazetteers, Trichinopoly*, Madras : The Superintendent, Government Press, 1907, p. 141.
3) F. R. Hemingway, *Madras District Gazetteers, Tanjore*, Madras : The Superintendent, Government Press, 1906, p. 102 ; Government of Madras, Proceedings of Board of Revenue, No. 28, 12 Feb. 1921, p. 49, para. 43.
4) Madras Revenue Proceedings, Government Order, No. 102, Revenue, 10th January 1910, p. 9, para. 28.

た。さらに，政府の森林政策によって森林からの緑肥の採取も制限されるようになった。この結果，緑肥の不足が生じ，緑肥や飼料価格の上昇が生じた。

　農民たちは，ここでもこうした農業環境の悪化に対応して，集約的農業に移行することによって生産性の維持に成功した。人々は，森林地帯から運ばれる野生インディゴなどを購入したり，自らの畑に緑肥用の作物を栽培したりするようになった。肥料投入の増大に加えて，井戸の数もかなり増加して，作付回数も増した。タミル諸県における井戸灌漑地の面積は，1891/92 年の 78.3 万エーカーから 1922/23 年の 120.6 万エーカーへと拡大した。こうした購入肥料・自家栽培肥料の投入の増加や作付頻度の上昇によって，村落共同利用地の急速な減少や森林使用規制にもかかわらず，作物の土地生産性の下落を阻止したのみならず，いくつかの地域ではその上昇に成功した。その過程は，同時に地元で得られる自然的資源への依存を低下させることでもあった。

　水田地帯の場合と同様に畑作地帯でも，落花生などの作物価格の上昇が，そうした購入肥料などの利用増大の背景にあった。「乾燥地で育つ落花生からの利益が増大したおかげで，農民はこうした土地にも最近になって肥料を施し始めた」という[5]。

農産物価格の下落と農業生産の停滞・後退

　こうして第一次大戦期までのインド全体の農業生産は，作付面積においても，面積当たり収量においても増大傾向にあり，人口 1 人当たりの食糧生産量も一部の地域を除いて増加してきたが，第一次大戦期を境に停滞あるいは，後退の傾向を示し始めた。英領インドにおける食糧生産の成長率は，1910 年代末を境にその前半期の 0.61% から 0.03% に大幅に低下してほとんど停滞状況となった。他方，この時期に人口成長率は 1.12% と前期に比して極めて大きくなり，人口 1 人当たりの食糧生産の大きさは大幅に低下することになった（Blyn 1966, 99）。この間に食糧作物以外の作物の作付がかなり増大したこ

---

5) *Statistical Appendix for South Arcot District*, Madras : The Superintendent, Government Press, 1932, p. xvi.

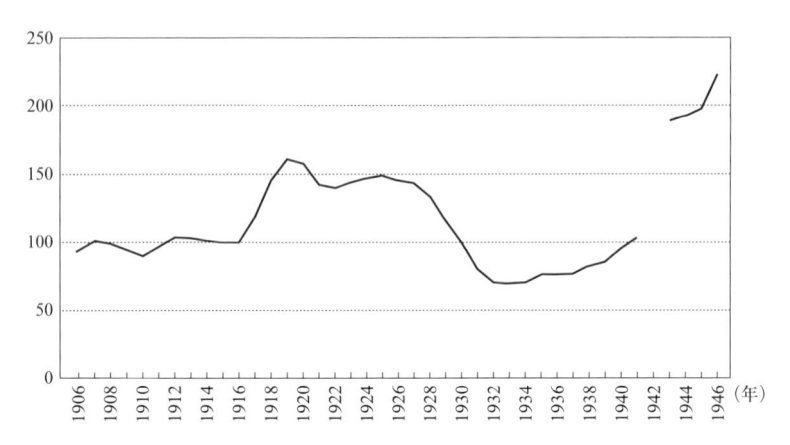

図1-1 マドラス管区における米価の3カ年移動平均指数（1915/16年＝100）
出典) *Season and Crop Reports of the Madras Presidency*, various years.
注) 1941/42年と1943/44年の数値は，2カ年移動平均。

とも事実であるが，食糧作物以外の作物を含めた全農業生産にかんして見ても，その成長率は前期の成長率からは大幅に低下し，人口増大率をかなり下回った。1人当たりの農業生産は植民地インドの最後の20年間は大幅に低下したのである（Blyn 1966, 119）。

なぜ，農業生産の拡大は停滞したのであろうか。1920年代から始まる世界的な農業不況とその後の世界恐慌の中での農産物価格の顕著な下落が，その主因であるといってよいであろう。図1-1が示すように，マドラス管区の米価は，1918年までは顕著に増大していったが，20年代に入って停滞・下落の傾向を見せ始め，30年代には世界恐慌の中で，半値近くに暴落した。

インドの農業生産は19世紀後半以降世界市場との関連を深めていった。世界市場の拡大期には，農産物価格の上昇は前述のように肥料投入の増大や井戸の増設を刺激し，農業生産も増大した。しかし，いったん価格の下落が始まると，この方向は逆転し始めた。

1937年の政府刊行物は，農産物価格の低下によって肥料使用の増大が止まってしまったと指摘している[6]。さらに，1938年の南インドの村落調査報告は，次のように述べる。「村落の生産物の価格下落が非常に激しく農民に影響

したため，農民は化学肥料の施肥を止めてしまい」，「農民は一般にいまや自分で集められる肥料を手当たり次第に投入することで満足してしまって，必要な牛糞さえも外部から購入したがらなくなってしまった」(Thomas and Ramakrishnan 1940, 84)。さらに，井戸の増設も停止してしまった。第5章の表5-4で見るように，タミルナードゥ州に相当する地域の井戸灌漑地面積は，20世紀初めには顕著に増大したが，その後は停滞し，再度拡大を始めるのは，1950年代を待たなくてはならなかった。

こうして，1920年代以降の国際的な農産物価格の下落が，肥料の投入や井戸灌漑の拡大を停滞させて，1人当たり食糧生産の低下をもたらしたといってよいであろう。植民地下の自由貿易体制のもとで，インド農業は世界市場との結合を深めてきた。世界市場との結合によってインド農業は拡大への刺激を受ける時期もあったが，1920年代以降はこの世界市場との結合がインド農業の停滞と後退をもたらし，インド経済全体の停滞を引き起こしたのである。その意味では，自由貿易下の世界市場との結合が，20世紀前半のインド経済の成長率が1％弱にとどまるという結果をもたらしたということができる。

同時に注目すべきことは，1910年代までの南インドの生産性の上昇過程は，インドの農業生産者たちは，農産物価格などの一定の条件があれば，肥料投入の増大や井戸の増設の方法によって農業生産の拡大や増産に力を注ぐこと，したがって，インド農業は十分に発展する可能性をもっていることを示唆していることである。

2 　農村社会構造の変動と下層階層自立への胎動

階層的な農村社会構造

こうした独立以前の時期の農業生産の変化は，どのような農村社会の構造の

---

6) K. Ramiah, *Rice in Madras : A Popular Handbook*, Madras : The Superintendent, Government Press, 1937, pp. 120, 124.

もとで進んだのであろうか。また，農村社会の中ではどのような変化が進みつつあったであろうか。19世紀のインドの農村社会は，日本の江戸時代のように，小規模な農民が家族労働にもとづいて保有地を耕作する「小農」が中心となって構成するような世界ではなかった。村落社会は，いくつかの階層に分かれた階層的な社会で，上層階層は下層階層に対して経済的にも社会的にも強い支配力を有することが一般的であった。

19世紀の南インドの水田地帯の事例で紹介しよう。村落内で農業に関与した人々は，大きく4つ程度の階層に分かれていた。第一は，政府に土地税を納入する，かなりの大きさの土地を所有する有力土地所有者の階層，第二は，土地税納入者であるが，土地所有規模の小さな小規模農民層，第三は有力土地所有者から土地を借りて耕作をする小作人層，第四は，有力土地所有者層の農業経営の中で雇用されて働く，雇用農業労働者の階層である。

第一の有力土地所有者は村落社会の有力者でもあり，今のタミルナードゥ州に当たるタミル地方の場合，彼らの多くは，バラモンなど上位カーストに所属していた。所有する土地は，小作人によって耕作されるか，雇用農業労働者を使って耕作された。南インドの水田地帯の場合，地域住民の1割にも満たないこの階層が，村落の耕作地の半分以上を所有していることも少なくなかった。第二の小規模農民は，第一の有力土地所有者より数は多いが，その所有地の合計は第一の階層の所有面積を大幅に下回ることが多かった。第三の小作人層の人口比率は，19世紀末には増大するが，この時点ではそれほど大きくはなかった。

第四の階層，雇用農業労働者は，主として被差別カースト（「不可触民」）や低位のカースト成員からなっている。彼らは，土地をほとんど所有しないで，農業に必要な家畜や農具も持たないため，小作人であれ農業経営者になることはできず，有力土地所有者の農業経営者に雇用・使役されて土地を耕作した。農業労働者と雇用主との関係は長期にわたることが多かった。彼らの多くは，一生，しばしばその子供も含めて数世代にわたって特定の主人のもとで働き，主人から借りた借金などによって束縛される，隷属的関係のもとにあった。しばしば，村落有力者たちは，労働者たちが住む宅地への所有権をも主張してい

た。彼らは，主人から食糧や衣服の提供をうけて，主人によって給養される存在であった。

　これらの雇用労働者は，村落の耕地を耕作するもっとも重要な労働力であった。村落有力者はそうした労働力として彼らを確保するために，荒蕪地が広範に残存していたにもかかわらず，これら階層が荒蕪地を所有したり，自力で占拠して耕作することを事実上阻止してきた。19世紀の後半以降は，労働者層の一部からは海外などのプランテーションに出稼ぎにでようとする者が現れたが，主人は，「労働者家族を宅地から追いだす」と脅したり債務を口実にして，労働者が出稼ぎにでることを阻止しようとした。こうした長期雇用の隷属的労働者のほかに日雇い労働者もいたが，農閑期など労働需要が減少する時期が長かった当時，まったく土地や小作地がない労働者にとって日雇い労働雇用だけの収入で生きることは容易ではなかった。

　このような階層性の強い農村社会，特に労働力の重要部分を占める雇用農業労働者の存在は，地域的な差異をともないながらインド各地で報告され，特に豊かな農業の先進地域ではかなり一般的であった。たとえば，西部インドの南グジャラート地方では，バラモンの土地所有者によって隷属的農業労働者が雇用されるハーリー（hali）制度がある（Breman 1974）。また北インドのパンジャーブ地方では，土地所有者に被差別カーストのチャマールなどが労働提供をするセピダール（sepidar）という制度があった（Kessinger 1979）。北インドでは，村落の土地所有者が共同で土地を所有するバイヤーチャーラー（bhaiachara）保有が広範囲に広がっていたが，ここでもバイヤーチャーラー保有者の間で実質的な不平等は大きかった（Stokes 1983, 64-65)[7]。ベンガル地方で一般的に施行されるザミンダーリー制度のもとで，政府に地税を納入する者（土地所有者）として決められたのは，大規模な領地を支配する領主，ザミンダールであった。ザミンダールに対して地代を支払っていた小作人の中には，地域の中で政治的・経済的に有力な者，ジョトダールが存在し，刈分小作人や

---

　7) また，北インドの被差別カーストやそのほかの低カースト成員を被雇用労働力として確保するために，彼らの土地保有が禁じられたことについては，Siddiqi (1973, 54)。

農業労働者はジョトダールに従属していた（Ray and Ray 1973 ; Ray 1979）。

こうした水田地帯で多く見られる階層性の強い社会経済構造の村落のほかに，より緩やかな階層構造の村落も量的には多かった。たとえば，南インドの乾燥・畑作地帯では，村民の多数を占める小規模農耕民が耕地の多くを所有し耕作しているような村落も多い。19世紀半ばの時点では，乾燥地帯村落でも被差別カースト成員は土地所有から排除されていることが普通だったが，水田地帯のような強い従属関係をもつ常雇の労働者ではなく，日雇い労働者の形態が多かった。西部インドでも，デカン地方では，住民の半分近くは土地保有者で，小作人と農業労働者はあまり多くなく，村落社会の階層性はそれほど強くなかった（Fukazawa 1983, 180）。

下層階層自立への胎動——出稼ぎ，非農業雇用と都市への移動

有力土地所有者層の支配力の強い農村社会の中で，隷属的な農業労働者層をはじめ農村下層階層がこうした支配から自立する傾向が，少しずつ進行していった。

下層階層の自立への動向の契機として重要だったのは，インド内外のプランテーションへの出稼ぎなど，村落下層階層を中心にした村落外の雇用の展開である。19世紀後半以降，スリランカの茶プランテーションなどへインド各地から多数の労働者が出稼ぎをした。インドから海外へ移動した人数は，1871年から1930年の間で年平均24万人から66万人に達し，多くは数カ月や数年海外に滞在して，出身村に戻ってくる出稼ぎであった。海外への移動の何倍も大きかったのは，インド国内の道路建設，鉄道建設，アッサムなどの茶プランテーションや南インドの茶やコーヒー・プランテーションでの雇用であった。

海外や国内のプランテーションなどで主として雇用されたのは，農業労働者など村落内の下層階層であった。村落外のこうした雇用に就くことは，農業労働者階層が村落内の従属的な雇用関係から自立する傾向を強める契機となり，後に見るように農業労働者階層の中からは，村内に零細な土地所有権を入手する者もでてきた。パンジャーブ地方では，鉄道建設，水路灌漑工事，後には軍隊への雇用によって，村落内の従属的な労働者が土地所有階層とのパトロン-

クライアント関係から自立する傾向が強まったし（Mukherjee 2005, 181），ベンガルやビハールにかんしても，アッサムの茶プランテーションへの出稼ぎなどが，村落内の地主・労働者関係を弱めて，長期雇用労働者を減らす結果をもたらした（Chaudhuri 1983, 167）[8]。

　他方，バラモンなど上位カーストの成員を中心に上層階層からも，官吏，教員，弁護士などホワイトカラー職に就いて，都市の職に生活の重点を移していく者がでてきた。土地所有階層の中からは，こうした職に就くために，またそのために必要な教育を子弟につけるために，農村地帯を離れて都市地域に移住するものが増えた。後に述べるように，都市に移住した村落上層民は，村内に所有している農地を小作に貸し出したり，さらには所有地を売却し始めることが少なくなかった。

　こうした農業労働者階層の出稼ぎや非農業雇用に従事する者の増大，村落上層民の都市への移住傾向などは，農業生産の集約化傾向や農業生産の商業化と相まって，農村社会の階層構造に重要な変化をもたらしつつあった。その変化は，当時のタミル地方の土地所有台帳の分析から明らかとなっている。

　南インドのタミル地方の水田地帯の場合は，19 世紀半ばに上位カースト成員を中心とする有力村民は，村落の土地の多くを独占的に所有するとともに隷属的な農業労働者を使役して大規模な農業経営を営んでいたが，19 世紀末以降，彼らの一部が，都市に移住しはじめると，農業経営をやめて，所有地を小作人に貸し出すようになった。当時，農業生産が次第に集約的となり，小規模な家族経営が大規模経営よりも高い生産性を実現する傾向が強まったことも，大規模経営を解体して小規模の小作経営に委ねる傾向を強めた。上位カーストの土地所有者，特に大規模土地所有者は，さらには土地所有さえも減少させ始めた。他方，前述のように農業労働者の階層からインド内外のプランテーションをはじめとして出稼ぎに出る者が増えたが，出稼ぎにでることによって彼らは地主に対する自立性を強めた。大規模農業経営者は従属的労働者をかつての

---

8) 植民地期を含めて，インド各地の被差別カースト等の生存戦略にとっての出稼ぎの意義については，Gidwani and Sivaramakrishnan（2003）参照。

ように自由に使用することが困難となり始めたが,このことも大規模経営の小作地化を促進した。農業労働者の中からは,小作人に上昇する者や,さらには出稼ぎなどで資金を貯めて農地をわずかであれ購入する者も現れたことを,タミル地方の村落土地台帳の分析は明らかにしている。かくて独占的に土地所有をもつ有力村民の階層と,その土地を雇用労働者として耕作する多数の農業労働者階層という階層分断的構造は,極めてゆっくりとまた部分的であるが,19世紀末以降崩れ始めたのである。

　しかし,こうした土地所有の独占的構造が少しずつ崩れて旧来の大規模土地所有者が所有地を減らす傾向とは逆に,大規模土地所有を新たに拡大させる要因もあった。農業生産が海外市場と結合しながら商業化したことである。南インドの農業も19世紀後半に次第に海外市場をはじめとして遠隔地市場向けの生産を拡大し,農民はその産品の販売を商人に依存するようになった。遠隔地市場と結びついた農産物の価格変動は激しく,商人や金貸しに対する農民の負債が増大した。負債の返済が不可能となった場合は,土地所有権は商人や金貸しに移転し,それまでの耕作農民は小作人になるか,さらには農業労働者に転落する場合もあった。他方,商人や金貸しの中には,こうして土地所有を拡大するものが少なくなかった。インド経済全体の商業化や植民地支配にともなう鉄道建設,道路建設なども,非農業的活動によって大規模土地所有を獲得する機会を増やした。これら非農業経済活動で獲得された土地の多くは,小作地になることが多かった(柳澤 1991)。

　こうして,土地所有にかんしては,土地所有者の社会的属性を区分せずに集計した場合は土地所有分布の大きな変動は統計上表れないが,内実としては,一方で上位カーストの成員による旧来型の大土地所有が減少する一方で,非農業事業で利益を蓄積した者による大規模土地所有が形成されるという大きな変化が起きていたのである。農業労働者階層にかんしても,農業従事人口における農業労働者の比率は大きな変化を示さなかったが,それは,旧来の農業労働者階層から小作人や零細土地所有者に上昇する者がでる一方で,かつての小土地所有農民の一部が土地所有を失って農業労働者化し新たに農業労働者市場に流入したためであって,見かけ上とは異なって実態の変化は大きかった。農業

経営の面でも変化はあった。ひとつは大規模農業経営が減少したことであり，第二に，かつての大規模経営下の農地が小作地化する傾向と，一部の小規模農民所有地が商人・金貸しのもとへ移転する傾向の結果，全体として小作地が拡大したことである（柳澤 1991）。

インドの他の地域にかんしては，19世紀半ば以降の土地所有階層の変動は，より小さかったようであるが，スミト・グハは西部インドにかんして，1916年から1947年の間に15エーカー以下の規模の土地所有者によって所有される面積が増大し，それが経営規模の縮小傾向に対応していることを指摘して，南インドと同様に大規模農業経営が減少する傾向があったことを示唆している（Raj et al. 1985, 238-240；Kumar 1983, 202）。土地保有規模や経営規模の縮小傾向は，パンジャーブ地方からも報告されている（Kessinger 1979, 130）。さらに，1911年以降の時期にかんしてであるが，南グジャラートでは，土地なしの農業労働者階層の都市への移出が一因となって，農業労働者の数が減少し農業労働力が不足するようになった（Kumar 1983, 204）。さらに，1920年代には，農業労働者による土地所有の獲得が明らかになっている（Charlesworth 1985, 224；Pandit 1969）。ベンガル地方でも，イギリス支配の初期に存在した隷属的な農業労働者が出稼ぎなどの影響で自立性を強めたため，多くの土地所有者は，監督を必要とする隷属労働者を利用する経営よりも分益小作人への貸付けを選ぶようになっていった。また，イギリス支配の初期には農業労働者のほとんどはもっとも低いカーストの家内サーバント層だったが，負債を抱えたり土地保有を減らした農民たちの間で日雇い労働に従事する者の比率が次第に上昇した事実など，南インドと同様に農業労働者の構成に変化があったことが，明らかになっている（Chaudhuri 1983）。パンジャーブ地方では，農業労働者の比率は低かったものの，チャマールの農業労働者が水路灌漑開拓地へ流出するなどの結果，彼らの地主への依存性が弱まり，1920年代以降セピダール制は次第に分解し始めた（Kessinger 1979）。

こうして，インドのかなりの地域で，20世紀前半の農村社会では，なお有力土地所有者層は他の階層に対する社会経済的な支配力を維持していたものの，下層民の自立への動向が胎動し始めていたことが確認できよう。

第 2 章

植民地下での製造業部門の発展

——民族運動，輸入代替工業化と多層的労働市場——

1　インド民族運動と選択的保護関税の開始

選択的保護関税制度の導入

　インドの両大戦間期は，農業生産が前章で見たように停滞した一方で，製造業が重要な発展を開始した時期であった。20世紀前半の第二次産業の成長率は1.5％で，第一次産業の0.4％と対照的である。国際的に見れば，1913年を100としたときの1936-38年の時点における各国の製造業の指数は，イギリスの122，アメリカの167，世界の185に対してインドは230あるいは251で，ソ連（774）と日本（529）などに次ぐ高さである（Morris 1983, 609）。成長率が高いのは，大規模工場部門である。

　このインド製造業の成長率の高さの背景には，インドにおける保護関税制度の部分的な導入という重要な変化があった。

　イギリス植民地インドは，1882年以来ほぼ完全な自由貿易体制のもとにあった。ランカシャーなどのイギリス綿工業資本は，インドにおける保護関税の設定を認めず，わずかな収入関税の設定に対しても，それを相殺する国内消費税を設定させるほどであった。

　しかし，第一次大戦以降，インドとイギリスの経済的関係は，重要な変化を見た。1919年のインド統治法は，インドに立法参事会を設立するとともに，関税政策についてもしインド政庁と立法参事会が合意した場合には，本国のイ

ンド省大臣はそれに介入しないという，財政自主権をインドに付与した。インド政庁が関税政策を立案・執行するにあたって，立法参事会を通して表出されるインド内の企業家やその他の経済的利害および民族運動の圧力を真剣に考慮せざるをえないという状況が作りだされた。さらに，1921 年のインド財政委員会は，選択的保護政策の採用を勧告した。インドが自然条件の面で優位をもっており，将来的には保護なしでも国際競争力をもちうるが，現時点では保護を与えることによってのみ成長が期待できる，という条件を満たす産業については，保護関税の設定を認めるというものであった。

　1923 年以降，関税委員会が設立され，保護関税の適否について政府に勧告を行った。1929 年から 1939 年にかけて，鉄鋼，綿織物，養蚕，紙，砂糖，銀糸，塩化マグネシウム，重化学，マッチの 9 産業については，保護関税が設定されていった。これら個別産業にかんする保護関税に加えて，1920 年代以降，逼迫する財政事情に対応して財政収入を確保するために一般輸入関税が順次引き上げられた結果，全般的な保護機能が生じ始めていた。

　いくつかの重要産業の保護を含む関税政策や一部の工業を育成する方針が採用された背景には，次のような要因が考えられる。第一に，軍事的理由である。第一次大戦以前から，英帝国の軍事戦略上インドにおいて軍需産業を設立する必要がある旨指摘されており，設立されたインド軍需委員会は軍需産業の育成に努めた（Dewey 1979）。後に見る鉄鋼業への政府による保護も，鉄道需要とともに軍事上の必要にも対応するものであった。

　第二に，インドをめぐる競争関係の複雑化である。19 世紀にはイギリスはインドへの工業製品にかんして優越した位置にあったが，第一次大戦以降は後発工業国のドイツや日本が次第にインドの工業製品市場への浸透を試み始めた。特に鉄鋼にかんしては，ベルギーやドイツの製品のインドへの輸入が第一次大戦以降著増し，綿製品にかんしても日本の製品が急速に流入し始めた。イギリスは，インド市場をこれらの後発工業国から保護するために，イギリス製品に対しては特恵関税を付しながら，イギリス製品の競争力が劣る製品分野にかんしては保護関税の設定を認める方針を採ることもあった。インド市場をめぐる諸大国間の競争関係の複雑化は，軍事的な必要とともに，鉄鋼業保護の重

要な背景であった。

イギリス綿工業利害と民族運動――日印会商に見る

　保護関税にかんしてもっとも重要な問題となった綿工業などの分野では，インド内の民族運動の発展が保護関税導入をもたらした最大の要因であった。

　この点で，イギリス資本主義を「ジェントルマン資本主義」と理解するケインとホプキンズの見解について，批判的な検討を行う必要がある。彼らは，イギリスの対インド政策はシティの金融的利害によって決定的に規定されており，綿工業などイギリスの中の製造業がイギリスの対インド政策に及ぼす影響力は第一次大戦以降いっそう低下していったと指摘する。彼らによれば，対インド政策は，金融的な必要性とインドの対外金融債務の履行の保障を第一目標とした。そのために，インド財政に均衡財政の原則を厳格に適用し，他方，ランカシャー製品の市場確保よりも，インドからの輸出を促進してインドの貿易収支の黒字を獲得することが重視され，輸入関税とインド国内産業の育成によって財政収入の増大が図られた。1930年代の国際貿易協定の交渉では終始決定的に重要な問題となったのは「インドの輸出品に市場を保証」することだった，という（Cain and Hopkins 1993, Ch. 8）。

　しかし，1930年代における日印会商の交渉過程の分析からは，イギリスの政策基調は交渉の過程で一貫してイギリス綿工業の市場をインドに確保することに最大の力点が置かれたことがわかる。イギリス本国とインド政庁との間で交換された文書は，両者が交渉の中心的問題でまったく異なった方針を主張していたことを示している[1]。

　1930年代の2回にわたる日印会商の過程で，終始問題の中心にあったのは，インドの原綿等の市場の確保と，ランカシャー綿工業の市場をインドでいかに確保するかという2つの問題であった。日印協定において，日本のインドへの綿製品の輸出は，インド原綿の日本への輸入とリンクしていた。実際の交渉

---

1) 本項の議論は，柳沢（2001）に依拠している。日印会商についてはさらに，柳沢（1980），籠谷（1996）。

で一番問題となったことは，日本綿製品のインドへの輸入の際にどのような量的・質的な制限を課すかであったが，その焦点はイギリス綿製品がなお競争力をもっている製品分野での日本品のインド流入をいかに制限してランカシャー製品にインド市場を確保するかであった。たとえば第二次会商（1936-37年）では，焦点となった製品分野は「色物」，その中でもとくに「捺染」で，日本もランカシャー綿工業もこの分野でインド市場を確保したいと考えていた。この点で，イギリス本国とインド政庁とでは，意見は異なっていた。インド政庁は，第一に原綿の日本市場確保の重要性の主張をしたうえで，第二に，日本のインドへの輸出の大きな部分を占めてきた「平織」粗布への割当を減らして，代わって「色物」などの分野で割当を増やしたいという日本の提案に同意の意向をもっていた。日本からの平織がマドラスの手織工の製品と競合して打撃を与えてきたからである。

これに対して，イギリス本国や本国の利害を担って交渉に参加しているアインズコフの主張は，インド政庁の意見とちょうど逆であった。イギリス綿工業は，平織粗布などの分野ではインドや日本の綿工業と競争できないため，色物とくに捺染など高級品の市場をいかにイギリス側が確保するかが重要であると考えていた。アインズコフ自身が記しているように，製品の種類間の比率にかかわる「カテゴリー」問題を扱う際に，色物を分割して捺染の比率を制限しようという方針は，ランカシャーの利害に直結していた。イギリス政府は，インド政庁がインドの綿花栽培者の利害を尊重してランカシャーの利害を損ねる方針を採るのではないかと危惧をもっていたのである[2]。ロンドンのインド省大臣は，インド総督に私信を送って，こうしたイギリス側の懸念を伝えている。

このようなイギリス本国と現地の政庁との方向の違いは，日本とビルマの交渉でいっそう露骨に現れてくる。インドからの独立が予定されていたビルマと日本との交渉は，日本・インド間の交渉と並行して進められていた。ビルマ側

---

2) アインズコフは，「我々は，〔インド側交渉代表の〕スチュアートが，インドの綿花栽培者の反感を買うより，むしろ英国の利害を損ねると思われるカテゴリーにかんする譲歩を選ぶのでないかと心配だ」と記している（From Ainscough to Edgcumbe [Controller-General, Dept. of Overseas Trade], 24 Aug., 1936, E&O 6144)。

の見解は，第一に，綿花以外でビルマが日本に輸出している重要産品，たとえば鉛や豆についても日本による輸入の拡大を図ることを追求すべきであるとするものであった。第二に，日本からの綿布輸入にかんして制限を課さないほうがよい，というものであった。「低い購買力しかない圧倒的多数のビルマの人々の利益を考えると，政府は安価な綿織物の価格を上げるような行動を避ける必要がある」として，日本からの綿織物の輸入に制限をすることに反対した。第三に，色物を生産する綿工業のないビルマの利害からは，色物の輸入を制限するようなカテゴリー案に反対であった。

　これに対して，ロンドンのイギリス商務省やインド省の方針はまったく逆であった。第一に，交渉の対象に，綿花以外のビルマ産品の日本への輸出にかんする問題を含めることに反対した。第二に，ランカシャーがカテゴリーへの分割について非常に重視しているので，日本・ビルマ交渉でもこれを重視するよう要求した。イギリス商務省の見解は，(1) イギリス綿工業は，平織粗布や晒布の分野ではインドや日本の綿工業と競争できず，その市場は高級品市場に限定されつつあるため，イギリス綿工業の利害を考慮して日本の色物輸出を1935年の水準で安定させないよう，カテゴリーで制限をすること，(2) 日本のレイヨンに対して特別関税とクォータを課してほしい，というものであった[3]。第三に，ロンドンは，次のように説得する。まず，もしイギリスの利害が入る余地がないという事態が生じた場合は，「インド・ビルマ貿易規則」のイギリス議会での承認の際に反対が強まるだろう。イギリス商務省は，もしビルマ政庁の提案の線で妥結した場合は，それは「ビルマとイギリスとの間の交渉の開始にとって非常に不都合な雰囲気を不可避的に作り出すだろう」と述べている。つまり，イギリス商務省は，ランカシャー綿工業の市場を確保することを，日本・ビルマ間の交渉内容として強く要求しただけでなく，イギリス・ビルマ間の交渉開始にも影響する問題として強固に要求したのである。イギリス・ビルマ交渉が，ケインとホプキンズの議論から想定されるような，ビルマ産品の市場確保を最大の目的としたというものでは，およそなかったことは明

---

3) From SS for India to Government of Burma, 17 Nov., 1936, E&O 7532/1936.

白であろう。インド省は，商務省のこの手紙をビルマ政庁に伝え，最終的な判断をビルマ政庁に委ねている。

　こうして，日印会商をめぐるイギリス側文書からは，イギリス政府インド省の政策基調はインド政庁やビルマ政庁のそれとはまったく異なっていたこと，イギリス本国政府は，インドおよびビルマの産品の販路を日本に確保したり拡大したりすることについては極めて消極的であり，ランカシャー製品の市場確保の主張を強力に行い，その要求の実現をもっとも優先すべき政策的な重点としていたことが明らかとなる。さらに，イギリス側は，イギリス・ビルマ間通商交渉においても，イギリスによるビルマ産品への特許譲許は無条件のものでなく，ビルマがランカシャー製品への市場をどこまで提供できるかに深くかかわる問題だ，と主張している。イギリス商務省の主張の背景には，ランカシャー出身の国会議員の国会での発言力が無視できないほど大きいという事実があるといってよいだろう。こうして，イギリスの「ジェントルマン資本主義」が植民地などの産品の輸出市場の確保やそれら地域の産業保護を目指したと主張するケインやホプキンズの見解は，少なくともインドやビルマにかんしては，十分な実証的な根拠をもっていない[4]。

　インドの綿工業などへの産業保護政策の導入を進めた最大の推進力は，「ジェントルマン資本主義」ではなく，インド内で急速に拡大した民族運動の力であった。20世紀初め以来のインド民族運動の拡大の中で，スワデーシー（国産品振興）の要求は次第に強まった。インド綿工業がインドの織物市場においてイギリス綿工業との競合関係を強めるにしたがって，インド産業を保護するための保護関税の設定を求める要求も強まっていった。1919年統治法によって導入された立法参事会の制度は，前述のように，インド政庁の政策形成にインド民族運動の主張を反映させていく重要な機構となった。

　Chatterji（1992）によれば，インド財政収入確保のためにインド政庁が関税の引上げを提案した多くの事例に対して，イギリス本国政府はイギリス綿工業

---

[4] インド鉄鋼業の保護関税の設定にあたっても，事実上の対英特恵の導入によって，イギリス鉄鋼業の利害を強く保全する政策をとったことも，イギリスの製造業利害が重視されていたことを示唆している（Wagle 1981）。

の利害を守る観点から反対し，消費税等の引上げによる財源確保などを提案した。イギリス本国がインド関税引上げを承認したケースの多くは，引上げ拒否がインド内の民族運動を昂進させたり，ボイコット運動を刺激してランカシャー製品の市場をむしろ縮小させることを恐れた結果の判断であった[5]。

自国の経済の自立的な発展を目指したインド民族運動の力は，こうして部分的な保護関税制度の導入と輸入代替工業化の開始をもたらしたが，1947年の独立の達成により，経済的な自立を目指す経済発展への道を全面的に展開させることとなる。両大戦間期は，自立経済形成の方向に向けての基本的な推進力が作られ，そのための体制が胎動を始めた時期であった。

2　輸入代替工業化の部分的開始[6]

両大戦間期における保護関税政策の部分的な導入など輸入代替化政策の部分的な開始は，製造業の発展を刺激し，インドの民族的な工業の成長を促進した。また，世界恐慌以降の世界経済の縮小傾向を受けて，輸出志向の産業は停滞していった。両大戦間期のインドは，独立以降に本格的に展開する「内向きの輸入代替工業化」の過程が，実質的に開始される時期とみなすこともできる。インドの主要な工場制工業の発展過程と変容を見てみよう。

---

5) インド財政が関税収入への依存度を増大させたこと自体，イギリスやインドの政府がインドにおける民族運動の拡大を危惧していたことと無関係ではない。19世紀にもっとも重要であった土地税は，財政収入に占める比率も農業生産量の中で占める比率も19世紀末以降低下してきた。第一次大戦以降に，インド財政の逼迫を土地税の増徴によって補う方策はありえたが，それは土地所有者階層という植民地支配の社会的な同盟者をイギリス支配からいっそう遠ざける危険性があった。また，消費税のこれ以上の引上げは消費量の減退を招くことが予想されたため，インドのビジネス階層をイギリス支配の側に引き寄せる効果をも期待できる，関税引上げによる財政収入の確保という方策をとったのである（Dewey 1978, 39）。

6) 本節の内容については，拙稿「第5章 インド工業の発展」長崎暢子編『南アジア史4』山川出版社，近刊，でより詳しく展開することを予定している。

綿工業——インド内の大衆的市場に向けての輸入代替的発展

　ムンバイ（ボンベイ）やアフマダーバードなど西部インドでは，インド人資本家による工場制綿工業が19世紀後半以降に発展してきた。その中心を担ったのは，西部インドを中心に内外の交易に従事してきた，商業資本から系譜する資本家たちだった。ムンバイの紡績工場の設立では，イギリス企業の代理人として極東交易に従事してきたパルシーのムンバイ商人が重要な役割を果たした。

　19世紀後半に発展したインドの工場制綿工業は紡績生産が中心で，生産した紡績糸は，中国など海外の手織工と，インド内部の手織工に主として供給された。しかし，インドに遅れて発展を開始した日本の紡績業は，19世紀末以降紡績糸の中国への輸出を増大させてインド紡績糸を圧迫し，後には中国内の紡績業の発展も加わって，インド紡績糸は20世紀初頭以降急速に中国市場から駆逐されていった。中国市場に強く依存していたインドの綿工業，特にムンバイ綿工業は，従来の紡績糸のみを生産する体制から転換して，生産した紡績糸の大半を工場で織布して，織物としてインド内の市場に大量に供給しはじめた。19世紀には紡績業中心のインドの綿工業は，主として織物をインド市場に提供したイギリス綿工業とはあまり直接的に競合しなかったが，20世紀初頭以降のインド綿工業の織布生産への本格的参入によって，両国の工場制綿工業はインドの織布市場で全面的に競合することとなった。

　インドの工場製織物の市場におけるインド工場製品の占拠率は，20世紀初頭にはおおよそ2割に過ぎず残りは輸入織物が市場を占めていたが，その後，インド工場製品比率は1920年代半ばには5割を超えるにいたり，30年代後半には8割を超えて，工場制綿工業における輸入代替化をほぼ達成した。1910年から1938年の間に，インドの工場制綿工業の綿布生産量は約4倍近くに増大し，他方輸入量は3割程度に激減した。工場制の綿工業労働者の数も，1925年の37万人から1937年の57万人へと増大した[7]。

---

7) India, Department of Commercial Intelligence and Statistics, *Large Industrial Establishments in India*, for 1924 and 1937.

この過程でイギリス綿製品の輸入が減少したが，その減少を加速したのは，日本製の綿製品のインドへの流入であった。インド市場をめぐって，インド・イギリス・日本の三国の綿工業が複雑な競合関係をつくるようになったのである。インドの工場制綿工業から見れば，イギリス製品のみならず日本製品とも競争しなくてはならないという事態が生じた。1920年代末から本格的に導入される，対英特恵と一体になった綿関係の保護関税の一部には，インド綿工業とランカシャー綿工業との連携を図りつつ，日本製綿製品のインド市場への流入を阻止するという意図も込められていたのである。

　イギリス綿工業の市場を奪いながらのインド工場制綿工業の発展は，インドにおける民族運動の発展や人々の民族意識の強化によっても促進された。前述のように，綿織物関税の引上げの多くは，保護関税の設定・引上げを要求するインドの民族運動への配慮からなされたが，直接的にも民族運動の重要な一環として行われたイギリス製品へのボイコット運動によって，イギリス綿製品のインド市場での売上げは大きな影響を受けた。かくて，イギリス綿製品は，インド民族運動の影響を受けつつ，インドのみならず日本の綿製品との競合に勝つことができず，英特恵関税制度にもかかわらずインド市場から撤退を余儀なくされたのである。

鉄鋼業──政府需要中心の輸入代替化

　インドにおける近代的製鉄業を創出する試みは，すでに18世紀末から始まっている。南インドでの木炭を使っての製鉄企業などが試みられたが，長くは成功しなかった。19世紀後半の鉄道の普及により，ほとんどの銑鉄と鋼鉄は海外から輸入するようになった。1889年にはBengal Iron and Steel Company（BISCO）が設立されて，銑鉄を主として生産したが，あまり成功しなかった。同社は鉄鋼生産も試みたが，1906年には閉鎖された。

　本格的な鉄鋼業の発展は，1907年のターター鉄鋼会社（TISCO）の設立以降である。国際的な交易に従事した商人から系譜するJ. N. ターター（Tata）は，ボンベイなどで綿工場を設立して成功したが，さらに，政府による鉄道レール用の鉄鋼の購入約束など，計画段階から政府の支援をとりつける一方，

スワデーシー運動の熱気の中でインド内の 8,000 人の投資家から資金を集めて，1 万トンの鉄鋼製造能力で TISCO を発足させた。同社は，30 年代後半には 70 万トンを超えるまで生産を拡大した。1913-14 年にはインドの国内鉄鋼消費のほとんどは輸入製品であったが，TISCO 製品のシェアは 1926 年には 30％に，1933-34 年には 66％にと，輸入代替の過程が進んだ。1936 年以降は，Mysore Iron and Steel Works（MISW）製の鉄鋼の供給も加わって輸入鋼の比率はさらに低下し，1938/39 年には国内産の鋼が 73％のシェアを占めるにいたった。

　この輸入代替の過程は，政府による優先買付けとともに，保護関税の設定によって促進された。第一次大戦後の鉄鋼価格の下落に対処するために，TISCO は政府にインド製鉄鋼の保護を要求し，1924 年には保護関税が設定され，その後も引上げが行われた。その際，イギリス製の鉄鋼とヨーロッパ大陸の製品との品質上の差異を理由に事実上の対英特恵関税の制度が導入された。TISCO は，もっとも競合関係が強かったヨーロッパ大陸からの鉄鋼に対する十分な保護が与えられたことで，インド市場におけるシェアを拡大することが可能であった。

　政府のインド鉄鋼業保護をもたらした要因のひとつは，前述のように，ベルギーなどの大陸ヨーロッパ諸国からの鉄鋼輸入の増大である。レールや政府買付けについてはイギリス鉄鋼業品が優越していたが，その他の民間部門の購入については 1911-12 年の時点でイギリス鉄鋼業のシェアは 5 分の 1 になり，20 年代にはさらに低下した。事実上の対英特恵を含む鉄鋼保護関税の設定は，このヨーロッパ大陸からの鉄鋼輸入を防ごうというものだった。さらに，スエズ以東のアジアにイギリス統制下の鉄鋼生産拠点を必要としたという軍事的な理由も，政府のインド鉄鋼業保護の背景にあったし，綿工業の場合と同様に，民族運動の拡大も，政府による保護関税の背景として無視できない（Bagchi 1972, 300-303）。

　政府買付けによって鉄鋼業の育成を図った政府の政策に対応して，TISCO の主たる市場は，鉄道のレール，軍需，道路・橋建設など，政府関係の需要であった。いいかえれば，本来は鉄鋼業の重要市場となる可能性のある機械産業

からの需要は小さかった。インドにおける工場制綿工業やジュート産業は顕著に発展したが，政府による繊維機械産業への保護はなく，紡績機や織機などの機械の国内生産は発展せず，イギリスからの輸入に依存していた。こうして，インド内の消費財生産は必要とする機械・設備など資本財を宗主国イギリスから輸入する一方で，鉄鋼業などインド内の重工業部門は消費財産業向けの機械・生産財生産としての機能をもたず，鉄道需要や軍需，政府需要という植民地的な政治・経済構造に直結した性格をもつものであった。独立前のインド経済は，国内の産業部門が構造的に結合していないという，植民地的な奇形性をもっており，その結合は，独立以降の全面的な輸入代替工業化政策の展開を待たねばならなかった。

製糖業・マッチ製造業・製紙業・セメント——国内市場での輸入代替と発展

　製糖業とマッチ製造業は，保護関税の設定によって急速に発展した工業である。ジャワなど海外の砂糖産業は政府の支援を受けて発展したが，そうした政府支援がほとんどなかったインドでは，19世紀末以降，海外からの砂糖輸入が急増しており，1931年まではインド内の製糖業の発展は極めて遅れていた。しかし，政府の政策は，世界恐慌を経て変化した。インド製糖業の発展を促進しないと耕作者への打撃が大きいという警告を受けたインド政庁は，インド関税委員会に保護関税の設定についての審議を付託した。その勧告に従って1932年に，従価185％程度の保護関税が設定されることになった。1930-31年から33-34年の間に，白糖の輸入は激減し，逆にインド内の工場による砂糖生産は2倍半に増大し，1936-37年には，純輸出国となった。

　輸入関税のなかった19世紀末からマッチ製造工場設立の試みは行われたが，成功例は少なかった。収入関税は漸次引き上げられていったが，1922年には従価100-200％に相当する，高い水準の収入関税が設定され，1928年には保護関税も設定された。この結果，多くのマッチ製造工場が設立された。インドは，世界全体の消費の約10分の1を占める巨大市場で，マッチの消費は増大していた。1926年に，国内消費の6割以上はインド内の工場が供給し，残りは輸入していた。しかし，インド市場の大半のシェアを握ったインド内の

マッチ製造者は，スウェーデン系の資本による，西部インド・マッチ会社（Western India Match Company, WIMCO）であった。1922年以前にはインドへの最大のマッチ輸出国であったスウェーデンは，インドの輸入関税の引上げ以降は，インド内に工場を設立して，インド内の生産の8割を生産し，インド市場を掌握し続けた。ある程度の規模のインド人マッチ製造業者でインド内でのWIMCOとの競争に耐えることができたものは多くはなかった。1953年の時点で，WIMCO工場がインド需要の73%を生産し，154の小規模なインド人による企業が残りを生産していた。

　製紙・パルプ製造業は，政府の保護に加えて，技術的な改良によって原料問題を解決することによって，輸入代替化が実現した。19世紀には，安価な木材パルプを原料とするヨーロッパ製紙業からの輸入のシェアが大きかったが，1880年代から採用されてきたインド政庁の国内産紙の買付けの方針に対応して，インド内にはいくつかのヨーロッパ系の製紙工場が発展していた。インド政府は第一次大戦後，製紙業への保護を拡大し，インド内工場の生産は増大したが，ほとんどが保護された種類にとどまり，輸入も拡大し，輸入紙はインド需要の大半を占め続け，輸入代替をすることはできなかった。インドの中で十分な木材パルプの供給が得られなかったためだった。政府の保護のもとで，1930年代後半にいたって竹パルプの改良が進み，インド内の紙生産は1940年前後には30年の2倍程度の生産量を達成し，輸入を凌駕するようになった。

　輸送コストの高いセメントの場合は，輸入代替化は早期に実現した。インドのポートランド・セメントへの需要は，1910年代から1930年代の間に7倍程度に増大した。1920年代初めですでにインド内の工場が国内消費の57%を供給し，1937年頃には95%を供給するようになっていた。

ジュート産業──輸出依存型産業の停滞

　こうした輸入代替工業化の進展と対照的に，海外市場向けの輸出産業として発展してきたジュート工業の場合，1929年の世界恐慌以降は，世界的農産物取引の縮小にともなって，主として農産物の輸送用として使用されてきたジュート製品への需要も激減した。インドからのジュート製品の輸出は，

1928/29 年の 5 億 6,900 万ルピーから 1934/35 年には 2 億 1,500 万ルピーへと半減した。同工業の従事者数は 20 年代末には 34 万人まで増大したが，30 年代半ばには 26 万人に減った。

インド・ジュート工場協会は，需要の減少に対して，政府による労働時間規制の法制化によって，生産過剰を阻止しようと試みた。紙袋などジュート袋への代替製品の出現への対応の遅れや機械の更新・改良の遅れなど，ジュート産業の経営的・技術的な停滞も指摘されるようになった。

国内市場志向の工業化と計画経済への道

保護関税の部分的導入とともに，第一次大戦以降のインド経済は，対外貿易の比重が低下し，国内市場への志向を強めていった。独立以降に本格化する「内向きの輸入代替工業化」が始まるとともに，計画経済への政策志向も形成され始めた。

まず，両大戦間期のインド経済に占める貿易の重要性が低下していったことから見よう。インドの純国内生産に対する輸出の比率は，1925 年には 11.1% であったが，その後，1930 年に 8.6%，1934 年に 6.9%，1940 年には 6.8% と傾向的に低下している。同じく輸入の比率も，それぞれ 6.8%，6.6%，6.0%，5.4% と，ゆっくりであるが低下している（Kumar 1983, 839；Sivasubramonian 2000, 366-368）。工業の分野では，両大戦間期の世界経済の停滞や縮小の中でジュート工業のような海外市場依存型の工業は停滞と衰退の傾向を示し，他方，綿工業やマッチ工業のような国内の日常消費財市場を対象とする工業は拡大した。上述のように選択的保護関税制度の導入などがこうした工業の輸入代替的な発展を促進したことは確かであるが，いくつかの産業においては輸入代替の程度を超えて国内生産の発展を遂げていることも注目される。Sivasubramonian（2000）の推計によれば，インドの純国内生産は 1920 年から 1940 年の間に 37% 増大しているのであるから，インドの経済全体として，海外市場への依存度を低下させつつ，国内市場を中心に拡大する，国民経済の形成の過程が進行していたといえよう。その過程は，以上のように，民族運動や民族意識の拡大によって大きく促進された。独立以降に本格的に進行する，輸入代

替工業化政策による国民経済の建設が，両大戦間期に部分的に進められていたのである。ただその中で，消費財生産部門の中では輸入代替化が大きく進展したが，生産財生産部門では，植民地支配と関連した政府需要に直結する部門のみが確立し，機械産業など消費財生産部門と結合した資本財生産の本格的発展は，独立以降の課題としてもちこされることとなった。独立以降の時期への課題の継承を含めて，両大戦間期は独立以降の経済発展の胎動が始まった時期であったことを確認したい。

こうした部分的な輸入代替工業化政策の採用とともに，国家による主導や統制のもとで計画経済によって国民経済を建設するという政策への移行過程が，両大戦間期と第二次大戦期を通じて進行したことも，重要である。政府が，レッセフェール政策をとるのでなく，経済計画をたてて経済の発展を促進すべきだという考えは，すでに20世紀初頭からG. K. ゴーカレー（Gokhale）などによって主張されていたが，1930年代に入ると，インド政府のイギリス人高官のあいだでも，経済計画の必要性が真剣に討議されるようになった。その中心になったのは，インド総督府の財務官であったG. シュスター（Schuster）で，彼らはインド人の企業家をも含めた「経済諮問委員会」の設立などの構想を検討し始めた。経済活動への政府の積極的な関与を主張するケインズなどの考えが影響力を持ち始めたイギリス本国における経済思想や政策の変化がその背景にあるが，不況の深刻化するインド国内における農民や労働者の運動の進展や民族運動の拡大が，いっそう重要な要因としてあった。特に，一方でインドのビジネス階層がインド国民会議派との連携を強めていた現状と，他方で，インドの若い指導者層が計画経済によって急速な経済発展に成功したソ連を模範として見始めていることへの危機感もあった。次第に，政府がイニシアティブをとってインドの経済計画のための機関をつくる必要があるという考えは，植民地政府の高官の間ではコンセンサスをなすにいたった（Chattopadhyay 1987, PE-19-PE-29）。

第二次世界大戦が始まると，計画経済の構想は，急速に具体化されはじめた。一方で，インド国民会議派は，ネルーを議長とする国家計画委員会を1938年に発足させたが，タークルダース（Thakurdas）などインドの大企業層

は，国家による規制が予想される「主要産業」を重工業や化学工業などに限定する案を作成するなど，計画経済の構想を進めた。他方で，インドのビジネス階層は，大戦後のイギリスからの機械・資本財や技術の輸入を求めて，イギリス工業界との協力関係をつくろうと試みた。イギリス側も，アメリカの進出からインド市場を守るためにも，戦後のインドの工業化に積極的に協力・関与する政策に傾いていった。その際，インドのビジネス層が構想していた，国家統制を受けつつ経済建設を行うという考えは，国家による急速な工業化への援助と促進を目指した政策として，イギリスも十分に受け入れることが可能なものであった。第二次大戦下のインド経済では，戦争需要への物資供給の確保のために，政府は多くの物資の生産・流通の規制や輸入統制を行った。戦後インド経済における「ライセンス・ラージ」は，この戦時経済統制から多くのものを引き継いでいるのである（Nakazato 2001, Ch. 8）。

3　多層的労働市場の端緒的形成

　こうした，植民地下の大規模な工場制工業の発展は，次章で検討する，中小・零細経営の展開と相まって，多数の労働者たちを，都市を中心とする非農業部門に，多くは農業社会や農村社会から吸引することとなった。これらの労働者たちは，農村社会のいかなる階層から出自したか，工業に雇用されながら彼らは農村社会の生活といかなる関係をもったか，これらの点と工業雇用のあり方はどう関連したかなどの点から，大きく3つのグループに区別されるように思われる。第一に機械工業などの労働者であり，第二に大規模工場制綿工業の熟練工の織工を中心とする者であり，第三にビーディ（安価なタバコ）生産など零細・中小経営の労働者，炭坑労働者やジュート工業労働者のグループである。本節では，主として1944年にインド政府が任命した労働調査委員会 (Labour Investigation Committee) の調査報告にもとづいて，いくつかの産業を取り上げて，この時点におけるインドの労働市場の構造を検討し，独立以降の労働市場に見られる多層性がすでにこの時点から存在したことを明らかにした

い[8]。

　工場労働者は，工場法の規制対象工場であるか否かで2つに分けられる。工場法の対象工場の場合は大規模工場が多いが，その中では，最大の労働者数約50万人を擁する綿工業，約30万人のジュート工業，約28万人の機械産業が代表的なものといってよいだろう。工場法規制対象外では，ビーディ・タバコ，雲母加工，マット，シェーラック，絨毯織り，鞣し皮，などの産業があり，そのうち，ビーディ・タバコ生産が最大の規模である。

機械工業熟練工など――都市定着型高賃金労働者

　機械・金属工業の賃労働者は，熟練職工と不熟練職工との2種からなる。人夫，掃除夫，などの不熟練労働者は量的には熟練職工より多いが，この工業の中核を担っているのはいうまでもなく，熟練職工である。これら熟練職工のほとんどは男子である。この部門の重労働的な性格からして不熟練労働者にも女性は少なく，女性労働者および年少労働者は労働者総数の4.3%を占めるに過ぎない。

　この工業の初期における主たる技能習得は，年少労働者が工場内で見よう見まねの経験を積み重ねながら徐々に熟練を習得する形態に委ねられていた。この非公式の訓練制度は，1940年代にも極めて広く存続していた。しかし，この技能習得の方法では，訓練に時間がかかること，労働者の経験は，彼が訓練された機械にしか適用できないこと，そしてなによりも技術の科学的・論理的基礎を習得できないことのために，次第に，体系的な企業内養成工制度を必要とするにいたった。一般機械生産の場合，調査された65工場のうちの39工場に養成工制度があり，鉄道工場ではすべてに，発電所・変電所など電気機械部門でもかなり多く，養成工制度が置かれている。期間は6カ月から5カ年と幅があるが，多くは5カ年のようである。電気機械部門では15歳から25歳の労働者が養成工となっている[9]。

　こうした養成工制度をもってしても，急速に増大する熟練職工への需要を十

---

8) 本節は，柳沢（1975）に依拠している。

分に満たしうるわけではない。熟練職工の需給関係の逼迫は，労働者の工場間移動の激しさとして現れている。養成工期間を経た労働者のかなりの部分が，必ずしもその工場で働かず，他工場にいってしまうことがしばしばあるという。たとえばチェンナイ（マドラス）のとある2工場では5カ年間に70人の労働者を熟練工に養成したが，そのうちでその工場にとどまっていたのは16人に過ぎない。

　機械・金属工業の男子熟練職工の賃金は他の分野の職工に比べて高い。ベンガル地方の機械・金属工場の熟練職工は，平均して1日3ルピー前後の所得を得ている。後述するように同じベンガル地方の綿工業の織物工が1日平均2ルピー前後であることと比べて，機械・金属工業の熟練職工の収入は高い水準にあることが分かる。平均4.2人の家族をもつコルカタ（カルカッタ）のジュート産業労働者の1週間の支出は約18ルピーであるから，機械・金属工業の熟練職工の収入は家族を含めた再生産を一応最低の水準で可能にする額であるといえよう。他方，人夫（クーリー）に代表される不熟練労働者の賃金は，熟練職工のそれとは明確に異なって，機械・金属工業以外の不熟練労働者の賃金とほとんど差異がない低い水準であった。

　綿工業をはじめ他の産業の労働者の労働力再生産が多かれ少なかれ農村社会をその一環に含んで行われるのに対して，機械・金属工業の熟練職工は，都市内部で賃金収入によって家族の再生産を行っている。「インド機械工業協会」によれば，「カルカッタ，ボンベイの労働者の60％は永久的に定着（settled）していて，……残りの労働者も近隣から募集されている」のであり，「一般に熟練職工は，不熟練工よりも定着的である」。一般機械生産の中でもとくに国公営工場では，「労働者は，明らかに工業地帯に長い年月定着していた。村との結びつきはなく，出稼ぎ的（migratory）なところはまったくない」といわれている[10]。

---

9) Government of India, Labour Investigation Committee, *Report on an Enquiry into Conditions of Labour in the Engineering and Minerals and Metals Industries in India*, Delhi : The Manager of Publications, 1946, pp. 257-258, 18-19, 83, 122.

10) *Ibid.*, pp. 2, 20.

機械・金属工業の熟練職工の場合は，賃金水準が高いのみならず，他の産業に見られない，昇進・昇給体系をもっていた。この産業の大経営，公営企業，鉄道工場などでは，各職種はいくつかのグレードに分かれ，熟練職工は低級グレードから上級グレードへと次第に上昇してゆく。たとえばある鉄道工場の場合は，旋盤工は3つのグレードに分かれ，労働者は最下層のグレードに入職し，そのグレード内の最低給与職から毎年数アーナーずつの基本賃金の昇給を受けつつ，上級グレードに空きができると，「熟練職工の場合，適当な人が下級グレードや養成工の中から選ばれるのが普通である」。グレードの昇進は「勤務の長さと能力」とによってなされる[11]。

こうして，機械・金属工業の熟練職工の場合は，都市における家族を含めた生活が一応可能となる程度の相対的に高い賃金を得て，農村社会との関連をもたずに家族とともに都市に定着して生活し，数年間の養成工制度をもち，熟練職種内はグレードで分かれ，労働者は毎年の昇給をともないながらグレード内とグレード間を昇進していく制度をもっている。この産業の熟練職工の場合は，都市完全定着型の労働市場といってよいであろう。

綿工場の男子織工──農村中核的農民層出身の半定着労働者

1945年以前のボンベイ（ムンバイ）の綿工業労働者について，Morris (1965) は，労働者が農村との結びつきを維持しているために欠勤率が高くなるなどの不安定性はなく，綿工業内の企業間の移動はあっても綿工業自体に従事する期間は非常に長いことを指摘した。1944年の労働調査委員会報告書も「労働者は次第に安定的になり，生計のほとんどをこの工業に依存している」と述べて，こうしたモリスによる労働者の都市への定着性の指摘の妥当性を示唆している。

しかし，労働者たちはまったく農村との関係をもたないわけではなかった。報告書は「この工業の労働者は，いまなお彼らの農村とのきずなを保っていて，結婚や祭りのとき年に1度から2年に1度は村に帰って行く」という[12]。

---

11) *Ibid.*, pp. 125, 258.

この点を明らかにしたのがボンベイ綿工業に多数の労働者を送り出してきたラトナーギリ地方出身の労働者の調査をおこなった Patel（1963）である。この調査によれば，15歳から20歳の間にもっとも多数の労働者がボンベイに流入し，ホテルのボーイなどの雑業的な職種に就いたのちに綿工業に就職，その後約20数年は，農業生産に従事することなく工業における安定的な労働力となる。しかし，農村社会とそこにおける農業生産は，労働者の世代的な再生産にとって極めて重要な一環としての役割をもっていた。第一に，ほとんどの労働者は，退職後に村に戻る。つまり農村社会は退職後の生活の場として重要であった。第二に，妻子等家族の一部分の生活の場としても重要である。調査対象労働者1人当たりの被扶養家族は，ボンベイ市内に2.3人であるのに対して出身農村に2.7人いた。第三に，病気や失業の時の生活保障の場としての農村の役割である。このように，ボンベイの綿工業労働力は，都市労働力として安定的であったが，その労働力の再生産の一部分は農村社会と農業に委ねられていたといえよう[13]。

綿工業労働者は，その収入の大小によって二種に区分される。最大の労働者数を擁する職種である織工は，綿工業ではもっとも高い所得水準にあり，ベンガルの綿工業では1日平均2ルピー4アーナーを得ていた。他方，糸繋工（piecer），人夫などは，不熟練職種とみなされており，1ルピーを多少超える程度の所得である。熟練工とみなされる織工にしても，その所得は，1日3ルピー前後の所得を得ている機械・金属工業の熟練職工と比べれば，かなり低い。これは，一方で，熟練工といわれる織工でさえも，「私は1カ月半で織工の仕事に熟達した」といわれるほどその熟練の内容は低位のもので，したがって何らの技能をもたない労働者群と不断の競合関係に置かれていたことによるとともに，他方，先に述べた，綿工業労働者の農村との関係がこうした水準の賃金による生活を補完してきたことによるといってよいだろう。つまり，綿工

---

[12] Government of India, Labour Investigation Committee, *Report on an Enquiry into Conditions of Labour in the Cotton Mill Industry in India*, Delhi : The Manager of Publications, 1955, p. 7.
[13] Chandavarkar（1994, 151）も参照。

業労働者のかなりの部分が農村を世代的な再生産の一環に組み込んでいる場合，綿工業労働者の賃金は全体として労働者家族の一部分を扶養しうるに過ぎない水準に押しとどめられざるをえない。逆に，賃金がこうした水準にあることが，労働者の挙家離村を困難にして，農村との関係を維持せざるをえないものにしている。

　綿工業労働者の出身階層については，1940年の「ボンベイ工場主協会」の調査によれば，ボンベイ綿工業労働者の51.8%はマラーター（Maratha）で，特に織布部門では67.4%がマラーターである。次いで，バヤ（Bhayya）が13.8%を占め，指定カーストは11.9%である（Gokhale 1957, 116）[14]。ラトナーギリ地方では，マラーターは「通常土地所有者層である」といわれている（Patel 1963, 19）。多田博一の研究では，ラトナーギリのマラーターはすでに19世紀末にかなり分解しており，零細農の一部分は農業労働者や出稼ぎに従事していたという。ボンベイ綿工業労働者の基軸的な部分は，農村社会の中核的な農耕カーストの中から出自していると見て間違いないだろう。

　以上のようにボンベイの綿工業の労働者は，農村社会の中核的農耕カーストから出身し，退職後に村落に戻るなど農村社会と農業を労働力の世代的な再生産に組み込んだ，半定着の労働力で，賃金水準は機械・金属工業の熟練職工より低いが，以下検討する最低の賃金水準の労働者群より高い，という中間的な位置にあるといえよう。

ジュート工業，ビーディ産業──農村下層階層出身の低賃金労働者

　ジュート工業労働者のかなりの部分は，労働力の世代的再生産の一部を農村に委ねている。1943-44年のベンガルの家計調査によれば，世帯主がジュート工業労働者である家計のうち，381世帯は家族を構成し，415世帯は単身生活者であった。家族を構成している世帯では，同一家計内に平均1.6人の有所得者がおり，被扶養者は平均2.6人であった。他方，単身生活者は，平均4.01

---

14) 1957年のプネー市の繊維産業労働者の調査からも，ほぼ同様のことが見てとれる（Lambert 1963, Appendix B）。

人の被扶養者を出身農村においており，彼らの平均週所得 Rs. 9-14-4 のうちから約 2 ルピーを村落へ送金している。つまり，ジュート工業労働者の多くは，家族を村落においたままの単身生活者であり，家族をともなって都市で生活している場合は同一家計内に複数の就業者をもつことによって家計を維持しているケースが多いことが分かる[15]。ボンベイの労働者調査では扶養家族の46％程度が都市で生活している計算になるのと比較して，ジュート工業の上記調査からは扶養家族のうちで都市で生活する者の比率は37％以下と計算されるから，扶養家族が生活する場としての農村社会の重要性はジュート工業では非常に高い。

　こうした労働力再生産のあり方は，この工業における賃金水準の低さと対応している。ジュート工業の織工の週所得は7ルピーから9ルピーの間に，織工以外の労働者では5ルピーから7ルピーの間に主として分布している。前述のように，ベンガルの綿工業の織工は1日2ルピー4アーナーを得ていたことと比べて，ジュート工業の労働者の賃金水準が一段階低い水準にあることが分かる。単身生活者の平均週支出が8ルピー前後であることは前述したが，ジュート工業の労働者の賃金水準は，いわば「単身者賃金」そのものであるといっても間違いではない。「ジュート労働者の生活水準は，ベンガルの他の主要工業の労働者の生活水準よりも低い水準にある」と報告されているのは，けだし当然である（*Jute*, 28)[16]。

　綿工業労働者との差異は，農村社会のいかなる階層から労働力が主として供給されるか，という点についてもありそうである。1948-49年に行われたジュート工業労働者についての調査によれば，労働者のうちなんらかの土地所有のある者は41.3％に過ぎず，土地所有者の内訳は，0.01-2ビガーの土地所

---

15) Government of India, Labour Investigation Committee, *Report on an Enquiry into Conditions of Labour in the Jute Mill Industry in India*, Delhi : The Manager of Publications, 1946 (*Jute* と略記), pp. 27-28.
16) Bagchi (1972, 117-156) は，綿工業とジュート産業との賃金格差をボンベイ（ムンバイ）とベンガルとの地域間の賃金格差を主たる理由として理解しようとしているが，本節で示したように，同じベンガル内でも両産業の織工間で賃金格差があることを考えると，産業間の格差は明確である。

有者が 20.1%, 2.01-5 ビガーの者 10.3%, 5.01-10 ビガーの者 5.1%, 10.1-15 ビガーの者 5.2%, である。1936 年時点であるが,家族を維持するのに必要な土地はもっとも小さくても 3 エーカー(約 9 ビガー)といわれていたことから見て,ジュート工業労働者の中で自作農として自立しうるものはほとんどなく,多くは農業労働者層をはじめとする農村下層階層からの出身者であると推測することができる[17]。

　農村最下層出身の労働力が中核的な役割を果たすという点でいっそう典型的なのは,ビーディ産業である。この産業の労働者の特徴は,第一に,指定カースト層およびムスリムが主たる構成員となっていることである。ビーディ産業の最大の生産地の中央州(今日のマディヤ・プラデーシュ州等を含む英領期の州)では,「かつては,ビーディ生産はほとんどマハール(Mahar)の独占であった。しかし,今日では,クンビー(Kunbi),テーリー(Teli),ムスリムがこの産業に入ってきている。それでもなお今日でも,……マハールがこの産業に雇用された労働者の大多数を占めている」[18]。南インドでは 80% をムスリムが占め,カルカッタ(コルカタ)の場合は,多数はビハール出身で,90% がムスリムであり,残りはヒンドゥーの指定カーストである。バンクラ(Bankura)の労働者の 90% は,指定カーストの者である,と報告はいう(Bidi, 27, 39)。地域差はあるが,ビーディ産業は,農業労働者層を主体とする農村最下層の出身者を中核的な労働力としているといってよいだろう。

　ビーディ労働者が農業労働者階層を重要な供給基盤とする結果,ビーディ労働者の賃金と農業労働者の賃金とは密接に影響を与えあうこととなる。この点で,興味深い事実がある。1944 年に,中央州のある地方長官代理はビーディ生産者協会に,この地方のビーディ労働者の賃金を引き下げて同地の農業労働賃金と競争しないようにするか,ビーディの雇用者数を半数に減らすべきであ

---

17) Chattopadhyay (1952, 30). なお,ジュート工業労働者の出身階層や出身地域についてより詳しくは,柳沢 (1975, 84-87)。
18) Government of India, Labour Investigation Committee, *Report on an Enquiry into Conditions of Labour in the Bidi, Cigar and Cigarette Industries*, New Delhi : The Manager of Publications, 1946 (*Bidi* と略記), p. 11.

る，と申し入れた。彼は，農業労働者が，「農業労働よりもビーディ労働の方が収入がよいと思い，『食糧増産運動』に悪影響を与えるのでないかと心配したからである」(Bidi, 12)。

事実，1940年の中央州の農村ビーディ産業では，1人当たりの1日平均生産量である1,000ビーディにつき3アーナー6パイサの賃金が与えられたが，その前年における同地域の農業労働賃金は1日4.3アーナーであった[19]。両者の賃金が同一の範疇のものであることは明らかである。同州の都市のビーディ産業の1,000ビーディ当たりの賃金は6-7アーナーであるが，住宅費など都市における物価水準の高さなどを考慮すれば，この賃金は農業労働者のそれと実質的にはあまり差異がないといってよいであろう。同様のことは，ボンベイ州についても指摘することができる。1939年における1,000ビーディ当たりの賃金はボンベイ（ムンバイ）市を除いて6-8アーナーであった (Bidi, 19)。同期におけるボンベイ州における農業労働者の賃金は5.4アーナーである。これも都市における物価水準を考慮すれば，ビーディ労働者の賃金と農業労働賃金との間に範疇的な差異はないことを示しているといってよいだろう。

広範な農業労働者層から不断の追加的な労働力供給がある場合に，ビーディ労働者の賃金は，農業労働者の低賃金に規定されて，低い水準にとどまらざるをえない。賃金は出来高給で，1944年におけるボンベイのビーディ労働者の平均月収は35ルピーから25ルピー，つまり1日1ルピーを少し超える程度である (Bidi, 19)。しかもこの賃金は，非常に長い実質労働時間によってえられるものなのである。というのも勤務時間は一応午前9時から午後6時までの9時間であるが，工場へ出勤する前に，自宅で行う，外巻き葉を切る作業のために2-3時間は必要だからである。ビーディ労働者のこの賃金は，前述ジュート工業の所得とほぼ同じであることが注目される。このことは，ジュート工業の労働者の多くが農業労働者層を広範に含む農村下層から出身しているであろうという先の推測を，別の面から裏付けるものである。

---

19) Government of India, Ministry of Labour, *Agricultural Labour Enquiry : Report on Intensive Survey of Agricultural Labour*, 1955, Vol. 1, pp. 75-76, Statement 18.

こうした低賃金では，生計を容易に維持できないことも当然である。しかも，ビーディ労働者の場合，若干の例外を除いて，農業生産からの補充的な収入をほとんどうけていない。ここで注目されることは，ビーディ労働者における女子の比率が高く，中央州，南インド，ボンベイ州（今日のグジャラート州とマハーラーシュトラ州を含む英領期の州）などでは40％程度に達していることである。「ビーディ工業は，夫の収入を補充しようと思っている労働者階層婦人を多数吸収している。この工業の労働者の給源は，一般に労働者層の家族である。夫と妻，ときには子供までもこの産業に従事している家族の例は，決して珍しくない」という (Bidi, 16)。こうして，ビーディ産業労働者は，その低い賃金を，多就業形態をとることによって，カバーしていたのである。

三層の労働市場

以上の検討から，インドの工業労働者の市場は，大きく分けて3つの層から成っているといえよう。第一の層は，機械・金属工業の熟練職工に代表される，都市完全定着型高賃金労働者層である。機械・金属工業の熟練職工の場合は，都市における家族を含めた生活が一応可能となる程度の相対的に高い賃金を得，農村社会との関連をもたずに家族とともに都市に定着して生活し，数年間の養成工制度をもち，熟練職種内はグレードで分かれ，労働者は毎年の昇給をともないながらグレード内とグレード間を昇進していく制度をもっている。

第二の層は，綿工業の織工に代表される，農村中核的農民層出身の半定着労働者層である。ボンベイ（ムンバイ）の綿工業の労働者は，農村社会の中核的農耕カーストから出身し，退職後に村落に戻るなど農村社会と農業を労働力の世代的な再生産に組み込んだ，半定着の労働力で，賃金水準は機械・金属工業の熟練職工より低いが，最低賃金水準の労働者群より高い，という中間的な位置にある[20]。

第三の層は，農村下層階層出身の低賃金労働者層である。ジュート工業の労働者の多くやビーディ産業の労働者がこれに含まれる。土地なしの農業労働者や零細な土地を持つに過ぎない零細農民などの階層を母体として，都市に流入

したが，農業労働者の賃金水準に規定されて，この産業の労働者の賃金は非常に低い。そのために都市で扶養家族を含めて生活することは困難で，家族の多くを出身農村に残して農村社会と農業を世帯的な再生産の重要な一部として組み込むか，あるいは都市において家族成員が複数で従事する多就業形態をとることによって生計を維持することが一般的となる。上記で検討したジュート工業やビーディ産業の他に，プランテーションや炭坑，非登録部門の多くの産業，また，機械・金属や綿工場も含めて登録工場の人夫などの下層労働者など，極めて広範な労働者も農村下層を労働力の給源としており，この層に含まれるといってよい。

このように，インドの工業雇用の構造の最下層は，農業労働者を含む農村下層社会を給源とするために，労働者層の最下層の賃金水準は基本的に農業労働者の賃金水準によって規定されていること，1944年の時点では，綿工業織工層や機械・金属工業の熟練職工の層の賃金水準は，最下層賃金のそれぞれおおよそ2倍と3倍の水準にあることが確認される。以上の検討から，最下層賃金については，主要な給源である農業労働者層の賃金水準との相関を確認した。同様に綿工業織工の賃金水準と出身母体というべき農村の中核的な農民階層の所得水準との関係にも，おそらく重要な関連があると推定できるが，この点は今後の課題である。

農業労働者の賃金水準が都市や非農業部門の底辺層労働者の賃金水準に強い影響を及ぼし規定する関係，その底辺層の上に，農村の中層や上層を主要な給源とする労働者層が存在するという，給源となる農村社会の階層性と対応した

---

20) インドの大規模綿工業の中核的な労働者が，農業労働者層など農村社会の貧困層を成す階層から出自せず，村落社会のドミナントな階層やカーストから出身していることには，注目しておく必要がある。1950年代以降の国家主導の工業化政策の中で繊維産業における大規模綿工業の拡大が政策的に抑制された結果，輸出向けの労働集約的な繊維産業の発展が阻害され，その結果，貧困層を工業に吸収することによって貧困層を削減することに失敗したという主張がある。しかし，インドの大規模綿工業は，その主たる労働力の給源を農村貧困層としていなかったという上記の事実から見て，独立以降も，輸出向け大規模綿工業の発展があったとしても，その発展がインドの貧困層を吸収して貧困削減をもたらす効果は極めて限定的であったと推定して間違いないであろう。

多層的な労働市場の構造は，独立以降も基本的に維持されたように思われる。以上により，独立前のインドの産業構造には，こうして多くの点で独立後の原型ともいうべきものが存在したこと，農村社会の階層性と対応した労働市場の多層的な構造もそのひとつであることが確認できよう。

第 3 章

インフォーマル産業発展の原型

——在来・小零細企業の展開と消費構造の変動——

　独立前の50年間には，こうした大規模工業が発展しただけでなく，手織生産などの在来産業や小・零細規模経営の中でも重要な発展が見られた。その過程には，独立以降とくに1980年代におけるインフォーマル産業の発展を理解するうえで重要な示唆を与える現象を見出すことができる。

　第一に，在来産業や小・零細規模経営は，「規模の経済」の面では優れていると見られる大規模工業などと競合関係に入り，打撃を受けながらも，消滅するどころかむしろある程度の発展を遂げた事実である。第二に，その場合に多くは，商品およびその生産過程や需要の特徴から「規模の経済」がほとんど作用しないことが，小・零細規模経営の存続・発展を可能にしていること，第三に，前述した農村社会における下層階層の自立化の動向と密接に関連しながら，下層階層は上層階層の消費パターンを模倣することを含めて消費パターンを多様化させたこと，第四に，かなりの部分の小・零細規模企業は，こうした変化した農村や都市の下層階層の需要や消費と結びついて，発展したことである。第五に，手織業など在来産業の場合は，新たな需要構造に対応して，織工の都市への移住，問屋制度の発展など経営形態の変化，織機の改良など，経営形態や生産方法における変化が進んだこと，第六に，その過程から，親方織工など零細経営者層が形成され，独立以降の中小零細経営の展開との関連が注目されることである。

　以下，典型的な在来産業である手織生産と，第一次大戦後に南インドなどで形成された精米業，搾油業，綿繰業，ビーディ生産などの小規模経営やメリヤ

ス製造業について検討しよう。

1　手織業の残存・発展と消費パターンの変化[1]

工場制綿工業と手織業の競合

　18世紀のインドは，手織りの綿布を世界に輸出していた綿布生産国であったが，イギリス産業革命以降にイギリスの安価な機械製綿製品がインドに流入すると，インドの綿工業が大きな打撃を受けたことは有名な事実である。しかし，イギリス綿製品の流入により，インドの綿工業が全面的に消滅したわけではない。イギリス綿工業は，アメリカやエジプト産の長繊維の綿花を原料として使った中・高番手の細めの糸を使って織布したため，イギリスからの輸入綿布による打撃をもっとも強く受けたインドの織工は，都市住民の日常品を作っていた者であった。番手の低い太糸を使った農村向けの織物生産や，逆に儀式用などの高級品を作っていた織物生産者たちへの打撃は直接的ではなく，多くの織物工は生き残ることができた。とはいえ，イギリス綿布と直接に競合した，都市向けの中・高番手の織物を作っていた生産者は，多くは低番手の太糸綿布の生産に転換して生き残りを図ったために，供給の増大によって低番手の織物の価格が下落して，直接競合しない分野を含めてインドの織物生産は全体として，イギリスの綿工業との競争による打撃をうけたことは間違いない(Roy 1996, 175-217 ; Harnetty 1991)。

　こうして，手織生産は工場製品との競争によって打撃を受けて所得を減少させながらも，そのかなりの部分は存続し続けたが，手織物の原糸を生産していた手紡生産は，19世紀のうちにほぼ消滅してしまった。イギリスからの機械紡績糸の流入に加えて，19世紀後半から始まったインド内の大規模な工場制紡績業が生産する機械紡績糸との競合の中で，手織工は，農村女性が生産した

---

[1] 本節については，柳沢 (1971/72)，柳澤 (1992)，Yanagisawa (1993) で詳述している。

手紡糸の代わりに機械紡績糸を購入して使用するようになった。

19世紀に激化したイギリス製品との競合に対して，インドの手織業は主として低番手化で対応して生き残ることができたが，20世紀初め以降はインド内の工場制織物業との競争に直面することになった。前述のようにボンベイ（ムンバイ）などの綿工業は，その紡績糸を中国市場から駆逐されて20世紀初めにインド市場向けの織物生産に本格的に乗りだしたが，この過程は，一方でインドの大規模綿工場がイギリスからの輸入綿織物との競合を強める過程であるとともに，インドの織物市場において手織生産との競合を強める過程でもあった。短繊維のインド綿花を使ったインドの工場製の綿糸は低番手から中番手の糸で，それを原糸とした工場製の綿布も粗布であったため，その製品は農村部で日常的にごく普通に使用される粗布の手織生産と競合することとなった。

1916年と1936年に2回行われた南インドの村落調査が，農村部の手織工の著しい減少を示しているように，この競合がインドの手織生産者に大きな打撃を与えたことは間違いないが，手織全体が全面的に衰退したわけではない。むしろ，1901年から1939年の間に手織による綿布生産はかなり増大し，1930年代には手織など小規模生産の製品が価額の上ではインド全体の織物市場の半分以上を占め，その比率は30年代にむしろ上昇した。

この手織生産の増大は，どのようになされただろうか。地域によっても異なるが，工場製品との競合に対する手織工の対応は，おおよそ，2つの方向をとった。ひとつは，より細糸のもの，絹・人絹など非綿糸の製品，金糸，縁取りのあるもの，高級品や高価格品など，工場品に対して十分に競争力ある製品の生産に重点を移したことである。高級品の場合，たとえば絹織物，錦織，先染め織を使った織りなど，大規模織布工場に比して，手工業的織物生産がより適しており，十分に工場に対抗できたであろう。もうひとつの対応の形として，工場品よりもいっそう番手の低い太糸を使った粗布の生産に特化して生き残りを図った手織工もいた。

この過程は，手織工の経営と市場の変化をともなった。各地の手織生産はそれまで近隣の多様な種類の日常品需要に対応して多様な織物を生産していた

が，次第に，それぞれの生産地が特殊な種類の織物生産に特化し，より遠隔地の市場向けに生産するようになった（柳沢 1971/72；Haynes 1996, 180）。西部インドの手織生産の研究によれば，手織物への需要は特殊かつ地域限定的で，変動性をもっていた。高級品生産が手工業的織物生産に適していることに加えて，需要の特殊性，地域限定的性格や変動性も，小規模の資本で，小さな消費者群の製品需要に対応できた小規模生産者にとっては適合的であった。きっちりした分業組織をもち，大量の資本投資を行い，固定的な技術体系を備えた大量生産の大規模工場は，こうした需要に対応できないのである。

需要の変動──社会変動と消費パターンの変化

しかし，以上のように高級品や特殊品の生産が手織生産に有利な製品分野であったとしても，大規模工場に日常品市場を奪われて，手織生産者がこぞってこの特殊な分野に参入した場合は，一般的には過剰生産になるだけであろう。

そうならなかった理由としては，まず，インドの織物消費全体が，緩やかであるが増大したことがあげられるであろう。Twomey (1983) は，インドの1人当たりの綿布消費は，1880年の11ヤード，1913年の15ヤード，1930年には17ヤードに漸増していることを推計している。Tomlinson (1979, 35) も，1人当たりの綿織物の消費は，1920年から38年の間に3割程度増大したと推定している。さらに，人口が増加したことを考えると，インド全体の綿織物消費の拡大があったことは間違いない。

さらに，20世紀に入ってからは，手織生産に適合的な種類の織物への需要の増大をもたらすような，衣習慣の変化があった。南インドでは，衣服の変化には2つの方向があった。ひとつは，手織品の市場を狭めたり，工場製品需要を拡大するような，西欧化といってよいような変化である。たとえば，ターバンの着用を止めて帽子に変えたり，アンガヴェシュトラムという男性用の肩掛けに代えてシャツを着るようになる。こうした変化の結果は，たとえばターバンを作っていた手織工にとっては大きな打撃で，ターバン生産地は他の織物に転換しなくてはならなかった。

しかし，他方，手織品への需要を増やすような変化もあった。たとえば，若

い女性を中心に，サリーの下に胸部に密着したブラウスを着ける習慣が拡大したが，このブラウスは，手織品の布地を縫製して作るので，手織業にとっては重要な市場拡大になる。

　さらに注目されることは，さまざまな社会層と衣服との関係が変化し始めたことである。バラモン的な習慣がバラモン以外の富裕層に広がることで，絹織物など高級な手織品の需要が拡大した。たとえば，19世紀末には，「かつてはコーナードゥ織物の使用はほとんどまったくタンジョール〔タンジャーヴール〕のバラモンに限定されていたが，今日，バラモン的習慣が他の上層階層によって広く採用されて，……これらの布は南部全体に多かれ少なかれ市場を見出している」という[2]。

　村落の貧困層の衣服にも変化が生じつつあった。20世紀はじめの南インドのタンジャーヴール地方では，被差別カーストの女性の衣服は膝より上で，働くときは胸は裸であった[3]。こうした下層カーストの衣服の状況は，彼らが経済的に貧しかっただけでなく，衣服着用にかんして制限を課されていたためでもあった。南インドのラームナード地方のカッラン（Kallan）・カーストは，被差別カーストに対して8項目の禁止事項を宣言し，被差別カースト成員がそれに反した場合は，彼らの小屋を焼き，所持品を破壊し，家畜を略奪したという[4]。

　しかし，こうした被差別カーストへの規制は，20世紀前半に崩れていった。1950年代のタンジャーヴールでは，バラモンの面前で働く被差別カーストの女性は，サリーでその上半身を覆うようになっている。

　こうして下位カーストへの規制が弱化して被差別カーストなどが従来着用で

---

[2] T. Venkasami Row, *Manual of District of Tanjore in the Madras Presidency*, Madras : 1883, pp. 316-317.

[3] Hemingway, *op. cit., Tanjore*, p. 64.

[4] Hutton (1977, 205). 被差別カーストに対する8項目の禁止事項は，金や銀の装飾を付けてはならない，髪を刈り込んではならない，土製の食器以外を家庭内で使ってはならない，男性は，膝より下と腰より上の部分に衣服を着けたり，コート，シャツやバニヤン（メリヤスのシャツ）を着たり，傘を使ったりサンダルを履いたりしてはならない，女性は体の上部を衣服等で覆ってはならないし，花やサフランの糊を使ってもならない，である。

きなかったさまざまな衣服を次第に着用するようになると，下層民の間でも，結婚式など儀式用の衣服を購入するようになった。彼ら，彼女らが買ったのは，高価な絹サリーではなく，人絹糸や艶出糸を使用した，安価な手織品の儀式用のサリーである。1929年の報告は，人絹のサリーは，「絹のサリーより安く，鮮明さ，光沢，その他の絹の特徴をもっている」と記す。さらにセーラム県の人絹サリー生産の増大について，「原料が安く，貧しい階層の需要が多いためである。絹のサリーを買うことができない貧しい家庭は，儀式で着るために絹サリーのイミテーションを相対的に安い価格で買う。どの貧しい主婦もこの布をひとつは持とうとするから，この地方で大きな需要がある」という[5]。

こうして，カーストと衣服の関係が変化し，下層階層の衣服にかんする規制が弱まったことが，手織品への需要の増大をもたらした。下層階層の人口規模は大きいから，彼ら，彼女らが少しでも手織品の購入を増やせば，その市場への影響は大きい。その場合に注目すべきことは，貧困な下層階層が需要するサリーは，安価なイミテーション品であったことである。この点は，独立以降の下層階層の消費需要の特徴と共通する部分であり，重要である。

こうした下層社会における衣服消費の変化の背後には，第1章で述べたように，19世紀末から進行したカーストや階層間の社会経済的関係の変化があった。被差別カーストの労働者が海外のプランテーションなどへ出稼ぎに行くようになり，次第に自立性を強め，19世紀半ばに見られたような上位カーストと下位カーストとの間の従属的関係が次第に崩れていった。日常生活のほかの面でも，多くの変化があった。次節でも一部述べるように，それまではバラモンだけが飲んでいたコーヒーを労働者が飲み始めたり，「雑穀」を主食としていた下層民が米を食べ始めたり，タバコの一種であるビーディ消費が増えたりするようになる。そうした変化の一環として，労働者など下層階層が従来あった規制を破ってさまざまな衣服を着始め，その一部は人絹糸サリーなど手織品への需要拡大となった。こうして，下層民の自立性や発言力が強まり，村

---

5) *Preliminary Report on the Survey of Cottage Industries in the North Arcot District*, Madras : Government Press, 1929, p. 6 ; *Preliminary Report on the Survey of Cottage Industries in the Salem District*, Madras : Government Press, 1929, p. 7.

落内の伝統的なカースト秩序が少しずつ崩れていったことによって，手織品の新たな市場が作りだされ，それが手織業の生き残りの基盤のひとつをなしていった（Yanagisawa 1993；柳澤 1992）。

技術革新と経営の変化

　手織業における技術革新も，その生き残りに貢献している。もっとも重要な技術的変化は，それまでの投梭に代わって飛梭が普及していったことである。飛梭によって従来の投梭の2倍程度の速度で織ることが可能となり，さらに，それまで2人で行っていた作業を1人で行うことが可能となった。また，多くの労働力を必要としていた縦糸準備の工程は，次第に小規模な専門工場によって受けもたれることが多くなった。もちろんこうした技術革新をもってしても，同一単位の織物を大規模工場の自動織機で生産する場合とのコストの差は厳然として存在するが，これらの革新が従前に比べて，手織品のコスト上の劣位を弱める働きをした。

　前述のように，イギリスから流入した機械紡績糸に加えて19世紀後半以降発展したインドの大規模工場が生産した紡績糸は，インドの手紡糸に代わって，手織工の原糸になっていった。それまで周辺の農村において紡がれた糸を原糸として購入していた手織工は，遠隔地の工場で生産された工場紡績糸を商人から購入するようになった。他方，前述のように手織工が生産する織物も，近隣市場向けの多様な種類の日常的使用の織物から，遠隔地向けの特殊なものへと中心的な生産物の転換が起こった。その結果，多くの手織工は，原料の供給においても，製品の販売においても商人に依存するようになり，しばしば商人が手織工に織機を貸与し，原料を提供してその製品を受けとって，手織工に賃金を支払う，問屋制的関係が成立するようになった（柳沢 1971/72；Haynes 1996）。地域によって差異はあるが，織物工カーストの中の富裕層がこうした問屋制商人（織元）の役割を果たした。織元に従属するようになった手織工の賃金はおおむね下降あるいは停滞したが，他方で織元の手元には資本が蓄積されるようになってきた（Roy 1999）。この手織生産の編成替えは同時に，村落内の手織工が都市部に集まって，小規模都市の周辺部に集中する過程でもあっ

た。

　西部インドや南インドでは，こうした織元の中から，数人から十数人の織物工をひとつの作業場に集めて，小規模の手織物工場を始める者もでてきた。1920・30年代になると，たとえば西部インドのソーラープル市では，徐々に拡大する電力供給とも関連して，こうした手織工場の中から，数台の動力織機を導入した「パワールーム」工場もでてきた。ロイは，こうした手織業における資本の蓄積や小資本家の形成が，手織業における技術改良の推進力であったという。

　以上の代表的な在来産業である綿工業の植民地期における変容の検討から次のことが確認できよう。(1) 小規模な手工業生産者による手紡生産と手織生産とは，イギリスとインドの工場制綿工業との競合関係に入ったが，手紡生産がほぼ完全に消滅したのと対照的に，手織生産のかなり多くの部分は存続し，1920-30年代には市場の過半以上をその製品が占めるなど手織生産の発展が見られた。つまり，工場制の綿工業が有する「規模の経済」は，紡績糸生産では極めて有効に発揮されたが，織物生産においては小規模の手工業生産を駆逐することはできず，むしろ後者の発展が見られたのである。

　(2) 手織生産の存続と発展にとって，小規模な手工業的生産に適合的な製品分野への生産品種の移行が重要な役割を果たしたことである。織物工たちは，手工業的な加工が多く高度の熟練を必要とする織物など高級品の分野，特殊で地域限定的であったり変動性の高い分野，インドの工場よりもさらに番手の低い粗布の分野などに，生産を移行させることによって，存続と発展を図った。

　(3) そうした織物生産の存続と発展を支えたのは，手織生産に適合的な分野の製品への需要の拡大であったが，その拡大の重要な背景のひとつは，人々の衣服消費パターンの変化であった。

　(4) 衣服習慣の変化の重要な部分は，上層階層の衣服習慣をより下位の階層が模倣することであった。被差別カーストなど下層階層の社会的・経済的な自立性の強化にともなって彼ら（彼女ら）に課されてきた衣服にかんする社会的な規制が弱化し，それにより結婚式の衣服など手織品を購入し始めたことは，

人口に占めるこの階層の大きさを考えると特に重要である。

(5) その際に，貧困層をなす下層階層が需要したものは，たとえば人絹のサリーのような，安価なイミテーション品であったことは，特に注目されることである。

(6) 手織生産の存続と発展にとって，技術改良があったこと，また需要の変化などに対応できるような経営形態の変化があったことも重要である。インドの手織業は，決して伝統的な生産や経営の形態を維持したわけではなく，環境の変動に対応して変化する適応性をもっていたことは確認できるであろう。さらに，その中から，織物カースト出身の経営者が大量に創出されていることも注目される。現場の織物生産に従事した経験をもちその生産の細部を知りつくした上で市場の動向に対応する，これら小規模経営者層は，独立以降の小・零細規模経営の発展の母体の一部となったように思われる[6]。

2　小規模経営の発展と下層民消費の変動[7]

20世紀前半南インドにおける小規模経営の発展

下層階層の自立への志向と関連して生じた下層階層の消費パターンの変化が新たな需要を生み出し，そうした需要が小・零細経営の存続や発展を可能にするという事例は，手織生産に限定されない。南インドでは，20世紀前半に，搾油業，綿繰生産，ライスミル，安価なタバコであるビーディ生産など，いくつかの小・零細規模の産業が農村地域を中心に発展した。また，インド各地で，メリヤス産業の発展を見た。これらの産業の発展では，下層階層の消費パターンの変化が重要な基盤をなしていた。メリヤス生産の事例は，この需要や

---

[6] 第7章で詳述するように，独立以降1980年代にかけて，織物生産の分野で大規模綿工場（ミル）のシェアは激減し，代わって数台の動力織機を設置した，小規模企業のパワールーム工場がシェアの大半を占めるにいたるが，このパワールーム経営者の重要な一部は，手織生産の織元から出自している。

[7] 本節は，柳澤（2004），Yanagisawa（2010）に依拠している。資料等の詳細は，それらを参照されたい。

生産の特徴から，大規模工場は「規模の経済」を発揮できず，中小・零細経営が中核的な生産者としての地位を確立してゆくことを明らかにしている。

以下，それぞれの産業ごとに，その市場の特徴を検討しよう。

ライスミル（籾摺・精米工場）

南インドでは 20 世紀初め以来，ライスミルが多数設立された。ライスミル叢生のひとつの背景はスリランカなどへの米の輸出であったが，米の輸出は 1920 年代末には大幅に減少したにもかかわらず，ライスミル数は増大した。米作地として有名なタンジャーヴール県の場合，少数の大規模工場は主として輸出向けであったが，大多数の零細ライスミルは周辺地域の需要に応じた籾摺りを行っていた。

南インドでライスミルが叢生した主たる理由は，労働者や下層民による米の消費の拡大と，都市の米需要の増大であった。タミルナードゥ地方では，米は二様の方法で利用される。第一は，日本の場合と同様な方法で，収穫された籾付の米から籾殻を取った玄米を精白して調理する方法で，「ロー・ライス」と呼ばれている。もうひとつは，籾付の米を一定時間水に浸した後に加熱してから乾燥させる，「パーボイルド・ライス」と呼ばれる方法である。1930 年代でもこの二様の方法が存在し，タミル地方では，ロー・ライスを食べるのは上層階層に限定され，労働者や貧困層はパーボイルド・ライスのみを食べていた。パーボイルド・ライスは籾摺り過程での摩損率が低く，保存に優れているため，ロー・ライスより安価であった。両方ともに籾摺りをしなくてはならないが，その方法としては機械籾摺りと手籾摺りがあり，機械籾摺り米のほうが安かったし，労働者が消費する下級米には機械籾摺りの方が適していた。タミル地方では，上層の人々は手籾摺り米を好む傾向があったのに，労働者や下層民は，下級米のパーボイルド・ライスを機械籾摺りした米を消費する傾向にあった。つまり，ライスミルによってパーボイルされ，機械籾摺りされた米の最大の消費者は，労働者と下層民であったといえよう。

労働者や下層民による米の消費は，南インドでは決して昔からのことでなくて，20 世紀初頭以降に次第に拡大した習慣である。19 世紀には，上層カース

トの成員は米を常食したが，一部の地方を除いて，労働者や小作人など下層の人々は，雑穀を常食していた。20世紀に入って下層民による米の消費が次第に拡大していった。

　都市人口の増加も，機械精米への需要を増大させた。都市では村落におけるように手籾摺りや手精米を行うことは困難であるため，大量の機械精米が都市人口に提供された。

　この需要を満たすためにビルマなどから安価な米が輸入された。輸入ビルマ米の半分はパーボイルド・ライスで，さらに8％は下層民の食べる破損米である。しかし，輸入米は南インドの米の生産に比べてごく一部を占めるにすぎず，タミル地方にあるライスミルによるパーボイルと機械籾摺りへの需要が増大したことは間違いない。

　こうして，1910年代以降の南インドのライスミルの叢生は，19世紀には雑穀のみを食べていた下層民が米食の比率を増やしてきたという，食生活の変化に主としてよるといってよいだろう（柳澤 2004, 130-133）。

落花生工場

　落花生の栽培は，19世紀末以降，南インドとくに南アルコット県を中心に増大した。その主たる販路は海外で，特にフランスが多かった。第一次世界大戦のときに，南インドからの落花生の輸出は大幅に低下したが，この輸出不振の結果，落花生の価格が下落し，そのため国内消費が刺激された。

　大戦後ヨーロッパ諸国への落花生の輸出は回復して再度増大したが，落花生生産全体に占める輸出の比率は，減少していった。生産された落花生のうち，インド内の消費や国内搾油に向けられる比率は，大戦前の11％程度から1932年度には40％，1930年代末には60％に上昇した。落花生の作付面積は急速に増大していった。つまり，落花生は典型的な輸出向け作物であったが，大戦後の急速な作付拡大を主導したのは，インド内部の消費の増大であった。

　落花生のインド内消費の大半は，調理や揚物用の食用油で，特に南インドでの消費が大きかった。インドでの落花生油の消費が，1910年代末以降増大したことは確かであろう。それまで南インドで食用油として主に使用されてきた

のはゴマ油であったが，南インドでのゴマの作付面積は1905年以降ほとんど減少していないことから判断して，落花生油の消費の拡大がそれまでのゴマ油に代替したとはいえない。南インドでは，食用油の総消費量が純増したといわなくてはならない。

　どの階層がもっとも急速に落花生油の消費を拡大したのであろうか。1936年にラームナード県のある村の日雇い農業労働者世帯は1カ月に約445ccの油を消費し，それはこの世帯の食物支出の2.1%を占めたが（Thomas and Ramakrishnan 1940, 41），その20年後の1956-57年の農業労働調査ではマドラス州の農業労働者世帯の食用油の消費は約700gで，家計に占める食用油の比率は3.8%となっており，この20年間に農業労働者世帯が食用油の消費を増大させたことを示唆している[8]。一連の栄養摂取調査の結果も，貧困階層における食用油の摂取は，着実に拡大・増大していることを示している。

　こうした貧困層による食用油の消費の拡大は，主として落花生油によってもたらされたと推定できる。南インドでは，前述のように，かつて食用油としてもっとも多く使われてきたのはゴマ油であった。ティルチラーパッリ県の地誌が述べるように，ゴマ油と落花生油が共に使用されるが，「後者はもっぱら貧困階級のみ」が使用したという[9]。事実，落花生油はもっとも低価格の食用油であった。こうして，タミルナードゥにおける落花生の殻取り工場や搾油工場の叢生は，落花生油の需要の増大に依拠したこと，その大きな部分は下層階層によって消費されたことがまとめていえるであろう[10]。

ビーディ生産

　南インドの都市部と農村部における，安価なタバコのビーディ生産の拡大も顕著である。もっとも古いビーディ工場は1887年にできたといわれる。第一

---

8) Government of India, Labour Bureau, Ministry of Labour, Employment and Rehabilitation, *Report on Family Living Survey among Industrial Workers 1958-59, Coimbatore*, Delhi, 1967, p. 62, p. 116 より計算。

9) F. R. Hemingway, *Madras District Gazetteers, Trichinopoly*, Madras, 1907, pp. 171-172.

10) 第1章第1節で，19世紀末以降の肥料投入の増大を指摘したが，このこととの関係では，落花生の油粕を肥料として利用するための需要も増大していた。

次大戦までは，この産業は一部の地域に集中していたが，20世紀に入って，マドラス管区・州全体に広がった。1940年代の初めには，マドラス州内で9万人以上を雇用し，1944年の調査によれば，州内でビーディを製造していない村落はひとつもないという。

ビーディの消費者は下層民である。1929年の報告は，地域で製造されたビーディがマドラス管区内に満ち溢れていることを指摘しつつ，ビーディはほとんどが地域内で貧困層によって消費されるが，セイロンやラングーンにも輸出されるという。ある報告は，1930年に，貧困家庭の家計の情報にもとづいて，成人1人当たりのビーディ消費量を1日平均25本と推定している[11]。後の報告は，喫煙の習慣の拡大の結果，ビーディへの需要が拡大しているという。

かくて，20世紀前半のビーディ製造の拡大は，下層民のビーディ消費の拡大によることは間違いないだろう。

綿繰工場

綿繰工場の場合は，やや複雑である。南インドで有名な綿作地帯であるティルネルヴェーリ県の場合，かつてはそれぞれの村内で農民自身が手繰機で綿繰を行っていたが，1894年に最初の蒸気綿繰工場が設立された。1913年には，13の動力綿繰工場があり，そのほとんどはヨーロッパ系の大規模な輸出企業や綿工場所有者が所有していた。しかし，そのころから事情は大きく変化していった。2-8台の綿繰機をもつ小規模な工場が増えて，1930年には49工場になった。他方で，大規模な工場では，閉鎖されるか，綿繰機の台数を大幅に減少させた工場が多かった。もうひとつの重要な綿作地のコインバトール県でも，綿繰工場の叢生が見られ，1930年には93の綿繰・圧綿工場が設立されていた[12]。マドラス管区全体では，綿繰工場の数と従業員数は，1922年で257

---

11) Government of Madras, Government Order No. 1714, Miscellaneous, Development Department, 10 Sept. 1930, "Report of the Madras Youth League," p. 5.

12) *Statistical Appendix and Supplement to the Revised District Manual (1889) for Coimbatore District*, Madras, 1933, p. 152.

工場，15,000人，1927年で363工場19,000人，1937年では480工場，25,000人であった。

　1930年以前には，これらの県で綿繰された綿は主としてボンベイ（ムンバイ）や海外に輸出されたが，マドラス管区内で消費される綿の比率は，1920年代の3分の1から1930年代末の3分の2へと増大した。カンボジア種の綿は特に南インド内の消費の比率が高く，1920年代で50％，1930年代には90％に達した（Baker 1984, 274）。

　生産された綿花の販路の変化は，州内の綿紡績工場による綿花消費が増大した結果である。1910年代以降織布部門を増大させて手織業との競合関係を強めた西部インドの綿工場と異なって，南インドの綿工場は紡績が主体で，南インドの手織業に販路を見出した。すでに明らかになっているように，南インドの手織業は，工場製品との競争に対応してより高級な品種や，人絹糸や艶出糸を使った生産や，海外市場向けの生産に転換していったが，こうした手織業の転換は，少なくともその一部は，下層民の衣服パターンの変化によって支えられていた。したがって，南インドにおける小規模綿繰工場の叢生も，間接的にせよ，下層階層の手織品消費の増大によって支えられていたということができよう。

　南インドの紡績工場のもうひとつの重要な市場は，次に検討するメリヤス産業だった。

メリヤス業とその市場

　インドでは，1920年代以降，メリヤス産業が急速な発展を見る。当時の工業企業統計 *Large Industrial Establishments in India* によれば，メリヤス業は，1925年にはわずか12工場で，従業者数は合計で約800人であったが，1946年には再度増大して156工場，10,492人になり，パキスタンの分離以降は，1947年に139工場，8,656人，1949年256工場，10,641人とさらに増大する。*Large Industrial Establishments in India* に計上されている工場は，一定の規模の従業員数をもつ工場のみであり，これ以外に「家内工業（cottage industry）」の形で行われている膨大な数の零細工場や家内工場がある。ベンガルだ

けでも，メリヤス製品を実際に製造している工場は統計の示す数値より 10 倍も大きく，従事者数も，工場統計では 1,022 人であるが，実際は 35,000 人に達していた[13]。ベンガル地方は，インドのメリヤス生産の最大の中心地であったが，ほかの地域でもこの産業の発展があった。1929 年の調査では，西ゴーダーワリ県で「バニヤン〔シャツ〕，ストッキング，手袋など，メリヤス製品の製造は，多くの主要な町ではますます重要な産業となっている。これらの品物への需要は，中間層・上層からあるだけでなく，低階層の女性からも一定程度ある。……この産業は，教育を受けた上層女性に適した，賞賛すべき職を提供している。……地域の商人は，生産物をすべて購入して，サルカール地方の遠隔地に送る」[14]。

メリヤス製造業は，1934 年の関税法（改正）によって，保護が与えられることになり，1936 年にはメリヤス製造のすべての分野が保護されるよう改正された。開発コミッショナーの推定によれば，綿メリヤスの製造工場数は 1932 年の 331 工場から 1956 年の 1,935 工場に増え，雇用者数は約 6,000 人から 25,000 人に増大した。この間に，ウールのメリヤス生産も，1934 年の 332 工場から 1956 年の 912 工場 18,000 人に拡大した。縫製部門を含めると，メリヤス産業は，1956 年の段階で 48,000 人に雇用を提供する重要工業となっていた[15]。

インドにおけるメリヤス製造の拡大は，保護関税にもとづく単なる輸入代替の結果ではない。インドへの綿のメリヤス製品の輸入は 1926-27 年には 650 万ポンドであったが，1936-37 年には 210 万ポンドに減り，1956 年には消滅した。この期間に，綿メリヤス製品のインド国内生産は，1926-27 年の 290 万

---

13) "Representation on behalf of the Hosiery Manufacturing Association of Bengal for Protection to the Hosiery Industry," *Indian Tariff Board, 1934*, Vol. 1, Delhi, 1934, p. 182.

14) D. Narayana Rao, *Preliminary Report on the Survey of Cottage Industries in the East Godavari District*, Madras, printed by the Superintendent, Government Press, 1929, pp. 22-23.

15) Development Commissioner (Small Scale Industries), *Small Scale Industry Analysis and Planning Report, No. 18, Hosiery Industry (All India)*, Ministry of Commerce and Industry, Government of India, New Delhi, 1958, pp. 13-14, pp. 23-24.

ポンドから 1936-37 年の 1,950 万ポンドに増大し，1956 年には 3,000 万ポンドになる。つまり，インド内での綿メリヤス製品の消費は，1926 年から 1956 年の間に 940 万ポンド（輸入プラス国内生産）から 3,000 万ポンドへと，3 倍以上に増大していることが分かる。綿メリヤス業と比べて規模は小さいが，ウールのメリヤス製造も拡大した。ウールの縫製された下着の使用は次第に減って，多くの人々がニットの下着を着るようになった。

都市の工業労働者層は，綿メリヤス製品の重要な消費者であった。マディヤ・プラデーシュやムンバイでは，工業労働者は太糸を使った色物の綿のバニヤンを使う[16]。メリヤス製品は，農村地帯でも普及しつつあった。「村落でバニヤンの使用が普及した」[17]。綿の上着への需要は，一部はインドの東部の低収入階層からで，一部は子供，スポーツマンなど特殊なカテゴリーの消費者からであるという。

綿のメリヤス製品が，労働者階層や貧困層に大きな市場をもっているのに対して，ウールのメリヤス品は主として富裕層が販路であった。インドではそれほど寒冷期の気候が厳しくないため，ウールの上着を需要するのは，上層や中間層などごく少数の人々である。

インドのメリヤス生産においては，大規模生産との競争にもかかわらず，小規模生産が支配的な位置を保っていた。1930 年代に，メリヤス生産は，次の 3 つの形態で行われた。(1) 手動の道具をつかった「家内工業（cottage industry）」，(2) 動力を使った小規模生産，(3) 大規模な綿紡・織工場の兼営を含めた大規模生産，である。1956 年の開発コミッショナーの報告が示すように，それまでの 20 年間には大規模生産ユニットによる生産の比率が増大することはなかった。1956 年に，大規模生産ユニットは 32 あったが，「家内工業」を含む小規模生産のユニットは 1,903 あり，このほかに 700 の縫製のユニットがあった。総生産に占める比率では，大規模と小規模とはそれぞれ 21.5% と 78.5% であった。ウールのメリヤス製造業では，小規模生産ユニットが 908

---

16) *Ibid.*, p. 38.
17) *Ibid.*, p. 38.

あったのに対して，大規模生産の側ではわずか4つの大規模混合工場がそれを生産しているだけであった。インドの東部地域では，メリヤス部門がある混合工場の数は1953年から1956年の間に27から12に減った。それ以外に1953年から56年の間に25の大規模な専業工場が工場発展登録法にもとづいてライセンスを申請したが，そのうち20だけが生き残った[18]。

生産方法や生産過程の機械化は，メリヤス業では大きな優位性を生み出さなかった。ある報告によれば，労働コストの大半を占める縫製や仕上げの過程では，「規模の経済」は作用しないという[19]。

こうした技術的な理由に加えて，需要の特徴や消費者の嗜好が小規模生産部門に有利に作用していることに注目しなくてはならない。第一に，メリヤス市場には，季節性がある。冬季には重い質のものが需要されて，夏季には軽いものが売れるというように，需要される製品の質は季節的に変動する。第二に，地域に特徴的なデザインやファッションへの需要があることである。漂白されたものが好まれる地域もあれば，灰色のものを好む地域もある。丸首を嗜好する地域もあれば前ボタンを好む地域もある。このため，「綿工場でメリヤス部門を創設した場合，この部門ではさまざまな番手の，異なった質の糸を少量ずつ必要とするために，あまり利益がない。それを避けるために，一種類の質のものを生産するとすれば，市場で過剰生産になってしまう」とメリヤス業界の代表は証言する[20]。

さらに，開発コミッショナーの次の指摘も，大規模生産ユニットによるメリヤス品生産の問題点を具体的に示している。

> メリヤス製品の市場は，非常にえり好みが激しく，生産物の形，デザイン，色にやかましい。ひとつだけのデザインや色のものの大量生産は健全でないし，実際的な経営計画になりえない。それぞれの工場が2-3の型の編機を

---

18) *Ibid.*, pp. 45-46.
19) *Ibid.*, p. 45.
20) "Representation on behalf of the Hosiery Manufacturers Association of Bengal for Protection to the Hosiery Industry," *Indian Tariff Board, Vol. 1*, 1934, Delhi : The Manager of Publications, p. 177.

設置して，多様な番手と色の糸を使うということが基本的に重要なことである。また，新種や新たなデザインに対して，作業上でも組織上でもほとんど混乱なしに対応できるという適応性が，メリヤス製造ユニットの効率性を測る重要な目安である[21]。

大規模生産ユニットの製品は，小規模生産と比べて，編みの均一さ，サイズの正確な打出し，少ない収縮，注意深い裁断と縫製の結果，着易く，仕上がりもよいという点で，市場での評判はよい。色物の場合も，消費者は，色落ちしないという理由で，大規模生産品を選好する。質に敏感な裕福な消費者は，大規模生産品の購買者である。しかし，低質のニット製品は，大規模生産品や比較的よく組織された小規模工場の最低価格よりも安価に販売されるので，大量かつ広範な市場を維持し続けている。これらの製品は，ものを買う場合に価格をもっとも重視する低収入階層の購買者が販路だった[22]。

しかし，このことは，価格の低さが，消費者がメリヤス製品を選好する唯一の理由だったということを意味するわけではない。上記の報告書は，綿やウールのメリヤス製品の所得弾力性の係数は，綿・ウールの衣服よりも高いと推計する。なぜならば，メリヤス製品は「楽しみを与えるもの（comfort）」の範疇に入るのに対して，衣服は「必要なもの」の範疇に入るからである，という。所得が増大すれば，通常の織物からメリヤスのようなものへのシフトが生じるだろうという[23]。

こうして，ウールのメリヤス製品は主として富裕階層の消費に限定されたが，綿メリヤス業には労働者階層や貧困層さえを含んだ広大な，拡大しつつある市場が開けていたのである。貧困層は，綿のメリヤス品を単に綿織物への安価な代替品として購入したのでなく，低価格で得られるささやかな奢侈品としても使用していたのである。

---

21) Development Commissioner, *op. cit.*, pp. 45-46.
22) *Ibid.*, pp. 49-50.
23) *Ibid.*, p. 43.

消費パターンの変化の背景──下層民の社会的自立性の増大

　以上の議論をまとめれば，精米所，綿繰工場，落花生工場の例が示すように，これら産物の多くは典型的な輸出向けの商品であり，その発展の第一局面は，輸出の拡大への反応であった。つまり，輸出指向型商業化が第一局面の変化を主導した。1920年代からの20年間には，これら生産物の輸出は停滞あるいは下降したが，その生産はむしろ国内市場の需要拡大に対応して増大した。この国内需要の拡大は，かなりの程度，下層階層の消費パターンの変化によって引き起こされた。

　変化の一部は，かつて一般的に使用されていた物の代替だった。綿のメリヤス製品はある程度は綿の織物の代替であった。その場合，価格の低さはメリヤス製品の市場拡大の要因であったが，貧困層さえもメリヤス製品を選好したのは単に安価に入手できるということでなくて，上記のように，メリヤス製品がささやかな嗜好品だったからであった。南インドの貧困層の中でも，米食が拡大して，いわゆる雑穀の消費が減っていった。米の相対価格は次第に低下していったが，米食は，これら雑穀よりも安価なわけでなく，また，当時の栄養学者が指摘するように，栄養的には米はきびに劣っていたにもかかわらず，代替していった。つまり，純粋に経済的な要因では，この消費の変化の方向を説明できない。

　前節の手織生産の際に述べたように，19世紀のタミルナードゥにおいては，上層民と下層民との間の消費パターンに明白な差異があった。消費パターンの差異は，これら階層の社会経済的条件の差異と関連していた。この時期にこれら村落の従属的な階層が次第に自立的となり，エリート村民への挑戦を始めたことは前述した。村内の貧困層の消費の変化も，こうした脈絡で生じた。低階層の人々は，自立性を強めつつ，消費生活の内容を多様化し，その結果は彼らに課せられていた社会的制約の範囲を超えることもあったと思われる。

　消費多様化はいくつかの形をとったが，そのひとつとして，上層階層の消費パターンを真似るという形をとることもあった。コーヒーの飲用はその典型である。19世紀末に，バラモンなど上位カーストには毎朝コーヒーを飲む習慣があった。コーヒーは，タミルの文化的な文脈の中で，「高」階層を「低」階

層から区別する，象徴的な飲み物であった（Venkatachalaphy 2002）。1906 年のタンジャーヴァール県の史料は，毎朝のコーヒーの飲用はかつてバラモンの習慣であったが，「しかし近年，シュードラの中で，貧困階層の中でさえも，毎朝冷米よりもコーヒーを好んで飲む傾向が見られるようになった」という観察を記している[24]。

このように，非エリート階層の自立性の強化は，かつては上流階層の消費パターンと見られていたものを真似るという形をとることがあったが，低階層における米食の拡大も同様の性格の変化であるといえる。前節で述べた手織業の場合，かつてはバラモンのみが着用していた衣服を非バラモンが着用し始めたり，貧困層が人絹のサリーへの需要を大幅に増大させた。前述したように，タミルナードゥの綿繰業はマドラス州内の大規模綿工場の拡大によって刺激を受けたが，これらの南インドの綿工業の紡績糸の重要な市場のひとつは，手織業であった。つまり，手織業への新たな需要は，手織業自身を支えただけでなく，迂回的に綿繰業の発展をも支えたのである。

消費の多様化の第二の形は，ビーディに代表されるものである。南インドでは，ビーディの喫煙は上層カーストの習慣ではなく，彼らにとってはむしろ避けるべき行為とみなされていた。トディーのような地酒の飲用も同様である。酒類の消費の動向については確定的なことはいえないが，ティルチラーパッリ県についての報告は「トディーは主として労働者階級によって消費され，消費は増大しつつある」といって，その消費が増大した可能性が高いことを示唆している[25]。

消費変化の第三の形態は，メリヤス製品の需要の増大に代表される。これらの商品の生産方法は西洋起源の技術にもとづいているが，アジアにおける生産者，メリヤス業の場合は日本の生産者が，初めて非常に低いコストで生産することに成功した。その結果，質よりも価格に関心の高い，アジアの広範な人々

---

24) Hemingway, *op. cit., Tanjore*, p. 65；さらに H. R. Pate, *Madras District Gazetteers, Tinnevelly, Vol. 1*, Madras：Government Press, 1917, p. 105.
25) Madras Presidency, *Note Book of General Information of the North Trichinopoly Circle*, Madras：Government Press, 1922.

によって購入され使用されるようになった。その意味では、これらの商品は「安価な近代商品」と呼びえよう。これらの商品にとって、価格は第一に重要な要因であるが、デザインや形状なども重要で、安価な奢侈品（優等財）として選好されたのである。

このように、20世紀前半の農村的小規模工業の展開は、下層階層が土地所有者階層など上層階層からの自立性を強化させてきたことに代表されるような、農村社会の社会経済的なハイアラーキー関係が動揺し変容してゆく過程と深く結びついているのである。

農業労働者階層の所得水準の変化

こうした下層階層の消費の変化は、いかなる経済的な基礎によって可能になったのであろうか。まず、農業労働者の賃金水準の変化を検討しよう。Ghose (1969, 182) は、1916年以降のマドラス管区の農業労働者の1日当たりの平均賃金率の数値を推計している。筆者は、穀物価格の5カ年移動平均によってこの平均賃金率をデフレートした。その結果は、第二次世界大戦開戦による穀物価格の変動の影響を受けていると思われる1941年を除けば、実質賃金率は1920年代から1930年代にかけて、上昇していることを示している（柳澤2004, 152）。

さらに、農業労働者層の土地保有などの面でも変化が起こっていた。前述のように、かつての土地なし民のうち少なくない部分が、19世紀末以降に零細とはいえ土地所有を獲得している。また、純粋な被雇用労働者から小作人に地位を上昇させる者もいた。もちろん獲得した耕作地の面積は小さいため、小農として経営的に自立することは困難であるから、ほとんどは他の農民に雇用される賃金労働をも継続したであろうが、雇用労働から得られる賃金収入に耕作する自らの零細農地からの収入を付加することによって、消費支出を増大させることは可能だったであろう。こうして、20世紀前半のタミルナードゥでは、労働者階層が消費を拡大する経済的な可能性があったことは間違いないだろう[26]。

以上の検討を要約しよう。南インドの精米所，綿繰工場，落花生工場やインドのメリヤス工場など，小規模工業は，主としてインドの国内市場向けに生産しており，非エリート階層からの需要がもっとも重要な市場を形成していた。下層階層の消費パターンの変化は，これらの生産物への需要を支える重要な要因のひとつである。村落の下層階層は，上層から自立化しつつ消費を多様化した。その中では，彼らに課せられていた社会的な制約を超えて多様化する場合もあった。消費多様化のひとつの形は米食のように上位階層の消費パターンの模倣であり，他方，下層階層は，上位階層の習慣ではなかったビーディの喫煙のような形の消費も増やした。いずれにせよ，これら産業の発展と消費パターンの変化は，広範な農村社会の社会経済構造の変動を反映しているといってよいだろう[27]。独立以降のインド経済においても，第6章と第7章で詳述するように，農村社会のハイアラーキー構造の中で上層階層に抵抗しつつ上昇を図る下層階層の自立への志向は，消費の多様化とそのパターンの変化をともなったが，そうした社会的上昇と消費の関係の原型は20世紀前半にすでに見られるといってよい。

　同時に，メリヤス業の事例は，こうした需要や商品・生産過程の特徴が大規模工業による「規模の経済」の作用を弱め，小・零細規模企業が支配的な産業

---

26) ベンガルと中央州を除いて，インドのほかの地方も，農業労働者の実質賃金は同様の傾向を示したようである。Ghose (1969, 185) が示したように，ボンベイ，パンジャーブ，ウッタル・プラデーシュの諸州では，農業労働者の実質賃金は，1916年から1921年の間に下落したが，1921年以降は1931年までかなりの程度に上昇する。その後，1936年までは下落して1916年の水準に戻るが，なお1921年の水準よりは高かった。これと異なる形態の変動はベンガル地方で，ここでは実質賃金は1926年以降下落して，1936年には1921年水準さえも大幅に下回る水準に到達する。ベンガルの「ジュート経済」の動揺の影響が，インドのほかの地域よりも強い影響を及ぼしたのであろうと推測される。また，北インド村落での労働への報酬の増大については，Kessinger (1979, 139-146)。

27) Morris (1983) は，1913年と1936年の間において，インドの製造業は海外の動向よりもインド国内の動向によってより大きく規定されていたとし，部分的な工業保護政策によって保護されなかった工業にも発展が見られたことを考えれば，関税政策以上に重要なのはインド国内市場のヴァイタリティである，という。下層民におけるこうした新たな消費の動向は，この時期の国内市場のヴァイタリティの重要な一部を構成したように思われる。

構造をもたらしたこと，貧困層向けの安価製品の生産では，小・零細規模企業が特に強い競争力をもっていたこと，これに対して大規模工場の製品は質が高いが価格も高く富裕層が主たる購入者であったことを示している。この点は，独立以降の産業発展において，軽工業の分野の多くでは小・零細規模経営（インフォーマル部門）が量的に優越的な大きさをもつことを理解するうえで，重要な示唆を与える。独立以降のこれら産業では，大企業は都市の上層向けのブランド品を生産し，小企業・零細企業は農村や貧困層向けの安価製品を生産するという構造が見られるが，その原型も，すでに1930年代に成立していたということができよう。

第II部

独立インドの経済発展

―― 基盤の形成 ――

独立以降のインド経済は，植民地期の停滞状態から脱して3％台の成長率を実現する。第Ⅱ部が主として扱う，独立期から1980年頃までのインド経済は，1980年代以降のより高い成長率の経済成長を支える基盤を形成する時期でもあった。

　まず，第4章では，独立以降の国家主導の輸入代替工業化の戦略のもとで，独立前は鉄鋼業を除けば軽工業のみがあった産業構造を，重工業や生産財生産を含む産業構造に高度化し，基本的に自給できる生産の体制を構築し，その後のインド経済発展の基礎を築いた過程を検討する。同時に，この過程でインド経済が「高コスト」経済の特徴を強めることにも注目する。

　農村地帯と農業生産の分野でも，1980年代以降の成長を支える基盤を形成する変化が進行していった。両大戦間期に停滞していた農業生産は，独立以降には成長を再開した。1950年代からの農業成長は，1960年代半ばからの「緑の革命」の中でインド全土に広がった。農業発展は，農村内の諸階層の所得の上昇をもたらして，非農業産品への農村需要拡大の基礎を形成することとなる。第5章は，さらに農業生産の発展が，生態環境にいかなる影響を与えたかも考察する。また，土地改革が農村下層階層の自立化に意義を有したことを明らかにする。

　農村社会内の階層間の関係の変化も，インドの多くの地域でより深く進展していった。村落上層有力者層による下層階層に対する階層的な支配力が弱まり，下層階層は自立的な動向を飛躍的に強め，農業生産上昇の成果を農業労働賃金の上昇などの形で下層階層が部分的にせよ享受する条件をつくっていった。拡大した非農業就業は，農村労働市場をタイト化して農業労働賃金の上昇を促進し下層階層の自立性を強化するとともに，農村内の各階層の所得を増大させる効果ももった。第6章は，農業生産の上昇，階層関係の変化によって，農村社会が全体として工業製品やサービスへの需要を拡大させること，その結果80年代以降のインド経済の成長を支える市場的な基盤を形成したことなどを明らかにする。

第4章

国家主導の輸入代替工業化

——工業化の基礎の形成——

1 ネルー体制下の重工業化

　独立後のインドのGDPは、植民地期の停滞状況から転換して、ダイナミックな成長を開始した（表4-1参照；Sivasubramonian 2000, 622）。

　1947年以降はすべての部門が成長率を上昇させているが、もっとも高い成長率を示したのは、工業など第二次産業であり、以降、工業部門が次第にインド経済の中核的部分をなすにいたる。

　第二次産業は、1950/51年から1964/65年までの時期（第1期と呼ぼう）と1980/81年から1999/2000年までの時期（第3期と呼ぼう）の2つの時期には6.8％という高い成長率を記録したのに対して、その2つの時期に挟まれた1965/66年と1979/80年の間の15年間（第2期と呼ぼう）は低成長期であったということができよう。Sivasubramonian（2004, 320-321）の推計では、工業など農業外の部門における総要素生産性の成長率は、GDP成長率の高かった第1期（1950/51年-1964/65年）と第3期（1980/81年-1999/2000年）にはそれぞれ1.21％と2.01％であったのに対して、第2期（1965/66年-1979/80年）には0.07％にとどまった。

　このように、1950年から1964/65年の時期は、インド工業のGDPが上昇しただけでなく、生産性の上昇をともなった工業の発展期であり、その後のインド経済全体の発展の基礎が形成された時期といってよいであろう。

表 4-1　インドの実質 GDP 成長率

(単位：%)

	1900/01 年から1946/47 年	1947/48 年から1999/2000 年	1950/51 年から1964/65 年	1965/66 年から1979/80 年	1980/81 年から1999/2000 年	1999/2000 年の成長指数(1947/48 年＝100)
第一次産業	0.4	2.5	2.6	2.7	3.2	361.7
第二次産業	1.5	5.5	6.8	4.3	6.8	1,691.9
第三次産業	1.7	5.0	4.5	4.3	6.7	1,342.4
GDP 合計	0.9	4.1	4.0	3.6	5.6	852.0
1 人当たり GDP	0.1	1.9	1.9	1.3	3.5	297.8
人口	0.8	2.0	2.0	2.3	2.0	286.4

出典）Sivasubramonian 2000, Table 9.4, Table 9.35.

　独立以来1991年の政策転換までは，国家主導の計画経済建設のもとで，政府による統制色の強い輸入代替工業化政策を採ってきた。1950年から1964/65年の時期は，初代首相J. ネルー（Nehru）と統計研究所長 P. C. マハラノビス（Mahalanobis）のイニシアティブのもとで，こうした政策が形成され実行に移された時期であった。すでに第2章で述べたように，インドの民族運動の要求のもとで保護関税による輸入代替工業化政策は部分的には植民地期から導入されていたが，国家による主導・統制下に計画経済によって国民経済を建設するという政策への移行過程が，両大戦間期と第二次大戦期を通じて進行した。前述のように，政府が，レッセフェール政策をとるのでなく，経済計画を立てて経済の発展を促進すべきだという，経済計画の必要性は，インド政府のイギリス人高官のあいだでも，真剣に討議されるようになった。インド国民会議派は，ネルーを議長とする国家計画委員会を1938年に発足させたが，タークルダース（Thakurdas）などインドの大企業層は，国家による規制が予想される「主要産業」を重工業や化学工業などに限定する案を作成するなど，計画経済の構想を進めた。すでに見たとおり，インドのビジネス層が構想していた，国家統制を受けつつ経済建設を行うという考えは，国家による急速な工業化への援助と促進を目指した政策として，イギリスも十分に受け入れることが可能なものであった。第二次大戦下のインド経済では，戦争需要への物資供給の確保のために，政府は多くの物資の生産・流通の規制や輸入統制を行った。

戦後インド経済における「ライセンス・ラージ」は，この戦時経済統制から多くのものを引き継いでいるのである（Nakazato 2001, Ch. 8）。

ネルー・マハラノビス構想が目指した中心的な課題は，「資本財を輸入に依存していている現状は，インドの基本的な構造的弱点で，できるだけはやく正さなくてはならない」（P. C. Mahalanobis, cited by Majumder 1990）という認識のもとに，早期に，生産財生産をインドの中に確立することだった。そのためには，国家が主導的な役割を果たす必要があると考えられた。

まず，いくつかの重要な産業分野は，国家の独占的分野に留保された。1956 年「産業政策決議」は，兵器・原子力・鉄道運輸は中央政府の独占する分野とし，また企業の新設については国家がもっぱら責任をもつ部門としていくつかの重要な鉱業（石炭，鉄鉱石など）と製造業（鉄鋼，重鋳鍛造，重電機，航空機，造船，電話，電信機），および航空運輸，発電，配電が指定され，さらに国家が新設を主導し民間部門がそれを補う分野として，アルミニウム，工作機械，特殊鋼，化学工業や，鉱物，道路・海上運輸などを指定した。

民間部門による新設や工場の拡張が認められる分野でも政府による認可（ライセンス）を必要とした。工業ライセンス制度では，政府がつくった計画目標の超過達成を防ぐ目的から，工場の設立，既存工場の生産拡張にかんしてライセンスを発行した。厳しい外国為替管理の下で外国貿易は制限され，輸入許可品目にかんしても，数量制限や高率の輸入関税が課され，政府による認可を必要とした。技術導入の促進，外貨事情の悪化の回避のために，数多くのケースについて外資の多数支配を許可してきたが，政府は原則として外資の多数支配（51％以上の持株）を許可しない方針であった。また，海外からの技術導入についても，政府の認可を必要とした（伊藤 1972）[1]。

こうして，国家主導のもとで自立的な重工業経済を確立する政策が推進される一方で，工業化を支える教育水準の構築，特に基礎教育への中央・地方政府

---

1) 海外からの技術輸入については，政府の政策基調には変化があった。概括的にいって，1948 年から 1965 年までの時期には技術導入に積極的であったが，その後 1980 年代初めまでは導入の規制に重点が置かれ，1980 年代初め以降は再び積極的となっている（Joseph 2004, 265）。

表 4-2 工業生産指数
(単位:1950/51 年=100)

	1955/56 年	1960/61 年
全　般	139	194
綿繊維	128	133
鉄・鉄鋼	122	238
機　械（すべての種類）	192	503
化　学	179	288

出典) McCartney 2009, Table 5.15 (p. 104).

の取組みは不十分であった。ネルー体制のもとで1950年から1965年の間に，初等教育への公的な支出比率は大幅に低下する一方で中等・高等教育への比率が大幅に増えるなど，政府の政策は中・高等教育重視の方向に移っていった（Balakrishnan 2010, 88-92)。以下の章で述べるように，1980年代以降の発展の中でも，工業では教育水準の極めて低い労働力に依拠したインフォーマル部門が顕著に拡大してゆくが，こうした労働力の教育的な基盤の脆弱さの淵源のひとつは，独立以降の教育体制構築のあり方にあるといえよう。また，こうした高等教育重視の傾向は，後述のように1990年代以降のIT産業の発展を支える基盤をつくってきた，ということもできよう。

その後，こうした国家主導の輸入代替化の体制は，1965年以降に一定の変化をするが，その基本的な枠組みは1991年まで継続する。この体制のもとで，インドの工業が重要な発展を見たことは，間違いない。

第一に，すでに見たように，第二次産業は，1900年から1946年までの低い年成長率1.5％から飛躍して6％台にのり，1950年から1964年までの15年間は年率平均6.8％の高い成長率で成長したことである。1965年以降に成長率は低下するといっても4％台を維持しており，独立インドの工業発展が，植民地期とは質的に異なった成長軌道にのったことは明らかである。かつ，この点も前述したところであるが，総要素生産性が1950/51-64/65年には年率1.21％で上昇するなど，生産性の上昇をともなった成長を継続したことの意義も大きい[2]。

第二に，1950年には資本財の55％を輸入に頼っていたインドが（Chan-

---

2) Mohan (1992, 102) は，1950年以降40年を通して工業生産が年率6％を超える成長を遂げたことを，「システムに歪みがあるとしても，偉業である」と評価している。

表 4-3　工業生産の構成

（単位：%）

	基礎財	資本財	中間財	消費財	耐久消費財	非耐久消費財
1951 年	19.8	3.5	29.0	47.6	—	—
1960 年	25.1	11.8	25.9	37.3	5.7	31.6
1970 年	32.3	15.3	21.0	31.5	3.4	28.1
1980 年	39.4	16.4	20.5	23.7	2.6	21.1
1990 年	38.4	23.7	17.5	30.4	—	—

出典）Mohan 1992, Table 3 (p. 102).

drasekhar 2011, 208），急速に重工業生産の比率を上昇させたことは，表 4-2 も示すところである。またたとえば，1961 年から 1965 年の間に，工業生産は年率 9％で増大したが，うちもっとも急速な成長を見たのは資本財でその年成長率は 20％近くに達し，ついで基礎財で 10.5％の成長率であった（McCartney 2009, 104）。この結果，表 4-3 に見るように，1951 年から 1980 年の間に工業生産に占める消費財の比率は 47.6％から 23.7％に半減し，基礎財と資本財の比率が顕著に増大した。こうして，Mohan（1992, 102）も指摘するように，工業基盤を形成するという目的はかなりの程度で達成され，重工業化戦略はその実現を見たといえよう。

重工業化の進展にもっとも寄与したのは，輸入代替化であった。1950/51 年以降拡大された貿易保護によって保護された国内市場の存在が，民間企業の投資と公共投資を刺激した。1950/51 年から 1965/66 年の間の経済成長の約 4 分の 1 が，輸入代替に淵源した。輸入代替は，1957 年までは消費財分野で大きかったが，1956 年に始まる第二次五カ年計画以降は鉄鋼，セメント，資本財など，中間財と投資財に重点は移っていった（Chandrasekaran 2011, 209；McCartney 2009, 99）。その結果，1950 年には 55％を輸入に依存していた資本財についても，表 4-4 に示すように 1959/60 年には 44％，1965/66 年には 36.4％と輸入依存率を低下させ，中間財や基礎財についてもかなりの程度で輸入依存率を低下させた。輸入代替工業化の進展を示している。

第三に，工業生産の技術的な基礎の形成の面でも重要な進展があった。先進国から移転した技術を国内で使うためには，技術を変化させる必要がある。現

表 4-4 工業部門の輸入依存率
(単位：％)

	1959/60 年	1965/66 年
基礎財	34.1	22.5
中間財	21.3	10.9
資本財	44.0	36.4
消費財	5.7	4.9
耐久財	36.1	28.2
非耐久財	4.0	3.0
合　計	18.1	14.7

出典) Majumder 1990, Table 3 (p. 136).

地の投入財を必要に適応させること，規模や技術に合わせて生産過程を変更することや，地域の需要条件に合わせて生産物を適応させることなどである。インドでは，機械・部品・原料への細かい規定があるため，技術を変化させて現地への適応を図ることは必須であった。製品輸入や技術輸入の制限政策や，工場内の研究開発への奨励などの政府の政策の結果，さまざまな分野で，主導的な製造企業は，奥行きが深く多様性をもった技術的能力を獲得していった（Kathuria 1995, 174）。

　McCartney（2009, 106）は，技術のインドへの定着の事例を紹介している。Hindustan Machine Tools（HMT）社は海外との協力で発展を開始したが，当初の協定が1956年に終了した後に，海外からの協力を受けることなしに第二工場の建設が行われた。第一工場からエンジニア，監督者，操作員が移動して，新たな工場の立ち上げを行った。最初の工場の操業までに10年以上かかったのと比較して，第二工場の操業は14カ月で可能となったことは，この間に技術の習得が進んでいたことを示唆している。1960年代初めにも，3カ所で工場は新設された。技術は，はじめはライセンスにもとづき購入された。その後，機械の全体を解体して基本要素に分解し，輸入的な要素を減らすことで，工作機械の生産を次第に土着化させていった。たとえば，粉砕機の中で土着要素は，1957/58年の35％から1963/64年の94％へと顕著に増大した。HMT社は，1966年に防衛省の粉砕機250台の注文に競り勝つなど，大きな飛躍を遂げた。この過程は，技術の習得，増産への適用，生産過程の土着化という形で広がっていった。Bhagavan（1985）が指摘するように，1970年代初めには，インドは工業の必要とする標準的水準の近代的な資本財のほとんどを生産できる能力が国内で得られるようになったのである。1955年から1965年の間に，総輸入に占める資本財の比率は20％から10％に減ったが，資本財の

相対価格は安定的で，輸入代替によってより高価な資本財が輸入財に代替した訳ではなかったことを示している（McCartney 2009, 106-107）。

しかし，こうした技術的基盤の確立のうえで重要な人的資源については，他の途上国に比して大きな遅れがあるという，Kathuria（1995, 175-176）の指摘は重要である。たとえば，1980-82 年に 25 歳以上のインド人人口の 73％は何らの学校教育も受けておらず，途上国の中でもその水準は低い。また，職業教育を受けている人口比率も，インドの比率は 10 の途上国の中で最低である。また，工学の学生の絶対数は一番高いが，対人口比率だと，ケニヤに次いで低い。インドの技術教育には構造的な欠陥があり，インド工業の多くの分野で，非常に低い技術習得にもとづく操作が行われていることは，間違いないであろう[3]。

こうして，1950 年代から始まる国家主導の経済発展戦略は，後に検討するように問題を孕むとしても，重工業化と輸入代替という主要な課題を基本的に達成したことは，間違いない（Kathuria 1995, 170）。海外から輸入した技術の土着化に成功した HMT 社の事例も，政府による保護が技術的な基盤の形成に重要な役割を果たしたことを明らかにしている（Mascarenhas 1982, 201）。1991 年以降の経済自由化改革を経て，国内外の競争関係が強化される中で，フォーマル部門の経済も 1980 年前後に高まった成長率を維持して 2000 年代以降はいっそうの高度化を遂げるが，そうした変化を可能にした，インド経済の発展の基礎はこの 1950 年代からの輸入代替化過程で形成されたことを確認しておきたい。

1950 年代からの発展の中では，公共部門が重要な役割を担っていたことは，前述した。大規模な投資が必要とされる分野や短期的な利益が見込めないような分野では，民間投資に全面的に依存できないため，公共部門が必要となることが指摘されてきた。国家は，インフラストラクチュア部門で中心的な役割をはたし，時期によっては，全生産資本の 60％，トップ 10 事業所の 8 つ，全組

---

[3] Kathuria（1995, 175-176）は，インドのエンジニアや高度の技術をもった技術員には，現場労働への従事を含む職をさける傾向があることを指摘している。

表 4-5 貯蓄と投資

(単位：GDP の%)

	民間企業部門			公共部門		
	貯蓄	投資	貯蓄－投資	貯蓄	投資	貯蓄－投資
1950-55 年	1.0	1.4	−0.4	1.7	3.1	−1.4
1960-65 年	1.7	3.6	−1.9	3.0	7.5	−4.4
1989-90 年	2.1	3.9	−1.8	1.7	10.7	−9.0

出典）Balakrishnan 2010, Table 2.4 (p. 69).

織部門従業者の 3 分の 2 を公共部門が占めることになった。1960 年代央の時点で，公共部門の累積資本のほとんどは，鉄鋼，機械，化学，石油，鉱業，金属などに集中していた。公共部門が全物的資産に占める比率は，1950/51 年の 2.5％から急増し，1965/66 年では 26％程度であった（Chandrasekhar 2011, 213）。

しかし，こうした公共部門の発展は，民間部門の投資を阻害するものではなかった。表 4-5 が示すように，民間企業部門の投資は，1950 年代から 60 年代にかけて大幅に増大している。公共部門への投資の拡大は，民間部門の生産物への市場を拡大し，かつ民間部門の必要とする資本財を低価格で供給することを通じて，民間部門の拡大に貢献したと考えることができる（Balakrishnan 2010, 69）。

2　工業発展の減速──「高コスト経済」化と新産業の育成

1950 年代に入って成長率を飛躍させたインドの工業部門も，1965 年から 1980 年の時期には成長率を低下させた。前掲の表 4-1 で示したように，第二次産業の平均成長率は，1950/51-1964/65 年の 6.8％から 1965/66-1979/80 年の 4.3％へと低下し，前述のように，Sivasubramonian（2004）の推計する，非農業部門の総要素生産性の年平均成長率は，1950/51-1964/65 年 1.21％から 1965/66-1979/80 年の 0.07％に低下した。

工業発展減速の背景

　こうした，工業生産の減速は，どのような背景で生じたのであろうか。まず，工業成長の重要な部分を占めていた輸入代替化の過程が1965年頃にはかなり進展し，新たな代替化の進展速度が鈍化してきたことが指摘できる。1965/66年に，輸入依存が20％を超えるのは20の工業分野のうちで4つに過ぎなかった。総付加価値額の80％近くの分野で，1965/66-1979/80年の時期には，1959/60-1965/66年の時期と比べて，輸入代替化の速度が低下した（Ahluwalia 1985, 119-121 ; Chandrasekaran 2011, 214）。しかし，個々の商品を検討すれば輸入と国内生産との負の相関は成立しない。輸入代替化は需要増大の一部分に過ぎず，輸入代替化の鈍化は1965年における工業生産の停滞の一部を説明するにとどまる（McCartney 2009, 120）。

　公共投資が1960年代央から減少したことも，工業投資の低下に大きく影響した。公共投資は1965/66年にGDPの9.6％に達したが，その後1970/71年の6.3％まで低下した。Balakrishnan（2010, 129-133）は，公共投資の変動は工業生産を大きく規定してきた，という。公共部門は，民間工業部門の大きな需要者であり，公共投資の減退は民間部門の利潤を低下させて余剰生産を発生させる。その結果生じる民間の投資の減退は，公共部門で生産される資本財への需要を低下させる。この結果，公共部門の余剰を減少させ，公共部門の投資余力を低下させて，いっそうの減速を進める，という形で循環が進んだ，という[4]。

　1960年代における工業製品への需要の構造も，この工業生産停滞の背景として重要である。もしも，インドにおける工業部門への需要が人口の大多数を占める農村地帯を含めて広範な大衆的市場によって支えられていたら，輸入代替化の停滞や公共投資の減少が直ちに工業生産の停滞をもたらすことはなかったであろう。しかし，当時のインドにおける所得の階層別分布の状況は，表4-6が示すように，インドの総所得の4割を上位10％の階層が稼得するとい

[4) さらに，McCartney（2009, 133-135）参照。大野（2001）は，増大してきた穀物輸入が外貨制約を深刻化させた結果，政府の開発資金の不足をもたらして，重工業部門の成長率を鈍化させた，と指摘する。

表 4-6 所得の階層別分布

(単位：総所得に占める割合，%)

	1952/53年–1956/57年	1953/54年–1956/57年	1956/57年	1962年 農村	1962年 都市	1951/52年–1959/60年
上位10%	25	28	37	32.8	42.4	43
下位20%	9	8	6	5.9	5.3	4

出典) A. Vidyanathan, "Some Aspects of Inequalities in Living Standards in Rural India," in T. N. Srinivasan and P. K. Bardhan eds., *Poverty and Income Distribution in India*, Statistical Publishing Society, 1974, p. 216, (Cited by Majumder 1990, 142).

表 4-7 農村地域における資産の分布

(単位：%)

	1961年	1971年
下位10%	0.1	0.1
下位30%	2.5	2.0
上位30%	79.0	81.9
上位10%	51.4	51.0

出典) Majumder 1990, Table 12 (p. 143).

う，上位階層に極端に所得が集中する構造であった。所得の不平等な分布の背景には，表4-7が示すような，農村地域における資産（土地所有）の極端な格差の構造があった。第5章で述べるように，インドでは1950年代から土地改革が行われるが，土地所有の不平等な構造を基本的には変えることはできなかった。国民の大多数は，ほとんど土地など資産を持たず，生命維持さえも危ぶまれる貧困状態にあって，ほとんどの所得は食費に費やされたから，工業製品への購買力は極めて低かった。1965年前後の時点で，非食糧の工業製品が総消費に占める割合は，10％前後に過ぎなかった（Majumder 1990, 143 ; Chandrasekaran 2011, 215）。大衆的な工業消費財に対する国内市場のこの狭隘さが，この時期の工業の停滞の背景としてあることを忘れてはならないだろう。こうした国内市場の制約に重要な変化が生じるには，第6章に見るように，1980年代を待たなくてはならなかったように思われる。

高コストと低質な工業生産

　これらの要因とともに，政府の政策やそれと関連した工業生産の高コスト化や独占的な企業行動の広がりも，工業発展の停滞の背景として重要である。

1950年代以降の輸入代替化政策によって海外からの輸入品との競争から国内市場は保護されている一方で，ライセンス制度などの結果新規の企業の産業への参入は非常に制限されたため，国内の競争関係も極めて限定的な状況が作り出されていった。1960年代後半以降の経済政策の動向は複雑であるが，企業活動への制限を強化する重要な政策も採用された。たとえば，民間企業の経営者が工業事業所を閉鎖するには州政府の許可を必要とするようになり，小規模企業に留保される産業分野が拡大された。こうした，保護された市場の中で，企業活動への制限が強まり，参入と退出が制限されることによって，多くの産業分野では非効率な企業も残存するなど，時代遅れの技術にもとづく，生産性が低く高コストの，低質な生産が広がったために，工業生産の成長が停滞傾向に陥った（Mohan 1992, 100 ; Ahluwaria 1985）。

　インドの民間企業の中では，植民地期から，財閥的なビジネス・グループが大規模工業部門の中で支配的位置を占めていたが，これら企業の独占的な位置はライセンス体制の中でむしろ強化されてきた。1964年の時点で，1,298種の製品のうち87.7％は寡占的状況にあった（437種についてはそれぞれ1社のみが生産し，229種についてはそれぞれ2社が生産）。食糧品工業，綿工業とジュート工業以外は，ほとんどすべての産業は1社生産，2社生産か，寡占的な生産の状況であった。重要なことは，少数のビジネス・グループが支配下の企業を通じてほとんどの分野で独占的な地位を占めていたことである。ビジネス・グループは，その財政力，実績，情報収集力によって，工業のすべての分野で，飛び抜けてライセンスを多く取得していた。これらビジネス・グループは，市場の拡大と利潤の獲得が見込まれる分野では取得したライセンスをもって生産能力の拡大を行ったが，停滞的な市場の分野では，ライセンスの取得は他社の参入を防ぐための「防衛的」な戦略にもとづくもので，生産能力の引き上げに使用しないで保持を続けた。こうした独占的な企業行動によって，たとえばセメントのように，需要に対する供給不足の状態が維持されることも少なくなかった（Chandrasekaran 1994, 327-329 ; Kathuria 1995, 171-172）。

　国家所有の重工業部門でも，1965年以降は，旺盛な成長や技術の習得が停滞した。1974年のビライ（Bhilai）の鉄鋼プラント建設の主要部分は，ソ連の

詳細な設計と監督が必要であったし，1974年のヴィシャーカパトナム（Visahkapatnam）のプラントの場合も同様で，プラントの計画や設計・施工の面での技術の習得と土着化の進行が見られなかった。ボカーロ（Bokaro）でのソ連の専門家の数は，1969年から1983年に3倍化した。技術学習への努力の指標として研究開発を見れば，Bharat Aluminium Company（BALCO）やHindustan Aluminium Company（HINDALCO）の研究開発費は，非常に低い水準にとどまった。また，ビライの鉄鋼生産の稼働率は1964/65年の111.8%から下落して1980年代にも80%から90%の間にとどまり，ドゥルガプル（Durgapur）の鉄鋼生産では1964/65年の100.6%から下落して1980年代まで50%から60%の間にとどまった。1970年代末には，インドは国内の遊休生産能力をもったままで鉄鋼を輸入しなくてはならないという事態も生じた（McCartney 2009, 137）。

　こうして，インドの工業生産において，低生産性・高コスト・低質の生産への傾斜が見られるが，その程度はすべての産業分野で同一ではない。Kathuria（1995）によれば，発展途上国からの製造業製品の輸出中でのインドのシェアは，1962年の22.1%から1970年の11%，1980年の4.4%，1985年の3.4%と低下したことに示されているように，インド工業の競争力は1980年代半ばまで低下した。しかし，インド・ルピーの外国為替相場が割高に設定されてきたことや資本財の高コスト等を考慮して算出すれば，多くの製造業では，価格競争力をもちうる効率的な生産を行っている，という。鉄鋼，その他の金属，プラスチック・石油産品など投入財や輸送費などのコストの高さが，輸出増大の主たる制約となっていることを明らかにしている。

現地的な適応と競争力

　Kathuria（1996）は，インド工業には，企業の成長と退出の両方を制限する政府の政策のもとで多数の非効率な企業が存続していることを認めつつも，競争関係をつうじて競争力をもった企業が生き残っている分野として，トラックやバスを製造する商業車生産の分野を挙げている。ヒンドゥスターン・モーターズとプレミア・オートモビールズの2社は，乗用車の分野では生産を続

けながらも，商業車の分野では競争を生き残ることができなかった。商業車の分野で生き残った5社のうち2社は中・重量商業車の分野，3社は軽量商業車の分野で，国内市場の条件の中でそれぞれが競争力をもつことで，生き残っていった。

　この分野では，それらの企業は，劣悪な道路事情に適応した生産技術をもっており，かつその製品は価格的にも競争力があるため，輸入が自由化されたとしてもインドの商業車市場に輸入製品が大きく浸透することはないであろうと，カトゥリヤはいう。イスズ車の導入と撤退は，そうした事例のひとつである。ヒンドゥスターン・イスズは，牽引力，登坂力，速度，加速力，燃料効率の点で優れ，さらに外観や運転席の見栄え，人間工学的な運転者への配慮など，国際的に見て重視される点で優れた新車を1986年に導入して既存のメーカーに挑戦をした。しかし，荒れた道路（北インドでは特にひどい）や過重積載の条件のもとでの耐久性や維持コストの面での疑問が出され，1990年にはこのイスズ車は撤退を余儀なくされた。カトゥリヤはさらに，イスズ車は対応する既存の車よりも12%高価なこと，部品やサービスの入手可能性，機械工がなれているかなど中古販売価格に影響する点での問題など，イスズ車がインド市場に浸透する上での困難を挙げている。この経験とは対照的に，「インド化」した車は，条件の悪い道路での耐久性は強く，荒れた道路が一般的な多くのアフリカの国々で，強い国際競争にさらされながらも，ニッチを確保していた（Kathuria 1996, 154）。

　このように，1965年以降，政府の規制政策のもとで生産者の独占的な行動も広がり，インドの工業生産の高コスト化と低質化が全体として進行したといってよいが，すべての分野がそうした傾向を示したわけではなく，企業間の競争を通じて競争力を強化していった分野もあること，その際に，インドの悪路に耐久性をもつ商業車の例のように，現地の使用環境に適合するよう，技術的適応を進めた分野では，同様な条件を共有する外国の地域での国際的な競争力を有するにいたっていることが，確認できる。

多国籍企業支配からの自立と新産業の形成——製薬業と情報産業

　さらに注目すべきことは，1970年代以降には，それまでは受け入れてきた外国資本の活動への規制の強化と国内産業の保護育成政策によって，1991年改革以降に国際的な規模での発展を遂げる製薬業や情報産業などが育成された。

　インドでは，植民地期の20世紀の早い時期からインド企業による薬剤の生産が行われるなど，薬生産の経験があった。しかし，独立以降1960年代までは，インドの製薬産業は多国籍企業の製薬企業の支配下にあった。1951年の特許法は，これら多国籍企業が創薬した薬剤の製品のみならず多様な製法にも特許を与え，インド企業は原薬の生産を独自に行うことはできなかった。政府も，多国籍企業の活動を認め，薬の供給をこれら多国籍企業に依存する政策を続けてきた。

　しかし，1970年代以降，こうした政策に大きな変更が加えられた。まず，1973年の外国為替規制法（FERA）により，外国企業が40％以上の株式を所有する企業（FERA企業）の活動を厳しく制限するようになった。製薬の分野では，ハイテクの分野を除いて，これらのFERA企業が生産を行う分野は非常に狭められ，多くの分野は公共企業やインド企業に留保されるようになった。この体制は，制限が廃止される1994年まで続いた（Chaudhuri 2004, 164-165）。

　こうした外国企業への規制とともに，いっそう重要な役割を果たしたのは，特許法の改定であった。1911年の特許法は，新薬の製品と，考えられるすべての製法を16年間は特許の対象とした。インド企業は，旧式の製法をもって原薬を製造することも，独自に原薬を輸入して製剤することも禁止されてきた。特許をもつ多国籍企業はしばしば必要な薬剤の導入や生産を遅らせた。こうして多国籍企業による支配体制の結果，インドの薬剤の価格は高くなり，必要な薬剤の供給が不足するという状況がもたらされた。1970年の特許法は，特許の有効期間を16年から5年に短縮するとともに，ひとつの製法や生産工程のみに特許を与えることとし，製品には特許を認めなかった。この新たな特許法にインド企業は素早く反応し，最新の薬剤についても，新たな製法を開発

表 4-8 製薬業における生産と薬剤輸出入

(単位：1,000 万ルピー)

	生産		輸出入		
	原薬	製剤	輸 出	輸 入	貿易収支 (輸出−輸入)
1974/75 年	90	400	43.14	46.9	−3.76
1975/76 年	130	560	42.27	46.02	−3.75
1976/77 年	150	700	54.13	54.17	−0.04
1977/78 年	164	900	60.77	82.42	−21.65
1978/79 年	200	1,050	69.02	95.33	−26.31
1979/80 年	226	1,150	71.16	120.03	−48.87
1980/81 年	240	1,200	76.18	112.81	−36.63
1981/82 年	289	1,430	95.41	136.77	−41.36
1982/83 年	345	1,660	111.06	148.48	−37.42
1983/84 年	308	1,760	161.82	163.34	−1.52
1984/85 年	365	1,827	217.49	215.62	1.87
1985/86 年	409	1,945	194.37	267.4	−73.03
1986/87 年	458	2,140	222.95	287.59	−64.64
1987/88 年	480	2,350	289.69	349.44	−59.75
1888/89 年	550	3,150	467.6	446.91	20.69
1989/90 年	640	3,420	856.8	652.12	204.68
1990/91 年	730	3,840	962.8	604	358.8
1991/92 年	900	4,800	1,502	807.38	694.62
1992/93 年	1,150	6,000	1,490.1	1,137.38	352.72
1993/94 年	1,320	6,900	1,781.4	1,440	341.4
1994/95 年	1,518	7,935	2,179	1,527	652
1995/96 年	1,822	9,125	2,337	1,867	470

出典) Chaudhuri 2004, Tables 5.1 and 5.2 (pp. 148-149).

し始めた。政府が設立した，Central Drug Research Institute (CDRI) などの研究機関も，民間企業の開発の支援を行った。たとえば，1981 年に多国籍企業の Glaxo が創薬したある対腫瘍薬について，4 年後の 1985 年にはインド企業の Ranbaxy がインド市場で販売し，Dr. Reddy's Laboratories など他の企業がそれに続いた。それまで支配的地位にあった多国籍企業はインド内での原薬の生産を抑制して原薬を輸入してインド内で製剤するという方式を主としてとってきたが，1970 年代の後半からは，インド企業による原薬の生産が拡大しはじめ，1980 年代には特に急速な発展をみることとなった（表 4-8）。インド製薬市場における多国籍企業のシェアは，1970 年の 68％から 80 年の 50％，91

年の40％へと低下し，他方，インドの製薬生産の事業所の数は，1969-70年の2,257事業所から1989-90年の16,000事業所へと，1991年の経済改革前に激増といってよい拡大を果たした（Mazumdar 2013, 43）。

こうして，インド企業による原薬の生産の増大は，多国籍企業やインド企業との間での競争を激化させて，その結果，インドの薬価は顕著に下落し，国際価格の数分の1という低価格を実現させることとなった。

この特許法のもとで，インド製薬企業は海外市場に進出する上での競争力をも強めることができた。いうまでもなく，インドは特許を認めている国には特許が終わるまでは輸出できない。しかし，海外で特許が終了する前に，製品そのものへの特許を認めないインド内でインド企業は当該製品を商業的に生産する能力を作り上げて，外国で特許が終了するや否や迅速に海外の市場に浸透することができた。つまり，海外市場における競争力は，インド製薬企業が国内市場で支配的な立場を確立することによって，国際価格を大幅に下回る価格を実現できることにもとづいているのである。インドが薬剤にかんする貿易を自由化する1991年以降輸出はいっそう顕著に拡大してゆくが，表4-8が示すように，輸出の増大は1980年代後半にはすでに顕著である（Chaudhuri 2004）。

こうして，1991年の経済改革や貿易の自由化以降世界市場の中で有力な地位を占めるにいたるインド製薬業は，1970年代以降の多国籍企業の活動への制限，特許法改正，国営研究機関による支援など，インド企業による生産を飛躍的に増大させる政府の政策によって強く保護された結果，国内市場に支配的な地位を確立しただけでなく，国際的に発展しうる競争力をもつにいたったのである[5]。

製薬業と同様に，1990年代以降に国際的に発展するITソフトウェア産業も，1970年代からの外国企業への規制政策と関連をもって発展してきた。1964年にインドの電算機市場に参入したIBMを皮切りに，他の外国企業もイ

---

[5] 公共部門の製薬プラントの存在も，インド内で原薬を大量に生産することは可能だ，という人々の確信を作りだすうえで，大きな貢献をしたという。Dr. Reddy's Laboratoriesなど民間製薬企業の創設者で，こうした公共部門の製薬プラントや研究機関で働いた者は多かった（Chaudhuri 2004, 152）。

ンド市場に参入してきた。1967年から72年の時期には，IBMとICL（International Computers Ltd.）で電算機市場の85％を占めていた。こうした寡占状態で，外国企業は，先進国で5年以上も使用した中古のシステムを輸入して，それを高価な賃料で貸し出していた。この状況下で，電算機の国内生産の確立にかんする諮問委員会の意見を踏まえて，政府は，外国企業に対してインド内での生産活動を増大させるべきことと，生産する企業にインド資本を参加させるべきことを求めた。この政府の要求をIBMは受け入れず，1978年に撤退することとなった。ICLとFhilipsなど他の外国企業は，政府の要求に対応して，株式保有率を引き下げた（Joseph 2004, 250）。政府の方針は，大規模なシステムよりも小・中規模のシステムの形成に重点を置き，部品や周辺機器の作成よりは，設計，組立，メンテナンス，そして特にソフトウェアの開発に重点を置く方向を選んだ。Balakrishnan（2006）は，現在のソフトウェア企業の企業者の証言にもとづき，こうした「インドの閉鎖経済」のもとで輸入が制限されたために，インド企業はソフトウェアを自ら開発しなくてはならず，ソフトウェア産業の発展につながった，と指摘している。彼は，さらに，政府は不足する外貨を獲得するために海外からの部品の輸入を行う電算機産業に輸出を義務づけたが，この政策がソフトウェア産業を輸出向けに発展させる方向に導いたこと，自立経済のための科学的・技術的な基礎を確立させる政策を長期に追求することによって科学・技術にかかわる層の厚い人材を育てたことなど，政府の介入主義的な政策の結果，ITソフトウェア産業の競争力の基礎は1991年以前に形成されていた，という[6]。

1990年代以降に国際市場に向けて飛躍的な発展を遂げた2つの産業，製薬業とITソフトウェア産業は，自立的な産業の発展を目指した政策のもとで，その後の発展を可能にした競争力の重要な部分が形成されたことは間違いないであろう。

部品産業の形成──自動車製造業の事例

同様に1990年代以降に発展する自動車産業の事例は，発展を支える部品生産の諸企業の中核が1970年代に形成されたなど，自動車国産化計画の下での

蓄積が 90 年代の発展の基礎を形成していることを示している。島根 (2006) によれば，世界的に見ると，四輪車の完成車生産は日，米，欧の世界的なメーカーに，二輪車の完成車生産は日本メーカーに集中する傾向があり，途上国では，外国資本の投資が自由化されるとそうした世界的なメーカーが生産の主体となり，少なくとも完成車メーカーが進出した直後は，完成車メーカーと歩調を合わせて進出した部品メーカーや輸入によって部品が供給されるという現象が生じがちである。これに対してインドでは，世界的なメーカーが多数進出した乗用車生産の分野でも，1990 年代の生産拡大の主たる担い手は，新規に参入した外資系企業でなく，地場産業を中心に一部合弁企業を含む既存の企業であった点に第一の特徴がある。第二の特徴として島根が指摘することは，国内に部品産業の基盤が存在することである。1990 年代に完成車台数が大幅に増大したにもかかわらず，部品については輸出の拡大と輸入の減少が続いている。国内部品への依存の拡大は，国産化率を高める政府の政策によるとともに，国内部品の方が価格が低く，国内部品産業の活用が完成車メーカーの価格面での競争力を高めることになるためである。島根の興味深い研究によれば，これら部品生産企業の設立年次の最大のピークは，組立企業に国産化が課され強化された 1980 年代初頭までの時期で，ついで 1980 年代前半の合弁企業が相次いだ時期である。つまり，現代インドの自動車生産の発展を支える部品生産の企業的な基盤は，1980 年代初頭までの自動車国産計画が強化される時期に形成されたといってよいであろう。1990 年代の自動車部品産業を調べた

---

6) Kochhar et al. (2006) も，ネルー時代以来の国家主導の工業化の時代に輸入代替化政策によって，技術をもった人的資本のプールや，国営企業，研究所などが蓄積されていたことによって，インドの IT ブームの基礎が形成されたことを強調している。国営の Computer Maintenance Corporation や Electronic Corporation of India Ltd. に雇用されていたエンジニアは，バンガロールで設立された多くのコンピュータ企業の中核になった，という。Roy (2011) も，1990 年代以降の IT ソフト産業の発展は，国家主導の資本集約的な工業発展の中での技術訓練や教育の体制が発展したことによって可能となったとして，製薬業とともに情報産業でも対外閉鎖体制期の達成が 90 年代以降のグローバル企業の発展の基礎をつくったことを主張している。IBM の撤退後に，IBM の元従業員がソフトウェアの小規模企業を創設したり，その後のインドの代表的なソフトウェア企業のいくつかを起業していることについては，Upadya (2004)。

Gokarn and Vaidya（2004, 297）も，技術・熟練集約的なエンジン部品，ドライブトランスミッション・ステアリング部品，およびサスペンションブレーキ部については，部品生産企業はマハーラーシュトラとタミルナードゥとに集中しているが，それはこれら両州に一般機械産業が伝統的に集積していたためである，という[7]。技術・熟練集約的な部品以外の部品メーカーはハリヤーナー，デリー，ウッタル・プラデーシュの諸州に多いが，これらは，これらの州の近くに重要な完成車メーカーが存在するために，近年にできたものであると指摘している。この指摘も，現在の自動車産業の発展が，輸入代替工業化戦略の時代に形成された機械生産の技術的・経営的な生産基盤の上に成り立っていることを示している。

3　おわりに

以上のようなインドにおける輸入代替工業化過程の進行の中で，インドの工業化の基礎がいかに形成されたかを総合的に評価する上で，インドの技術的な発展の評価を行った Lall（1985, 45-76）は，興味深い視点を提供している。ラールは，一般に途上国の技術発展は 2 つの段階を経過することで，工業化を進めることができると考えている。第一段階は，先進国から輸入した技術を単に know-how（ノーハウ）として習得するのでなく，技術の原理 know-why（ノーホワイ）への理解を通して，導入国に適応した技術を独自に開発し，それにもとづき製品の設計と生産を行える能力を形成する時期である。しかし，この現地適応型技術の開発と具体化の過程の時期にも世界的な技術発展は飛躍的に進むために，途上国で形成され定着した現地適応型の技術や生産の体系は，その時代の世界の先端的技術水準から見て極めて陳腐化されたものとなってしまう。そこで，ラールは，第一段階の課題が達成された時点で，第二段階

---

[7] 輸入代替工業化期におけるタミルナードゥの自動車部品産業の発展については，Tyabji（2000, Ch. 2）.

に進み，世界的な先端技術を導入することが，当該の途上国の発展にとって必要となる，という。

ラールはこの観点から，1980年前後のインドは，第一段階のknow-whyとしての技術発展を十分に達成したと評価しつつも，すでに第二段階に進むべき時期を超えていると主張している。まず，第一段階の達成の点をもう少し詳しく見よう。

インドの達成度をブラジル，メキシコ，韓国などの新興工業国（NICs）の国々と比較しながら，インドでは，生産財生産の水準は高く，生産財輸入は小さいこと，外国技術への依存が低いことなど，生産と技術の上での自立性を実現していることをまず確認する。ラールはさらに，インドはこれらの国と比較してより多くの「技術輸出」をしていることに注目する。特に注目されることは，インドの専門的なコンサルタント組織が，アフリカ，アジア，ラテン・アメリカで，工業プロジェクトのフィージビリティ調査，プロジェクト・モニタリングや広範な設計に携わっていることである。インドによるこれらサービスの特徴は，産業の創設と運営の実際的な知識（know-how）を提供できるだけでなく，顧客の特殊的な環境に適合した，know-whyにもとづくプラントや設備を設計し製造できることであった。ラールは，生産と技術の面での自立化を目指したインドの工業化の過程で，広範な分野で，know-howの範囲を超えてknow-whyの理解にもとづき，生産物と生産過程の基本設計を行いうる「深い」能力をもつにいたったことを確認し，国際的な競争力をもつ企業もいくつかの分野で形成されたことを指適している。

本書が先に見た，商業車の分野も，こうした現地適応型の技術を発展させることによって，アフリカ等共通する環境にある地域での国際的な競争力をもった分野ということができよう。また，製薬業なども，安価な薬剤の生産において，国際的な競争力を輸入代替の過程で作り上げていったといってよい。また，こうした技術発展を踏まえて，1990年代以降の乗用車生産の飛躍を支える部品産業が1970年代には構築されたことも，改めて確認できるであろう。

こうした産業的，技術的な発展に加えて，1970年代末の時点で，インドは途上国最大の規模の，もっとも安価な，技術的・科学的な人材プールを作りだ

していたことも重要である。当時，180万人の科学者やエンジニアが雇用されており，それ以外に20万人が失業状態にあった。ブラジルの60万人，韓国の80万人，メキシコやアルゼンチンの40万人と比べて，インドが格段の大きさの科学・技術分野の人材を擁していたことが分かる。こうした高等教育を受けた人材の豊富さも，ネルー時代以来の高等教育の重視と科学技術重視の政策によるところが小さくないことは明らかであろう。この人材の豊かさが，インドにおける技術の現地適応型の展開やそれにもとづく産業や企業の発展を支えるとともに，後のITソフトウェア産業や製薬業の国際的な展開を支えることはいうまでもない。

このように，1950年代からの国家主導の輸入代替工業化の過程は，生産財部門を基本的に確立し，技術をknow-whyのレベルで習得して現地適応型の技術発展を実現し，いくつかの現地適応型技術は国際競争力を有するにいたったこと，膨大な科学的・技術的な人材のプールを構築したことが指摘できる。

こうした達成を確認したうえで，ラールは，これらインドの技術が，国際的な水準から大きく離されて陳腐化していることを指摘し，国際的な先端技術の本格的導入を行う第二段階に進む必要を主張する。これらの途上国向けの技術への市場は将来的に縮小するし，インド自身がいっそうの先端的な技術を要求するだろうという。本章でも，国内・国際的な競争関係が欠如した状況のもとで，企業は投資活動への多様な制限を課されて，独占的な企業行動も助長される状況にあり，多くの分野で，高コストで低質な生産と経営が行われていることを，すでに指摘した。後に第10章でも述べるように，電子産業においては，生産規模の小ささが製品価格を押し上げ，製品価格の高さが市場の拡大を阻止して，小規模生産が維持される，という悪循環も顕在化していた。ラールの二段階論を受け入れるかどうかは別にして，1980年前後の時点の産業・工業や技術の実態は，大きな政策的転換を必要とする状態にあったといってよいだろう。

繰り返しになるが，その背後には，そうした新たな政策環境のもとで新たな発展を遂げうるに必要な基礎的な能力を，インドのかなり多くの産業が蓄積してきたという事実があることも確認できよう。1980年代からのインドの経済

発展パターンを検討した，Kochhar et al.（2006）は，類似した発展段階にある他の発展途上国と比較して，インドでは，労働集約産業よりも技術集約産業の発展がより顕著であるが，そうした特徴はすでに 1980 年の時点で見られた，という。1980 年までの，本章で検討したような，高等教育を重視し技術集約的な産業の発展を重視してきた国家主導の発展政策によってつくりあげられた，技術集約型の発展へのインド経済の能力が，その後の経済発展の基盤を形成したことを指摘している。こうした 1950 年代から形成された基盤を前提にしてはじめて，80 年代以降の経済自由化政策のもとで技術集約的産業の新たな水準の発展がありえたことを確認しておきたい。

第 5 章

独立インドの農業発展

1 農業生産の発展

「緑の革命」に先立つ農業発展

　独立後のインドの GDP は，植民地期の停滞状況から転換して，ダイナミックな成長を開始した（前掲表 4-1 参照；Sivasubramonian 2000, 622）。独立以前の時期に比べた場合には，農業部門における GDP 成長率の上昇は工業以上に顕著だった。第 4 章の表 4-1 で示したように，第一次産業の成長率は，1900 年から 1946 年の間のわずか 0.4％に比して，1947/48 年以降 1999 年までの平均は 2.5％に上昇し，インド経済全体の成長率上昇に大きく貢献した。Sivasubramonian（2000, 626）もいうように，農業分野の発展は，20 世紀後半のインド経済のもっとも大きな成果であり，インド経済の GDP の構造変化点を 1950 年前後にもたらした最大の要因である。

　時期ごとに見れば，第 1 期（1950/51-1964/65 年）の 2.6％，第 2 期（1965/66-1979/80 年）の 2.7％に対して，1980/81 年以降の第 3 期は 3.2％と成長率が上昇している（前掲表 4-1）。黒崎（2010）も，現在のインドに相当する地域にかんして 1900 年以降の農業生産の付加価値系列の総産出や面積当たり収量等の成長率を推計し，こうした独立以降「緑の革命」以前の時期における農業生産の成長率の上昇に注目し，分析している（表 5-1）[1]。

　この第 1 期の農業の成長については，Sivasubramonian（2000, Table 9.8）によれば，1950/51-54/55 年の時期を 100 とした場合に，1960/61-1964/65 年の

表 5-1　現インド地域の農業生産の成長率

(単位：%)

年　度	総産出	農業労働人口当たり産出	農地面積当たり産出
1901/02-1910/11	1.36	0.63	0.52
1911/12-1920/21	−0.70	−0.69	−0.39
1921/22-1930/31	0.09	0.08	−0.22
1931/32-1940/41	0.27	−0.09	0.40
1941/42-1950/51	−0.25	−1.78	−0.34
1951/52-1960/61	2.99	2.02	2.77
1961/62-1970/71	2.30	0.32	2.11
1971/72-1980/81	1.96	0.53	1.72
1981/82-1990/91	2.08	0.68	2.04
1991/92-2000/01	2.63	1.52	2.65
1901/02-1946/47	0.37	0.11	0.14
1947/48-2000/01	2.28	0.81	2.15

出典）黒崎 2010，表 1。

時期には，総生産量は 137.1 に上昇した。この間に食糧穀物の 1 人当たり入手可能量も 419 g から 461 g に増大した[2]。第 2 期以降の農業生産の増大は，1960 年代央から徐々に始まった「緑の革命」によってもたらされていることはいうまでもない。高収量品種の導入，肥料投入の増大と灌漑とくに動力による管井戸灌漑の普及が，農業先進地域から始まって全インドに拡大してゆくことによって，土地生産性を顕著に増大させて，インド農業は農産物の自給を達成し，さらに輸出余力をももつにいたる。

高収量品種など新農業技術導入による「緑の革命」が開始される 1960 年代半ばより前の時期に土地生産性の顕著な増大をともなったインド農業の成長があったことは，重要である。従来ややもすれば，インド農業の本格的な発展は

---

1) Balakrishnan (2010, 75, 97) も，黒崎卓の研究にもとづき「緑の革命」前の時期における農業発展に注目し，ネルー時代のインドは，その後の「緑の革命」の苗床をつくる時期であったと評価している。

2) Sivasubramonian (2000, Table 9.8) によれば，1950/51-54/55 年から 1960/61-1964/65 年の間に，総作付面積は 16.2% 増大し，面積当たり収量は 18.4% 増大した。Vaidyanathan (1994a, 23) は，1951-54 年から 1958-61 年の期間の農業生産の増大分のうち，約 45% は総作付面積の増大に起因し，ほぼ同じ比率で面積当たり収量の増大により，8% は作付パターンの変化による，という。

表5-2 現タミルナードゥ州相当区域における土地利用の区分と変化
(単位：エーカー)

年	A. 総土地面積	B. 森林	荒地・農外使用地	可耕荒蕪地	休閑地	純作付地	二作以上作付地	総作付面積
1912	30,590,612	4,838,710	6,221,116	2,019,775	3,374,978	14,136,033	1,754,000	15,890,033
1925	30,968,208	4,580,816	5,965,700	2,235,601	4,608,924	13,448,801	2,072,206	15,521,007
1930	31,543,967	3,194,886	5,946,474	2,841,309	4,825,142	13,284,222	2,124,650	15,408,872
1935	31,567,629	4,976,128	5,621,210	3,149,752	4,796,697	13,013,842	2,033,984	15,047,826
1940	31,589,935	5,007,311	5,409,521	3,281,618	4,440,472	13,451,013	2,546,094	15,997,107
1945	31,482,637	5,120,187	5,303,891	3,695,220	4,749,071	12,614,268	2,064,277	14,678,545
1950	32,242,960	4,793,353	5,524,871	4,170,271	5,101,568	12,629,415	1,704,997	14,334,402
1955	32,242,960	4,818,858	5,476,946	3,615,715	4,186,434	14,075,956	2,719,630	16,828,586
1962	32,022,323	4,596,710	5,545,034	3,229,511	3,656,751	15,001,500	2,937,838	17,939,339
1965	31,984,633	4,692,125	5,473,116	3,194,983	4,066,640	14,602,683	2,785,754	17,388,437
1970	31,984,633	4,954,008	5,710,878	2,372,325	3,784,039	15,182,335	2,989,704	18,172,039
1975	31,984,633	4,853,072	5,719,768	1,910,361	4,767,794	14,739,490	3,066,423	17,805,913
1980	31,957,064	5,133,336	5,708,216	1,761,680	6,349,264	13,191,093	2,730,393	15,921,486
1985	31,961,881	5,085,211	5,787,927	1,557,528	5,525,504	14,071,727	2,775,769	16,781,054
1992	32,023,322	5,294,024	5,853,865	1,615,130	4,953,425	14,331,734	3,080,375	17,392,421
1993	32,043,852	5,276,544	5,904,699	1,648,863	4,610,925	14,521,596	2,662,248	17,616,980
1994	32,003,934	5,276,354	5,888,742	1,591,142	4,999,002	14,248,693	3,042,264	17,290,956

出典) *Season and Crop Reports for Madras Presidency, Madras state and Tamilnadu.*

海外からの近代的な新農業技術の導入・普及，すなわち「緑の革命」によって開始されたという認識が一般的であったが，「緑の革命」以前における農業生産の顕著な発展は，インド農業が潜在的な発展の可能性を有していたことを示唆するからである。

タミルナードゥ州農業の長期変動における1950年代

　1950年代からの農業生産発展の背景となった要因を明らかにするために，ここでは，南インドの現タミルナードゥ州に相当する地域の土地利用・灌漑・農業生産にかんする統計 *Season and Crop Reports* を1900年前後から1990年代まで整理して，この間の農業生産の長期動向を検討することとしよう。

　土地利用の長期変動を表示した表5-2からは，いくつかの事実が明らかとなる。第一に1950年代と60年代に「可耕荒蕪地（Culturable waste）」の面積が大幅に減少し，他方「純作付地（Net area sown）」が顕著に増大したことである。つまり，耕作可能な荒蕪地の非常に多くが開墾されて耕地に転換され

表 5-3　現タミルナードゥ州相当区域における灌漑地面積

(単位：エーカー)

	政府水路	民間水路	溜池	井戸	その他	合計
1905	1,394,594	8,315	1,342,646	785,860	89,991	3,621,406
1907	1,493,538	29,009	1,940,661	1,042,060	147,058	4,652,326
1910	1,450,669	13,671	1,904,282	954,305	146,099	4,469,026
1915	1,402,517	18,380	1,744,514	872,904	112,282	4,150,597
1920	1,478,365	14,717	1,946,441	1,182,079	145,729	4,771,838
1925	1,420,157	15,565	1,872,443	1,022,588	126,700	4,450,893
1930	1,456,343	18,366	1,921,195	807,958	108,499	4,322,361
1935	1,556,737	11,873	1,828,065	991,898	106,292	4,494,865
1940	1,587,098	48,621	1,892,367	1,037,199	74,103	4,639,408
1945	1,789,236	5,542	1,613,370	1,155,474	114,095	4,677,720
1950	1,889,718	4,751	1,345,288	1,049,222	126,337	4,415,316
1955	1,910,451	368	1,962,957	1,243,381	73,494	5,190,651
1962	2,217,942	3,106	2,328,512	1,505,322	107,479	6,170,561
1965	1,963,578	3,148	2,221,163	1,609,711	92,767	5,902,891
1970	2,172,317	2,372	2,209,789	1,859,148	87,673	6,378,508
1975	2,239,165	1,430	1,845,327	1,986,851	86,770	6,312,760
1980	2,186,050	2,139	1,452,362	2,350,206	58,749	6,326,050
1985	1,904,371	1,509	1,653,113	2,317,706	61,815	6,154,449
1992	2,094,067	1,378	1,547,551	2,526,881	41,670	6,639,291
1994	2,076,611	1,378	1,659,442	2,915,505	37,607	7,144,925

出典) *Season and Crop Reports for Madras Presidency, Madras state and Tamilnadu.*

た，と推定される。第二に，「二作以上作付地」は，19世紀末から1920年代にかけて増大したが，その後の停滞期を経て，1950年前後から1970年前後にかけて，変動を含みつつ増大する傾向が顕著である。まとめれば，1950年代から60年代にかけて，荒蕪地の開墾による耕地化と従来の一作地が二作以上作付地化することによって，総作付面積が大幅に増大したことである。

こうした作付面積の増大には，灌漑面積の変化が重要な基盤となっていると見てよいだろう。表5-3が示すように，総灌漑面積は，20世紀初頭に増大したが，その後の長期の停滞期を経て，1950年以降1962年までに176万エーカーと20世紀初頭以上に顕著に増大した。その増大分の内訳を概括的に見れば，政府水路面積の増大は約33万エーカー，溜池が98万エーカー，井戸灌漑が46万エーカーである。溜池灌漑面積が1950年に一時的に減少したこと

表5-4 現タミルナードゥ州相当区域の米（籾なし）のha当たり収量（kg），坪刈調査による

県	1945-49年	1955-57年	1959-60年	1966-67年	1975-76年
チェンガルパットゥ	757	1,072	1,183	1,170	2,190
北アルコット	1,061	1,645	1,459	1,320	2,116
南アルコット	1,000	1,525	1,487	1,521	2,362
セーラム		1,725	1,799	1,809	2,442
ダルマプリ				1,398	1,708
コインバトール		1,779	1,803	1,845	2,407
ティルチラーパッリ	1,176	1,474	1,320	1,557	2,016
プドゥッコータイ					1,600
タンジャーヴール	981	1,255	1,501	1,443	1,956
マドゥライ	1,257	1,628	1,649	1,557	2,474
ラーマナーダプラム	733	967	869	1,093	1,155
ティルネルヴェーク	1,302	1,677	1,810	1,365	2,030
ニールギリ			1,666	995	1,373
カニヤークマリ			1,751	1,689	2,190
平　均	992	1,389	1,439	1,410	2,029

出典) *Season and Crop Reports for Madras Presidency, Madras state and Tamilnadu.*

を考えると，井戸灌漑の増大の寄与は非常に大きいことが分かる。

　ここからいえることは，ひとつは独立以降に政府の灌漑への支出が増大して，水路などの政府管轄灌漑による灌漑面積の増大が生じたと思われること，もうひとつは民間の井戸灌漑への投資が50年代から60年代にかけて顕著に回復したことである。

　表5-4は，タミルナードゥ州の米（脱穀後）のha当たり収量を1945年以降1975年まで示している。ここから，米の面積当たり収量が，1945年以降着実に上昇していることが分かる。

　以上の検討から，1950年代のタミルナードゥ農業の発展の背景には次のような要因があるといえよう。第一に，農業生産増大の一部は，耕地の外延的な拡大によるが，それはそれまで耕作されてこなかった荒蕪地の開墾が1950年代と60年代に旺盛に進められた結果であることである。

　この開墾はどのような性格のものだったであろうか。1961年発行の政府報告書は，当時の荒蕪地の状況を調査し，マドラス州（現タミルナードゥ州）に

かんして次のようにいう。「地税記録によれば可耕の荒蕪地は全部で200万エーカー存在すると報告されているが，そのうちの大きな部分は土地なしの労働者や耕作者によって不法占拠（encroachment）の形で耕作されている」と[3]。後に見るように，南インドでは20世紀初め以降，土地所有からほとんど排除されていた下層階層の農業労働者や小作人たちが，耕作されないで残っていた荒蕪地（村落共同利用地）を政府の許可をえることなく占拠（encroachment）し耕作し始めていた。1950年代・60年代の荒蕪地の開墾は，労働者層など土地なしの村民が許可なしに占拠して耕作する形で進んだと見てよいだろう。いいかえると，こうした土地なし層による荒蕪地の占拠・耕作地化が，農業生産拡大のひとつの基盤となったのである[4]。

第二に，前述のような農業不況下の農産物価格の下落により低迷してきた耕作者による井戸削掘など農業への投資活動が，独立以降の農産物価格の回復・上昇と政府の支援のもとで復活したことが，農業生産の発展を支えた重要な要因である。50年代に拡大した井戸灌漑は，一作地の二作地化や非灌漑地の灌漑地化を促進し，さらに面積当たりの収量の増大をもたらして，この時期の農業生産の増大に重要な貢献をしたことは間違いない。同じく両大戦間期の農産物価格の下落期には衰退した肥料投入も，再び復活したと推定してよいであろう[5]。従来村落の共同利用地で肥料や飼料の供給基盤として機能してきた荒蕪地が減少し，かつ荒蕪地という耕作条件が悪い土地が新たに耕地に加わったに

---

3) Ministry of Food and Agriculture, *Report on Location and Utilisation of Wastelands in India, Part VIII-Madras*, Wastelands Survey and Reclamation Committee, Government of India, 1961, p. 5.

4) Vaidyanathan（1994a, 26）も，「休閑地の減少，可耕作荒蕪地の開墾，森林・牧草地・村落共同利用地の不法占拠（encroachment）によって，耕作が拡大した」と述べて，インドの耕地拡大における共同利用地の占拠の重要性を指摘しているが，占拠が土地なし階層によるかどうかは，明らかでない。しかし，1960年代初めに可耕作荒蕪地の大きな部分が指定カーストなど下層カーストによってすでに耕作されているという報告のある，マハーラーシュトラ州（Ministry of Food and Agriculture, *Report on Location and Utilisation of Wastelands in India, Part XI-Maharashutra*, Wastelands Survey and Reclamation Committee, Government of India, 1962, p. 5）などいくつの重要地域では，タミルナードゥ州と同様に，土地なし階層による占拠が耕地拡大の重要な部分だったと見てよいであろう。

もかかわらず土地生産性の顕著な上昇が実現されるには，水利灌漑の拡大とともに化学肥料を含む肥料の投入増大や飼料栽培などが進展したことが背後にあったと推定できる。こうした事実は，南インド農業において，両大戦間期のように農産物価格の下落などの生産環境の不利な条件がなければ，南インドの農業生産者の中には井戸への投資や肥料投入増大など集約的農業発展への志向が明確にあったこと，つまり南インド農業は発展への潜在的な可能性をもっていたことを示唆するといってよい。

さらに，こうした農業発展の可能性は，河川灌漑地域など農業にとっての生態環境が有利な地域に限定されていたわけではないことにも注目したい。タミルナードゥ州の中でも典型的な非灌漑地域といってよいセーラム県では，政府管轄水路灌漑の比率は低く灌漑の主力は井戸灌漑であるが，1950年から73年の間に井戸による灌漑面積は約14万エーカーから38万エーカーへと2倍以上に拡大し，純作付面積に対する灌漑地の比率も16％から28％へと顕著に増大させることができた[6]。この間に，非灌漑作物の「雑穀」の作付を減らして米作を増大させるなど，作物構成のうえでも変化が生じて，同県の農業はダイナミックな発展を遂げている。インドの乾燥地帯において生態環境の制約があることはいうまでもないが，その制約を根拠にインド農業自体の中に集約的発展を遂げる潜在的可能性をほとんど否定する議論が妥当でないことを，セーラム県の事例は示しているといってよいだろう[7]。

第三に，政府による農業への財政支出の増大やさまざまな農業振興プロジェクトの進展が，50年代と60年代の農業生産の増大を促進した重要な要因である。灌漑工事をはじめ農業の改善のための投資が極めて低水準であった第一次大戦以降の植民地期インド政府と異なって，第二次大戦期以降のインド政府は，農業生産の発展のために大きな財政支出を行った。1943年から1951年までの「食糧増産キャンペーン」は，灌漑，肥料投入，荒蕪地の開墾を通じて食糧穀物の生産増大を目指したもので，1947年にはトラクターの購入や管井戸

---

5) 1950/51年から1970年代初めの間に，インドの肥料消費は10万トン以下から220万トン近くへと著増した（Kumar 1983, 960）。
6) *Season and Crop Reports for Tamilnadu* の各年次。

の削掘のための融資の供与計画や1952年までに食糧自給を達成するという目標設定を発表した。第一次五カ年計画（1951-1956年）では，農業分野は財政支出の重点分野とされ，降水条件や灌漑条件のよい地域で集中的に種子・肥料の開発計画を進めるなどの政策がとられた。Dorin and Landy (2009, 8) が指摘するように，後に「緑の革命」の際に目指されたのと同様の方向を志向した政策が，すでにこの時点から始まっていることは注目してよい（Shrinivasan 1965, 10）。これらの政府の政策のもとで，大小の灌漑施設の拡大は，耕地の外延的な拡大に貢献しただけでなく，非灌漑地を灌漑地に変えることによって面積当たり収量の増大をもたらし，農業生産者の肥料投入や井戸灌漑の拡大も促進した。

　以上のタミルナードゥ州の長期統計の分析などの結果がインド全体にどの程度妥当するかはなお検討が必要であるが，すでに第1章で検討したように，南インドを含むかなりの地域で，19世紀末から1920年前後までは旺盛に進行した，耕作者による井戸削掘や肥料投入増大など集約的農業発展への努力は，両大戦間期には農産物価格の低迷や下落の中でほとんど停滞したが，独立インドの政府による援助や農産物価格の回復の中で1950年代に復活し，土地生産性の上昇を含む農業発展をもたらしたということは，インド農業のおおよその

---

7) なお，この議論との関係で，T. ロイ（Roy 2006）の主張を検討する必要があろう。ロイは，自然資源の貧しさによって南アジアでは土地生産性の上昇など農業発展の可能性は著しく制約されていること，民間の私的な投資による灌漑拡大のコストは非常に高く，農業以外の分野への投資余力を奪ってしまうほどの巨額な政府財政支出によってはじめてこの自然資源の制約を克服できたこと，を主張する。しかし，ここでのタミルナードゥ州，特に自然条件による制約の厳しいセーラム県の長期統計の分析は，井戸灌漑投資や肥料投資など民間主体の投資によって土地生産性の上昇や農業の発展の中核的な部分が実現されたことを示している。さらに，独立後にインドにおける農業への財政支出は増大したもののそれによって工業やインフラへの投資が不可能になったという事実はない。たとえば，第一次五カ年計画では，全予算の37%が農業と灌漑に当てられたが，第二次計画（1956-61年）や第三次計画（1962-66年）では21%に減少し，財政支出の重点は工業化，特に重工業化におかれるようになった（Dorin and Landy 2009, 68-69）。これらの事実から見て，ロイの主張は自然条件による制約を過大に評価しているといわざるをえない。

道筋として理解することができよう[8]。さらに，土地なし層などを含む人々による共同利用地の耕作も，農業生産の拡大に多少とも寄与していることも間違いないだろう[9]。

このように「緑の革命」に先立ってインド農業が土地生産性を上昇させる方向ですでに成長を遂げていたということは，高収量品種，肥料の多投入，灌漑の拡大などによって土地生産性を上昇させる「緑の革命」がインド農業にとってまったく新しい局面を意味したのではないこと，すなわち両者には強い連続性の側面があることを意味している。新技術の体系は，1960年代央以降20数年をかけてインド各地に普及していくが，その新技術受け入れの準備過程はそれ以前の農業の発展の中で進行していたともいえよう。

2 「緑の革命」

1960年代央から始まる「緑の革命」は，高収量品種の導入・普及，肥料の多投入，および灌漑の拡大を3つの柱とするパッケージからなっている。以下，それぞれについて，概要を記そう。

「緑の革命」の進展

1960年代初めから，インドは，インド農業研究所（Indian Agricultural Research Institute）などを中心に，メキシコの国際的なメイズと小麦の改良センターから，品種を輸入するなど，高収量品種の導入を始めた。インドの研究者

---

[8] Dorin and Landy（2009, 68）は，1950/51年から1964/65年の間に，農業生産は年率3.2％で拡大，灌漑地は26％増大して，肥料投入は625倍となり，1950年から65年の間の小麦以外の作物の生産増大量は1965年から1990年の間のそれと同じ程度であることを指摘する。「一般に信じられていることとは逆に，『緑の革命』より前の時期にかなりの程度の農業発展が達成されていた」ことに注目している。

[9] なお，村落共同利用地が占拠・耕作された結果生ずるその縮小が，農業の生態環境上の問題を引き起こす可能性があることは事実であるが，この点については後に検討したい。

は，インド内の生態環境に適応し現地の需要に適合するよう輸入種子の改良を行った。インドの各地にできるだけひろく適合できる，高収量で，成熟期間が短く，光周性のない品種の開発をおこなった[10]。

　高収量品種は，大量の肥料の投入を必要とした。特に窒素肥料は，伝統種の3-4倍の投入量を必要とし，さらに燐酸肥料とカリ肥料の投入も必要とした。実際に，ヘクタール当たりの化学肥料の投入量は，1965年の5 kgから30年後の75 kgへ増大し，2001/02年には112 kgになっている。特に高いのはパンジャーブで，173 kgとフランス並みである。インドは，いまや，中国とアメリカに次ぐ第三位の肥料消費国となっている。

　インドにおける最初の化学肥料工場は1906年にさかのぼるが，この工業の本格的な発展は独立以降である。化学肥料の生産はその後急速に発展し，カリ肥料は輸入に依存するものの，窒素肥料はほとんど，燐酸肥料も大半を国内生産でまかなっているのが現状である。政府は，肥料需給を統制しながら，化学肥料工場に補助金を与えて，生産の増大を支えてきた。

　表5-5が示すように，1968年までの時期には，大・中規模水路灌漑と地下水灌漑とがともに2倍化するなど両者の拡大速度はほぼ等しかったが，1968年以降は井戸灌漑が大・中規模水路灌漑の拡大速度を超えて拡大しており，1989年の段階ではインドの主要な灌漑方法となっている。伝統的には8 m四方程度の大きさの開放井戸が一般的であったが，「緑の革命」の中で政府は，井戸の深さをより深くし，ポンプを設置することにし補助金をだしてそれを推進した。1970年代からことに急速に増えたのは，地中深く管を通して深い位置の地下水を揚水する管井戸であった。この結果，地下水位が低下するという問題も生じていることは後に検討するところである。

　高収量品種の普及，肥料投入の増大，灌漑の拡大の過程に加えて，地域的な差異をもちながらもトラクターなど機械の導入も進んだ。また，人力や畜力による灌漑水の揚水活動も，動力ポンプが代替していった。

　1960年代半ばから始まった「緑の革命」は，まず，パンジャーブ州，ハリ

---

10) Dorin and Landy (2009, 70-72). 以下の記述は，同書に依拠している。

表 5-5　灌漑の発展

(単位：100万 ha)

	累積灌漑可能面積			
	大・中規模灌漑	大規模表流水灌漑	地下水	合　計
1950/51 年	8.62	7.48	6.5	22.6
1960/61 年	13.25	7.51	8.3	29.1
1968/69 年	17.01	7.60	12.5	37.1
1979/80 年	25.56	9.08	22.0	56.64
1989/90 年	31.83	12.25	34.78	79.74

原典）Planning Commission.
出典）Vaidyanathan 1994a, Table 3 (p. 69).

ヤーナー州，ウッタル・プラデーシュ州西部など北インドと，アーンドラ・プラデーシュ州，タミルナードゥ州など南インドの稲作地域に広がっていったが，1980年代にはそれまで農業後進地域と見られていた東部インドの諸州にも広がり，インドの農業生産を全体として引き上げることとなった（藤田 2002, 102-103)。表 5-6 が示すように，高収量品種が作付面積に占める比率は，小麦については1980年に7割を超えているが，米については1980年の時点では45％に過ぎず，80年代に重要な普及率の上昇が生じており，東部インドへの「緑の革命」の普及による変化といってよいだろう。

こうして，全インドに普及していった「緑の革命」によって，1960年から2000年の間に米と小麦の総生産量はそれぞれ2.5倍と6.3倍に飛躍し，インドはこれらの作物にかんしては中国とアメリカに次ぐ生産国となり，輸出余力さえももつにいたった。人口1人当たりの穀物生産量は，1950/51年の116.7 kg，1960/61 年の 156.6 kg の水準から 1990/91 年には 190.3 kg に上昇した。1人当たりの食糧生産を引き上げることに失敗してきたサブサハラ・アフリカの経済的な停滞に比して，南アジアが着実な経済成長を遂げた重要な基盤がここにあるといってよいように思われる（藤田 2004；黒崎 2010)。

「緑の革命」以前との連続面

「緑の革命」は，このように農業生産の拡大・上昇にかんしては紛れもなく非常に重要な成果を生み出したが，それまでのインドにおける農業発展の経験

表 5-6 インドの食糧作物の作付面積，高収量品種作付率，収量，生産

		1950/51年	1960/61年	1970/71年	1980/81年	1990/91年	2000/01年
総作付面積 (100万 ha)	米	30.8	34.1	37.6	40.1	42.7	44.7
	小麦	9.8	12.9	18.2	22.3	24.2	25.7
	穀類合計	78.2	92.0	101.8	104.2	103.2	100.7
	豆類	19.1	23.6	22.6	22.5	24.7	10.7
	インド合計	131.9	152.8	165.8	172.6	185.7	187.9
高収量品種の 作付比率	米	—	3%	15%	45%	64%	74%
	小麦	—	4%	36%	72%	87%	86%
	穀類合計	—	2%	15%	41%	63%	75%
	豆類	—	—	—	—	—	—
肥料 (作付面積[ha] 当たりkg)	インド	—	2	14	32	68	87
収量 (ha当たり， 100 kg)	米	6.7	10.1	11.2	13.4	17.4	19.0
	小麦	6.6	8.5	13.1	16.3	22.8	27.1
	穀類合計	5.4	7.5	9.5	11.4	15.7	18.4
	豆類	4.4	5.4	5.2	4.7	5.8	5.4
生産量 (100万 t)	米	20.6	34.6	42.2	53.6	74.3	85.0
	小麦	6.5	11.0	23.8	36.3	55.1	69.7
	穀類合計	42.4	69.3	96.6	119.0	162.1	185.7
	豆類	8.4	12.7	11.8	10.6	14.3	11.1
1人当たり生産 (年，kg)	穀類	116.7	156.6	175.2	172.8	190.3	179.7
	豆類	23.1	28.7	21.4	15.4	16.8	10.7

原典) Ministry of Agriculture, Fertiliser Association of India, Economic Survey.
出典) Dorin and Landy 2009, Table 1 (p. 96).

とまったく別個の性格をもった農業発展計画とはいえないし，また，その成果もそれ以前のものと連続的なものであることを再度確認しておきたい。「緑の革命」を構成する3つの要素のうち肥料投入の増大について見れば，前述したように20世紀初めには南インドの農業生産者は遠隔地からの肥料の購入，自作地での肥料作物の育成，1920-30年代には化学肥料の投入などを経験し[11]，1940年代からの「食糧増産キャンペーン」以降の政府の支援のもとで

肥料投入を増大させてきた。また，パンジャーブの農村調査も，1950 年代末から化学肥料の使用が始まったことを報告している（応地 1974）。

　灌漑についても，灌漑全体と地下水灌漑ともに 1950 年代から顕著に拡大していることは前掲表 5-5 も示す通りであり，耕作者などが旺盛に井戸の削掘に投資を行うことも「緑の革命」以前から見られたことは前述したとおりである。

　高収量品種の改良や使用も，地域的な限定はあるであろうが，「緑の革命」以前からインドは体験してきた。イギリス植民地時代にインドの各地に農事試験場が設置され，そこでは農具の改良，耕作方法の改良などとともに，品種の改良も行われていた。タミルナードゥ州の北アルコット県における「緑の革命」についての長期調査の報告書は，この県で「緑の革命」があまり劇的な影響を与えなかった理由は，地元の農事試験所が長期にわたって品種改良を行っていて，高収量品種の収量増大をもたらす特徴のうちいくつかはすでに地元の改良品種に取り入れられてしまっていたためである，という。たとえば，「緑の革命」の代表的な高収量品種 IR20 の親品種のひとつとなる TKM6 種は，光周性が低く年中耕作可能で，成熟期間が 110-115 日と短いが，すでに 1952 年には改良されて地域で使用に供されていた（Hazell and Ramasamy 1991）。こうした「緑の革命」以前の時期に品種改良が行われたことは，パンジャーブについて，応地（1974）ですでに指摘されている。ここのある村落では，1950 年代前半に在来種のジョナチタに代わって改良種のバスマティ 370 の導入が見られ，収量も拡大した。

　「緑の革命」では土地生産性の上昇は顕著であるが，その上昇率も，前掲表 5-1 に見るように，50 年代と比べて隔絶したものとはいいがたい。また，政府の政策も，「食糧増産キャンペーン」から始まる農業振興政策には，「緑の革命」の推進政策と共通する部分が多いことは前述した。このように，インドの農業先進地域では「緑の革命」と共通する性格の農業発展の方向を「緑の革命」に先駆けて経験していたことが，「緑の革命」がインド農村地域に浸透し

---

11) Satyanarayana 1900, 115.

ていくことができた大きな基盤となっているように思える[12]。

管井戸灌漑の普及

しかし,「緑の革命」には,それ以前の農業発展との重要な違いもある。それは,農業の新技術が,自然条件の厳しい地域や従来農業後進地域と見られていた地域にも時間をかけながら浸透し,さらに次に検討するように小規模農家など農村社会の下層生産者にも浸透していったことにあるように思われる。この点の解明は基本的には今後の課題であるが,「緑の革命」が灌漑の面では管井戸灌漑の拡大を中心としたことを重視する Shah (2009a, 2009b) の見解は,もっとも重要な要因を指摘しているように思われる。

T. シャーによれば,(1) インドでは伝統的に水路灌漑や溜池灌漑が灌漑の中心をなしていたが,その結果広大な地域が灌漑不可能地域として降水灌漑に依存してきた。管井戸による地下水灌漑の拡大は,そうした従来の灌漑不可能地域を灌漑可能にし,いまや,インドの灌漑面積の6割以上が地下水灌漑に依っている。(2) さらに重要なことは,従来の水路灌漑の場合村落のエリート階層に利益が集中しがちであったのと比べて,地下水灌漑の普及はそれまで灌漑へのアクセスが不可能であった膨大な大衆に灌漑へのアクセスを可能にしたことである。民間主導の管井戸の急増の中で,井戸所有者は汲み上げた余剰の水を近隣の井戸なし農民に提供して賃料をとる,灌漑水市場が成立し,井戸なし農民も灌漑水へのアクセスが可能となった。現在インドの耕作者の4人に1人は管井戸を所有し,残りの3人のうちの2人は管井戸所有者から灌漑水を購入している。(3) 地下水灌漑によってモンスーンの季節にかかわりなく一年中の耕作が可能となり一年中の農業雇用を可能にしたこと,(4) 乾燥地帯で,経営規模に関係なくミルク,果樹,野菜,など多様な農産物を生産可能にしたことなどの特徴をあげ,貧困層に利益の大きな灌漑方法であり,農村貧困削減

---

12) 応地 (1974) も,「緑の革命」が1960年代後半に突如として発生したものでなく,20世紀初頭の用水路灌漑の開始に始まる諸変化の集約点であることを強調し,「緑の革命」へのアメリカの貢献を過大に評価する見方を,パンジャーブ村落での具体例にもとづき説得力をもって批判している。

の最大の要因として評価できるという (Shah 2009a, 98-105)[13]。地下水灌漑の普及が,「緑の革命」の意義の中核的な部分を占めることは間違いないであろう[14]。

「緑の革命」の影響

「緑の革命」は,インド農村社会のさまざまな階層にどのような影響を与えたであろうか。1960年代半ばに始まった「緑の革命」について,1970年代など初期の研究では,「緑の革命」が生み出した利益は大規模層などに集中し,貧困層はその適正な配分を享受していないという評価をするものが多かった。その根拠としてあげられたのは,まず,新技術を採用したのは主として大規模農だったことである。「緑の革命」の結果,農産物価格が下落し,投入財価格が上昇し,大農は地代引き上げや小作人の追立てを試みたり,小規模耕作地を購入して経営の拡大を試みるようになり,それらの結果小規模農は土地所有を失うなどの不利益を受けるようになった,という。さらに,「緑の革命」は必要以上に機械化を刺激し,農村雇用の減少をもたらしたこと,これらの結果,「緑の革命」の進んだ地域では,所得と土地所有の面でも格差の拡大と,農村における絶対的貧困状態の悪化が見られる,と主張する議論が出されてきた (Hazell and Ramasamy 1991, 1)。

しかし,1980年代以降には,これらの観察とは異なった事実が報告される

---

13) Drèze (2002, 214) は,北インドの村落の事例では,それまで富裕な農民に集中していた灌漑地が1957/58年から1974/75年の間に,50%も拡大したが,このことが階層間を平等化させる方向で作用したと述べており,シャーの主張とも符合する。Roy (2011, 308) も,1980年代の「民主的な」管井戸とポンプの普及は,大規模農民以上に小規模農民の農業生産の発展に大きな貢献を行い,その結果,「緑の革命」が灌漑条件の悪かった東部インドの貧困な農民層にまで広がったことを指摘している。バングラデシュの事例については,藤田 (2005) 参照。Shah (2009b) の議論も,藤田らの研究に依拠している。

14) 1971年から1999年の間のインド各地の250の村落をサンプルとして分析したFoster and Rosenzweig (2004) は,1971年の時点で耕地の6割が灌漑地であった地域では99年でも灌漑地比率がほとんど変動しないが,71年に灌漑地が18%程度の地域では99年には50%程度になるなど,灌漑地の拡大は乾燥地帯で特に顕著であったことを示している。

ことが多くなった。第一に，「緑の革命」の技術は初期には大規模農家によって主として採用されていたが，その技術は小規模農家にも普及し，この農法は基本的に「規模にかんして中立的」であるという認識が一般的となっている (Sharma and Poleman 1993, Ch. 1)。

長期間にわたる調査が行われてきたタミルナードゥ州北アルコット県の村落では，1970年代の初めには高収量品種を栽培した耕作者の平均経営面積は2エーカー，非採用者の平均は1エーカーで，0.4エーカー以下の零細農の中での高収量品種の採用者はわずか15％であった。それが1980年代初めには，稲作地の90％は常時高収量品種を作付し，経営規模による差異は消滅していた。この県の場合，公的な金融の発展，政府サービスの拡大により農業投入財の入手が容易になったこと，灌漑水が不足がちの小規模生産者に適合的な品種の開発などの結果，小規模農民も高収量品種の採用を拡大させたのである。1970年代には，大規模経営者と小規模経営者との間にあった収量の差異は，1980年代初めには消滅していた，という (Hazell and Ramasamy 1991, 240)[15]。

第二に，こうした農業生産の上昇過程が農業労働者への雇用を増大させたか否かについては，二通りのケースが報告されている。「緑の革命」の体系は，作付回数の増大，肥料投入の増大，稲など労働集約的作物の作付の拡大などによって面積当たりの労働投入量の増大をもたらす側面をもつと同時に，井戸揚水のポンプ化やトラクターなど農業機械の導入は逆に労働投入量の減少をもたらす。

タミルナードゥ農業大学によって行われた研究では，多くの年次にかんして米の高収量品種の面積当たり投入労働時間は，地元の改良種の場合に比して5-10程度高くなっており，高収量品種導入によって労働投入は増大する傾向があることが示唆されている (Hazell and Ramasamy 1991, Tables 2.4, 2.5 [pp.

---

15) パンジャーブでは，小規模経営の方が面積当たりの収入は高いことが報告されている。さらに，1981/82年から1989/90年の期間に，6 ha以上の大規模経営による耕作面積の比率は，65.26％から40.25％へと大幅に減少しており，大規模経営がいっそう経営を拡大するよりも，1-6 ha層に集中する傾向をみせている。パンジャーブ農村における貧困や不平等は拡大しなかった，という (Singh 2001, Ch. 6)。

19-20])。しかし，北アルコット県の村落調査では，1973年から1983年の間に総雇用量は4%下落した。これは，稲の作付面積が増大して労働需要が増大したにもかかわらず，灌漑揚水と稲の脱穀の機械化の進展による稲の作付面積当たりの労働投入量の減少による影響がより大きかったためであった（Hazell and Ramasamy 1991, 240）。

Fan et al. (1999) は，インドの農業雇用の全体数について，1970年から79年は年率0.03%と微増し，1980-89年は年率0.78%で減少し，90-93年には1.78%で増加するという変化を推計している。

第三に，農業労働需要が増大したか否かについては議論は一致していないが，「緑の革命」が進展していった1970年代末以降の時期に農業労働者の実質賃金水準が上昇したことについては，研究者の意見はほぼ一致している。北アルコット県の村落調査の場合に，すべての村落とはいえないが，多くの村落で農業労働者の実質賃金は上昇した。農業労働雇用から得られる収入は，小規模稲作農家世帯，土地なしの労働者世帯，非農業世帯の場合はおおよそ2倍に増え，非稲作農家世帯の場合は40%増えている。この農業労働賃金水準の上昇の理由について，この報告書は，1ha以上経営の農家から雇用労働に出る者が減ったこと，酪農や非農業分野での雇用機会が増大したことにある，と指摘している（Hazell and Ramasamy 1991, 240-241）。

農業労働者の実質賃金水準上昇は，全インド的には1970年代後半から見られ，80年代に入っていっそう顕著となっている。1970年から93年の間の平均年率上昇率は，2.16%であった（Fan et al. 1999, 18）。この点は，実質賃金上昇をもたらした要因の検討とともに，後に改めて検討したい。

第四に，農村内階層の所得はどのように変化したであろうか。農業労働者世帯など農村社会の下層階層を含めて，農村の諸階層でかなりの程度の所得増大が実現されたこと，その結果農村内の絶対的な貧困の縮小をもたらしたことは，間違いないといってよいだろう。

北アルコット県の調査村では，1973/74年から1983/84年の間に農村世帯の実質所得が顕著に増大したことを示している（Hazell and Ramasamy 1991, 41-42）。特に顕著なのは「土地なしの労働者」世帯で，1973/74年を100とし

表 5-7　北アルコット村落における世帯消費支出額の変動
(単位：1973/74 年価格のルピー)

世帯の類型	1973/74 年		1983/84 年	
小規模稲作農家	1,143	(100)	3,044	(266)
大規模稲作農家	2,182	(100)	5,105	(234)
非稲作農家	1,163	(100)	2,679	(230)
土地なし労働者	846	(100)	2,553	(302)
非農業世帯	1,056	(100)	2,191	(207)

出典）Hazell and Ramasamy 1991, Table 3.13 (p. 46).
注）括弧内の数値は，1973/74 年を 100 としたときの指数。

たときの実質所得指数は 225 となった。次いで「小規模稲作農家」世帯で，指数は 190 に上昇し，「大規模稲作農家」世帯は 118 と増大率は少ない。「非農業」世帯の所得指数は 155 で上昇は緩やかであるが，「非稲作農家」世帯の所得上昇は少ない（指数は 117）。「貧困線」以下の貧困層の比率は，1950-70 年代には 50-65％台であったが，1980 年代末には農村世帯の 3 分の 1 程度に低下した（Fan et al. 1999）[16]。

　第五に，これらの結果，農村内下層を含めて，世帯の消費支出額の顕著な増大と消費生活の改善が見られた。北アルコット県の村落の場合には，表 5-7 が示すように，1973/74 年から 1983/84 年の間の 10 年間に土地なし労働者世帯の 3 倍以上を先頭に，どの階層も実質消費額を 2 倍以上の比率で増大させていることが分かる。これらの村落では，摂取カロリーとタンパク質摂取量の顕著な増大が見られ，食糧における穀物の比率が低下し，肉類や酪農製品の比率が上昇，耐久消費財，医療サービス，交通，娯楽，宗教，社会儀式への支出が増大した。これら消費市場としての農村市場の拡大については次章で検討するところであるが，「緑の革命」の時期において，下層階層を含めて農村内の

---

16) 北インドの事例としては，Sharma and Poleman (1993); Wadley and Derr (1989, 111)。Freebairn (1995) は，「緑の革命」が所得の不平等を拡大したかどうかにかんして，既往の研究論文を分類し，エッセイ形態の論文では非常に多くが「不平等は拡大した」という結論を出しているが，ケース・スタディでは，不平等が「拡大した」という論文よりも「縮小した」あるいは「変化なし」という結論をだした論文が多く，特にインドとフィリピンにかんしては「拡大した」という結論の論文の比率はいっそう低いことを指摘している。

諸階層の所得が増大し，工業製品やサービスへの多様な需要が急速に拡大したことが，インドの経済発展の歴史上画期的なことであるといってよいだろう。

以上第1節と第2節で検討した，独立インドの農業発展の様相をまとめてみよう。第一に，両大戦間期の世界不況下での農産物価格の下落のもとで停滞・後退をしていたインド農業は，独立以降政府の農業支出の増大特に灌漑投資の拡大と，農業生産者による井戸灌漑の拡大や肥料投入の増大によって，1950年代から「緑の革命」が始まる1960年代央までの時期に，土地生産性の増大を実現した。その過程では，肥料の多投入，灌漑の拡大，品種改良とその利用という「緑の革命」で見られた農業生産の特徴は，いくつかの先進的農業地域ではすでに進行しており，「緑の革命」の普及への基盤が形成されつつあった。

第二に，こうした準備過程を受けて，「緑の革命」は従来の農業後進地域を含めてインド全体に普及し，また階層的には小規模農家を含めて，新技術が浸透していった。その際に，管井戸による地下水灌漑の拡大が，「緑の革命」が地域的にも階層的にも深く広く浸透してゆく重要な要因である可能性が高い。これらの結果，「緑の革命」は人口1人当たり農業生産の大幅な上昇を実現することとなった。

第三に，こうした農業生産の増大の過程が，農業賃労働需要の拡大をもたらしたか否かについては地域やケースによって異なるが，農業労働者の実質賃金水準の明確な上昇をともない，土地なしの農業労働者や小規模農民を含めてインド農村の多くの階層の所得の増大をもたらしたことはほぼ間違いない。その結果，次章でも確認するように，農村下層を含めて，世帯消費の量的な増大や，非食糧農産物，工業製品やサービスへの農村地域における需要の大きな拡大をもたらしたことが確認できる。

われわれは以下の諸章で1980年代からのインドの経済成長率の加速の過程を検討するが，「緑の革命」を経過したインド農業の達成，なかんずく農村下層を含めて人口の圧倒的多数の人々がかなりの所得増大を実現したことが，インド経済全体の成長率加速のもっとも重要な基盤をなしているといってよいよ

うに思われる[17]。

3　コモンズと環境への影響

　しかし，こうした顕著な農業生産の発展は，インドの生態環境を深刻に損なうことなく達成されえたのであろうか。農業発展は，村落共同利用地（コモンズ）や，地下水などの灌漑水，森林などにどのような影響をあたえたであろうか。以下，それぞれについて簡単に検討したい。

村落共同利用地の減少と地域資源管理体制の変容——有力者主導型から平等型へ
　まず，荒蕪地の開墾を通じて進んだ農業発展が，村落の共同利用地と地域社会の自然資源の保全にとっていかなる意味をもったかという点から検討しよう。すでに第1章第1節で見たように，インドにおいては耕作地外の荒蕪地が広範に存在し，村落の階層に応じて牧草地や肥料採取地として共同で利用されてきたこと，そうした荒蕪地は19世紀後半に急速に個人所有の耕地に転換されて，村落共同利用地は顕著に減少を始めたことは前述した。しかし，この過程は，村落の共同利用資源管理の体制について，村落有力者主導の管理体制が弱まり，代わって下層村民を含めて村民の多くが参加するより平等型の管理体制への移行の契機を孕むものだった。以下，南インドの事例を中心に述べよう。
　19世紀初頭の南インドの資料は，非耕作地からの牧草・薪採取や放牧にかんして，村落の土地所有者など有力階層が他の階層とは異なった優先的な権利をもっており，未耕作地の利用や処分はこれら有力者層の支配する管理体制のもとにあったことを明らかにしている。有力者以外の住民は，資源に余裕がある場合に許される範囲でこれら資源を村落共同資源として利用することができ

---

17) Roy（2011, 308）も，「緑の革命」が，革命的な意義をもっていることを指摘している。

た。こうした村落の有力者層が未耕作地にかんして優越的な権利を有していたことは，パンジャーブなどインドの他の地域にかんしても明らかにされている（Yanagisawa 2008）。

19世紀半ばから1920年頃までの時期は，インドの多くの地域で，広範に残っていた未耕作地が開墾されて農地に転換していった時期である。19世紀に未耕作地を私有の農地に転換していったのは，村落の有力者の社会層であった。彼らは，前述のように未耕作地にかんして優先的権利を有していたし，政府の政策も，未耕作地の私有化にあたってこれら階層の優先権を認めるものだった。村落共同利用地が，地域の有力な階層によって私有の農地に転換させられるという事態は，独立以降の時期でも各地で報告されている[18]。

しかし，こうした地域のエリート階層が主導して村落共同利用地など地域資源の管理を行う体制は，20世紀の前半以降，南インドなどいくつかの地域で次第に弱化してゆく。たとえばタミル地方では農地を所有していなかった階層が「未耕作地」を耕作している（奈良・水島1981）。第1節で述べたように，1950年代にマドラス州の荒蕪地を占拠して耕作していたのは，ほとんど土地を所有しない階層であった。また，20世紀後半には，マハーラーシュトラ州などでも，被差別カースト成員が村落共同利用地を占拠して耕地化する運動を続けてきたことが明らかになった（Bokil 1996）。

注目されることは，こうした土地なし層による未耕作地の占拠や耕地化は，彼らの社会的・経済的な自立への動向をともなっていたことである。第1章第2節でも見たように，タミル地方では，19世紀後半以降，土地なしの農業労働者階層から海外のプランテーションなどへの出稼ぎが増加した。出稼ぎは，大規模土地所有者のもとで農業賃労働に従事していた土地なし階層の交渉力を強め，なかには零細にせよ農地を購入するものも現れた。土地なし階層の未耕作地の占拠や耕地化は，上層カースト有力者が支配する社会経済構造の中で自立を図る，土地なし階層の動向の一環をなすものであった。被差別カースト運動の強い伝統をもつマハーラーシュトラの場合も，土地なし層による未耕

---

[18] たとえば，Pathak 1994, 130。

地の占拠・耕地化（しばしば「不法占拠［encroachment］」と呼ばれている）は，彼らの自立への運動の一環として行われている。土地なし層による未耕地の占拠・耕地化やその他の方法による零細な土地の獲得は，零細とはいえ彼らが土地保有を獲得して農業経営の主体となることであるとともに，彼らの社会的・経済的な自立傾向を促進する機能をもったことはいくつかの村落調査も報告している（Corta and Venkateshwarlu 1999）。

　土地なし階層が荒蕪地（村落共同利用地）の農地化などを通して零細地片入手を願望していることは，村落共同地の調査から明らかとなっている（Yanagisawa 2008）。この動向は，零細であれ耕地の入手を熱望する村落社会の下層階層が，農地の大半を所有する有力者層の事実上の支配下にある村落共同利用地への権利を主張し，あるいは行使して，地域社会の中で社会的・経済的な上昇を図っているものということができよう。

　インド各地特に南インドでは，上層カーストの有力者層は，土地所有を基盤とした経済的・社会的な力をもって共同資源を支配してきたが，下層階層の自立化の傾向と上層民の都市への移動などにより彼らの村落内の支配力が低下し，地域の共同資源を下層民による「エンクローチメントから守る」ことがもはやできなくなりつつあった。

　下層民の自立化の動向が地域の資源管理体制を大きく動揺させている事態は，南インドの溜池灌漑施設のケースでも見られている。モッセが明らかにしたように，溜池灌漑の維持や運用は，村落有力者層の指示のもとで行われる指定カースト（被差別カースト）成員の配水労働に依拠してきたが，下層カーストへの耕地保有の移転などを通して彼らの自立性が強化された結果，旧来のハイアラーキーの関係は維持しがたくなり，灌漑体制の衰退を招いている[19]。

---

19) 土地なし層による土地獲得への志向がどの程度実際に表現されるかは，有力者層による村落内の社会経済的な支配の強さとの関係で多様である。以上述べたように土地なし層が未耕作地の占拠を拡大している地域もあれば，有力者層による未耕地の占拠が非常に多い地域もあり，また，ジョダーが指摘するようにいったんは土地なし層に譲与された土地が上層階層にその後移転してしまう地域も少なくない。溜池灌漑地域でも，上層カースト有力者層の力の強い村落では指定カーストによる配水労働制度を維持している（Mosse 2003）。

こうして，土地なし層の村落共同利用地の占拠や所有地化など地域の共同資源の減少をもたらす動向が進んでいることは明らかであるが，この動向は長期的な地域資源の保全の視点からはいかなる意味をもっているだろうか。この点で注目されることは，いくつかの研究は，今日の時代には，ほとんどの成員が土地や家畜をもつ平等型の社会構成である場合の方が，村落共同資源を共同的に管理運営するための全体的な合意形成が容易であることを示している[20]。土地なし村民がすべて村外に移住したあるラージャスターンの村落では，村落の上層カーストも下層カーストも共にコモンズの共同体的管理を支持しているが，これは，ある程度の村民間の社会経済的な平等性を実現した場合には，共同資源の共同的な管理について村民間の合意が形成可能であることを示した例とみることができよう（Brara 2006）。地域の構成員のほとんどが農地や共同資源に権利を有し，相互に平等な関係を構成していることが，共同的な資源保全の体制が成立するための重要な現代的条件であることは，インドの共同資源の歴史的変容の検討から得られる重要な結論のひとつといえよう。

　総じていえば，南インドの村落共同利用地の過去1世紀をこえる長期の変動は，この地域の有力者主導の共同資源支配体制が下層階層の自立の中で動揺し，より平等型の資源管理体制の形成を可能にする，より平等的な村落社会構造への過渡期としての特徴を示していると想定することが可能であろう。地域社会の構造としては，地域に居住する世帯が基本的には平等の資格で決定に参加する地縁的共同体の形成への可能性を孕んだ過程といえるであろう（柳澤 2011）。事実，西ベンガル州ミドナープル県の事例など，平等型の資源管理体制が森林など地域の資源保全に成功しているという報告もある。

共有資源と地域経済の再生産──その役割の変化

　荒蕪地の占拠・耕作などによる村落共同利用地の減少にもかかわらず，農業生産がそこから深刻な打撃を受けることなく長期の成長を遂げることができたのは，共同地など地域の資源が農業や地域経済の再生産に果たす役割が変化し

---

[20] 関連文献については，Yanagisawa (2008).

たためでもあった。

　すでに第1章で検討したように，開墾の進展と農地の拡大にともない，肥料や飼料を農業に供給してきた村落共同利用地は前述のように急速に減少し，また，重要な肥料として機能してきた河川中の泥土が河川灌漑工事によって減少するという事態も生じた。これに対して農業生産者たちは，肥料・飼料作物の栽培，購入肥料（化学肥料を含む）の使用，井戸灌漑の拡大などの，集約的な農業生産方法を拡大させることによって，耕作面積の拡大にもかかわらず，多くの地域では面積当たりの収量の増大を実現した（Yanagisawa 2011）。

　1920年代後半からの長期の世界農業不況の中で肥料投入が減少し，井戸への投資が減少するなどの結果，農業生産の停滞期を迎えるが，本章第1節と第2節で見たように，独立以降は化学肥料を含む肥料投入や井戸への投資も増大・復活し，1960年代半ば以降は，化学肥料の大量投入と多収量品種の普及により土地面積当たりの収量は顕著な増大を見た。こうして，農業の肥料生産基盤としての村落共同利用地の役割は，顕著に低下したことは間違いないであろう[21]。

　南インド水田地帯では，放牧地や飼料の供給地しての村落共同利用地の役割は，19世紀からすでに限定的であった。家畜は主として稲藁など穀物残渣などで舎飼されてきたが，20世紀後半，特に「緑の革命」以降に，乾燥地帯も含めて購入飼料による舎飼が広がっていった（Blaikie et al. 1992）。ラージャスターンの乾燥地帯の農業＝牧畜経営でも，牛やラクダの放牧飼育から，穀物残渣や購入飼料による水牛の定着飼育へと転換していったことが指摘されている（Brara 2006）。さらに，農村地帯における家庭燃料の面でも，「緑の革命」以降の植物残産の増大や不耕作地に育成するキャベ（*Prosopis juliflora*）の増大によって，共同地への依存は低下した。

　こうして，地域の再生産にとっての共同地の役割は低下したが，他方で以下検討するように，地下水灌漑の拡大によって地下水位の低下は各地で顕著に見

---

21) 劣悪な土地に耕地が拡大したにもかかわらず，平均収量の減少は生じなかったが，収量の年次変動の変動幅が大きくなったのではないかという見解はあり得る。この点は，今後の実証的研究が必要であろう。

られ，放置すれば地下水資源が枯渇する可能性も小さくない。また，ヤギなど小家畜飼育の貧困層の間などでの増大は，放牧地への需要を増している。こうした事態は，地域における資源保全的な共同行動が，いまなお重要な意義をもっていることを意味している。

「緑の革命」の技術と環境

　化学肥料や殺虫剤を投入して高収量品種を育成する「緑の革命」の技術が生態環境の視点から見て持続可能な技術体系であるかどうかには，多くの疑問が表明されてきた。Shiva（1991）らは，第一に，高収量品種は，多様な作物を作る在来農法やその遺伝的な多様性を排除して均一な品種の単一栽培を広げたこと，その結果，病気や害虫の発生をもたらし，不作年が増えるなど不安定性を増したこと，藁などの生産を低めたこと，第二に，化学肥料や殺虫剤の投入は土壌に有毒な化学物質の蓄積を招く一方で，より多くの養分を必要とする高収量種は微量栄養素の土壌中からの欠乏を招くなど，土地を劣化させること，第三に，「緑の革命」は集約的な灌漑水利用を必要とし，その結果，井戸灌漑地では地下水位の下降と地下水の枯渇を招き，用水路灌漑地では過剰灌漑による湛水と土壌表面への塩類集積をもたらして，広大な土地の劣化をもたらしていること，などである。

　第三の問題すなわち灌漑や地下水位にかんする問題は後に検討するが，高収量品種の技術が多様性を排除していることや，化学肥料や殺虫剤の大量投入に依存していることなどの生態環境上の難点は，多かれ少なかれ多くの研究者が共通して認識している（Nadkharni 1988）。

　他方で，著名な農業経済学者の Hanumantha Rao（1994, 160-161）は，「緑の革命」が土地の劣化を進めたことを認めつつも，また，化学肥料や殺虫剤の投入がもたらす生態・環境上の負荷を認識しつつも，それらの投入の程度は西欧諸国の水準と比べて低いことを指摘する。他方，灌漑化，多毛作化，作付期間の短縮，高収量を特徴とする新農業技術は土地節約的な技術で，耕地の外延的拡大を防ぐ作用をする。事実，1960 年代央の「緑の革命」の導入以降は，耕地面積の拡大は非常に遅くなっている。だから，新農業技術は，森林に対す

る農地化の圧力を弱める機能があると主張する。「緑の革命」の技術の危険性にいち早く警告を発した M. S. スワーミナータン（Swaminathan）も「緑の革命は多くの森林を守った」という（Chopra et al. 1998, 9）。スワーミナータンや M. V. ナードカルニー（Nadkarni）は，農業の新技術の環境上の問題点を認識しつつ，それを全面的に排して伝統的農法にもどすことや，非灌漑農業の維持を主張しない。高収量品種と有機肥料との結合，伝統的作物循環の採り入れ，地域に特徴的な技術の育成など，「先端の科学と過去のエコロジカルな知恵との結合」に将来を見出してゆくことを主張している（Chopra et al. 1998, 12-15）。

土壌塩化・湛水化と地下水位の変動をめぐって

「緑の革命」の中で，灌漑の発展が重要な役割を果たしたことは，前述した。灌漑水の排水を考慮することなく地表水灌漑を続けた場合には，灌漑水が地中に透過して地下水位を上昇させ，その結果地下水位が地表から一定の距離に達すると地下水が毛細管現象を通じて地表に上昇し，地表に上昇した地下水は蒸発する。地下水中に溶けていた塩分は蒸発に際して地表面に残るから，この過程が続くと，耕地の表面に塩分が堆積することになる。また，同じように排水機構の不十分な表層水の過剰灌漑は，湛水の問題を引き起こすことは知られている。

こうして塩化および湛水によって劣化した耕作地がどの程度であるか，それが増大しているのか否か，というもっとも基本的な点で，論者は一致していない。インドの総灌漑面積のうち 5 分の 2 は水路灌漑地である。インドの著名な環境 NGO の科学環境センター（Centre for Science and Environment: CSE）の報告書は，水路灌漑地の約半分は湛水または塩化による劣化地であるという（CSE 1982, 7）。また，灌漑地全体の 35-36% は塩化地であるという推計もある。こうした深刻な推計に対して，Dhawan（1995a）は，塩化・湛水地は，水路灌漑地 2,900 万 ha のうちの約 600 万 ha であろうと推計し，かつ，彼は，それらの劣化地も農業生産のまったくの不適地になったわけではなく，その一部は生産可能なこと，マハーラーシュトラ州などでは，井戸灌漑の増大の結果，

地下水位の低下があって，塩化・湛水地面積が減少しているという。彼は，井戸灌漑を用水路灌漑と併用することによって，塩害と湛水を防ぐことができることを強調する。

　パンジャーブ州について「緑の革命」と環境変動を調査した Brar（1999）も，1966 年から 86 年の間にパンジャーブ州全体では地下水位の低下した井戸がほとんどで，水位が上昇した地域は「緑の革命」の進展度ではむしろ低位の地域であるとして，「緑の革命」と湛水地の拡大との関係を否定し，さらに，Chopra（1990, 23-36）も 1965 年から 84 年の間での揚水灌漑の増大の結果，同州の湛水地面積が 3 分の 1 程度に減少したことを明らかにしている。

　他方，地下水位の低下の問題は，近年の井戸灌漑の増大によって，より深刻化していることは，大方の一致するところである。多くの報告は，地下水位の下降が多くの地域で顕著であることを示している。たとえば，Moenchi（1992）の研究は，グジャラート州で 1970 年代から 1990 年代の間に水が乾上った井戸の比率が 40-80％に及ぶこと，地下水位の下降により深い井戸を掘るために建設コストが非常に高くなっていること，そのため地下水利用者グループによる地域的コントロールが必要であることを指摘している。

　地下水利用水準がどの程度に達しているか，という点の推計は容易ではない。Dhawan（1995b）は，計画委員会の面積推計と中央地下水局の地下水体積推計から，どの州も州全体としては危険水域に達していないが，パンジャーブ，ハリヤーナー，ラージャスターン，タミルナードゥなどの諸州の一部はすでに過剰利用への危険水域にあること，全土のブロックの 6％で不足状態になっていること，現在のインド地下水利用の水準は地下水資源全体の 72％に達すると推定した。2005 年の時点では，地下水利用がいっそう進行し，全土のブロックの 5 分の 1 が，すでに「危険水域」や「過剰利用」の状態に達している（Vaidyanathan 2006, 23）。点滴灌漑など農業における水利用効率を高める技術の導入や水資源の利用を節約するシステムの確立など必要な対応がなされない場合には，かなりの数の州で，地下水などの過剰使用となり重大な水不足が生じる可能性があることが指摘されている。

森林面積の変化

　森林面積の変動も，農業発展と密接に関連している。インド全体の森林面積は，独立以降，1980年まではかなりのスピードで減少し，1980年以降はその減少が停止ないし，非常に緩やかになったと推定されている（CSE 1982, 33；CSE 1985, 80；CSE 1999, Table 3.1.5 [p. 119]）。

　1980年までの森林の減少の第一の原因としてあげられているのは，森林地の耕地化である（Nadkarni 1987, 368；Ravindranath and Hall 1995, 66）。カルナータカ州の西ガーツ諸県での研究は，1920年から1990年の間に多くの県で森林面積は半分以下に減少したが，プランテーションが主因である1県を除いて，森林減少の56％から93％が農地の拡大を原因としている（Ecological Economics Unit, Institute for Social and Economic Change, Bangalore 1999）。しかし，第二に，森林の工業的・商業的利用を，森林減少・劣化の最大の要因と見る見解も有力である。木材関連産業と森林近くに住む住民による薪収集が共に森林劣化を進めたという（Chambers et al. 1989, 147）。科学環境センターの報告書は，森林省が，収入を第一次的に重視して，商業的・工業的目的での伐採を進めたことを，重要な原因と見ている（CSE 1982）。

　第三に，都市・農村における燃料需要の影響である。森林省は，家庭燃料としての薪の需要が森林劣化に直結しているという。これに対して，Ravindranath and Hall（1995, 14-77）は，農村の家庭用燃料需要のための薪の採取は，主として女性や子供が小枝を集めるのであって，立ち木の伐採をしない。だから，農村家庭用薪の採取は，森林減少や森林伐採のごく一部を説明するに過ぎず，都市の燃料需要のための丸太伐採の影響の方がずっと大きいことを明らかにした（Nadkarni 1989, 77-81, 94-95）。

　1980年以降の森林減少の緩和については，Ravindranath and Hall（1995）などが検討している。第一の要因は，森林地をすべて伐採したり非森林地に転換しようとする場合は中央政府の事前の同意を得ることを州政府に義務づけた1980年の森林保全法である。第二は，植林の進展である。「社会営林（Social Forestry）」などによって，1980-90年の間に自然林は減少したものの，代わって1,400-1,300万haが植林された（Ravindranath and Hall 1995, 74；CSE 1999,

113-115)。第三に，地域の共同体と森林省とが合同で，劣化した森林地の保護と再生を図る「合同森林経営」計画が1988年から全国的に進められてきたことである。西ベンガル州では早くからこうした試みが進められ，大きな成果を上げてきた。その結果，森林面積の増大につながったことは間違いない（FSI 2000）。第四は，かつて森林省は，工業に対しては市場価格より低い価格や名目的な価格で木材を提供してきたが，この形での政府からの補助金は減少し，工業部門が資源を効率的に利用するようになった。第五に Ravindranath and Hall（1995）が挙げるのは，チプコー運動から始まる環境運動の拡大や，マスコミや司法による支持を受けて，森林保全的な世論が高まり，森林破壊への規制意識が強化されたことである。

　こうした要因とともに，「緑の革命」の技術が，森林地の減少抑制に寄与してきたことも重要である。Rao（1994, 160-161）は，高収量を特徴とする新農業技術は土地節約的な技術で，耕地の外延的拡大を防ぐ作用をする。事実，1960年代央の「緑の革命」の導入以降は，耕地面積の拡大は非常に遅くなっている。だから，新農業技術は，森林に対する農地化の圧力を弱める機能があると主張する。スワーミナータンも「緑の革命は多くの森林を守った」と指摘していることはすでに前述した。

　以上をまとめれば，19世紀末以降の農業の発展や「緑の革命」の進展は，村落共同利用地の減少，森林地の農地化，灌漑問題など多くの危惧すべき問題を噴出させたが，村落利用地の農業生産に占める役割の低下や変化，地域共同資源の平等型保全体制形成への動向，森林面積の減少傾向の停止など新たな動きにも注目すれば，農業生産や人々の日常生活の再生産を深刻に脅かすような状況を全面的に招来したという評価は適切ではないであろう。ただ，いくつかの問題を残していることは確かであり，とくに，地下水資源の枯渇の問題への必要な対応なしに，農業生産の持続的な発展がないことも間違いないだろう[22]。

4　土地改革と土地所有の変動

土地改革の概要

　独立後インドの農業構造を検討するうえで，各州で行われた土地改革についての検討を逸することはできない。土地改革は，中間介在者制度の廃止，小作制度の改革，および土地保有上限法の3つを主要な柱としている。

　土地改革は基本的には州の管轄事項で，したがって州間の差異が小さくなく，正確に概括することは困難であるが，簡単に土地改革の内容を，まず中間介在者制度の廃止から，順次説明しておこう。イギリス植民地期に，インド各地で政府が土地や農業から徴税する場合に，大まかにいって2つの制度が採用された。ひとつは，村落レベルの（数百人に及ぶことがある）土地保有者から直接に税を徴収する制度で，ライーヤットワーリー制度と呼ばれた。主としてこの制度によって徴税されたのは，南インドのマドラス管区やボンベイ管区である。もうひとつの，ザミンダーリー制度と呼ばれた制度では，政府に直接税を納める者はザミンダールなどと呼ばれた者で，ザミンダールなどはしばしば数十に及ぶ数の村落の土地耕作者などから地代を徴収するとともに，その地域の非耕作地や森林などを支配する，領主的な性格をも残存させる大規模地主であった。植民地政府は，彼らザミンダールを土地所有者として扱い，地代を支払って土地を耕作していた村民を「小作人」として扱った。ザミンダールと村落レベルの「小作人」との間には，場合によれば何層にも達する中間的な地主層が存在することも多かった[23]。この制度は，ベンガル地方などを中心にして北インドでも広く見られ，南インドでもこの制度が適用された地域が飛び飛びの状態で存在した。1950年代から始まる中間介在者制度の廃止は，ザミン

---

22) もうひとつの重要な問題は，家庭燃料のプロパンや灯油への変化，化学肥料の浸透による共有地への肥料依存の低下など，化石資源による代替によって「解決」されていることが，環境問題が深刻化しない重要な要因となっていることである。巨大な人口を擁するインドの人々が急速に化石資源への依存を高めていることは，今後の問題として無視できないことに留意しておく必要があろう。

23) ザミンダーリー制度については，中里成章，谷口晋吉の国際水準の研究がある。

ダーリー制度の地域で，ザミンダールや中間地主層の土地所有権を廃止して，それまで地代を支払っていた「小作人」に土地所有権を与える改革であった。つまり，制度的には，村落レベルの土地保有者から税を徴収するライーヤットワーリー制度に，全インドを一元化する改革であった。

この中間介在者制度の廃止の改革は，ほとんどの州で，政府と「小作人」の間に介在して政府に税を支払っていたザミンダール等中間介在者を廃止するなど成果をあげ，2千万人の旧「小作人」が直接政府と接触する土地所有者と認定されるにいたった。中間介在者が支配していたすべての荒蕪地や森林などが政府の管轄下に入れられた（Haque and Sirohi 1985, 29-42）。こうして，旧ザミンダール層などが，改革後もなお地域社会で大きな影響力を実質的に保有しているケースが少なくないなどの報告があるものの，中間介在者制度の廃止の改革はほぼその目標を達成したと評価されている。

小作制度改革については，厳しい評価が下されてきた。ライーヤットワーリー制度の中で土地所有者の下で土地を借りて耕作する小作人について，その地位の保護や上昇の対策を講じたのが，この小作制度改革であった。また，中間介在者制度の廃止によって新たに土地保有権を得た旧「小作人」の下にさらなる小作人（又小作人）がいることも少なくなかった。これらの又小作人の階層も，この小作制度改革の対象であった。

小作制度改革の内容は，州によって異なるが，おおよそ次の3つの内容を柱としていた。第一は，地主の意志次第で小作権を取り上げることができる任意小作人や，小作料を生産物の一定比率の形で支払う分益小作人など不安定な地位の小作人にかんして，小作地からの地主による追立てに制限を課して，安定的な小作権を保障すること，第二に，小作料（地代）の生産物に対する比率の上限を決めること，第三に，いくつかの州では小作制度を廃止して小作人による小作地の買取りを推進する規定を設定した。

第一の安定的な小作権の保障にかんしては，小作人としての保有権を保障されたのはケーララ州のみで，他の州ではほとんど保障は実現できなかった，という（Haque and Shirohi 1985, 66-67, 224）[24]。小作関係の廃止が志向された州でさえも，口頭契約などの不安定な小作関係は非常に一般的だった。法律の不

備,土地記録の不備などに加えて,貧困な分益小作人らは地域の地主の支配的な力に抵抗できず,組織化も困難であるなどの事情から,小作権の保障を実現することは困難であった。

　第二の地代制限の設定については,第一次五カ年計画で「公正な地代は通常は生産物の 4 分の 1 から 5 分の 1 の間に設定すべき」という勧告が行われたことにもとづき,各州は制限を設定した。しかし,この規定もほとんどの州で効果はあまりなく,Haque and Shirohi（1985, 76-77）の調査でも,分益小作の場合は地主取り分が 50％ に届かない地域はなく,地主が種子や肥料を提供する場合には地主取り分は 60％ から 75％ の間にある,という。全国農業委員会も,分益小作や非保護小作人の場合は,粗生産物の 50％ が一般的であると指摘している。

　第三の土地所有権の小作人への移転については,グジャラート州,マハーラーシュトラ州,カルナータカ州,ケーララ州,ウッタル・プラデーシュ州,マッディヤ・プラデーシュ州およびジャンムー・カシュミール州,アーンドラ・プラデーシュ州の一部など多くの州は,小作人に土地所有権を一定の金額で買取る権利を与える旨の規定をもっていた。この面での成果が大きかったのもケーララ州で,1980 年までに約 250 万人の小作人が小作改革によって土地所有者になった。マハーラーシュトラ州では約 87 万人が 270 万エーカー以上の土地の所有権を獲得した。グジャラート州では,この法律の結果小作地はかなり減少したが,なお口頭契約などが広く残存し,138 万人の小作人には占有地の買取り権があたえられ,82 万人がこの買取りを行ったが,残りの 55 万人は支払いの不可能などのために受益者になれなかった。また,マニプル州では小作人 36 万人が,ラージャスターン州では 13 万の小作人や又小作人が 67 万エーカーの土地所有を小作制度改革によって獲得し,ハリヤーナー州で,2 万 6 千人の小作人が 6.5 万エーカーの土地を購入した。タミルナードゥ州では,小作人への土地所有権の移転の規定はないが,農業労働者や農村手工業者への

---

24) なお,同書は,西ベンガル州では,1983 年までに,122 万人の分益小作人が,登録を受けたという。

土地移転にかんする立法にもとづき，約18万人（指定カースト・指定トライブ約10万人，「後進階級」約5万人，そのほか約3万人）に地券が与えられた（Haque and Shirohi 1985, 45-66）[25]。

こうして小作制度の改革にかんしては，総じて小作人による土地所有権の獲得の面では州によっては一定の成果があったといえようが，小作権の保護や地代の上限規制については，ケーララ州などを除いて，ほとんど成果はなかったというのが，Haque and Shirohi（1985）の評価であった。

土地保有上限法の成果については，評価はいっそう低い。土地所有規模に上限を付ける立法は，一部の州では中間介在者制度の廃止と同時に導入されたが，多くの州では1960年以降に導入された。土地所有規模の上限は州によって4エーカーから136エーカーと幅があり，また個人の単位で所有規模を計る州と家族単位で計る州とがあった。適用が除外される土地の種類もあり，名目的に孫を含めて他人に所有者の名義を変更するケースも非常に多く，50年代と60年代には，余剰地として認定されうるのは82万エーカーにとどまった。1972年に政府によるガイドラインが設定され，上限が引き下げられたり，すべての地域で家族単位の上限設定とするなど，有効性を引き上げる措置がとられた。それでも，1984年時点で，余剰地として推定されたのは210万haで，うち実際に「余剰地」として指定されたのは174万ha，さらに実際に配分されたのは85万haにとどまっている。この配分地のうち52%は，指定カースト・指定部族に配分されている（Haque and Shirohi 1985, 78-85, 228-229）。浜口（1990, 103）は，土地保有上限法による合計の再分配面積は164万haで，それは70年代末の純作付面積の約1%に過ぎない，と指摘している[26]。

こうして，Haque and Shirohi（1985）は，中間介在者制度の廃止について

---

25) 浜口（1990, 102）は，小作制度の改革で所有権を獲得できた小作農は約350万人（287ha）に留まり，そのほとんどは相対的に経済力のある小作農で占められた，という。
26) 井上（2002）では，1986年央までの状況で接収地は131万ha，分配された土地は92万haとされ，1995年3月までに総農地面積の1.5%以下である266万haが分配されたと報告されている。

は，制度としてのザミンダーリー制度の廃止など所期の目的を基本的には達成したが，小作制度改革と土地保有上限法については，それによる変化は極めて限定的であり，インドの農業構造に大きな影響を与えていない，という評価であった。

土地改革の影響

こうした消極的な評価に対して，世界銀行の調査チームは，1982年と1999年に収集したインド各地の5千の農村世帯のパネルデータの分析を行い，土地改革は村落における教育水準を上昇させたこと，土地改革は所得と支出の増大に貢献し，この期間の成長の3分の1は土地改革の寄与によること，小作立法の方が土地保有上限法よりも影響は大きいこと，しかし土地保有上限法で地主は親類等へ土地を移動させたり，小作立法の結果地主は最貧困層でない小作人を有利に扱うなど，土地改革が最貧困層のみに利益をもたらしたとはいえないことを明らかにした（World Bank 2007）。

さらに，土地所有の面では，世銀調査チームは，土地保有上限法による再分配地面積250万ha，小作立法の関連での土地移動735万ha，両者あわせて1,000万ha近くの土地所有の移転があったという。表5-8が示すように，小作改革によって再配分された土地の面積は全土地の5.45％に達し，その結果5.35％の人口が影響を受けたことに加えて，土地保有上限法による再配分地は土地面積の4.41％で，合計10％程度の耕地が再配分され，人口の8％近くが関与した計算になる。2006-07年のインドの農村開発省の報告では，土地所有上限法による個人への再配分地は198万ha，小作人への所有権の移転地が676万haで，合計は874万ha（同年の純作付面積の6.2％）となっている。この報告と比較すると世銀調査チームの数値は過大評価のようにも思えるが，農村開発省のこの報告では小作改革と土地保有上限法による土地所有の変化の他に，政府所有荒蕪地の配分地が2006年時点で601.1万haに達しており，土地改革や政府荒蕪地の分配という政府の改革政策による土地移動は1,475万haで，当時の純作付面積の10％を超える大きさとなる[27)]。政府の土地改革や土地配分政策がかつて想定されていたよりもずっと大きな効果をもっていたこと

表 5-8 土地改革の影響を受けた世帯と土地の比率

(単位：%)

州	小作改革 面積	小作改革 人口	土地保有上限法 面積	土地保有上限法 人口
アーンドラ・プラデーシュ	3.48	0.75	8.34	3.81
ビハール	0.00	0.00	4.42	4.00
グジャラート	15.00	11.20	1.95	0.31
ハリヤーナー	0.51	0.01	1.26	0.26
ヒマーチャル・プラデーシュ	0.16	3.19	0.06	0.05
カルナータカ	15.38	5.29	1.71	0.30
ケーララ	8.47	12.49	1.30	1.04
マッディヤ・プラデーシュ	2.15	0.61	2.69	0.71
マハーラーシュトラ	27.01	10.68	7.74	1.08
オリッサ	0.15	1.43	2.24	1.28
パンジャーブ	1.89	0.04	1.50	0.25
ラージャスターン	0.00	0.16	6.63	0.75
タミルナードゥ	3.65	3.23	2.47	1.24
ウッタル・プラデーシュ	0.00	0.00	5.81	3.68
西ベンガル	6.41	10.80	14.91	19.73
合計	5.45	5.35	4.41	2.27

出典）World Bank 2007.

は間違いないようである。世界銀行の調査は，「中間介在者の廃止によって再配分された土地の量をこれらの数値に加えるならば，インドの土地改革は疑うことなく極めて重要な歴史的出来事であった」と評価する。

　こうした政府による土地移動が，すべて土地なし層や下層カーストなど下層階層に移動しているわけでないことは，上記の調査なども報告するところであるが，土地保有上限法による分配地の半分以上が指定カーストや指定部族に移動していることから見て，土地なし階層などの農村下層階層のかなりの部分が土地所有を獲得あるいは拡大したと見てよいであろう[28]。

---

27) Government of India, Ministry of Rural Development, *Annual Report, 2006-7*, c. 2007, pp. 255-258（ウェッブ版）。

28) 2006 年の時点で，土地保有上限法による分配地 490 万エーカー（受益者 540 万人）のうち，260 万エーカー（受益者 296 万人）は指定カースト・指定部族である（Ibid., p. 255 ［ウェッブ版］）。

Besley and Burgess（2000）も，計量的な方法を用いて，インドの土地改革が貧困の減少に貢献したと指摘し，土地改革の意義を評価する。土地改革諸立法の中でも小作制度の改革と中間介在者の廃止との2つと貧困の改善とは関連していることには，強い根拠があること，土地改革による小作人の地位の強化は小作人層からの労働供給を減少させることによって農業労働者の賃金を上昇させて土地なし階層に利益をもたらしたこと，を明らかにしている。

　農業生産性の上昇との関係については，Besley and Burgess（2000）は土地改革が農業生産を上昇させる効果はなかったと主張するが，Banerjee et al.（2002）は，オペレーション・バルガというキャンペーンによって，分益小作人層に安定的な小作権の供与と小作料の引き下げを実現した1977年以降の西ベンガル州については，小作改革が小作人の交渉力を強化して小作人取り分を増やすとともに小作権を安定させることによって農業生産への投資の増大をもたらして，農業生産性を引き上げる効果をもったことを明らかにした。農業生産性上昇の28％は，オペレーション・バルガによって説明できる，という[29]。

　以上の検討から，インドの土地改革について次のようにまとめることができよう。

　まず第一に，中間介在者制度の廃止によってザミンダールなど中間介在者制度は実質的に消滅した点を除けば，ごく少数の村民が耕地の半分以上を所有するという両極化した土地所有構造に基本的な変化を生じさせるような改革は行われなかったことである。この点は，後にあらためて検討するが，表5-9が示すように，上位10％の所有者が土地の過半をもち，他方で6割の下位グループの所有地は10％前後に過ぎない状況は1960年代以降変化していない。なによりも土地所有上限立法による耕地の再分配が，世界銀行調査の指摘するように耕地の5％程度であったとしても，土地所有の基本構造を変えるものではない。こうした不平等な土地所有構造を基本的に変革できなかった点に，東アジアにおける土地改革との基本的な差異があることを確認しておこう。

　第二に，こうした基本的な制約をもちながらも，土地改革は農村内の下層階

---

[29] 黒崎（2002）も参照。

表 5-9　所有地の世帯グループ別分布

(単位：%)

世帯グループ	1961/62 年	1971/72 年	1981/82 年	1991/92 年	2002/03 年
下位 60%	10.8	10.8	10.5	11.0	8.3
中位 30%	37.7	38.2	38.5	38.0	36.5
上位 10%	51.5	51.0	51.0	51.0	55.2

出典) Nair and Banerjee 2011, Table 2.3 (p. 53).

層の経済的かつ社会的な上昇にかなりの程度寄与し，彼らをエンパワーしたことは間違いないであろう。土地保有上限法による再配分地のうちかなりの部分は，指定カースト・指定部族の土地なし層に移動していると推定されるし，小作改革による土地所有権移動も一部は小規模小作人層の所有地の拡大に寄与したであろう。

　これらに加えて，村落周辺の荒蕪地を土地なし階層や指定カースト等へ供与する制度も，かなり重要な役割を果たしている。すでに見たように，南インドのマドラス州では1950年代に広大な非耕作地が土地なし階層によって「占拠（エンクローチ）」されていたことを指摘した。こうして占拠し耕作された土地については，政府は，一定年を過ぎた後には耕作者に一定の条件を付して地券を発行して耕作者を土地保有者として認定している。北インドのある村落調査は，1975年以降土地なし世帯が急速に減少したことを指摘し，その最大の理由は村落の共同利用地を土地なし層やほとんど土地のない層に分配する政府の計画によって土地を得たためであったとしている（Wiser and Wiser 2000, 282）。こうした非耕作地（村落共同利用地）の土地なし層への供与が，村落の有力土地所有者層のもとで農業労働者として働く土地なし階層の経済的・社会的な自立を促進することは，すでに前述した。

　また，小作人への安定的な小作権の保障の改革が小作人の立場を強化したことは，Besley (2000) 等の研究も示唆している。小作人たちの組織化が進んだ場合には小作改革立法が小作人の交渉力を強化することも，いくつかの村落調査が指摘するところであり（Mencher 1978, 112），以下に述べる筆者の南インドの調査も同様の事実を示している。小作制度の改革が，下層階層の自立性の強化や地位上昇に少なくない程度貢献したことはおそらく間違いないだろ

う[30]。

　こうした土地改革等の改革を経て，土地所有はどう変化したであろうか。第一に，すでに前述したように，上位10％の土地所有者が土地の半分以上を所有しているという，極めて不平等な土地所有の構造は，1960年代以降基本的に変化していない。下位60％が土地のわずか10％前後を所有していること，つまり世帯の大半は土地なしかわずかな土地を持つに過ぎず，農業従事の場合は農業労働者や小作人としての耕作に従事していることを示している。こうして，農村社会はごく一部のエリート階層と大多数の土地なし・極零細土地持ちの下層民の階層からなっているという構造は，独立以前から基本的に維持されていることが，インドの経済社会全体を考える場合に決定的に重要である。

　この点は，日本や中国を含む東アジア社会が，長期の歴史の中で，家族労働にもとづく小農経営が支配的な農業経営となる過程を経て，1940年代から50年代にかけての土地改革で小作制度を基本的に廃止して，小規模土地所有を有する自作農が支配的な農業生産者の形態となることを通じ，自作農からなる均質的な農村社会構造をつくりだしたこととは，極めて対照的であることを確認しておこう。

　第二に，こうして土地所有の基本構造が変革されないものの，農村社会の下層民の間では重要な土地所有上の変化が生じてきた。それは，農村世帯の中での土地なし世帯の比率が，1960年代からの40年間に，低下してきたことである（Nair and Banerjee 2011, 50）。表5-10が示すように，「限界規模」世帯の所有土地面積の比率が顕著に増大しているが，この一部は，土地なし世帯による土地所有の獲得を反映しているといってよいであろう。

　土地なし層など農村下層階層による零細地片の獲得は，独立以前からタミル地方などで進行していたことは前述したが，独立後の土地改革，および荒蕪地

---

[30] 以上のような土地改革は，農村社会構造に与えた影響に加えて，工業の発展に影響を与えていることに留意が必要である。土地改革は土地所有者層による耕地保有の拡大に制限を加えたために，村落の上層階層の一部は農業によってえた資金を農業外の商業や工業に投資を始めた。この中から今日の経済発展を担う重要な資本家層が形成されている（Damodaran 2008, 106-107）。

表 5-10　所有地の規模別分布

(単位：%)

	1961/62 年 (17th round)	1971/72 年 (26th round)	1981/82 年 (37th round)	1991/92 年 (48th round)	2002/03 年 (59th round)
限界規模	7.6	9.76	12.22	16.93	23.05
小規模	12.4	14.68	16.49	18.59	20.38
小中規模	20.5	21.92	23.58	24.58	21.98
中規模	31.2	30.73	29.83	26.07	23.08
大規模	28.2	22.91	18.07	13.83	11.55
合　計	100.0	100.0	100.0	100.0	100.0

原典）NSS and Livestock Survey, various rounds.
出典）Nair and Banerjee 2011, Table 2.2 (p. 51).
注）59th round のデータは，Kharif 季のみ。

（村落共同利用地）の土地なし階層による占拠や彼らへの供与が，この動向をいっそう加速したのである。

　小作人層の運動や小作改革による小作権の強化とともに，こうした零細地片の獲得は，農村下層民の自立への志向を社会的・経済的に支える働きをしている。こうして，土地改革や荒蕪地の土地なし層への供与などの政策は，下層階層の自立化の動向を促進した重要な要因であることが確認できる。こうしたインド農村の諸社会層の歴史的な社会的・経済的な長期の変化については，次の章で検討する。

第6章

農村社会構造の変容と農村市場の拡大

1　自立する下層民——南インドの事例から[1]

　第1章第2節で述べたように，19世紀半ばの南インド，特に灌漑地帯農村では，ごく少数の上層カーストの土地所有者たちが村落の土地の大半を所有し，ほかの村民は土地を所有しないか，ごく零細な土地を所有するにすぎず，多くはこれらの有力土地所有者の大規模な農業経営の中で農業労働者として雇用されるか，その土地を賃貸して小作することが多かった。特に，被差別カースト（指定カースト）成員の多くは，19世紀には主人から食糧や衣服の供与を受ける隷属的な長期雇用の労働者であった。

　この構造は，19世紀末から弱まり始めた。被差別カースト成員を中心に海外プランテーション等への出稼ぎに出る者が多くなった。村落外に別個の雇用チャンスを得た彼ら下層階層の人々は，村内での有力土地所有者との雇用交渉において交渉力を強化し，なかには零細な土地の所有権を得る者もでてきた。こうした，隷属的な地位にあった下層カーストの労働者たちの村落有力者層からの自立を志向する経済的・社会的な動きは，1920年代以降にタミル地方で成長した反バラモン・反カーストの社会運動とも関連をもちながら，拡大していった。一方で大規模土地所有者は，従順な隷属的農業労働者を確保することに少しずつ困難を感じ始めたが，他方でバラモン土地所有者などからは植民地

---

1) 本節について詳しくは，柳澤（1991），第10章参照。

政府に雇用される役人や教員，弁護士などの職に就くために，都市で教育を受け，さらには都市に移住する者が増えていった。こうして，次第に都市に生活の重点を移しつつあった上層階層は農業経営を継続することが困難となり，村落の土地を小作にだしたり，農地を少しずつ売却する者が増加していった。第1章で見たように，すでに19世紀末から20世紀20年代にかけての土地所有台帳の分析は，バラモンなど上層カーストから，土地をほとんど所有しなかった指定カーストや後進カーストへの零細な土地の移動を明らかにしている。

上層カーストの土地所有者層が村落の支配的な力を弱めてゆく傾向は，独立以降も，「緑の革命」などによる刺激を受けて，いっそう進展していった。以下では，南インドの一村落の事例を検討して，その具体的な過程を分析したい。

調査村の概要

調査村はタミルナードゥ州のティルチラーパッリ（以下では「ティルチ」と略称する）県の大規模河川沿いの水田村落で，M村と呼んでおこう。我々は，この村を，1979-81年に調査し，後に2007-08年に再度の調査を行った。以下は，1979-81年の第一回の調査の概要である。

県庁所在地の都市であるティルチ市は重要な工業生産地であり，かつ多くの大学を擁する教育中心地でもあった。M村は，大河川沿いに立地した稲作村落であると同時に，この大都市にバスで数十分で到達できる，都市近郊村落でもあった。

この村落では，表6-1のように，行政上「先進階級」に区分されていたピッライ（Pillai）とチェッティ（Chetty）があわせて58世帯居住しているが（以下では，これらの「先進階級」と区分されるコミュニティを「先進カースト」と略称する），村民の多数を占めたのは，「その他の後進階級OBC」として扱われていたムッディリヤン（Muttiriyan）（本書では，これら「その他の後進階級」として区分されるコミュニティを「後進カースト」または「OBC」と略称する）で約200世帯を占める。次いで人口中の大きな勢力は指定カーストのパッラン（Pallan）とパライヤン（Pariayan）で，あわせて111世帯である。1979-80年

表 6-1　調査村の住民構成（1981 年）

ピッライ・チェッティ	58 世帯
ムッディリヤン	199 世帯
ムスリム	35 世帯
ナーダール	19 世帯
アーサーリー	13 世帯
パッラン	93 世帯
パライヤン	18 世帯
その他	35 世帯
合　計	470 世帯

出典）筆者の調査による。

の時点では村民の最大の職業は農業で，全村落居住世帯の 57％が主たる職業として従事している。9％は都市での雇用などを主な職とし，残りの 33％は小ビジネスや村内の非農業職に従事している。

村落には居住していないから村民とはいえないが，38 世帯のバラモンなど村外者が，村落の耕地の重要な部分を所有している。彼らは，ティルチ市とこの村との間にある，有名寺院のある町に住んでいる。

土地所有の変化──バラモン所有地の減少と村民所有地の増大

前述のように，南インドでは，19 世紀の水田地域に見られたバラモンなど高位カースト者による土地所有の圧倒的な優越性は，19 世紀末以降次第に弱まってゆき，土地所有からほとんど排除されていたコミュニティの所有地が次第に増えてゆく。この村落も同様の傾向を示し，独立以降もその傾向は変わらない。

第一に注目すべきことは，バラモンの土地所有面積が，1952 年の 209 エーカー（全耕地の約半分）から 170 エーカー（全耕地の 38％）へと減少したことである。第二は，村落居住者の土地所有は，1952 年には 18％に過ぎなかったが，1979 年には 29％に飛躍した。特に顕著に増大したのは，ムッディリヤンと指定カーストである。ムッディリヤンは 1952 年の 23 エーカーから 1979 年の 68 エーカーへと 3 倍以上に増大させ，指定カーストは同期間に 9.1 エー

カーから 16.63 エーカーに増やしている。これに対して，村民であっても，ピッライとチェッティの土地所有はほとんど変化していない。第三に，こうした変化にもかかわらず，1980 年にいたっても，村民の所有地は耕地の 29％に留まっていることである。

　こうした土地所有の変化の背景には何があるのだろうか，1952 年以降の各コミュニティの変化の動向を検討しよう。

ピッライとチェッティ——小規模事業と非農業雇用への志向

　ピッライとチェッティの 2 つのコミュニティでは，父や祖父の世代で，約半数が土地を所有しているなど，村民の中では土地所有比率が高かった。1979-81 年の時点で，これらのコミュニティは，次の 2 つの傾向を示していた。第一に，彼らは農業経営を営む一方で，精米所やマッチ工場など小規模な事業を村落近辺で起業する傾向があった。ピッライとチェッティのそれぞれ 41％と 54％の世帯が，主たる職業として村内外で非農業の事業を行っていた。これらのカーストでは複数の世帯が精米所を経営し，そのほかにマッチ工場，茶店，肥料店など，多様な経営を行っていた。

　第二には，農業経営と同時に都市雇用への就業を追求する傾向である。都市の雇用に就業している家族成員を擁する世帯の比率が，ピッライの場合に 47％に達し，チェッティ世帯では 27％で，ムスリムを除けば村民の中では非常に高い比率である。都市就業の場合も，農業経営規模の大きな世帯ほど家族成員から都市就業者がでているという傾向が見られる。代表的な非農業雇用は，バスの運転手と車掌，警察官，国営重電機工場や兵器工場における熟練工である。

　こうした都市雇用者の多さは，ピッライとチェッティのコミュニティで教育水準が高いことと関係していた。1981 年の段階で，ピッライ世帯の 43.8％とチェッティ世帯の 30.8％には，中等教育修了資格（Secondary School Leaving Certificate：SSLC）を取得したか，産業訓練校（Industrial Training Institute：ITI）での修学経験者がいた。村民の子供たちの大半は村落の中や近辺の公立の小・中学校に通っていたが，ピッライとチェッティ世帯では，都市部などの遠隔地

の私立学校に，場合によっては寄宿制の学校に，授業料，交通費や寄宿代を負担して，子供を通わせることが少なくなかった。SSLC 認定テストを高い点数で通って，ITI，ポリテクニック，大学などに進むことが，高収入の非農業雇用に就職するためには必要であった。

こうしてピッライとチェッティの世帯，特にある程度の農業経営を行っている世帯では，農村地域での小規模な営業や都市の雇用などへの志向は次第に強まっていたが，1979-81 年の段階では，村落における農業経営からも離れることなく，兼業農家の形態が一般的だった。たとえば，国営重電機工場の熟練工の村民は，工場に毎日通勤しながら，5 エーカーを超える農業経営はパンナイカーランと呼ばれる常雇の農業労働者を雇って耕作を行い，刈入れなどの農繁期には休暇をとって農作業の監督をおこなうという方法で，兼業農家を続けていた。

OBC ムッディリヤン──中核的な農業生産者への道と農業労働者世帯

ムッディリヤン・コミュニティは，村民の半分近くを占める最大のグループで，「その他の後進階級（OBC）」に区分されている。彼らの父親の 8 割は農業経営を行っていたが，7 割は小作人としての農業経営であった。ムッディリヤンは，前述のように，土地所有を 1950 年代以降 23 エーカーから 68 エーカーへと顕著に増大させ，1979-81 年の時点では，村の耕作地 452 エーカーのうち 339 エーカーの経営を担うにいたっている。こうして，50 年代から，ムッディリヤンは，農業生産者としての地位の上昇を試み，この時点では村落の中核的な農業生産者の地位を占めるにいたっていたといってよいだろう。

1979-81 年の段階では，こうした農業への強い志向を反映して，ムッディリヤン世帯では，勤労人口の 72％が農業に従事し，72％の世帯が農業を主たる職業としており，指定カーストに次いで高い比率を示していた。逆に，小規模営業を行う世帯の比率は極端に低かった。また，都市雇用就職者の比率も指定カーストに次いで低かった。SSLC 取得者や ITI 資格所持者の比率も低かった。

ただ，こうした農業経営者としての地位上昇に成功した世帯は，ムッディリ

ヤン・コミュニティの大多数とはいえない。小作保護立法のまだなかった50年代前半に，小作地を減らしたり失ったムッディリヤン世帯も多く，それらは農業労働者になっていった。

指定カーストと農業労働者市場――自立への志向

　この地域には，2つの形態の農業労働者が存在した。ひとつは，パンナイカーランと呼ばれる1年契約の労働者で，もうひとつは日雇い労働者（クーリー）である。前者は，19世紀に広く存在した隷属的な労働者から系譜し，その変化した形態といってよいだろう。この村の指定カースト世帯の回答者の3分の2弱は，父親はパンナイカーランか日雇い農業労働者だったと回答しており，ほかのコミュニティと異なって，農業労働雇用が長くこのコミュニティの主な職業であったことが確認できる。

　こうして指定カーストの成員は，かつて多数のパンナイカーランを含む農業労働者であったことが確認されるが，その社会経済的な地位は，過去数十年の間に顕著に変化していた。変化の第一は，彼らが小作権を獲得したこと，第二に土地所有権を獲得し，第三にパンナイカーラン雇用の条件等が変化した，第四に日雇い雇用労働市場が変化したことである。

　① 小作権の獲得：前述のようにタミル地方では指定カースト成員なども含んだ，反カーストや反バラモンの運動が発展していたが，この村では1940年代から「ドラヴィダ運動」の支部ができ，1956年には「ドラヴィダ農業労働者組合」が結成されて，指定カーストのパッランの全世帯が加入した。この組合は結成されるとすぐに，バラモンなどの土地所有者層に一定の面積についての小作権を組合に与えるよう要求してストライキを行い，60エーカーの土地にかんして組合は小作権を獲得した。この小作権は，組合加盟の指定カーストに，1世帯当たり0.5エーカーの比率で分配された。この結果，それまではまったくの農業労働者であった指定カーストの世帯がわずかにせよ自己の経営地を持つにいたり，指定カースト世帯はほとんどが農業労働者兼小作人の世帯となった。指定カーストなど下層の人々はこの運動の成果によって団結の力を認識するとともに，地主階層からの自立への志向を強めることとなった。

② 土地所有権の獲得：前述のように，この村の指定カースト成員は，1952年の9.1エーカーから1979年の16.63エーカー（13世帯）に土地所有を増やしている。指定カースト成員にとって，農業賃労働のみであった場合は余剰を蓄積して耕地を購入することは非常に困難であるが，小作地が獲得できればそれは土地所有に進む重要な一歩となってきた。1950年代の運動による小作権獲得は，この点から土地所有獲得への一歩であった。さらに，バラモン地主は，所有地売却の意向をかつては指定カースト成員には伝えなかったが，1950年代以降は，指定カーストにもそうした意向を伝えるようになった，という。

こうして，わずかとはいえ土地所有を獲得・拡大し，約60エーカーの小作地を得ることによって，かつての単なる農業労働者の地位から脱却して，農業労働者兼小規模農業経営者として，社会経済的な地位の上昇を実現することができた。

③ パンナイカーラン雇用関係の変化：1年間単位の長期雇用契約（パンナイカーラン）にかかわる雇用関係にも重要な変化が生じている。第一に，土地所有者が，パンナイカーランを得ることが非常に困難となっている。地元の指定カースト成員には，同一の土地所有者のもとで1年間も働くよりも，日雇い労働を選択する者が多いという。実際，指定カーストのうち30人は，かつてパンナイカーランとして働いたことがあるが，1980年の時点ではそれが8人のみと減っていた。第二に，かつては雇用契約は何年間も継続することが普通であったが，1980年前後には，労働者たちは1年限りでほかの雇用に移ってゆくことが一般的となった。小作権を得たことと日雇い労働の雇用機会が増えたことが，その背景にあるという。第三に，パンナイカーランが賃金引き上げなど労働条件の改善を要求するようになった。

こうして，この地域では土地所有者が，地元の指定カースト成員の長期雇用労働者パンナイカーランを雇用したり，従順な労働者として働かせることが次第に困難となっていることが分かる。指定カースト成員は自己主張を強めるとともに，パンナイカーランとして雇用されるよりも日雇い労働を選好するようになっている。こうした動向の背景としては次の点が指摘できる。まず，(1)

指定カースト成員の中に，社会経済的な独立や自尊への願望が19世紀末以来強まってきていること，その志向は1950年代のドラヴィダ農業労働組合の運動を通じて強まってきたことである。(2) 小作権や土地所有権の獲得が，こうした自立への願望を経済的に支えている。もしこうした権利をもたず，農業賃労働雇用のみに依存した場合は，農閑期などに減少する日雇い労働に全面的に依存することはできず，長期の安定的な雇用であるパンナイカーランとなることを選好するであろう。0.5エーカーの小作地があれば，自家消費分の一部はそこから得ることが可能で，それと日雇い労働収入を結びつけることによって世帯収入をなんとか維持できるようになる。(3) さらに，かつては農閑期などに大幅に減少した日雇い雇用への需要がある日数が，以下に述べるようにかなり増大したことである。こうして，この村の指定カースト成員は，日雇い雇用収入と自身が経営する零細な土地からの生産物をあわせることによって，パンナイカーランという安定的な雇用に入ることなく，生活を維持できるようになったのである。

④ 日雇い雇用の変化：もっとも重要な変化は，日雇い雇用の需要が存在する日数が増えたことである。第一に，「緑の革命」以降，井戸灌漑の拡大にともなって，1年中給水を必要とするサトウキビとバナナの作付が顕著に増大した。かつて稲作のみの場合には，3月に第二作の刈入れが終了すると6月までは日雇い農業雇用の需要は激減したが，1月に作季が始まるサトウキビとバナナ栽培は3月から7月にも農作業を必要とし，農業労働需要が存在するようになったことである。

日雇い労働市場に大きな影響を与えたものに，稲藁取引の増大がある。農村内で収穫後に残る稲藁が，ティルチ市などに運搬されてそこで市内の乳牛のえさとして販売される取引は，「緑の革命」の過程で急速に発展した。この増大した稲藁取引を担当したのは，主として指定カーストであった。1980年の時点では，約3割の指定カースト世帯がこのビジネスに従事していた。このビジネスは，2・3月の稲の刈入れ後から多忙となり，旧来の農閑期の時期に重要な雇用機会を指定カーストなどの農業労働者世帯に提供した。

他の村落への出稼ぎ労働も，農閑期の余剰労働の発生を減らす効果をもたら

表 6-2 農業に従事する世帯の構成（1981 年）

（単位：％）

	自作農	自作兼小作経営	小作人	小作兼日雇い労働	日雇い労働	パンナイカーラン	合　計
ピッライ	20.0	20.0	30.0	10.0	20.0	0.0	100.0
チェッティ	60.0	0.0	10.0	10.0	20.0	0.0	100.0
ムッディリヤン	6.3	7.6	31.9	22.2	30.6	1.4	100.0
指定カースト	2.2	2.2	10.0	46.7	31.1	7.8	100.0

出典）筆者のフィールドワーク（1979-81 年）による。

している。「緑の革命」による生産量の増加の結果，収穫労働の必要量も増大させた。その結果，多くの地域で，それぞれの地域における刈入れ労働の需要量と生産地域内での労働供給量との間に差異が生じ，遠隔地を含めて他の地域から，労働者がグループをなして移動して収穫労働などに従事するようになった。本調査村の指定カースト成員からは，1970 年頃からこうした他村へ 2 組のグループが特定の村落に年 2 回の出稼ぎ労働を行っており，1980 年には合計約 40 名の指定カースト成員が参加していた。

こうして，かつてパンナイカーランなどを含めて農業賃金雇用に多くの世帯が全面的に依存していた指定カーストのコミュニティも，ほとんどの世帯が零細な小作地を得た結果，小作地経営収入と日雇い労働収入とをあわせることによって生計を維持する形態が，農業従事世帯の中核をなすにいたっている（表 6-2）。

バラモン地主──農村からの離脱

前述のように，この村の最大の土地所有者層は，有名寺院のティルワナイコーイルの町に住むバラモンである。彼らのうちの多くは，この寺院で司祭（プージャー）を行う権利を世襲している。これらのバラモンは，寺院でのプージャーを行うことで収入を得るほか，M 村などの耕地の地主として地代を得ていた。

前述のように，バラモンの土地所有は，1952 年以降 1980 年までの間に約 20％減少したが，その背景として次の点が挙げられる。第一に，指定カーストなど下層階層や小作人の運動や活動によって，バラモン地主は思うままに地

代を徴収することが次第に容易ではなくなったことである。第二に，小作権を保護する小作立法も，この傾向を強めた。

　土地所有減少の背景として第三に重要な要因は，多くのバラモン世帯が都市のホワイトカラー職を主たる職として選好しつつあることである。この傾向は19世紀末から見られたとはいえ独立後も継続し，1980年の段階ですでにかなりの数のタミル・バラモンが，チェンナイ（マドラス），ムンバイ（ボンベイ），デリーなど遠隔の大都市に居住し，あるいは海外にいる子弟も少なくなかった。これらの都市居住のバラモンにとっては，所有地の農業経営を行うことはできなかったから，小作人に貸し出すことになるが，前述のように小作人からの安定的な小作料の確保も容易でなくなっていた。こうした中で，バラモンの中には，所有農地を売却して，子弟の教育などに資金を使って，都市雇用からの収入に全面的に依存するようになっていった世帯も多かった。

　こうして，バラモン社会の全体の動向はホワイトカラー職への依存の強化といってよいものの，この村の地主世帯の場合は，ほかの可能性を含めて3つの方向に変化しつつあるといえよう。第一の形態は，この有名寺院でプージャーを行う権利を世襲しそこから収入を得ながらも，所有する耕地からの地代収入も享受してきた世帯が，土地所有を減らして寺院でのプージャーからの収入に主として依存するように変化しつつあるケースである。こうした寺院司祭に専念する方向を採るバラモン世帯は，この地方ではむしろ例外的と見た方がいいように思われる。

　第二の形態は，都市雇用に移行してゆく世帯である。これらの世帯では，子弟にはプージャーの職よりも大学の学位と政府の役職が将来的に重要と考えている。38のバラモン地主の世帯のうち14世帯（37％）は，都市の雇用を主たる職としている。1979年の時点で，バラモン世帯全体から23人が都市雇用に就いているが，うち16人つまり7割弱は500ルピーを超える高収入職に就いている。彼らの多くは，オフィサーや監督職のクラスにいる。

　第三の形態は，農業経営に専念するタイプである。典型的なケースでは，子供，孫など親戚の所有者の名称で数十エーカーの土地を所有し，その一部を小作に出しながら，残りの大きな面積の耕地にサトウキビの栽培などを含めて積

極的な農業経営を行っていた。こうした農業専念型は，バラモン所有者のうちの6世帯がこれに当てはまった。

農村内の非農業職業──職の機会の拡大

いくつかの伝統的職業は，衰退しつつあった。壺作り，油絞り，金細工師，石工などは都市の製品との競争などで打撃を受けていた。こうした衰退的な村落内の職業とは対照的に，いくつかの非農業経済活動は大幅に増大した。その代表的なもののひとつが人造宝石研磨業である。この工程はティルチ市内やシュリーランガムの大小の商人によって支配されており，この村には商人が材料を持ち込む。村民の研磨従事者は，多くは村民自身の家の中で作業する。村民は商人から工賃を受け取り，研磨された人造宝石は商人が持ち帰る。この村では，1980年の時点では，30世帯から46人がこの仕事を行っており，その従事者数は農業に次いでいる。この仕事に従事している46人のうち36人は土地所有権も小作権もまったく保有しない世帯の成員で，多くはムッディリヤンまたはムスリムである。

急速に拡大しつつある産業として重要なものは，前述のように稲藁取引である。1980年時点で，47人の村民がこの取引に従事していた。村民によれば，この取引の増大は，次のいくつかの要因によるという。第一に，都市地域において人々のコーヒー・紅茶やミルクの飲用が増大し，ティルチ市内で牛を飼育する家庭が増大した。稲藁は，都市部の乳牛の飼料として需要が増大した。第二は，高収量品種の導入と肥料投入の増大によって稲藁の収量も増大した。第三に，かつては稲藁の一部は肥料として水田に投入されたが，化学肥料の使用の増大にともなって，稲藁の肥料としての使用が減少したという。「緑の革命」の進展と消費の変動とが，この取引増大の背景にあることが分かる。土地所有者は収穫期以降も数カ月は保持していることが多く，この取引は農閑期を含めて行われ，指定カーストなど下層民に重要な雇用機会を提供していることは，前述した。

村民の消費生活の変化と関連していくつかの職業が拡大した。1980年の時点では7店の茶店があるが，これは村民に飲茶の習慣が非常に拡大したため

である，という。また，自転車を所有して時間貸しをする自転車賃貸・修理業も，過去30年間に2店から5店に増えた，という。自転車を所有する村民の数が増えるにつれて自転車修理からの収入が増加している。また，ムスリムが経営する山羊肉店が，1980年には3軒あり，村民はさらに他の場所に3店をもっている。

　以上は，1980年時点の変化の様相である。全体としては，人造宝石研磨の増大や稲藁取引の増大に見られるように，農村下層階層が就業する農村内の非農業就業機会は，この時点ですでにかなり増大していたことが，確認できよう。

調査村の事例は何を意味するか

　以上，M村の事例の検討から次のことがいえよう。

　第一に，独立以前からもっとも強い力をもって村落社会に支配的な影響を及ぼしていたバラモンの土地所有者世帯が，都市雇用など村落外の経済社会活動に生活の基盤を移していったことである。M村では僧職への専念者も少なくないが，この地域全体としては，バラモン世帯は総じて農村から順次離脱して，ホワイトカラー職，オフィサー・エンジニア職，上級公務員職，弁護士，教員など，都市のエリート階層に移行しつつあったといってよいだろう。この過程でバラモン・コミュニティは土地所有を減少させ，村落内の社会経済的な支配力を低下させた。高位カーストの集団が耕地の多くを所有するという土地所有の基本構造に変化はないものの，村落の耕地の少なくない部分は高位カーストから，後進カーストや指定カーストに移動していった。

　第二に，村落の上層のバラモン層と対極をなしていた，指定カーストなどの低いコミュニティの農業労働者層は，独立以前の時期からの反カースト運動などを背景に，小作権獲得運動などを通じて村落有力者層からの経済的・社会的な自立を実現しようとする動向を強めた。「緑の革命」の進展は，農閑期を縮小させて村落内外の日雇い労働需要のある日数を増大させ，隷属的な長期農業雇用契約を忌避する農業労働者層の交渉力を強めたことなど，土地なし階層の自立を促進する作用をしたことが，少なくともこの村では確認できる。稲藁取

引の増大など非農業分野における就業機会の増大も，この階層の自立を促進した。

　第三に，ピッライやチェッティなどの「先進階級」のコミュニティは，1980年の段階では，農業経営を営みながらも，子弟に中等教育修了以上の教育を付与して都市の大規模工場の熟練工，バスの車掌・運転手など都市の雇用に就職させるか，農村近辺でライスミルなどの小規模経営を行う，という，兼業の方向を明確に見せ始めたといえよう。

　第四に，ムッディリヤンなど「その他の後進階級」は，小作地や所有地の拡大を通じて，村落の中核的な農業経営者としての地位を上昇させてきた。井戸の削掘など「緑の革命」にかかわる農業革新にも積極的であった。他方で，1980年の段階では，都市雇用への積極的な展開は見られなかった。

　第五に，この過程で，稲藁取引など村落近辺での農外の事業や都市のさまざまな職への就職など，農村社会の下層階層に対する非農業の就業機会が増大したことである。

　第六に，農業労働者層の自立意識の増大，日雇いの雇用が年中得られるようになったこと，労働者層の小作地の獲得，非農業就業機会の増大などを背景に，長期雇用の農業労働者になる者は大幅に減少した。

　こうして1980年前後の調査村は，各階層が変化の方向を明確に示し始めていたものの，土地所有においてもなおバラモンと寺院の優越は継続しているし，農業経営においても，農地の半分以上は，経営面積5エーカー以上の大規模農業経営によって経営されている。他方で，村民の大多数は，まったく土地をもたないか，わずかな土地しかもたず，農業賃労働と小作経営に生計の維持を依存している状態に基本的な変化はなかった。

2　他地域の事例と全国的動向

　こうしたM村の変化は，他の地域における事例と，進行速度の差異はあれ，共通する部分が小さくない。まずタミルナードゥ州の他の地域の事例から検討

しよう。

タミルナードゥ州の他地域の事例

　はじめに，バラモンなどから下位のカーストへの土地所有の移動について検討しよう。ティルネルヴェーリ県ガンガイコンダーン村（Gangaikondan，以下では「G 村」）について 1984 年に再調査をおこなった Athreya（1985, 9-10, 32, 97-98, 129）は，1916 年には主要な土地所有者であったバラモンが土地所有を激減させて，代わってテーヴァル（Thevar，マラヴァル[Maravar]），指定カースト，コーナール（Konar）などが主要な土地所有者となっていることを明らかにした。この村では 1958/59 年以降に小作地の面積が急減しているが，これはバラモンが町に移ってしまったためである。村は，バラモン（とピッライ）の地主制から指定カーストを含めた「農業的な諸カースト」の所有者による自己耕作の制度に転換した，という。村に住まないバラモンの土地所有の減少と，非バラモンのカースト・ヒンドゥーの村民への土地所有の移動は，同じく 1916 年から調査が行われてきたドゥースィ（Dusi）村の再調査の報告するところでもある。この村でも小作制は減少しているが，その一部は小作法制定時に地主が小作権を取り返したことによるとともに，非居住のバラモン地主から村落居住の旧小作人など耕作農民へ土地所有が移動したためであるという（Guhan and Bharathan 1984, 3, 47, 51, 54, 165）。同様の変化は，その他の村落調査も指摘している[2]。

　こうした土地所有の上での下層カーストの地位の上昇とともに，指定カーストなど下層民の自立性の強化についても，他の村落との共通性は大きい。M 村と同じ時期に同じティルチ県の R 村落を調査した水島司は，この村でもドミナントな力をもっていたカーストであるレッディ（Reddi）の土地所有が減少したことを報告する一方で，パンナイヤール（常雇労働者）の不足が生じており，そのもっとも重要な理由として労働者層の自意識の発展を挙げるととも

---

2) Sivakumar and Sivakumar 1979 ; Athreya et al. 1990, 110 ; Hazell and Ramasamy 1991, 72.

に，それを支える経済的条件として，代替の雇用機会としての羊と山羊の飼育の増大および水田地帯における農業労働需要が「緑の革命」によって増大したことを挙げている（Mizushima 1983, 173）。同県の乾燥地帯村落を調査した中村尚司によれば，上位カースト成員と指定カーストとが対立し，指定カーストは，葬儀時の太鼓叩きや動物の死体の除去など上位カーストに対する伝統的なサービスを停止した。上位カーストは農業雇用から彼らを排除することで彼らと対抗したが，指定カーストは山羊を飼育して，上位カーストに経済的に対抗した。この地域でも，指定カーストによる山羊飼育が，彼らの自立を支える経済的な基礎となっていることが注目される（Nakamura 1982）。Mayer（1984）も，ほとんどの地主にとって彼らの土地を耕作する小作人や労働者をコントロールすることが困難になっていることを強調している[3]。1980年前後の時期にはまだピッライの大土地所有者の支配力の強かった，タミルナードゥ州ヴィルプラム県のイルヴェールパットゥ（Iruvelpattu）村（以下「I村」）でもその後，指定カーストの運動が起こり，以下に述べるような非農業雇用の拡大もあって，農業労働者を村落上層階層が統制することは極めて困難となった（Harriss et al. 2010）。

　農業労働者が長期の雇用契約よりも日雇い労働を選好し，実際に常雇労働者が減少していることについても，多くの村落調査が報告している。タンジャーヴール県の一村落では，常雇労働者のパンナイヤールは，1952年から1976年の間に，男子農業労働者が37％から9％へと減少している[4]。ラームナーダプラム県のヴァダマライプラム（Vadamalaipuram）村では，常雇の労働者はすでに1958年の段階で極めて少なく，1983年にはいっそう少なくなっていた。1958年に常雇労働者になることを希望するかと質問された日雇い労働者42名のうち32名は常雇労働者を希望しないと答え，それは主として「常雇の労働者には自由がなく，労働時間にも限りがないため」である，と回答している。

---

3) さらに次も参照，Sivertsen 1963, 85-87.
4) Gough 1981, 296, 525. 北アルコット県の調査は，常雇の労働者パディヤールが増大傾向にあると指摘しており（Hazell and Ramasamy 1991, 65），地域差などを考慮する必要があろう。

こうした労働者の日雇い労働への志向を支えたのは，同村の場合は非農業雇用の形成と増大であったと，アートレーヤは指摘する。近くの紡績工場，マッチ工場などの雇用の「発展が，臨時労働を労働者にとってより魅力的な地位にした」という（Athreya 1984, 94）。非農業就業機会の増大については後に改めて検討するが，これらの村落調査は多く農外雇用の増大を指摘し，その増大が低カースト成員の自立を助長するものであったことも報告している。前述のヴァダマライプラム村では，工業における雇用機会の形成が，「テーヴァル家族が彼らのナーイドゥ（Naidu）地主に対する隷属を打ち破るための積極的な援助であった」。マッチ工場などの雇用の拡大の結果，村落内に相対的な労働不足が生じ，そのために，「テーヴァル家族が地主の牛小屋を出て大通り沿いの小屋に何とか移ろうとするときに，土地所有者が彼らを力ずくで隷属させられない状況が作りだされた」のである（Athreya 1984, 94, 24, 34-35）。

　このように，バラモンなど上位カーストの土地所有の減少や村落内の社会経済的な支配力の低下，指定カーストなどの下層階層の自立性の強化，後進カーストなどが土地所有を増大させるなど村落内の社会経済的な地位を上昇させていることなど，タミルナードゥ内ではほぼ確認できるが，他の州ではどうであろうか。

全国的動向

　1920年代にワイザー夫妻による調査以来何回かの調査が行われたウッタル・プラデーシュ州西部のカリンプル（Karimpur）村の事例は，多少の差異をもちつつも，タミルナードゥと近似した変化が長期の動向として生じたことを示している（Wadley and Derr 1989）。この村は，1925年にはザミンダーリー制のもとで，バラモン・カーストが，村落の74%の土地を第一次的な小作権の形であったが保有していたが，その後，土地改革を経て，1984年には58.1%の耕地を所有する状態へと保有を減少させた。村内経済における農業の比重は大幅に低下し，多くの村民は農外の雇用に従事するようになった。土地を所有していた世帯は，商店を開いて教育を受けた息子に従事させるようになった，という[5]。バラモンの土地所有者が失った土地は，より下位のカーストの所有

に移行した。貧困層も，農業外の職に就く者が大幅に増えた。とくに1975年以降，リキシャ曳き，精米所への穀物の運搬，レンガの運搬，トラックの荷物運び，建設労働などに従事する人々が増大し，75年から84年の間に，村外の労働に従事する人々の数は2名から84名に激増した。1975年以降は，貧困層の比率も低下している。こうした農業外の職の増大などによって，村落の下層階層は，かつては隷属的な労働者などの形で雇われていた土地所有者層に依存しないでも生活を維持することが可能となった。たとえば1925年には隷属的労働者としてさまざまな束縛のもとにあったチャマール（Chamar）は，主人への依存から自立して束縛から解放された。「いまや，我々は自由だ。彼らのために働かなくてもよい。外に行くこともできるようになったし，教育も受けて，我々のもっている権利についても自覚するようになったためだ」という。バラモンがかつてもっていた村落の下層を経済的にコントロールする力は非常に弱まり，その結果，彼らの村内での政治的な影響力も顕著に低下した（Wadley and Derr 1989, 77-115）。

　ウッタル・プラデーシュ州の中で長期にわたる調査が行われてきたもうひとつの村，パランプル（Palanpur）村でも，カリンプル村ほど顕著でないが，同様の方向の変化が生じていた。この村の土地所有者として支配的な力をもっていたタークル（Thakur）の所有地はゆっくりであるが減少して他のカーストに移行し，彼らの経済的・政治的な影響力は次第に低下していった。それに代わって村内の地位を上昇させたのは，かつては小作人として農業労働に参加していたムラオ（Murao）・カーストであった。ムラオは，農業技術の高さをいかし，また農業への持続的な投資をしながら勤勉に働いて，「緑の革命」の新技術の利益を享受し，その地位の上昇を実現してきた（Drèze 2002）。ザミンダーリー制度の廃止と「緑の革命」が，タークルの村落内の支配的な力の低下

---

5) Jeffrey and Lerche（2000, 96-97）によれば，ジャートの土地所有者が強固な支配力を有するウッタル・プラデーシュ州の一村落では，豊かな土地所有者層を先頭に，公務員，公企業などのホワイトカラー職，専門職などのエリート職をはじめ，都市の職に大幅に進出していった。さらに，商店，農産物加工業，教育施設，交通，建設などの分野への進出も顕著で，長期間にわたって農業外の経済活動に進出する動向が続いてきた。

とムラオの上昇を引き起こした重要な要因である，という。指定カーストのジャタブ（Jatab）などの社会的経済条件は改善したとはいえないが，彼らの自尊心の上昇とカースト差別の減少は顕著である。たとえば，タークルはいまやジャタブを好きなように殴ることはできないし，賃金を払わないでいやがる仕事をやらせることもできない，という[6]。

　旧来の有力土地所有者層の村落支配力の弱化と，後進カーストの顕著な上昇傾向や小作人や労働者の自立性の強化，農業労働賃金の上昇は，農村における伝統的な地主の影響力の強さが強調されてきた，ビハール州でも見られることは注目すべきであろう。Sharma（2005）によれば，ビハールでは，植民地時代から，ブーミハル（Bhumihar），バラモン，ラージプート（Rajput），カーヤスタ（Kayastha）の上位4カーストが優越した土地所有を有し，農村地域を支配していた。独立以降の土地改革で，ザミンダーリー制度は廃止されたが，土地保有上限法や小作立法はほとんど効果をもたず，旧来の上位カーストの土地所有者層による村落社会の支配体制は，維持された。村の最大土地所有者たちは，他の村民に対してだれも対抗できないような支配力を有し，地域の農業賃金，土地にかんする権利，その他村落社会にかかわる事業についての決定に，強い影響力をもっていた。

　しかし，農民層の中では重要な変化が生じていた。土地改革や，インド共産党（CPI）などの支援を受けた小作人の運動，そして開発プログラムの中での役人や活動家などの影響を受けて，1960年代半ばごろには，貧農層が，本来もてるはずの自らの権利を自覚するようになったのである。「緑の革命」の過程も，重要な変化をともなった。後進カースト上層のヤーダヴ（Yadav），コエリ（Koeri），クルミ（Kurumi）の地位が大幅に上昇したのである。これらの，昔から耕作に従事してきた，「頑強な」カーストの人々は，上位カーストよりもさらに高い生産性を上げて，「緑の革命」から多大の利益を受けることができた，という（Sharma 2005, 964）。こうした変化にともなって，土地所有

---

[6] ウッタル・プラデーシュ州において，指定カーストが自尊心や自立への志向を強め，タークルなど上位カーストに対抗する力を高めている状況については，Jeffrey and Lerche（2000）。

の面でも変化が生じた。上位カーストの土地所有は，これら後進カースト上層へと移動していった。

　ビハール州の12カ村について，1981/82年と1999/2000年に行われた調査の結果も，こうした動向とおおよそ符合する。表6-3が示すように，上位カーストでは土地を売却する世帯の比率が購入世帯比率よりもずっと高く，他方でヤーダヴや低カーストでは土地を購入する世帯の比率が高いことが分かる。また，階層別で見ても，地主層や大規模農民層では土地を売却する世帯が購入する世帯を大幅に超えていることが分かる。土地は，上層カーストから中間カーストへ，さらには下層後進カーストや指定カーストへも移転しつつある。ビハールのいくつかの村落における1971年から2001年の間のカースト別土地所有の変動を分析したSinha（2009）も，上位カーストから中間カーストなどへの土地所有の移転が多くの村で起こってきたことを確認している。

　農業労働者のあり方も大きく変化した。1981/82年には農業労働者の3分の1は，長期雇用労働者であったが，2000年には長期雇用者は10%以下へと激減し，日雇い労働者の割合が増大した。この変化とともに，労働者の実質賃金は，50%から100%の幅で増大した（Sharma 1995；Sharma 2005）。Sharma（2005）によれば，この賃金の上昇をもたらした要因は，労働者の闘争と出稼ぎである。出稼ぎには，上位カーストからも下位カーストからも出ている。下位カーストの場合には，村内のカースト差別から逃れるために多くの者が出稼ぎをしているという。出稼ぎ先の仕事では，農業は15%と少なく，主として建築，小規模製造業，煉瓦がま，リキシャ曳きなどである。この調査では，総世帯の40%では1人以上の家族成員が出稼ぎにでており，そのすべてで出稼ぎ者からの送金を受け取っている。送金は，送金受け取り世帯の総収入の3分の1程度を占める重要収入源で，特に土地なしや小土地保有者層の場合は送金が家計に占める比率はより高い。農民運動も賃金引上げに重要な影響を与えている。さらに，運動によって土地改革が進展していることが注目される。1970年代半ばに余剰地の大きな部分が接収されているが，それは主として貧困な農民が圧力をかけた結果であった。分益小作人の組織的な運動が，小作権の安定化と小作取分の拡大に大きな成果をあげたことにも確かな証拠があると

表6-3 ビハール12カ村における土地移動，土地売買世帯比率と売買平均規模（1999/2000年）

	土地売却世帯（%）	平均売却面積（エーカー）	土地購入世帯（%）	平均購入面積（エーカー）
カースト
バラモン＋カーヤスタ（Kayastha）	26.51	1.22	7.83	1.34
ブーミハル（Bhumihar）＋ラージプート（Rajput）	30.68	0.93	9.09	0.85
クルミ（Kurmi）	17.86	0.24	17.86	0.76
コエリ（Koeri）	10.00	0.40	3.33	0.62
ヤーダヴ（Yadav）	9.62	0.33	13.46	0.95
その他後進II（Other backward II）	9.72	0.73	11.11	0.62
後進I（Backward I）	5.16	0.53	10.97	0.64
指定カースト（Scheduled castes）	1.99	0.20	4.48	0.52
ムスリム（Muslim）	13.13	0.92	9.09	1.09
階　級
農業労働（Agricultural labour）	3.50	0.69	4.04	0.23
貧困中農（Poor middle peasants）	15.38	0.38	15.38	0.41
中農（Middle peasants）	17.54	0.27	17.54	0.98
大農（Big peasant）	24.52	1.00	13.55	1.13
地主（Landlords）	29.73	1.03	12.84	1.17
非農業（Non-agriculturalists）	5.22	0.72	5.97	0.29
合　計	13.02	0.90	8.64	0.85

出典）Sharma 2005, Table 1.

いう。また，急進的な農民組織があるところでは女性への強制労働や虐待がなくなったり激減するなど，農村労働市場における搾取的な形態の消滅につながっている。

こうした労働関係の変化の中で，上層カーストの成員が自らの土地を耕起するなど，かつてはまったくなかったことが，ここ数年には見られるようになり，農作業の家族労働化の傾向が見られることは注目される。特に，土地所有を減らしつつある上位カーストの農業経営者は，大きなディレンマに直面している，という。土地所有の減少が一定の程度をこえて経営規模が小さくなると，賃金を払って雇用労働に依拠した農業経営を行うことが困難となり，上層カーストもそれまでは忌避してきた農業生産の肉体労働に参加しなくては経営を維持できなくなる。実際に，近年には，犁耕その他の耕作労働に従事してい

る上層カースト成員ははっきりと増大している。しかし，教育のある土地所有階層は，こうした方法による農業経営の継続を選択しないで，都市へ移動してそこでの職に就き，土地は小作に出す，という方向をとることが一般的である（Sharma 2005）[7]。

　西部インドのグジャラート州の農村地帯でも，1970年代以降，土地所有における上位カーストの優位性が低下し，中位や下位のカーストやトライブのグループの地位が上昇していることが報告されている（Streefkerk 2006, 44）。表6-4が示すように，1961/62年の時点では，農村世帯の3分の1以上を占めた土地なし世帯と限界規模所有者が耕地全体のわずか0.47％を所有するに過ぎず，他方で世帯数では10％強の大規模所有と特大規模所有の世帯が48％の耕地を支配していた。それが，1970/71年以降は，土地なしと限界規模の世帯は4分の1に減少し，他方でこの層の土地保有は3-4倍になった。同時に，この時期に小規模所有世帯が総世帯数の半分近くに増大し，その保有面積も8.3％から約31％に飛躍，1980/81年には40％に達するにいたった。他方で，大規模，特大規模所有世帯は，世帯比が低下しただけでなく，1960/61年から1980/81年の間に所有面積比は48.29％から3.62％へと激減している。これらは土地登記簿上の操作に起因する部分があることは確かであるが，Moulik and Moulik（1998）は，この20年間にグジャラートの土地所有パターンが大きな構造的変化を遂げたことは間違いない，という。彼らは，この土地所有の構造変化をもたらした要因として，土地改革と「緑の革命」を挙げている。

　同じく西部インドのマハーラーシュトラ州については，Attwood（1992, Ch. 7, 9）が，プネー県の村落調査から，1920年代から70年代にいたる長期間の変化を明らかにした。1930年代には，村落社会は3つの層に分かれていた。最下層には，今日の指定カースト層や，手工業・サービスカーストなど農耕カーストよりも低位の中下層のカーストが存在し，これらのカーストは平均してごく零細な土地を所有していた。中位の階層としては，非有力家系のマラー

---

[7]　中溝（2012, 132-137）は，調査村の事例を紹介しながら，こうしたビハール農村の変化を明らかにしている。

表6-4 グジャラート州の土地所有構造（1961/62-1980/81年）

(単位：%)

		所有者比率	面積比率
限界規模（0-1エーカー）	1961/62年	37.94	0.47
	1970/71年	23.78	3.00
	1976/77年	24.15	3.27
	1980/81年	24.24	3.76
小規模（1-4.99エーカー）	1961/62年	21.97	8.30
	1970/71年	49.14	30.68
	1976/77年	51.52	35.62
	1980/81年	53.92	39.78
中規模（5-19.99エーカー）	1960/61年	29.62	42.93
	1970/71年	25.72	56.95
	1976/77年	23.57	55.04
	1980/81年	21.33	52.84
大規模（20-49.99エーカー）	1960/61年	9.34	36.96
	1970/71年	1.32	8.15
	1976/77年	0.74	5.03
	1980/81年	0.50	3.04
特大規模（50エーカー以上）	1960/61年	1.13	11.33
	1970/71年	0.04	1.22
	1976/77年	0.04	1.02
	1980/81年	0.02	0.58

出典）Moulik and Moulik 1998, Table 1 (p. 158).

ターやその他の農耕カーストがおり，上層には有力家系マラーター世帯や高位カーストが実に広大な土地を所有していた。しかし，この構造はその後大きく変化した。大規模農家が土地所有を減らし，土地なしの階層などに所有が移動していった。もっとも大きく下降したのは上位カーストで，有力家系マラーターも地位を少し低下させた。その他の農耕カーストや弱小のマラーター世帯は，土地所有を拡大させた。最下層の階層は，土地所有の上ではわずかに下降した。低カーストの中からは，教育を受けて農業外の職を得て，農地を購入する者もでた。多数の移動労働者が地域外から流入したにもかかわらず，農業内外の雇用の増大の中で農業労働の実質賃金は上昇した。村落の社会経済構造が大きく平等化したとはいえないが，カースト的な位置が社会的・経済的な上昇の機会を決めていたかつての構造を変化させて，機会はより平等に広がるよう

表 6-5 ラージャスターン西部一村落における貧困層のパトロン（富裕層）への依存度の変化

(単位：%)

	1963-66 年	1982-84 年
従属・半従属労働者として働く者が家族にいる世帯	37	7
パトロンの土地や庭地に居住している世帯	31	0
農閑期にはパトロンから食用穀物を借りる世帯	77	26
パトロンから種子を借りる世帯	34	9
作物を市場に出す場合に必ずパトロンを通す世帯	86	23
パトロン以外からも借金を行っている世帯	13	47

出典）Jodha 1989, Table III (p. 186).

になってきた。

　ラージャスターン州西部の乾燥地帯村落を 1963-66 年と 1982-84 年の 2 回にわたって調査した Jodha（1989）は，村落の貧困層の富裕有力者層からの自立が非常に進展したことを明らかにしている。2 回の調査で得た 1 人当たり所得をデフレートさせた結果，2 回の調査の間に実質所得の減少を見た世帯を対象に，その変化を記したのが表 6-5 である。その大半は村民の中でも貧困層に所属しているから，貧困層の様相を表現していると見てよいだろう。まず，この表が示すように，隷属的な労働者を家族内に擁する世帯は 37% から 7% へと激減し，パトロンの所有する土地に居住する世帯も 31% からゼロになるなど，村落内の下層階層が有力者への依存を大幅に減らしていることが分かる。タミルナードゥなど他の州でも見たように，下層階層の上層階層への依存関係が大幅に弱まり，彼らの自立が進行したことを示している。

　注目すべきことは，これらの貧困世帯は 1963 年から 1982 年の間に「1 人当たり所得」を減少させているにもかかわらず，より安定した所得源を獲得し，年間を通しての変動幅を低め，家屋の改善や消費水準の上昇を実現していることである。表 6-6 が示すように，これら貧困世帯は，1963 年にはすべての世帯が従事していた食糧収集・燃料収集・飼料収集・垣根作りの手伝いなど低報酬の仕事への従事を大幅に減少させ，農閑期にも一定の経済力を有するようになるなど経済的な安定度を上昇させた。

　さらに，第 4 節に掲げる表 6-13 が示すように，食事の内容の面でも野菜や砂糖の摂取世帯が顕著に増大し，他方で成年者が食物の不足する夏季に第 3

表6-6 ラージャスターン西部一村落における貧困層の世帯経済の安定性

(単位：%)

	1963-66年	1982-84年
野生の果物などの食糧収集に従事する世帯	100	20
燃料収集に従事する世帯	100	63
飼料収集に従事する世帯	100	23
垣根の修理の手伝いなど一時的な小さな仕事に従事する世帯	100	23
家族成員が仕事を探して季節的な出稼ぎに出る世帯	34	11
農繁期に子供に学校を休ませて手伝いをさせる世帯	17	6
販売用の作物の80％より多くを収穫後の時期に売ってしまう世帯	100	46
販売可能な余剰の25％までは，次の雨季まで保持している世帯	0	6
香辛料，タマネギ，油など重要な食糧をまとめ買いしている世帯	0	6
香辛料，タマネギ，油など重要な食糧は日々小口で購入している世帯	100	51
農閑期や祭りの季節などに現金購入を行っている世帯	6	51
農閑期にいつでも使える現金を200ルピー以上持っている世帯	0	26

出典) Jodha 1989, Tables IV, V (pp. 187, 188) より作成。

食目を摂らない世帯は，86％から20％へと減少した。また，女性と子供が日常的に靴を履いている世帯の比率は，ゼロから86％へと飛躍した。さらに，草葺き・泥壁（カッチャー）の家屋に居住する世帯は91％から34％に激減し，変わってタイル屋根・レンガ壁などのパッカー家屋世帯が9％から52％に増え，人と家畜とが分離して居住する世帯も6％から52％に増えるなど，居住環境の改善は極めて顕著である。村落下層階層の村落内での有力富裕層からの自立が，この階層の生活の質の重要な上昇をともなって実現していることが分かる[8]。この論文は，こうした変化をもたらした背景として，新品種の導入，二作化，ミルク販売の増大，農繁期の雇用の増大，宅地を含めて村民の土地獲

---

[8] この「貧困世帯」群は，このように明らかに生活の質的向上を果たしたが，1人当たり実質所得を算出すると低下しているし，貧困線の水準で判断すればこの村の「貧困線以下」の世帯の比率は上昇している。この論文の著者は，貧困や生活の質や水準の変化を各時点における所得のみで計測することには問題があり，ミクロの調査など多様な方法による補完が必要であると主張している。なお，本論文の収められた著書，Bardhan (1989) は全体として，労働市場における需給関係の評価などいくつかの側面で，村落調査など事例研究と統計資料に主として依拠する研究との間に見解の差異がある問題を検討している。

得や負債の削減を援助する制度的な改革などを挙げている。

　このラージャスターンの村落調査の意味するところは大きい[9]。下層階層の村落上層階層からの社会的・経済的な自立の進展が，これら階層の経済生活の安定と質的な上昇と密接に関連していることを明確に示しているからである。本書は，下層階層の社会的な自立への動きが，彼らによる零細地片の獲得や小作権の獲得と関連しながら進行し，土地改革や土地なし層への土地供与の政策がそれを促進したことを指摘してきた。また，海外移民を含めて農外雇用の展開が，貧困層の経済的な安定を促進するだけでなく，下層階層の上層に対する交渉力を強めてその自立を促進したことも明らかにした。このラージャスターンの事例研究は，下層階層の自立と経済水準の上昇との関連をあらためて確認するものといってよいであろう。

　以上の検討から，インドの重要な州の多くで，バラモンなど上位カーストの土地所有の減少やこれら有力者層の村落内の社会経済的な支配力の低下，他方で指定カーストなどの下層階層の自立性の強化，隷属的な長期雇用の農業労働雇用の減少，後進カーストなどが土地所有を増大させるなど村落内の社会経済的な地位を上昇させていることなどが，程度や時期に多くの差異をもちながらも見られたことが分かる。これらの点ではインド各地の農村社会が共通した方向に変化してきたことを示しているといってよいだろう。

9）インド村落の経済水準については，1人当たりの所得を基準に貧困線が設定されてきた。一定時点での所得の数値は，零細な地片への所有権や小作権，宅地や家屋などその間に貧困層が得た蓄積を反映しない。またタミルナードゥの村落調査が示唆するような農閑期雇用の増大など，下層階層の自立と生活の年間を通しての安定に寄与するような変化も，反映されない。本論文も指摘するように，経済水準の判断にあたっては1人当たり所得のみによることなく，村落調査などを通してえた経済水準の質的な表示をも統合して判断する必要があり，独立以降のインド農村における経済水準の変動の評価もこうした視点から再検討する必要があるように思える。

3　非農業就業の拡大と農業労働者賃金の上昇

拡大する非農業就業

　こうした農村社会構造の変化が，農村地域における非農業就業機会の増大と密接に関連していることは，すでに行論の中で言及したところである。M村の事例で述べたように，村民の農業外の就業が1970年代以降かなり急速に増大したことは，多くの研究が指摘している。Vaidyanatahn（1994b）によれば，1970年代末から80年代末の10年間について，手紡ぎ，皮革業，陶器などの伝統的な農村工業は停滞したが，ビーディ製造，食品工業，繊維製品，陶器以外の非金属鉱物生産が顕著に増大した。もっとも増加したのは，修理店である。ゴム，プラスチック，化学，および金属製品などの近代的な産業への農村部での従事者も，工業従事者全体以上の速さで増大する場合もあった。建築労働への従事も，多くの地域でその増大が報告されている。おそらくレンガ製造を指す「非金属鉱物製品」の増大は農村地域の需要による変化である。高収入階層による需要や消費嗜好の変化も，影響を与えている。修理従業者の増大は，交通，農業や家庭用の近代的機器，電器や電子機器の顕著な増大と関係している。また，交通の発展によって工業の多くが農村地域に工場を立地させる傾向や，逆に農村地域から都市の工場などに通勤する者も増大した，という。こうした農村地域の非農業従事者の比率は増大したが，その7割はインフォーマル部門である。Hazell and Haggblade（1991）も，1991年の時点で，インドの農村地域で，農村部の非農業部門経済は，常雇雇用の20％を占め，農村地域の所得の3分の1に及ぶという。

　その結果，農村地域に居住しながらも，非農業分野の諸職業に従事する人々の比率が増大した（Unni 1998）。1980年代の雇用の増大は，第一次産業が第二次産業より大きかったが，第三次産業の雇用の増大は第一次産業よりもさらに大きかった。主としてインフォーマル部門からなる工業やサービス部門の非農業雇用が農村地域で増大したことに対応して，農村部の男性労働力は，農業から非農業雇用にシフトしていった。こうして，農村男性労働力の非農業部門

への従事が増大し，女性労働力の農業労働力従事の増大という形で，全体としての農村における非農業部門への従事の増大が進行した。Lanjouw and Shariff (2004) は，1993/94 年の時点で，インドの農村部において全世帯収入の 34% が非農業部門からの収入であるという。ちなみに，農業耕作からの収入は 55% で，農業賃金からの収入は 8% である。インド各地の 250 村落のデータを調べた Foster and Rosenzweig (2004) は，1999 年の時点で，農村所得の 48.1% は非農業所得となっているという。Lanjouw and Murgai (2009) も，インドのかなりの数の州では，非農業部門からの収入が農村世帯の収入の半分近くに達していることを指摘している。

農村地帯の世帯に即していえば，非農業雇用の全体的増加によって，非農業に専業する世帯，あるいは農業に従事しつつ非農業収入をえる兼業世帯が増大する一方，女性の就業が拡大するなど世帯内の就業者数の増加が生じたといってよいだろう（Hansda and Ray 2006）。農村地域の世帯の中で，雇用や収入の側面で工業やサービス部門での就業が重要な役割を果たすようになったという点で，農・工・サービスのセクター間リンケッジが新たな段階に到達した，ということができよう。

前述のティルチ県 M 村の場合，2007 年の調査では，ピッライ・チェッティの世帯の 8 割は非農業を主たる職業とし，ムッディリアン世帯が大半を占める街区 1 の世帯では約半数が非農業職を主たる職とし，副業的に非農業職に就いているものを加えると 63% を占め，指定カースト世帯がほとんどを占める街区 5 では，非農業就業を主とする世帯が 6 割弱で，副業として非農業就業を行う者を含めると 7 割に近づく。この M 村は，前述のように都市の近郊であるため，非農業職の比率は他の村に比べて高いという事情があることは間違いないが，同村の 1980 年の調査とくらべて非農業就業の重要性が顕著に大きくなっていることは間違いないだろう。

こうした農村地域における非農業就業の増大が，いかなる要因によってもたらされたかについては，必ずしも研究者の見解は一致しているわけではない。Vaidyanathan (1986) は，農業における機械の導入，農村世帯における消費形態の変化，交通の発達などを，農村地帯における非農業経済活動の増大を引き

起こした要因としてあげている。彼は，農業人口1人当たりの穀物生産量と農村非農業就業者比率との強い相関関係が存在することを指摘する。Hazell and Haggblade (1991) も，農村における非農業部門の発展を第一に牽引したのは，農業の発展である，という。農業生産の1ルピーの増大は，農村や近くの町の非農業経済活動0.37ルピーの増大を直接的にもたらす。この非農業経済活動のフィードバック効果を加えると，間接的な所得の増大は0.54ルピーに達する。しかし，この乗数は一定ではなく，農業発展にともなって増大する。農業の発展は，農業投入財の増大によって生産連関を通して非農業活動を刺激し，また，農業所得の増大が非食糧商品への消費を刺激することによって，消費連関を通じて非農業活動を増大させる。彼らは，さらに，大規模農場の場合よりも小規模・中規模農場の方が，乗数は大きいことを明らかにした[10]。

　Kanitkar (1994) によれば，農村地域における非農業経営は1990年代のはじめに年率5.4%で成長していた。1992年に行われたインドの7つの州に広がる22村落の86の経営の調査では，彼らの多くは村落の中間層以上の階層で，始めた事業は，茶店，パーン（嗜好品の一種）店，雑貨店，修理業，縫製店などであるが，さらにタイプ教室，煉瓦作り，粘土タイル作りなどに広がり，それらの製品やサービスのほとんどは地域社会向けであった。これらの経営のうち7割は家族外の雇用も行っている。こうした事例からは，村落内の非農業雇用の拡大は，農村消費の拡大と多様化が背景としてあり，農業生産の発展と密接に関連しているといってよいだろう。

　ウッタル・プラデーシュ州のメーラト県の複数村落を調査したSharma and Poleman (1993) も，「緑の革命」による農業生産の増大，機械化の進展，消費需要の拡大・多様化が，農村地域における商業，工業や交通の発展と多様化をもたらし，村民特に貧困層が多様な非農業就業を飛躍的に拡大したことを示し，「緑の革命」の重要な「第二世代効果」であると指摘した。その際に注目

---

10) Shukla (1991) も，農業部門と農村非農業部門との間に，消費が媒介する強い連関があることを主張している。

されることは，これらの農村基盤の経済活動の拡大と多様化が，村落から通勤可能な範囲にあるような小さな町の形成と発展をもたらしていることである。こうした農村経済活動の活発化と多様化を基盤とする小さな町の形成は，次章以下で検討する南インドのアーラニ（Arni）のような，周辺の農村社会の経済活動と直結した小都市の発展へとつながってゆくといってよいだろう。Denis et al.（2012）や Shaw（2012）も，そうした農村経済と結びついた地方都市形成の事例を挙げている。

このほか，都市近接農村の非農業化や農村の都市化，都市の影響を重視する説[11]，道路などのインフラの改善や教育の普及を重視する説，政府主導の公共事業の意義を強調する説など，多様な要因が非農業雇用の増大の背景として挙げられている。

後に検討するように1991年以前の時期について，Ravallion and Datt（1996）が農村経済の変動が都市貧困層の変化に主導的な影響を与えていることを実証していることから見て，1990年代初頭までの時期については「緑の革命」を起点とする農村経済活動の拡大・多様化が農村部の非農業就業の拡大の主たる原動力となっているといってよいだろう。その後の時期については，農村の非農業就業と地域における「小さな町」の比率との有意な相関が指摘されていることが注目される（Himanshu et al. 2011；Lanjour and Murgai 2013）。前述のように，これらの「小さな町」の多くが周辺農村の経済・社会活動の活発化や多様化と結びつく形で形成されたと推定できるとするならば，過去30年間の農村における非農業就業の増大は，「緑の革命」を起点とする農業発展と農村経済活動の活発化，多様化をもっとも重要な基盤として実現しているといってよいであろう[12]。

農業労働者の実質賃金水準の上昇

こうした非農業部門の雇用・経済活動の拡大と同時に，農村労働市場のタイ

---

11) Eapen（2001, 67-89）は，農村地域全体では農村内非農業就業は都市との近接性が一番重要な要因となっているが，都市から遠隔地の村落にかんしては農業生産との連関が強いことを明らかにしている。

表 6-7 インドの賃金労働者の平均日収入（1977/78-1987/88 年）
(単位：1960/61 年価格のルピー)

			成年男性			成年女性		
			1977/78 年	1983 年	1987/88 年	1977/78 年	1983 年	1987/88 年
常雇労働者	農業	農村	1.21	1.44	2.24	1.22	1.83	1.64
	非農業	農村	3.25	3.08	5.37	2.49	2.08	4.04
		都市	4.70	4.46	5.85	3.07	3.26	4.85
臨時雇用労働者	農業	農村	1.18	1.38	1.73	0.82	0.94	1.14
	非農業	農村	1.63	1.98	2.42	0.88	0.98	1.40
		都市	2.05	2.05	2.49	0.97	1.00	1.34

出典）Vaidyanathan 1994b, Table 7 (p. 3150).

ト化が生じ，農業労働者の実質賃金が明確に上昇し始めたことについては，いくつかの研究が明らかにしている。農業における実質賃金率や1日当たりの平均農業賃金収入は，1970年代の半ばから明確な上昇を始めた。表6-7は，農村の常雇および日雇い農業労働者，非農業労働者の1日当たりの平均賃労働収入が明確にかつ顕著に増大し始めたことを示し，表6-8は，1983年以降も農業・非農業の臨時労働者の賃金率が上昇を続けていることを示している。農村賃金は，2000年以降も全インド的に上昇している（Jose 2013）。

12) Vaidyanathan (1986) は，農村非農業部門は，農業部門に吸収できない過剰労働力を吸収することによって発展したとする「残渣仮説」を提起した。しかし，この説については，非農業雇用の増大と同時に，以下述べるように農業労働者賃金が上昇しており，農村労働市場のタイト化が進行している事実から見て，一般的には成立しがたいことを，後に発表した Vaidyanathan (1994b) で認めるにいたった。非農業就業増大を牽引した要因については，Biradar (2009) がレビューをしている。
1971年から1999年の村落データにもとづき農業生産性の上昇率の高さと非農業収入の高さとの関連を検討した Foster and Rosenzweig (2004) は，生産性上昇率の高い村落では非農業収入の増大比率が低いことを指摘する。論文は，外部の工業資本が農業生産性上昇によって賃金水準が上昇した地域を避ける結果であるとして，農業成長と農村内非農業雇用増大との相関を否定する。しかし，論文は，この仮説の成立に必要な「生産性上昇率の高い地域（主として乾燥地帯）では他の地域（より灌漑条件に恵まれている）より賃金が高い」ことの実証がないこと，また極めて多くの村民が都市などに通勤したり出稼ぎをしている現実を無視して，労働力の空間的な移動はなく非農業賃金所得は村内の工場からのみ得ていると仮定していること等の点から，あまり説得的とはいえない。

表 6-8　インドの日雇い労働者の実質賃金
(単位：1999/2000 年価格表示)

		賃金率（ルピー）			
		1983 年	1987/88 年	1993/94 年	1999/2000 年
農業	男性	25.72	31.47	34.27	40.45
	女性	17.44	20.80	23.99	28.56
非農業	男性	38.05	44.04	47.94	59.52
	女性	18.19	25.51	27.62	37.29

出典）Bhalla et al. 2006, Table 3.12 (p. 107).

　前述したタミルナードゥ州の一村落 I 村では，1981 年の調査では，日雇い労働者の日賃金は男性で 3.5 kg，女性で 1.75 kg の米（脱穀前）に相当する額であった。1 日 3 kg の穀物という賃金水準は，広く歴史的に維持されてきた水準であったという。2008 年の調査では，男性は 6-8 kg，女性は 3-3.5 kg に達しており，実質 2 倍になっている。Harriss et al. (2010) は，1980 年以降の上昇は，長期にわたって農業労働者賃金の上限をなしてきた枠を大幅に超える，歴史的な意義のある上昇であったことを指摘している。

　もっとも，この間の農業機械化による農業労働者雇用の減少も顕著であったから，農業労働者賃金率の上昇が年間の農業労働収入の増大をもたらしたことを意味するわけではない。I 村の試算では，1981 年の時点では男女平均して年間 180 日程度の雇用日数があったが，現在は 100-120 日程度と推定している。1981 年時点での農業労働者の男女のカップルが 1 年で 900 kg の米を得ていたと調査では推定されているが，現時点で計算すれば，年間 1,000-1,100 kg 程度であり，貧困線の水準をなお超えない程度である。ただ，賃金水準が実質 2 倍化したことに示されているように，地元農業の外からのより高い賃金雇用の機会があるため，過去 25 年間に生活水準が上昇したことは，間違いないという。

　インドの農業労働者の賃金動向については，1950 年代と 60 年代にかけて上昇したという見解があるが（Lal 1976），異論をもつ研究者もあった[13]。その点

---

13) Unni 1988.

で，インド農村人口のもっとも大きな部分を占め，かつ貧困層の中核をなす農業労働者層の実質賃金の，1970年代後半以降の明確かつ顕著な上昇は，インドの農業発展史上，極めて重要な意義をもつといえよう。また，この農業労働者の実質賃金の上昇が，インドの農村貧困の削減に大きな貢献をしていることは，多くの研究者が同意することである[14]。

この農村における農業労働賃金の上昇は，農村地域における非農業就業機会の増大と関連している。Lanjouw and Shariff (2004) によれば，農業労働賃金の上昇は，農村における建築労働需要の比率と強く相関していた。第5章で述べたように，「緑の革命」の過程が農業労働需要の増大をもたらしたかどうかについては，必ずしも各地のケースは一致していないが，農村地域内外の非農業雇用の増大が，農業賃労働者を農業から吸収して，農業労働賃金の上昇を引き起こしていることは間違いないといってよいだろう (Unni 1998 ; Lanjouw and Shariff 2004 ; Lanjouw and Murgai 2009 ; Hansda 2006)。また，Eswaran et al. (2009) は，農業労働賃金の上昇には非農業雇用の増大が寄与していることを認めつつも，農業生産の技術的発展がより多く寄与していると主張する。

下層民自立化が賃金上昇の背景

こうして「緑の革命」以来の農業生産の発展は，非農業部門の経済活動を刺激して非農業部門からの下層労働者への労働需要を増大させること，および農業の労働生産性を上昇させることによって，農業労働賃金の顕著な上昇をもたらしたといえよう。しかしこうした「経済的」な変化の過程が進行した背景には，第1節と第2節でも見たような，村落の経済社会を支配するハイアラーキー的な構造が弱まり，下層階層の社会的・経済的な力の増大や自立化という，農村内の階層間の社会関係の変化が存在することを見落としてはならないだろう。

---

14) Eswaran at al. 2009. 第5章で見たように，Fan (1999) の推計も農業労働者賃金の上昇を示しているが，Lanjouw and Murgai (2009) も1970年代からの農業労働者の実質賃金の上昇を確認している。貧困の減少については，Kurosaki (2011, 62-63) ; Suryanarayana (2012, 126-129)。

第1章でも見たように，20世紀初めの南インド農村社会においては，土地を所有する上位カーストの村落有力者は，村落内の経済生活と社会生活の両面にわたって強い統制力を有してきた。土地なしの下層カーストの農業労働者は，そのかなり多くが束縛を受けた隷属的な労働者であった。村内の雇用主は，農業労働者たちの海外出稼ぎなどを，住宅からの追い立ての脅しなどさまざまな方法で阻止しようとしてきたし，村内における賃金などの労働条件については有力土地所有者層が強い規制力を有していた。

　ビハールの農村部では，独立以降も，村内の有力階層が賃金などに強い規制力を有していたことは，本章第2節で述べたところである。こうした村内の有力者層によるハイアラーキー的な規制力は，インド各地で，過去数十年で急速に失われていったことも，前述の通りである。農業労働者や小作人など村落社会の下層階層の自立への意識と運動が高まり，農業労働者の中でも長期雇用の労働者は激減し，日雇い労働者化していった。前述のウッタル・プラデーシュ州の事例が示すように，隷属的な労働者であったチャマールも，隷属から解放され，「いまや，我々は自由だ。彼らのために働かなくてもよい。外に行くこともできるようになった」のである。こうした条件を勝ち取るうえで，村落下層のさまざまな運動が重要な役割を演じた。ビハールの事例を論じたSharma（2005）は，下層階層の闘争への参加が，出稼ぎとともに，農業労働者の賃金上昇の重要な要因であった，という。

　先に，穀物換算での実質所得が1980年以降上昇したことが明らかになった，タミルナードゥ州のI村でも，1980年にはこの村の広大な耕地を所有していたレッディの大地主の支配力が強大だった結果，この村の賃金率は周辺の村よりも低かった。たとえば周辺村では5ルピーの賃金を男子労働者に与えていたときに，I村では4ルピーであった。この大地主は5人の差配人を通じて村の農業労働者を掌握するとともに，労働者の間でのストライキへの動きを察知すると外部労働者を動員して収穫をすませてしまうなどの方法で，賃金の上昇を抑えることができた（Guhan and Mencher 1983）。しかし，この村でも，1980年頃から，指定カーストメンバーによる自立を求める運動が急速に拡大した。指定カーストの若者が「アンベードカル協会」を設立し，指定カースト

のための学校の設立，宅地の獲得，水道の設置，指定カースト居住地にかかわる道路や街頭の修理，彼らの寺院の修理，保育所の設置，成人教育などの要求を掲げて，県行政に運動を始めたのである。この村の指定カーストの居住地はレッディの大地主の所有地の中にあったが，指定カーストの運動は，その土地を彼らの宅地として獲得するなど，大地主からの自立を阻害していた条件を取り除くとともに，指定カーストの人々の自立意識を強めることになった。2008年において，大規模地主層は，労働力不足や労働問題を大きな問題として指摘しているが，こうした指定カースト成員の意識と姿勢の変化が，こうした「労働問題」発生の重要な背景となるだけでなく，歴史的な限界を超える賃金の上昇をもたらした要因となっていることを Harriss et al. (2010) は，強調している。

　この意味では，農業労働者の賃金上昇は，彼ら下層階層の長期にわたる自立への日常的・非日常的な闘争の成果であるという側面を見失ってはならないだろう。こうして，かつての土地なしの階層の社会的・経済的な地位の上昇により，農業生産増進の成果が村落人口の多数を占める下層階層にある程度は均霑する構造がつくられてきたといってよいだろう。

4　農村市場の発展へ

工業・サービス部門市場としての農村地域の発展

　以上述べた過程は，農村社会が，工業部門やサービス部門の市場として拡大してゆく過程でもあった。前述のような農業労働者の実質賃金の上昇は，農村社会の貧困層をなす農業労働者世帯の所得を着実に上昇させたことはいうまでもない。さらに，農村地域における非農業就業のうち農村下層階層が就業できたのは不安定で低賃金の臨時的な雇用が大半であったが，これも農村下層の収入を増大させていることは，前述の M 村の事例からも間違いない。タミルナードゥ州村落の長期調査によれば，1973年から1994年の間に土地なしの農業労働者世帯の実質所得は2.8倍になったという（Harriss-White and Janakarajan

表 6-9 インドの農村と都市における 1 人当たり消費支出の変動

(単位:1972/73 年価格のルピー)

十分位階級	1972/73年	1977/78年	1983年	1987/88年	1993/94年	1999/00年	2004/05年	1972/73-2004/05年の間の増大率(%)
農 村									
0- 10	16.26	16.92	19.18	22.05	22.69	26.45	25.76	58.41
10- 20	22.70	23.97	26.46	29.36	30.26	34.13	33.59	47.97
20- 30	26.90	28.89	31.47	34.39	34.69	39.32	38.65	43.68
30- 40	30.86	31.83	34.83	38.28	39.34	44.21	43.61	41.33
40- 50	35.56	36.80	40.65	42.71	43.82	48.86	48.58	36.61
0-100	44.17	48.90	50.67	55.09	54.98	59.69	63.08	42.80
都 市									
0- 10	21.90	21.00	23.38	24.30	25.93	30.22	28.45	29.91
10- 20	29.90	29.80	32.03	32.92	35.82	40.57	38.78	29.70
20- 30	36.11	35.73	38.03	38.57	42.68	48.41	46.84	29.71
30- 40	38.39	40.92	46.04	44.01	48.76	56.14	54.90	43.01
40- 50	48.51	46.75	49.03	51.08	56.33	64.66	64.36	32.68
0-100	63.33	65.26	68.55	71.41	77.02	89.07	92.44	45.96

出典) M. H. Suryanarayana, *Nutritional Norms for Poverty : Issues and Implications*, Concept paper prepared for the Expert Group to Review the Methodology for Estimation of Poverty, Planning Committee, Government of India, New Delhi, 2009.

2004)。ほかの地域でこれほどの発展があったかどうかは疑問であるが,全インドの消費支出階層別の支出額の変動を調べた表 6-9 は,1972/73 年から 2004 年の間に十分位階級のうちの低所得の 3 階層が 4 割から 5 割の消費支出の増大を実現していることと,より高所得の農村階層よりもその増大率が多少とも高いことが注目される。

土地持ちの農家階層など所得のより高い農村の諸階層も,「緑の革命」など農業生産上昇の成果や非農業収入の増大によって同様に所得を増大させたことも間違いない(表 6-9)。インド各地の 250 村のデータを分析した Foster and Rosenzweig (2004) は,1982 年から 99 年の間に 1 人当たり実質所得は 70% 増大したことを明らかにする。同時に,この間に村落人口は 47% 増加しているから,これら農村地域の総所得は 2.5 倍程度に増大したことになる[15]。

一方で,農村世帯は,食糧に対する支出の割合(エンゲル係数)を少しずつ

表 6-10　インドの支出階層別非食糧支出の額とその変動

十分位階級	非食糧支出（1972/73 年価格のルピー）					非食糧支出指数（1972/73 年＝100）				
	1972/73 年	1983 年	1993/94 年	1999/00 年	2004/05 年	1972/73 年	1983 年	1993/94 年	1999/00 年	2004/05 年
農　村										
0- 10	2.84	4.39	6.10	8.71	8.32	100	155	215	307	293
10- 20	4.02	6.41	8.19	11.60	11.32	100	159	204	288	282
20- 30	4.97	7.91	9.56	13.83	13.61	100	159	192	278	274
30- 40	5.94	8.99	11.23	15.60	15.70	100	151	189	263	264
40- 50	7.30	11.02	13.00	17.66	17.99	100	151	178	242	246
50- 60	8.05	13.26	14.96	20.31	20.94	100	165	186	252	260
60- 70	10.82	15.18	18.02	23.37	24.46	100	140	167	216	226
70- 80	12.53	19.79	21.87	27.59	29.88	100	158	175	220	238
80- 90	17.98	27.68	29.46	35.83	39.90	100	154	164	199	222
90-100	45.67	60.56	70.08	67.83	101.44	100	133	153	149	222
合　計	12.01	17.52	20.25	24.23	28.36	100	146	169	202	236
都　市										
0- 10	4.40	6.38	7.61	10.86	10.28	100	145	173	247	234
10- 20	6.47	9.21	10.95	15.51	15.50	100	142	169	240	240
20- 30	8.28	11.74	13.87	19.38	20.00	100	142	168	234	242
30- 40	9.03	15.17	16.60	23.86	24.52	100	168	184	264	272
40- 50	13.00	16.59	20.25	28.24	30.69	100	128	156	217	236
50- 60	14.37	20.29	24.55	34.51	37.91	100	141	171	240	264
60- 70	19.82	28.32	30.54	42.30	47.72	100	143	154	213	241
70- 80	24.33	33.00	40.20	53.50	59.86	100	136	165	220	246
80- 90	36.92	48.13	55.77	73.19	84.17	100	130	151	198	228
90-100	88.28	106.74	128.96	161.34	200.74	100	121	146	183	227
合　計	22.49	29.56	34.93	46.27	53.14	100	131	155	206	236

出典）Suryanarayana 2009, Tables 4.1, 4.2, 4.3 から作成。

低下させていった。インド農村において，総支出に占める食費の割合は，1972/73 年に 73％，1983 年に 65％，1993 年に 63％，1999/2000 年に 59％，2003/04 年には 55％へと低下し，その結果，食糧以外の工業製品やサービスに対する支出が，増大した[16]。表 6-10 の示すように，農村社会の食費外支出

---

15) Foster and Rosenzweig（2004）では，その増大分の多くは非農業収入の増加による。
16) Suryanarayana（2009, Tables 4.1, 4.3）から算出。なお，Kumar et al.（2007）は，食費支出の比率は，1983 年から 1999 年の間に，農村で 69.1％から 61.5％に，都市で 59.1％から 50.7％へ低下したという。

184 | 第Ⅱ部　独立インドの経済発展

表6-11　食費外消費の都市農村別支出階層別分布

(単位：%)

十分位階級	1972/73年	1983年	1993/94年	1999/00年	2004/05年
農　村					
0- 90	41.9	43.2	40.6	41.9	36.6
90-100	25.7	22.8	21.5	16.3	20.4
農村合計	67.7	66.1	62.1	58.2	56.9
都　市					
0- 80	14.3	16.1	17.8	20.6	20.0
80- 90	5.3	5.5	6.0	6.6	6.8
90-100	12.7	12.2	14.0	14.6	16.3
都市合計	32.3	33.9	37.9	41.8	43.1

出典）表6-10より算出。
注）都市・農村人口比は，センサス年次間は等率で変動するものとして算出した。

は，1972年から2004/05年までの間に2.36倍になり，それは都市人口による増大率に匹敵すること，さらに農村の貧困階層でその増大率は特に高いことが注目される。

　この表をもとに，非食糧品の工業品やサービスに対する農村と都市の重要性の大きさを算出することができる。それぞれの年次における農村・都市人口比をもとに，表6-11は，インドにおける非食糧支出額の分布を示してある。ここから，1990年代半ばまでは，農村地域が工業品やサービスへの総支出額の6割以上を占め，90年代末以降も6割弱を占めてきたことが分かる[17]。しばしばインドの工業やサービス部門の拡大を牽引してきたといわれる都市の中間層以上と思われる，十分位階級の高所得の2つの都市階層の支出額は，90年代末まではインド全体の非食費支出額の20％強を占めるに過ぎず，むしろ40％前後を占める農村の非エリート階層の購買力の半分に過ぎないことに注

17）なお，国立応用経済学研究協会（NCAER）が中心に行った大規模調査 Indian Human Development Survey（IHDS）のデータからも，2004-05年のインドの家計消費支出では農村部が59.3％を占めていることが算出され，農村市場の重要性が確認できる（Desai et al. 2010, Table 2.5 [p. 20]）。その後，2011-12年の全国標本調査では，農村部の消費支出は約54％を占めており，消費市場としての重要性を低下させつつも維持している（NSSO 2013, 9）。

目すべきであろう。つまり，農村地域は，1980年以降の工業部門やサービス部門の高度成長を支えたもっとも重要な市場的基盤をなしてきたこと，農村の非エリート階層も重要な消費者層として，その中心的な一翼を担ってきたことが確認できるのである。

　農業や農村社会が工業部門やサービス部門の成長を牽引したりそれを支える重要な役割を果たしてきたことは，すでに引用したいくつかの研究が示唆している。序章で述べたように，すでにKumar（1992）は，インドのGDP成長率の構造変化点は1981/82年にあること，この成長率の構造変化は第一セクターの成長率のブレイクによって誘発されたと思われること，第二，第三セクターがこれに次いだことを明らかにした。農業における成長率の上昇がGDPの成長率の構造変化を誘発したというこうした認識は，Balakrishnan（2007）も追認するところである。Dholakia（2007）は，農業における近代的投入財の増大が農業セクターの成長率の上昇の重要な要因である，としている。

　Sastry et al.（2003）の投入産出分析による農業，工業，サービスの3部門間の関係の分析は農業部門が主として需要を媒介として他部門を牽引していったことを明らかにしている。同論文によれば，3部門間の生産リンケッジでは，農業部門の1単位の生産増大のために必要な工業部門からの産出物は，1968/69年の0.043から1993/94年の0.140に増大し，他方，工業の1単位に必要な農業部門生産物の比率は0.127から0.035へと低下した。一方で，農村所得が工業品への需要に及ぼす影響（需要リンケッジ）については，農業生産の増大がもたらす工業製品への需要の変動が計算されている。これによれば，1単位の農業生産の増大は，1968/69年には0.087単位の工業製品の需要増大に帰結したが，1993/94年には0.297単位にと3倍以上に増大した。工業部門生産の増大による工業製品への需要は1.562から1.704へのわずかな増大にとどまり，サービス部門への需要は0.237から0.457へと約2倍化した。かくて，工業部門の農業とサービス部門への依存は，1990年代には1970年代や1980年代よりも大きくなったという。彼らの研究は，さらに回帰分析の結果を加えて，農業・工業・サービスの3セクター間のリンケッジは強いこと，農業生産の上昇は工業製品への消費的及び投資的な需要を増大させると推定さ

れ，それによって引き起こされる工業の拡大がサービスへの需要を増大させること，こうした経済の全体的な拡大への波及効果は，直接的な影響よりも大きいことを主張した。

　こうして，彼らは，GDP におけるサービス・セクターのシェアの拡大にもかかわらず，農業部門は他部門とのリンケッジを媒介にしてインド経済全体の成長の重要な規定要因であり続けていること，1960 年代には主として生産のチャネルを通してであったが，1990 年代には主として需要チャネルを媒介とすること，農業の GDP における比率は低下したが，人口の 3 分の 2 を支える農業部門は，他の部門特に工業部門に対する需要の面では，1993/94 年にはその貢献をむしろ増大させたと結論づける。

耐久消費財調査に見る農村市場

　工業製品やサービスに対する農村市場の拡大は，すでに 1980 年代の大規模家計調査が報告している。1980 年代半ばから開始された，国立応用経済学研究協会（National Council of Applied Economic Research ［NCAER］）による家計調査（1985 年と 1989 年）は，耐久消費財の市場としてもっとも顕著に拡大したのは，都市ではなく農村市場であったことを明らかにしている。この報告によれば，1980 年代後半に耐久消費財の消費と生産のブームが生じたが，そのブームの際に農村の消費，低所得階層の消費が特に顕著に増大した。農村で耐久消費財を需要した階層は，高度の教育を受けた層でなく，「大学卒でもない」人々だという。需要された耐久消費財も，腕時計，自転車，ラジオが中心で，これらは非常に広く農村に浸透していった。背景には農村の各階層の所得の増大があるが，注目されることは所得の増大に比して不相応のスピードで，消費のパターンが変化して，耐久消費財が浸透していったことである[18]。今後も，低所得層の消費の変化の可能性が大きいだろうと推定している（S. L. Rao 1994, 6）。ちなみに，1985-89 年の 4 年間にテレビ所持世帯は 3 倍に，自転車

---

18)「これらの低水準の所得から予想されるよりも高い水準の浸透が」進んでいるという（S. L. Rao 1994, 6）。

については1.6倍に，ラジオについては1.4倍，圧力調理鍋については約2倍，腕時計については1.8倍に増大した。また，1980年代に，農村の所得分布は都市よりも改善した，という。

同じくNCAERが行ったその後の調査，*Market Information Survey of Households, 1985-1996* も同様の動向を指摘する。農村世帯が耐久消費財の52.2％を所有しており，耐久消費財の農村市場のシェアは都市より大きいし，「農村市場は都市よりも速く成長している」。それまで農村市場を過小評価してきた多くの製造業者が，この非常に可能性の大きい市場に集中しはじめた，という (Natarajan 1998, 2)。当時農村のテレビ（白黒）所有世帯は16％（カラーは3％）であるが，電化された農村世帯は34％のみであるから，電化世帯の中でのテレビ所有世帯の比率は50％を超えることが推定される。インド農村の消費傾向の変化は急速であるという (*Ibid.*, 20)。表6-12は，多くの耐久消費財が農村部に急速に浸透してゆく様相を示している。

Ramaswamy (2002, 119) は，1993/94年の耐久消費財に対する1人当たり世帯支出を農村地域については7.67ルピー，都市については15.17ルピーと推定したNSSOのデータにもとづき，耐久消費財に対するインド全体の支出の60％は農村地域で行われていることを指摘しており，ここでも耐久消費財市場としての農村市場の決定的な重要性が確認できる。

このように，NCAERの調査等は，(1) 農村地帯は，耐久消費財市場の過半を占め，1980年以降の耐久消費財需要については農村市場が都市市場以上の速さで拡大したこと，(2) 農村消費の耐久消費財の中心は自転車，ラジオ，時計など耐久消費財としては安価なものであったが，次第にテレビや扇風機，さらにはモーターサイクルなど高価な商品も農村地域に浸透していったこと，(3) その背景には農村地域の所得の増大が見られたこと，特に1980年代には農村地域の所得分布の改善が都市部より顕著であり，農村の低所得層の収入の増大が見られたこと，(4) 農村階層の中でももっとも顕著に耐久消費財の消費を拡大したのは，低所得層であること，(5) それらの階層は，「大学を出ていない」ような人々であること，(6) 所得の増大よりも速い速度で耐久消費財が浸透していること，を明らかにした。

表 6-12 耐久消費財の農村市場の比率

農村市場の比率	1989/90 年	1992/93 年	1995/96 年	1998/99 年
75%以上	トランジスター・ラジオ	自転車 トランジスター・ラジオ	自転車 トランジスター・ラジオ 腕時計（機械式）	自転車 トランジスター・ラジオ 腕時計（機械式） 白黒テレビ
50-75%	自転車 モーターサイクル 卓上扇風機 ミシン 腕時計（機械式）	卓上扇風機 ミシン 腕時計（機械式） 腕時計（クォーツ）	白黒テレビ カセット・レコーダー 圧力釜 卓上扇風機 ミシン 腕時計（クォーツ）	カセット・レコーダー 圧力釜 卓上扇風機 天井式扇風機 ミシン 腕時計（クォーツ） モーターサイクル
30-50%	モペット（原付自転車） 白黒テレビ カセット・レコーダー 圧力釜 天井式扇風機 腕時計（クォーツ）	モペット（原付自転車） モーターサイクル 白黒テレビ カラーテレビ カセット・レコーダー 圧力釜 アイロン（電気） 天井式扇風機	モペット（原付自転車） モーターサイクル アイロン（電気）	モペット（原付自転車） スクーター カラーテレビ アイロン（電気） ミキサー
20-30%	スクーター ミキサー	スクーター ミキサー	スクーター カラーテレビ VCR/VCP	冷蔵庫
10-20%	カラーテレビ 冷蔵庫	冷蔵庫	洗濯機	洗濯機
5-10%	洗濯機	VCR/VCP 洗濯機	なし	なし
5%以下	VCR/VCP	なし	なし	VCR/VCP

出典）National Council of Applied Economic Research, *India Market Demographics Report*, 2002, Delhi.

村落調査から見る村民の消費生活の変動——ラージャスターン西部村落

　第3節ですでに言及した Jodha（1989）のラージャスターン西部の乾燥地帯の村落の調査は，1960年代から80年代の間に，村落の貧困階層の中においてさえ，消費生活，住居，旅行などの面で大きな変化が生じていたことを示している。旅行を行う世帯が増加し，食事回数の増大，摂取食糧の多様化と改善，女性・子供の靴の使用，居住家屋の改良など非常に顕著な改善があり，ラジ

表6-13 ラージャスターン西部一村落における貧困層世帯の旅行・消費・家屋

(単位：％)

	1963-66年	1982-84年
年2回以上県外に運賃を払って旅行した家族がいる世帯	17	78
作期外の季節に青菜を時々消費する世帯	0	100
主として穀物だけのカレーを消費する世帯	100	14
砂糖を恒常的に消費する世帯	0	20
祭り以外の時期にも米を消費する世帯	0	14
夏季（食物不足期）に，1日の第3食目を摂らない成人のいる世帯	86	20
女性と子供が日常的に靴を履いている世帯	0	86
1ヵ月またはそれ以上女性に産後食を与える世帯	6	23
全面的にパッカーの家屋[1]	0	14
部分的にパッカーの家屋[1]	9	52
カッチャーの家屋[2]	91	34
ドア付の門のある家屋	6	43
家屋内の壁・柵のある家屋	13	52
人と動物の居る場所が区分された家屋	6	52
女性用の私的空間（バスルーム等）のある家屋	0	23
綿の掛け布団を持っている世帯	6	20
古いぼろの掛け布団の世帯	94	80
ラジオを持っている世帯	0	7
自転車を持っている世帯	0	3

出典：Jodha 1989, Tables V, VI, VII (pp. 188, 190, 191) より作成。
注1）パッカー（pucca）：壁と屋根が，焼レンガ，石，セメント，コンクリート，タイル，木材からできている家。
　2）カッチャー（katcha）：壁や屋根が泥，竹，草・葉，アシ，草葺き，あるいは未焼のレンガからできている家。

オ，自転車やかけ布団などが，貧困世帯にも少しずつ浸透しつつあったことを示している（表6-13）[19]。

南インドM村の2007年──耐久消費財，家屋，教育，巡礼，結婚式

　1980年に調査したティルチ県のM村の2007年における筆者による再調査も，この30年弱の間に，村民の消費生活が大幅に変化し，工業品やサービスへの需要を顕著に増大させてきたことを示している。

19）村落の住居の改善や旅行の増大については，第8章でも検討する。

表 6-14 タミルナードゥ州 M 村民の耐久消費財の所有状況

	ピッライ・チェッティ	主としてムッディリヤンが居住する通り	主として指定カーストが居住する通り
テレビ（％）	67	64	54
ケーブルテレビ（％）	62	53	51
ラジオ（％）	72	50	41
自転車（％）	67	61	28
卓上扇（％）	41	35	27
天井扇（％）	109	106	78
冷蔵庫（％）	12	5	2
ガス調理セット（％）	72	27	68
固定電話（％）	10	9	2
携帯電話（％）	78	59	43
エアコン（％）	0	2	0
バイク（％）	29	24	15
平均所有耐久消費財数（種類）	6.7	4.9	4.5
瓦屋根等家屋の世帯（％）	83	85	85

出典）筆者の 2007 年調査による。

　第一に，耐久消費財が，村民の中に広く浸透していることである。表 6-14 が示すように，テレビ，ラジオ，自転車，扇風機，携帯電話機などは村落世帯の半分程度あるいはそれ以上所有されているし，バイクでさえも，15-30％の世帯が所有している。特に注目すべきことは，指定カーストの居住区においても，これら耐久消費財の所有率は高く，バイクでさえも 15％の世帯が所有している。また，耐久消費財の所有数においても，指定カースト世帯は他のコミュニティと大きな差異はない。

　前述のように NCAER の調査は，耐久消費財の農村部への浸透についてはすでに明らかにしているが，コミュニティとの関係については明らかにしていない。我々の調査は，下位のカーストの世帯にも耐久消費財が浸透していることを示している。

　第二に，家屋の改築や新築によって，ほとんどの家が瓦屋根やコンクリート屋根にレンガ壁のパッカー家屋になったことである。表 6-14 が示すように，パッカー家屋の比率は，指定カーストを含めて極めて高い。指定カーストの世

帯などには，家屋の改築・新築に対する政府の補助金があり，そうした支援も，この変化を促進する重要な要因であるが，世帯収入の増加も，家屋改築の重要な要因であることも間違いないだろう。1980年には，指定カーストの通りではほとんどの家屋がバナナの葉で葺いた泥壁づくりであり，パッカー家屋が多かった他のコミュニティの通りと一見して違いが明確であったが，2007年にはそうした差異はほとんどなくなってしまった。

　第三に，予想されたことであったが，教育水準は大きく上昇した。40歳以上層の村民と18-39歳層の村民の教育年数を比較すれば，若い層の修学年数は，男子にかんしては指定カーストの場合に32%，ムッディリヤンの場合に45%，ピッライ・チェッティで23%長くなった。女子の場合は変化はより大きく，指定カーストで164%，ムッディリヤンで132%，ピッライ・チェッティで80%も修学期間が長くなっている。コミュニティ間の重要な差異は存在するものの，いずれのコミュニティでも，女子も含めて，大学レベルの修了者がかなりの数で現れている。また，第11章で述べるように，大企業や公務員などのフォーマル部門の常雇職を得るには，中等教育修了資格（SSLC）をとることなど一定の教育水準が必要であった。1980年には，村内ではピッライ・チェッティなど先進カーストはそのための教育への投資を行ってきたが，教育への関心が比較的低かったムッディリヤンや指定カーストにおいても教育への志向が非常に強まってきたことが分かる。第11章で見るように，フォーマル部門の常雇職を得るために実質的に必要な教育水準は，過去20年間に上昇してきた。村民は，そのためにいっそう，教育水準の引き上げを志向しているといえよう。

　表6-15が示すように，指定カーストや後進カーストを含めて，今日かなりの比率の村民の小中学生が村内や近村の学校に通わずに遠隔地の学校にバスなどを使って通っていることは，そうした村民の教育への需要の大きさを示しているといえよう。

　第四に，下層階層を含めて結婚式の様相が変化したことである。M村の中には，2つの大きな結婚式場ができた。2つの式場は，利用の際の価格が大きく異なる。安価な方の式場は，指定カースト世帯も利用する，という。1980

表 6-15　小中学生の通学校の分布

(単位：%)

	ピッライ・チェッティ		ムッディリヤン		指定カースト	
	男子	女子	男子	女子	男子	女子
村内	23	36	40	34	52	49
近村	13	8	32	36	11	23
遠村	10	0	1	2	8	1
ラールグディ (Lalgudi) 町	23	24	11	11	8	9
私立学校	13	16	2	7	11	11
ティルチ市	13	12	7	5	8	7
その他遠隔地	3	4	6	5	2	0
合計	100	100	100	100	100	100

出典）筆者の 2007 年調査による。

年には村民は，自宅で結婚式を行うことが一般的であったが，指定カーストなども含めて，結婚式場で挙式する傾向が進んでいることが分かる。

　第五に，村民の巡礼旅行が，指定カーストなどにも普及し始めていることである。1980 年には，村内の先進カーストのピッライやチェッティやムッディリヤンなどの裕福な階層からは，冬の収穫が終わった後に，ケーララ州にある巡礼地に向けて車を借り上げて各地の巡礼地をめぐりながら数日間の巡礼旅行を行う人々がいた。2007 年の調査では，指定カーストの一部からも，そうした巡礼旅行に参加している者が出始めていることが明らかとなった。彼らは，2000 年前後から，他のカーストの成員に交じって，数日程度の巡礼のバス旅行に参加し始めた，という。村落内外のコミュニティ間の関係が着実に変化してきたこと，そこでの指定カーストなど下層民の自立への動向が現れているといってよいだろう。

　こうして，村落の中では，耐久消費財のような工業製品への需要が拡大してきただけでなく，教育，宗教，結婚式などさまざまなサービス分野や建設業への需要の急速な拡大があり，それらの重要な一部は，下層カーストなど下層階層の社会経済的な上昇への志向と密接に関連していることが指摘できる。サービスや建設の分野での農村需要の拡大については，後に第 8 章で検討する。

社会構造の変動と消費パターンの変化──消費の社会的意味

　この村落の事例が示唆するように，村落における工業品やサービスへの需要は村民の所得など経済的な条件によってのみ決められるわけではない。長く社会的・経済的な階層構造の強い社会の中で生きてきた村民にとって，耐久消費財や衣服など工業品の購入やサービスの利用など消費行動は重要な社会的な意味をもっている。Osella and Osella（1999）は，南インド・ケーララ州の村落の中で，カーストなど社会層を異にする人々が，消費のパターンを階層関係の変動の中で変えてゆく過程を分析している。経済力のない，指定カーストや低位カースト成員の場合に，彼らの村落社会における上昇や村落からの離脱への志向は，若者のファッション，衣服，装飾品の変化に表出されるという。彼らは，新たなファッションに強い関心を示し，安価な代替品を求める。労働者たちは，Raymondsや Van Heusen のシャツは模造品を入手することも困難であるが，近くの縫製中心地で作った，映画の主人公が着ていたシャツのコピー品を手に入れたり，偽のブランドを近隣で縫製した衣服に縫い込んだりする。指定カーストの若い女性は，祭りの時などには，最新のスタイルのサリーやブラウスを着て，イミテーションの宝石など最新ファッションの安価なアクセサリーを身につける。地味な白いシャツや伝統的な腰衣とサンダルを身につける高カーストの人々に挑戦するかのように，彼らは，輝くような色の合繊のシャツやだぶだぶのズボンを着たり，安価なゴム底運動靴をはく，という。タミルナードゥ州のある村落では，村落の上層カーストの地主は，村の指定カースト成員が都市の建築労働などの仕事にいってしまって村内は労働力不足であることを嘆く一方で，「彼らはジーンズや高価なスポーツ靴を履いて練り歩いている」といって指定カーストの最近の衣服の習慣に怒りを露わにしている（Gidwani and Sivaramakrishnan 2003）。指定カーストは，地域のエリート階層に対していまなお慇懃に振る舞っているものの，村外の仕事を優先したり西欧的な衣服を着ていることから，村落の土地持ちの上層カーストは伝統的な社会秩序がいまや攻撃の対象となっていると感じている，という[20]。

　こうして，村落内下層の社会層は，非伝統的なファッションの，ニット製品，既製服，イミテーションの宝石，安価な運動靴などの需要者となっている

が，その行動の背景には，上層階層への抵抗の意識や社会的な上昇への志向が込められているのである。彼らの行動は，白い綿のシャツや伝統服への志向を維持する村落の上層階層の衣服習慣とは対照的である。

　ケーララの農村では，労働者の地位にとどまっていることの多い指定カースト成員よりも経済的余裕のある OBC のイーラワの人々は，社会的地位の上昇への願望を耐久消費財の購入を通して表出することが多い。人々は，1990 年代中頃には，白黒テレビや卓上扇風機を買ったり，床を大理石で敷いたりしており，特に海外への出稼ぎからの帰還者たちはカラーテレビを買ったり，ラージャスターンから運んだ高価な大理石で床を作ったりしていた。20 世紀初めまで，イーラワは指定カーストとともに，衣服，宝石，住居について厳しい規制を受けていたため，これらの消費行動や住居の建築は，彼らが旧来のカースト的な役割からの自立と社会的な上昇を社会的に認知させてそのいっそうの実現を図るものとして，特別に重要な意味をもっているのである。西欧型の近代的なキッチンを設置した家族が，ほとんどそれを使うことなく，隣の部屋に残っている昔ながら伝統的なスタイルの台所で毎食調理していても，新たなキッチンの購入は意味のある行為なのである（Osella and Osella 1999）。

　経済的にいっそうの余裕がある場合は，社会的なプレステージの上昇を図ろうとする人々は，より長期的な観点から進歩を実現するために，人と建物・土地に投資の重点を移してゆく。子供への教育と医療は，次の世代を担う人への投資であり，彼らが社会的な階段を上に上がってゆくために重要である。病院で出産するために，すべての女性は妊娠と同時に病院に登録する，という。私立の学校も多数地域にできている。コンクリート製の家屋を建設したり，都市に完全離村した上層カーストの土地を購入したりして，長期的なプレステージの確立を図っている，という[21]。

---

20) 次章で検討するように，本来のブランド品を購入する経済力のない下層階層のこうした消費は，その多くが「疑似ブランド品」に向かうことになる。

21) 西部インドの小規模織物生産の発展を検討した Hynes（2012, 308, 312）も，上昇を志向する農村部や都市部の人々の，プレステージを表示する繊維製品を安価に入手しようとする需要に対応したことを，小規模生産者が発展した理由としてあげている。

こうした事例は，南インドのみならず，西部インドからも報告されている。グジャラート州の指定カーストのヴァンカル（Vankar）では，年長者は上位カースト者に敬意を表しているが，若い層はカースト・ハイアラーキーに公然と反抗している。彼ら若い層は，あえてカーストの規範に反した衣服や態度をとる。上位カーストの者よりもいつも良い服を着ようとする。教育でも差をつけようとする。ヴァンカルの若い層は，村の外の学校に通って，パテールやラージプートなど上位カーストの者より高い教育を実際に実現している，という。あるヴァンカルは，指定カーストはいつかは上位カーストの支配をグジャラートから一掃すると熱意を披露し，非農業職への就職を可能にする教育こそが，この願望を実現する鍵だという。彼は実際自分の娘をアフマダーバード市内の有名な寄宿制学校に送りだしている（Gidwani and Sivaramakrishnan 2003）。ここからは，高い教育の実現も指定カーストの上位カーストへの抵抗の表現として機能していることが分かる。

Gidwani and Sivaramakrishnan（2003）は，インドの下層階層で非常に広がっている村落外への出稼ぎは，単に経済的な行動ではなく，村内のカースト的なハイアラーキーからの自立を求める行動でもあることを詳細に論じている。たとえば，パテールの土地所有者が支配するグジャラートの農村からは，工場賃金は農業労働者賃金より高くないにもかかわらず，農村内での上位カーストのもとでの隷属的な労働を忌避して「自由があるから」工場への就業を選好している。こうして，上位カーストへの抵抗や自立の動向は，消費から教育，出稼ぎという生活スタイルに広範にかかわる形態で表現されるにいたっている。この地域の場合，1975年にはまだヴァンカルは頭部を覆わないと村内を歩けないなどのカースト規制がまだ生きていたことを考えると，この自立への動向は過去30年に非常に高まったと推定される[22]。

---

22) タミルナードゥ州のI村においても，1980年前後の時点ではまだ指定カースト成員はインドの履き物であるチャッパルを履いたままでは，より高いカーストの成員がいる場合には茶店にも入れなかったし村の通りを歩くことも許されなかった（Harriss et al. 2010）。ここからは，過去30年に下位カーストの自立の動向が非常に強まったことが分かるとともに，下層階層によるチャッパルの消費が大幅に増えたと推定してよいだろう。

われわれは，第3章で，独立前の時期における下層階層の消費パターンの変動を検討した。その中で，農村下層を含めて下層階層が，劣悪な地位からの経済的・社会的な自立と上昇への動きを進める中で，消費パターンを多様化させたことを指摘した。人絹のサリーの着用やコーヒーの飲用など上層カーストの消費パターンを安価な方法で模倣すること，メリヤスなど「近代的」製品の安価品を購入すること，ビーディなど上層階層の忌避する消費慣行を拡大すること，などであった。上述のケーララ，タミルナードゥ，グジャラートの事例は，1990年代には，西洋的な衣服を着てエリート層からの自立を表示する労働者層の動向について，村落の土地所有階層などエリート層は怒りながらもいまやそれを阻止できない状態となっていることを示している。本章において，村落内の下層階層の長期にわたる自立化への動きを明らかにしてきたが，こうした下層民の消費の動向は，彼らの自立の経済的・社会的な基盤がここ数十年で非常に強化されたことを示している。

前述のように，NCAERの家計調査は，農村下層民を含めて広範な人々が耐久消費財を購入している事実を指摘しつつ，所得の増大率を超える比率で耐久消費財の購入が進んでいることを明らかにしている。このことは，彼らの消費財の購入行為の背景に強い社会的な動機が存在することと関連があるといえそうである。「消費は，資本主義や近代社会の中心にいる人々よりもその周辺にいる人々にとって，より重要な意味をもっている」ことは確かであろう(Osella and Osella, 1999)。

5　おわりに

以上の議論をまとめれば，第一に，「緑の革命」を含む長期の農業発展と，農村社会における下層階層の自立性の強化の結果，農業労働者世帯を含めた広範な農村世帯は着実に所得を増大させたこと，その結果，農村地域は工業部門やサービス部門の最大の市場として発展してきたことである。都市中間層などの食費外消費支出総額の規模の2倍弱の大きさをもつ農村の非エリート階層

の購買力は，非農業部門の発展にとって，否定しがたい重要性をもっている。村落調査の結果は，耐久消費財は，指定カースト世帯にも浸透していることを示している。

　第二に，農村需要は，工業品のみならず，家屋の建設の分野や，教育，宗教行事，旅行，結婚式などサービス部門にもおよぶことである。

　第三に，これらの需要は，歴史的に階層的な社会構造の中で生きてきた下層階層が，社会的・経済的な上昇を実現する志向と密接に関連していることである。消費への志向は，彼らの社会的な上昇への志向によって強められ，影響されてきたといえよう。

　こうした農村社会を最重要な市場として，1980年代以降，工業やサービス産業はどのように発展していったのであろうか。以下の各章で検討したい。

第III部

経済発展加速の構造

——二層的発展とその交錯——

成長率が 6% 前後へと上昇する 1980 年代以降の経済発展加速期を扱う第 III 部は，インドの経済社会を，農村地域の社会経済との密接な関連をもちつつ拡大したインフォーマル部門や小・零細企業部門の経済と，耐久消費財産業や ICT 産業などに代表される大企業部門経済との二層からなるものと理解し，それぞれの発展過程をたどりつつ，二層の発展が交錯することによって大企業部門が重要な飛躍を遂げることを指摘する一方で，インド社会経済構造の二層性は基本的に維持されてゆくことを明らかにする。

　まず，第 7 章では，大多数の雇用者を吸収しつつ拡大したインフォーマル部門工業などを検討する。ここでは，農村や都市下層階層からの需要の拡大が小・零細工業拡大の最大の市場的基盤となっていること，小・零細工業は，こうした需要を特徴づける「疑似ブランド品」志向にもっとも適合的な生産システムを発展させてきたことを示す。

　サービス産業と建築業の発展を検討する第 8 章では，新興の近代的なサービス分野の規模は 1990 年代末までは小さく，サービス産業の拡大の多くはインフォーマル部門で生じており，農村地域に生じた社会経済変容がサービス業や建設業の発展の非常に重要な部分を説明することを指摘する。

　都市部のインフォーマル産業には農村下層などから多数の出稼ぎ労働者や移民が流入し，これらの人々は農村との関係を維持することが多い。第 9 章は，農村と都市をつなぐ物的・人的な循環からなる「農村–都市インフォーマル部門経済生活圏」という枠組みを仮説として提出する。

　こうした農村市場やインフォーマル産業の発展を背景に，第 10 章は，大企業部門の発展を検討する。耐久消費財産業や通信産業などは，経済自由化とグローバル化の政策の中で，製品価格の低下と品質の向上・競争力の強化を実現し，拡大する農村–都市インフォーマル部門経済生活圏に急速に市場を拡大するとともに，インフォーマル部門の経営者層などから創出される富裕層を新たな購入者層に加えることによって，耐久消費財や通信産業主導の経済発展の基盤を作りあげた。

　こうして二層の発展の交錯によって大企業部門は重要な発展を遂げるが，インドの経済社会構造の二層性は，基本的には維持・再生産されることを，第 11 章は指摘する。

第7章

小・零細工業の発展と低価格品生産

1 小・零細工業の発展

　インドの工場法では，動力を使用する工場の場合に雇用労働者数が10人以上であれば工場法上の登録を必要とする「登録工場」となり（動力を使用しない工場では20人以上の場合），それより小規模の工場は「未登録工場」と呼ばれている。インドでは，こうした未登録工場のグループを，インフォーマル部門（非組織部門）と呼んでいる。実際は，一時雇いの労働者や請負人の下で働く労働者などを含めると工場内で働く労働者数が基準を超える人数であるにもかかわらず，工場が直接に雇用する常雇の労働者のみを被雇用者として数えることで登録を逃れている工場は少なくないから，「未登録工場」にかんする統計は正確とはいいがたいが，それらの「逸脱した」経営でも，小規模工場や零細規模工場にとどまり，大規模工場とは大きな経営上の差異をもっていることは間違いないから，本書では，そうしたあいまいさを含んでいることを理解したうえで，「未登録工場」をインフォーマル部門に所属するものとして扱うこととしたい。インドの工業部門には，これらの未登録工場以外に，10人以上の雇用者を擁する多数の小規模工場がある。本章では，これらを小・零細工業と総称して，主たる検討の対象としたい。

　次章で掲げる表8-1で見るように，インドの工業生産の年成長率は，1951年から1980年の間の年率5.3％から，1981年以降90年までは6.8％へと上昇し，1991年から2000年の間にはやや鈍化して5.8％であった。1980年以降の

製造業の成長の中で，インフォーマル部門は非常に重要な役割を果たした。第9章の表9-5が示すように，1972/73年から1987/88年までの間に製造業の雇用者の増大率は，組織部門で年1.25％だったが，非組織部門では4.47％に達し，雇用者数にかんしては工業部門の成長はインフォーマル部門が主導した（Sundaram 1998, Table 2）。Roy（1998）の推定も同様であり，1977年から1987年の間に，インフォーマル工業部門の雇用は，インドの工業雇用増大率の4倍程度の速さで増大した，という。1991年に創出された工業分野の雇用のうち70％は，未登録工場で生じている。表7-1は，1983年以降2000年までの変化を示しているが，ここからも，非組織部門の雇用成長率が組織部門のそれの4倍以上も高かったことが分かる[1]。

さらに1990年代の固定資本形成を検討した，Marjit and Kar（2012）は，フォーマル部門の資本ストックが停滞あるいは減少しているのに対し，インフォーマル部門の固定資産は増大していることを明らかにして，90年代にインフォーマル工業部門が積極的な投資を展開したことを示唆している[2]。1990年代に，繊維産業の最終生産物のインドのGNPに対する比率の増大は他のどの産業よりも高く，繊維産業はGNP増大を主導したもっとも重要な産業であるが，「工業発展を導いたのは繊維産業全体というより繊維産業のインフォー

---

[1] 1981年から1991年における製造業雇用の変化を検討したRamaswamy（1994）も，家内工業の比率が減少したことを指摘するとともに，非家内工業部門では小規模企業の非組織部門の比率が56％から65％に増大したことを明らかにし，製造業における大規模工業から小規模工業への比重の変化を指摘している。また，1980年代と90年代の小規模工業の成長率を比較したSubrahmanya（2004）は，1980年代に増大した国民所得に占める小規模工業の比率は90年代には低下して成長率は減速したが，雇用の面では80年代も90年代も小規模工業のシェアが顕著に増大したことを明らかにしている。なお，1956-77年については，組織部門においても，中小企業（雇用者500人未満）の雇用者数に占めるシェアは急速に拡大している（Kashyap 1988）。
[2] ただし，1984年と1994年の間の農村地域における製造業の雇用と企業数にかんして，Mukherjee（2004）は，インフォーマル部門の縮小を指摘している。前述のように1980年代に家内工業が減少したこと（Ramaswamy 1994）を考慮すれば，農村地域インフォーマル製造業の企業数の減少も，農村内の伝統的な手工業者（壺作り，鍛冶屋，金細工師，皮革工など）の動向が反映していると推定される。なお，同論文は，94年以前についても都市部ではインフォーマル部門製造業の増大を確認し，1994年以降は農村と都市の両方で増大したと指摘している。Unni（2003, 78）も参照。

表 7-1 組織部門・非組織部門製造業における国内純生産・雇用・生産性の年成長率

(単位：%)

	1983-94 年			1994-2000 年		
	国内純生産(NDP)	雇用	生産性	国内純生産(NDP)	雇用	生産性
組織部門	6.2	0.3	5.9	5.8	0.5	5.3
非組織部門	4.1	2.6	1.6	7.4	2.0	5.4

出典）Unni 2003, Figures 5 & 6 (pp. 75, 77).

マル部門である」(Roy 2004b, 90, 98)。1980年代以降のインドの製造業輸出の中核を担ったのも，旧来の大規模企業よりも小規模工業部門であった（Roy 2011, 312-313)。

2 「歪んだ発展」か？

　こうしたインド製造業において，小・零細規模部門が少なくとも雇用の面では拡大の大半を占めてきたことについては，インド政府がその経済発展戦略の一部として課してきた，大規模工業に対するさまざまな産業規制や労働規制に主として起因するという通説的な見解（「規制主因説」と呼ぼう）がある。たとえば，繊維産業をとってみれば，政府は，大規模な綿工場が生産規模を拡張したり生産分野を拡大することを1948年以降85年まで制限してきたし，フォーマル部門労働者にかんしては，さまざまな手当や社会保障の提供を規定したり，解雇の禁止や制限，労働組合の保護など多様な保護の供与を規定し，大規模工場製の織物は消費税を課されてきた。規制主因説は，これらの政府による規制によって縛られたため，大規模企業は「規模の経済」の実現を通して小・零細企業を市場から駆逐してゆくことが困難となり，大規模工業部門の投資は停滞する，と指摘する。他方で，小規模企業とくに工場法のもとでの登録さえ不要な未登録工場規模の工場や企業は，保護の及ばない，自由に解雇できる労働者を安い賃金で雇い，小規模企業に留保された分野を含めて自由に生産を進めることができたため，大規模工場に代わって，肥大することとなった，

と主張し，その発展のあり方は政策によって作られた経済発展の「歪み」として捉えてきた[3]。

植民地期の事例

　大規模工業の発展を規制し小・零細規模工業を保護する産業政策や労働規制が，独立後のインド経済において小・零細規模企業の発展を促進する方向で作用したことは間違いない。しかし，インドの小・零細規模企業の量的拡大のもっとも基本的な要因をこれらの政策や規制に求め，その発展を歪みと捉える規制主因説は，こうした政府による規制や法律がほとんど存在しなかった植民地期のインドにおける経済変動を考慮すれば，あまり説得力をもたないことを，まず指摘しておこう。すでに第3章で見たように，19世紀後半以降インドでは大規模綿工業（「ミル部門」と呼ばれた）が紡績部門を中心に発展し，20世紀に入るとミル部門は織布部門へも本格的な進出を始めたが，手織業や動力織機を設置した小規模工場（パワールーム）の市場におけるシェアは容易に低下せず，1930年代にはインド綿布市場の価額で見て半分以上はこれら分散型の小・零細企業の製品が占めていた。さらに，1920年代からインドではメリヤス業の急速な発展・拡大をみるが，ミル部門の綿メリヤス生産への進出にもかかわらず，小・零細規模企業がこの分野で支配的な位置を占めていたことも前述したところである。メリヤス生産では，市場の需要は地域によって差異があるし，季節的な変動もあり，ミル部門でメリヤス部門を創設しても，この部門では異なった番手の，異なった質の糸を少量ずつ使用するために，利益はあまりなかったし，労働コストの大半を占める縫製や仕上げの工程では「規模の経済」がほとんど作用しないことは，独立前の政府委員会が報告するところであった。また，南インドの繰綿生産では，20世紀初めには輸出向けの大規模

---

[3] たとえば，Mazumdar and Sarkar（2008, 208-209）は，多数の品目を小規模工業への留保品目とした小規模工業保護政策の影響を主張する。石上（2011）は，こうした議論を批判的に克服する可能性を示唆している。特に，インドのハイコスト経済とローコスト経済の二重経済にかんする伊藤正二の議論を紹介しながら，広範な貧困層と富裕者・中間層の二層に分断されたインドの消費市場のあり方を重視する石上の視点は，本書の視点とも共通し，重要である。

工場が支配的であったが，国内市場向け綿花の比率の増大と並行して2-8台の機械を持つ零細規模繰綿工場が叢生して支配的となったことも前述した。これらの事実は，何らの小規模工業保護政策がないという条件のもとでも，ある種の工業部門において「規模の経済」の論理が作用しないで小・零細規模経営が支配的な位置を占めるという状態が，生産の技術体系，市場や需要のあり方，製品の特徴，労働力の動員のあり方，などいくつかの要因によってもたらされうることを示唆しているといえよう。

パワールームとミル

独立後インドで，大規模工業の停滞と衰退の中で小・零細規模企業が急速に発展していった代表的な例として，大規模綿工場（ミル部門）の一部をなす織布部門と小規模零細動力織布工場であるパワールームとの関係をあげることができよう。独立直後のインドの織物生産は，手織物部門とミルによる織布生産の二大部門が生産のほとんどを占めており，動力織機数台を設置したパワールーム部門はごく小さなシェアを占めたに過ぎなかったが，1960年代以降にパワールーム部門が急増していった[4]。1991年には，インドにおける織物生産のシェアはミル11％，パワールーム71％，手織18％となり，ミル部門は完全にパワールームに圧倒されることになった[5]。Roy (1998) は，パワールーム部門によるミル部門の圧倒は，通説がいうように政府の産業規制や小規模工業保護政策が主因であったかどうかを，両部門の生産とコストの分析を通じて検討している。通説の規制主因説は，ミル部門の生産物には消費税が課されるが，パワールームはそれを支払っていないこと，また，ミル部門の労働者は労働者保護の諸規制を受けているのに対してパワールーム部門はそうした規制を受けていないこと，そのほかミル部門の生産の範囲に制限があることなど，ミル部門の競争力を引き下げる諸規制の効果が，ミル部門の「規模の経済」の効果を上まわるために，パワールーム部門の競争力が高まっている，という。ロ

---

[4] インドのいくつかの主要州におけるパワールーム織機数の合計は，1942年1.5万台，1963年14.6万台，1983年57.1万台，1993年120万台へと激増した（Roy 1998, Table 2）。

イは，これらの規制が一定の歪みを与えていることは確かであるが，これらの議論が前提としている「ミルの方がパワールームより効率的に生産している」という仮定を批判する。まず（1）ミル部門とパワールーム部門とは同一の運転速度の織機を使用しうるのであり，通説の想定する織機の運転速度におけるミル部門の優位には根拠がないこと，（2）非常に多種の製品を生産する織物生産では一般的な機械をもって多種の織物の生産をいかに迅速に転換できるかが重要であり，その点では，ミルの所有者と異なって工場所有者自らが生産の現場で働くパワールームの経営の方がより安価に特殊化された製品を生産することができる。（3）需要の変化もパワールームに有利な状況を作りだした。ポリエステルやレイヨンなど非綿糸への需要が増大してきたが，自工場で綿紡績を行うミルは非綿糸の織布に転換できず，非綿糸生産に積極的に転換していったパワールームの成長を促進する結果となった。（4）ミルも臨時工（Casual labourers）を大量に使っていることとムンバイ（ボンベイ）の家賃は非常に高いことを計算に入れると，ミルの労働者の賃金水準とパワールーム労働者のそれとの差異は，想定されているほど大きくないこと，などを指摘する[6]。さらに，パワールームの発展は，電力の普及，農村からの出稼ぎ労働者の増加，拡

---

5) Indian Institute of Foreign Trade, *Export and Management Capabilities of the Indian Garments Industry*, Market Research Wing, Textile Committee, Ministry of Textiles, Govt. of India, Mumbai, c. 1999, Table 1.4 (p. 16). インド綿工場の大規模工場（ミル）部門のなかから経営困難となる企業が続出したことは周知のことであるが，ミル部門のうちでも衰退や停滞をつづけたのは，織布部門をもつ紡織混合工場で，南インドを中心とする紡績専業工場はむしろ急速な発展を遂げた。インド綿工場における紡織兼営工場の数は，1956年の291工場から1985年の281工場へと停滞を続けたのに対して，南インドに集中している，紡績専門工場の数は同期間に121工場から674工場へと飛躍した（Leadbeater 1993, Table 5.6 [pp. 229-230]）。独立以降の繊維政策において，大規模工場生産に対してさまざまな制限が課されたことは事実であるが，Leadbeater (1993, Ch. 5) によれば，紡織兼営ミルの経営困難の主たる原因は，輸入代替化政策のもとでの大規模工場への政策ではなく，小規模のパワールーム経営の進出によって国内市場を失ったことがもっとも大きい。パワールーム部門を主たる市場とする南インドの紡績専門のミルは，むしろ大きな発展を遂げたのである。したがって，なぜ小・零細規模工業部門が発展したかという点を解明しようとする本章の課題は，独立インドの最大のフォーマル部門工業であった，西部インドの綿工業の衰退の原因を追究することも意味している。

大する農村の繊維品への需要，既製品需要の増大などが重要な背景となっていることを示唆しながら，パワールームの成長を政府の労働者保護や小規模工業保護の法や規制によるという通説を批判した[7]。

さらに，1972年から1987年の間について，産業別に雇用と付加価値額の面での小規模工業のシェアを検討したRamaswamy（1994）も，食品，飲物・タバコ，木工，皮革，製紙，メリヤス，既製服などで，小規模工業への留保分野が多い金属基礎産業よりも高い比率でシェアを伸ばしていることを明らかにし，小規模工業の発展は，留保政策よりも産業の特徴がより重要な決定要因となっていることを指摘している。

こうしたロイ等の研究や独立前のメリヤス工業の経験から見て，インド工業における小・零細規模経営の量的な優位について，主として政府の政策的規制や保護政策に起因させる通説が十分に説得的でないことは明らかであろう。そこで，本章では，こうした工業生産の構造を，生産過程の特徴，需要の構造と変化，経営のあり方，農村からの出稼ぎ労働者の増大や労働市場のあり方，教育の構造，さらには農村社会の構造など，インド社会経済の基本構造の諸側面との密接な相互関係の中で形成され発展してきたものとして，考察してゆきた

---

6) メリヤス産業にかんする1956年の報告は，インド南部のメリヤス生産ユニット15の生産過程のコスト構成を明らかにしている。これによれば，コスト中でもっとも大きく，コストの約65-90％を占めるのが原料である。他方，労働コストはおおよそ8-10％台である。もちろん，これは生産の規模によって異なる。労働コストは大規模工場で大きく15％程度であるが，小規模工場では13％以下が多く，かなり多くは10％未満である。他方，家内工業では労働コストは19％に達する。大規模工場による大規模機械化による労働コストの節約の効果はあまり大きくないこと，労働コストの大小がその製品の競争力を決定的に規定するものではないことを示している（Development Commissioner [Small Scale Industries], *Small Scale Industry Analysis and Planning Report, No. 18, Hosiery Industry [All India]*, New Delhi：Ministry of Commerce and Industry, Government of India, 1958, pp. 47-49）。

7) 後に見るように，インドのニットや既製服生産の最大の中心地の南インドのティルップール（Tiruppur）では，生産の中心は数千を数える小・零細規模の事業所が担ってきた。Singh and Sapra（2007, 67, 87）は，この産業への参入を規制した政府によるコントロールは1991年以降緩和されたにもかかわらず，大規模生産への集中，統合的生産への傾向や外国直接投資化などの変化は現実に生じず，同市の分散型生産の構造に変化はない，と指摘して，規制主因説を批判している。

い。その際，工業生産，技術，需要と価格，経営，労働市場，農村社会，教育のそれぞれの構造が，多かれ少なかれ2つの層からなっていることが，特に重要な意味をもっていることに留意しておきたい。いうまでもなく小規模工業やインフォーマル工業部門には実に多種類の業種があるが，本章では，一定の研究が蓄積されている，パワールーム，ニット（メリヤス），既製服などの繊維産業，皮革業と履物工業，プラスチック再生業などを主要な素材として，主として既往の研究に依拠しながら考察を進めてゆきたい。

3　小・零細工業の拡大と農村・貧困層市場

　まず，重要な小・零細工業は，農村市場や貧困層市場の需要の変動を主たる基盤として発展してきたことを指摘しておこう。

　ロイによれば，上述のパワールーム部門がミル部門を圧倒してゆく過程にあった1984年に，ミル部門は都市市場では，価額で60％のシェアを占めていたが，小都市や農村地域の市場でのシェアは12-17％で，この市場を掌握していたのは，パワールームであった。「特に緑の革命の後に拡大を遂げた」農村や小都市の市場を掌握したことが，パワールームの急速な拡大を支えたのである（Roy 1998，さらに表7-2参照）。

　また，ポリエステルやレイヨンなど非綿糸への需要の増大が，綿紡績を兼営するために非綿糸の織布に転換できないミルに代わって，非綿糸生産に積極的に転換していったパワールームの成長を促進したことは前述したが，ポリエステルやレイヨンへの需要の増大にかんして，農村地域市場の変化は重要だった。インド繊維省繊維委員会の市場調査部の部長であるP. ナーヤクら（Nayak and Kopresachari 2002）によれば，人造の合成繊維は1970年代には市場では得られなかったが，現在は合繊品や合成繊維の混紡・混織品は市場にあふれており，購入層は人口の63％を占める貧困層や中間層の下層という大衆的消費者層で，その大半は農村や半都市的な地域に住んでいる，という。表7-3の示すように，アーンドラ・プラデーシュ州では，1990年から2000年の間に農村

表 7-2 製造部門別綿製品の都市農村地域の消費（1984・1985 年）

	都市 1984 年	都市 1985 年	農村 1984 年	農村 1985 年	全インド 1984 年	全インド 1985 年
量（100 万 m）						
ミル製	624	673	679	950	1,303	1,623
パワールーム製	337	380	2,098	2,318	2,435	2,698
手織り	582	621	2,456	2,468	3,038	3,089
手紡糸使用織物（Khadi）	11	13	55	62	66	75
メリヤス	119	152	352	472	471	624
合　計	1,673	1,839	5,640	6,270	7,313	8,109
価額（100 万ルピー）						
ミル製	8,155	9,462	7,102	10,046	15,257	19,508
パワールーム製	3,943	4,547	18,312	21,255	22,255	25,802
手織り	7,712	8,859	21,392	22,543	29,104	31,402
手紡糸使用織物（Khadi）	128	159	505	758	633	917
メリヤス	740	1,007	1,813	2,661	2,553	3,668
合　計	20,678	24,034	49,124	57,263	69,802	81,297
m 当たり単価（ルピー）						
ミル製	13	14	10	11	12	12
パワールーム製	12	12	9	9	9	10
手織り	13	14	9	9	10	10
手紡糸使用織物（Khadi）	12	12	9	12	10	12
メリヤス	6	7	5	6	5	6
合　計	12	13	9	9	10	10

出典）*Highlights of Consumer Purchases of Textiles*, 1985, Vol. 1, Market Research Wing, Textile Committee, Govt. of India Ministry of Textile, Table No. 22, (p. 38).

部では，綿の繊維品の消費は 57％から 37％に大幅に減少し，代わって，混紡・混織品が 28％から 51％に激増している．興味深いことに，都市部では逆に綿繊維品の消費が半分を占めてかつその比率はわずかにせよ増大しており，この論文も，都市部に住む上層消費層が混紡・混織品を消費しつつも綿繊維品への嗜好を維持していることに注目している．

　小・零細規模の繊維産業のもうひとつの代表例といってよい，綿ニット（メリヤス）産業も，農村や貧困層の市場を主たる基盤として発展してきたといってよいだろう．第 3 章で見たように，1920 年代から発展する綿メリヤス製品

表 7-3　アーンドラ・プラデーシュ州における繊維品の市場シェア

(単位：％)

	都市部 1990年	都市部 2000年	農村部 1990年	農村部 2000年	都市・農村合計 1990年	都市・農村合計 2000年
混紡・混織	33	35	28	51	30	46
人造繊維	13	10	14	10	14	10
羊 毛	0	0	1	1	1	0
純 絹	5	4	1	1	2	2
綿	49	50	57	37	53	42
合 計	100	100	100	100	100	100

出典）Nayak and Kopresachari 2002, 7.

の主たる需要先は，都市の労働者層であったが，その後農村地域にもはいってゆき，特にバニヤンと呼ばれるニットのシャツは農村に浸透していった。インド最大の綿ニット製品の生産地ティルプールの，生産地としての成長を支えてきたのも，バニヤンだった（Singh and Sapra 2007, 77-78；Chari 2004, 246）。表 7-2 が示すように，綿のニット製品にかんしては，1984 年や 85 年の段階で，農村需要は都市需要を数量で 3 倍，価額で 2 倍を超える大きさだった。羊毛のニットを含めた全ニット製品のアーンドラ・プラデーシュ州における需要を見た表 7-4 の場合，1990 年にニット製品の市場は，数量的には農村部が都市部を越えていたが，価額で表示すると都市部の方がずっと大きかった。それは，後掲表 7-5 が示すように，この時点では都市部で購入されるニット製品は，平均価格で農村部のそれの 3 倍以上の高価格品であったためであった。これは，都市部の上層階層が高価格のニット製品を購入していたことを反映しているといってよい。その後 2000 年までの期間に，全インド的に見ても農村部が都市部よりも多くニット製品の消費を拡大するが，都市部においても，m 当たり単価が 132 ルピーから 53 ルピーに急落したことに示されるように，都市の貧困層を含む広範な人々がニット製品の安価品の購入を急増させたと推定される。こうして，ニット製品においても，農村部と都市の下層階層の安価なニット製品の購入拡大が，ニット市場拡大の中心を占めていたといえよう。Nayak and Kopresachari（2002）も，インド全体で，シャツ（vest，バニヤン）の 1 人当たり消費は，0.68 着から 0.89 着へ，下着（underwear）は 0.11 着から

表 7-4 主要繊維製品の需要量と変化 (1990-2000 年)

	都市部 アーンドラ・プラデーシュ州 1990年	2000年	変化(%)	都市部 全インド変化(%)	農村部 アーンドラ・プラデーシュ州 1990年	2000年	変化(%)	農村部 全インド変化(%)	都市・農村合計 アーンドラ・プラデーシュ州 1990年	2000年	変化(%)	都市・農村合計 全インド変化(%)
\multicolumn{13}{c}{量 (100万m)}
反物類*	114	95	-16.67	6.60	206	193	-6.31	2.24	320	288	-10.00	3.50
織物既製服	76	109	43.42	96.50	63	156	147.62	173.43	139	265	90.65	137.86
ニット品	30	43	43.33	101.54	38	83	118.42	112.90	68	126	85.29	109.06
全繊維品	422	474	12.32	49.64	625	917	46.72	56.96	1,047	1,391	32.86	54.63
\multicolumn{13}{c}{価額 (100万ルピー:1990年の価額は2000年価格による表示)}
反物類*	13,133	7,946	-39.50	-16.17	14,968	11,492	-23.22	-18.62	28,101	19,438	-30.83	-17.70
織物既製服	7,153	10,974	53.42	106.71	1,704	8,513	117.22	141.60	11,392	19,487	71.06	121.59
ニット品	3,974	2,270	-42.88	84.68	1,426	2,979	108.91	97.98	5,400	5,249	-2.80	92.06
全繊維品	39,735	37,840	-4.77	30.80	35,639	42,563	19.43	27.92	75,373	80,403	6.67	29.17

出典) Nayak and Kopresachari 2002, 8.
参考) *「反物類 (piece length variety)」は、上質綿布 (long cloth) / シーツ材 (sheeting)、ワイシャツ地 (shirting)、上着生地 (coating) / 服地 (suiting)、女性服を含む。

0.29 着へと増大したが，農村社会における変化の方が大きいため，ニットメリヤス製品の需要も農村部の増大の方が大きかった，と報告している[8]。

　織物の既製服も，小規模繊維業の代表例である[9]。既製服では 1990 年の時点では都市部の消費が農村部より多かったが，その後の消費量は，インド全体で見ても都市部で 97％増，農村部で 173％増で，農村部の消費拡大が織物既製服市場の拡大を主導した（表 7-4）。

　メリヤス産業も織物既製服産業も，1980 年代以降には急速に海外への輸出を増大させているから，以上の国内市場の動向をもって直ちに，これら産業の

---

[8] ルディヤーナ市に集中している羊毛のメリヤス製品の場合，その市場は，綿メリヤス品の場合と異なると思われる。綿メリヤス製品の市場が農村や都市の下層階層を中心としたのに対して，第 3 章で示したように，羊毛のメリヤス製品の市場は少なくとも 1950 年代まで都市を中心とする富裕階層であった。
[9] ある推計では，1999/2000 年の時点で，織物・ニットの既製服産業には 174.5 万人近い人々が 78 万事業所で従事し，従事者の 83％，事業所の 99％は，インフォーマル部門に属するという。さらに，フォーマル部門従事者のうち 5.8％は，契約労働者である（Singh and Sapra 2007, 44-45）。

全体動向ということはできない。インドにおける総生産に占める輸出の比率を算出することは困難であるが，ある推計は，インドで生産される既製服のうち輸出に向けられる比率は25％と推定している（Singh and Sapra 2007, 44）。繊維産業の中でも輸出比率の高い既製服（織物とニット）産業の場合でさえも，市場全体の4分の3を占める国内市場の動向が産業全体の動向に主として影響していると見てよいであろう[10]。

　履物製造業も急速な拡大を続けている，これも，インフォーマル部門中心の産業である。1988年の時点では，115万を超える村落・家内工業部門の生産者がこの産業の従事者の9割以上を占め，村落・家内工業部門や小規模工業部門に属する生産者が，生産物全体の92％を生産している（Naidu 2009, 22）。インドは，世界でも有数の巨大な履物市場を擁し，国内市場は年率10％で成長している（Kollannavar et al. 2010, 135）。ある推計では1988/89年には3億1,700万足が生産されたが（Naidu 2009, 21-22），1997年には需要は18億足に達し，さらに2010年には国内需要は25億足に増大すると予測されている（Kollannavar et al. 2010, 135）。もちろん国内需要だけでなく輸出も増大しているが，輸出は，2009/10年に革靴と靴部品とをあわせて1億1,400万足にとどまり，25億足の国内需要と比べれば，インドの履物生産の重要ではあるが，ごく小さな部分に過ぎない（Council for Leather Exports 2012, 18）。

　インドの履物生産は，革のチャッパル（サンダルの一種）など皮革製品を中心に発展してきたが，急増したのは非革の履物への需要であった。Naidu (2009) は，週間の生産量として，革靴1,617足，非革靴7,270足，革のチャッパルとサンダル40,815足，非革のチャッパルとサンダル40,905足，革・非革混合のチャッパルとサンダル71,738足，という数値をあげている。全体として，非革や革・非革混合利用の製品が，インドの履物市場の大半を占めている状況にあることが分かる。また，靴の比率は約25％で，残りはチャッパルとサンダルである（Naidu 2009, 22-25）[11]。重要なことは，都市の人々は質の高い履物を好むが，「農村では，通常人々は軽くて安価な非革の履

---

10) 既製服はインドの繊維製品輸出の半分以上を占めてきた（Singh and Sapra 2007, 43）。

物を選好する」ことである。つまり，インドの履物生産の動向は，安価な非革の履物を選好する農村住民の動向によって基本的に規定されていることが分かる[12]。

インフォーマル部門の産業として重要なものに，プラスチック再生産業がある。使用済みのプラスチック製品を回収し，選別して，さまざまな用途のプラスチック製品として再生するこの産業は，1970年代から成長を遂げた。1990年代央のインド政府の報告書によれば，100万人を超える人々が従事する重要産業になっている。再生PVCから作る安価な靴や家具，PPから作る低質なバケツ，マグ，ジョッキ，アセテートから作る低質の眼鏡やペンなど，安価で低質な製品に再生させるこの産業の主たる最終市場も，農村と都市の貧困層である[13]。価格の高い純正のプラスチック製品の場合と異なって，このプラスチック再生産業も，貧困層や農村社会における安価工業製品への需要拡大を基盤に拡大したことが分かる。

4　安価な「疑似ブランド品」消費の構造

以上検討した，パワールーム製品，合成繊維品，ニット製品，既製服，履物，再生プラスチック製品などを生産する小規模工業やインフォーマル産業

---

11) 安価な低級品生産を中心に拡大したコルカタ（カルカッタ）の履物生産を調査したRoy（2013, 44, 113）は，調査対象企業48工場のうち42工場は1980年以降に起業した工場で，安価な履物への需要が80年以降に急増していることを示唆している。また，非革の製品は，安価で長持ちするために，低級品の大量販売市場で大きな需要があるという。

12) ある大都市のインフォーマル部門のサンダル生産の調査によれば，サンダルには，スポンジ製とゴム製があり，スポンジ製は高価で都市市場向けであり，フォーマル部門からの競争があるが，安価なゴム製のサンダルの市場はより広く，売れ行きも速く，商人の利益も大きい（Rani and Galab 1998）。フォーマル部門も生産するような高価な製品は都市部の需要が中心で，安価な製品は農村を含む広い範囲で需要されていることが確認できる。

13) Gill 2010, 15, 17, 133, 161, 170, 248. ギルは，この産業は，「貧困層と農村人口の中に再生品に対する新たな市場を作りだした」という。

表 7-5 アーンドラ・プラデーシュ州における繊維品の m 当たり単価とその変化
(単位:2000年価格表示によるルピー)

	都市部			農村部			農村価格の対都市価格比(%)		
	1990年	2000年	変化(%)	1990年	2000年	変化(%)	1990年	2000年	変化(%)
反物類	115	84	−27	73	60	−18	63	71	13
織物既製服	94	101	7	27	55	102	29	54	89
ニット品	132	53	−60	38	36	−4	28	68	140
全繊維品	94	80	−15	57	46	−19	61	58	−4

出典) Nayak and Kopresachari 2002, 8.

が,農村や貧困層に拡大する市場を見出すことができた第一の理由は,それら製品が安価であること,あるいはそれらの価格が低下したからであった。表7-5 からは,繊維製品のすべての種類について,農村市場で需要される製品は,都市市場で購入される製品より単価が低いことが分かる。特に,需要が大きく伸びた既製服やニット製品では,1990年の時点では単価の差異は大きく,まったく異なった製品が需要されていると考えてよいほどである。合成繊維製品が農村市場に特に拡大していることは前述したが,「人造繊維,とくにポリエステルとヴィスコースの価格はかなり下落し,その混紡品価格も下落した」ことが市場拡大の理由として挙げられている。また,再生プラスチック製品が,純正品よりも低価格であることが,農村市場を捉えることができた理由であることも明らかであろう。「農村需要は価格に敏感であり」(Nayak and Kopreachari 2002),低価格品であることが,農村市場に浸透してゆく最重要な要件といってよいだろう。

「疑似ブランド品」への消費志向

しかし,農村市場では,価格の低さだけが重要なわけではない。前章で見たように,Osella and Osella (1999) 等による南インド村落における消費変動の観察は,村落社会の下層階層が,村落社会における上昇や村落からの離脱への志向を,ファッション,衣服,装飾品の変化の形で表していることを指摘している。村落内の下層の社会層は,非伝統的なファッションの,ニット製品,既

製服，イミテーションの宝石，安価な運動靴などの需要者となっているが，その行動の背景には，上層階層への抵抗の意識や社会的な上昇への志向が込められている。

　農村下層民が，少しずつは拡大しながらも限られた所得の中で，社会的な上昇への志向を込めて展開するこの消費行動は，インド全体の消費志向の変化のパターンをかなり強く方向づけているように思われる。インドの繊維品市場を考察した T. ロイは，1980 年代から 90 年代にかけての，ジーンズ，プリントシャツ，T シャツなどカジュアルウェアの急速な普及を指摘しつつ，インド市場には高価格製品のブランド品への需要と，安価な製品への需要の両方が存在するが，後者の安価品への需要がより大きく，かつ急速に拡大していったことを指摘している。高価格品は，フォーマル部門の企業が，世界的なブランドやインドで名が通ったブランドで広告費をかけて特に大都市のアウトレットで販売するのに対して，より大きな需要のある後者の安価品は，インフォーマル部門が生産し流通させるもので，ブランドはなく，「疑似ブランド (quasi-branded) 品」と呼びうるものである。疑似ブランド品は，安価であるが，品質の保証はない。1997 年に，デニムの場合に，ブランド品と疑似ブランド品の比率は，30：70 であった，という (Roy 2004b, 92)。オセラらが描写する，農村社会の中で社会的な地位の上昇を志向する非エリート層の大衆の消費動向は，ロイのいう「安価であるが，品質の保証はない疑似ブランド品」への消費動向と基本的に共通するといってよいだろう。

　こうして，経済力のない村落下層階層の社会経済的な自立への意志が込められた疑似ブランド品への嗜好は，農村社会の大衆的消費財の市場動向に強く作用し，そこを媒介としてインド全体の産業動向に影響を与えていると理解できよう。耐久消費財を含めて，農村市場の拡大とそのパターンは，インド全体の経済発展の重要な基盤となっていることはすでに明らかにしてきたが，以上の事実は，下層民の社会的上昇への志向の発展が，インド経済全体の発展を支える重要な要因のひとつとなっていることを意味している。

　農村地域における消費パターンの変動が村落内の階層的上昇の動向によって促進される関係は，村民の村外や海外への出稼ぎなど村外の社会との結びつき

の拡大や 1980 年代から顕著となるインドの経済社会のグローバル化の動向と関連して進行していることにも注意が必要である。村外，特に海外への出稼ぎは，下層階層に村外の就業機会を提供することによって下層民の村内の土地所有者層からの自立傾向を促進したことは，すでに 19 世紀末から見られたことであるが，この傾向は 1980 年以降はいっそう顕著となり，下層の労働者たちの自立を促進したことは，いうまでもない。さらに，出稼ぎなどで得られた現金収入は新たな衣服や耐久消費財購入の資金となるし，出稼ぎからの帰還に際して海外や都市から，それらの商品を村落に持ち込む例は，先のケーララの村落調査も紹介している。また，映画のファッションが下層民はじめ村民の衣服習慣に重要な影響を与えていることも前述したが，さまざまな媒体を通じて，西欧的な消費パターンが上昇や進歩を志向する人々のモデルの一部を提供していることも間違いない。さらに，輸出向けの生産の拡大は，既製服やニット商品の価格下落をもたらして，そうした新規の商品の国内での普及を促進する働きをしたことも間違いないであろう。ただ，こうした側面にのみ注目して，インドの大衆レベルの消費変動をグローバリゼーションとして単純化して捉えるのは，不十分であろう[14]。オセラらの研究は，映画を通しての現代的なファッションの受容の仕方は，村落内の社会層によって異なることを示したし，グローバリズムのインパクトは，村内外の社会関係や経済関係，生活文化，宗教意識など多様な要素と関連しながら，村落社会の社会的・文化的・経済的変容の文脈に取り込まれる形で，作用したのである。農村社会の消費変動の方向を決める重要な動因は，19 世紀末以来徐々に進行してきた村落社会の階層間関係の変化にあるのであって，グローバリゼーションはその文脈の中でこうした動きを促進する働きをした，と理解できよう。

---

14) 後に検討するように，T. ロイは，1980 年代のインドの都市でジーンズ，T シャツ，ニット製品の普及などで衣服が変化したことを指摘し，その原因をそれら製品が輸出向け生産の発展によって低価格化し，国内市場に広まった結果として理解している（Roy 2004b）。輸出が主導して消費パターンを変えるというこの見解は，80 年代の都市の中間層の消費変動についてはおそらく妥当であるが，広範に広がってゆく農村市場にかんしては，農村社会変容の論理との関連の考察なしでは，不十分といえよう。

5 小・零細企業による安価品生産のシステム

　農村市場で大きな需要がある安価な疑似ブランド商品は，繊維産業と履物産業などいくつかの重要産業では，小・零細規模企業で主として生産されている。すでに言及したように，ロイは，高価なブランド商品は生産と流通の両面をフォーマル部門が担っているのに対して，疑似ブランド商品の生産と流通はインフォーマル部門が担っていることを指摘している[15]。

　デリーの既製服生産企業にかんする調査は，この地域の既製服生産者が生産規模で大きく3つの層に分かれていること，それぞれが製品の価格帯と関連していることを示唆している (Singh and Sapra 2007, 99, 114-115)。デリーの既製品生産は，主として「5ドル以下」の低価格品の生産で，輸出向けもあれば国内市場向けもある。もっとも小規模な生産は家族経営によるもので，地域の市場向けの，安価なニットウェアや衣服を作っている。非常に多くの生産を行っているのは，雇用者が20人前後の小工場で，国内産の機械を使って，作業終了後は従業員の宿泊施設を兼ねる貧相な建物で生産している。より規模の大きな大規模工場は，「5ドル以下」の標準化された輸出向けの製品を，規模の経済にもとづき，大量生産している。この規模の工場では，裁断，縫製，ドライクリーニング，仕上げの工程を工場内にもち，十分に機械化されて，近代的工場としての様相を呈している。注目されることは，輸出製品を生産するフォーマル部門の大規模工場も，より安価な輸出製品市場向けの製品の生産は，より規模の小さな工場に外注していることである。つまり，家内工業生産者は安価な国内向け，小規模工場群は「5ドル以下」製品の中でも低価格の製

---

15) 金属家具産業においても，製品市場は高品質・高価格品と低品質・低価格品とに二分され，それぞれ大企業部門と小・零細規模工業部門とが供給者であった。1990年前後の時点で，Godrejなどのブランド製品の50％程度の税込み価格は，小規模企業の製品の2倍から3倍に達した (Guhathakurta 1993)。また，自動車産業においても，完成車メーカーへ納品する部品生産企業とは別に，小・零細企業部門の部品生産者が存在するが，後者は取替品・補充品市場向けに低価格品を生産しており，両者の市場はまったく異なっている (Awasthi et al. 2010 ; Uchikawa 2011)。

品，そして大規模工場群は「5ドル以下」の中の高価格帯製品と，大まかに生産の分業をしている。南インドの既製服・メリヤス生産の大中心地ティルップールでも，非常に小さな企業は典型的には荒い編みの，染めのある場合でも水準は低いメリヤス製品を作るのに対して，中小や大企業の一部はより質の高い既製服を国内市場向けに生産している。大企業・中規模企業は，高い品質コントロールを行う必要がある輸出向けの生産を行っている（Cawthorne 1995, 43-56）。

　こうした生産企業の規模と製品の価格帯との対応関係は，アーグラー市の履物産業の場合，いっそう顕著に見られる。同市の履物製造業では，全体として安価な靴とチャッパルと呼ばれるサンダルを生産している。生産者の方は，インフォーマル部門とフォーマル部門に大まかにいって二分されている。インフォーマル部門の方は，履物生産をカーストの職としてきた指定カーストの人々が自ら経営する，従業員10人未満の自営業者（家族労働と場合によっては雇用労働者を含む）で，経営数は数千に及ぶ。フォーマル部門は，先進カーストのホワイトカラーの経営者が指定カーストの靴工を10人以上，数十人の規模で雇って経営するものである。インフォーマル部門の生産者たちは，安価な靴の中でも特に安価な種類の靴（100ルピー以下）やさらに低価格のチャッパルを製造し，製品は自らアーグラー市内の主要履物市場に持ち込む。買い取り店からの注文で，生産する者もいた。製品はインドの地方市場向けで，買取店はそれぞれの地域に適したデザインの製品を買付けて，地方市場に送る。こうした買取店に売るほかに，数百の家内工業生産者たちは，道路沿いの地元のバザールに持ち込んで農村から来る人々やトラック運転手などに小売りしたり，旧市街のバザールで地域の低所得階層に小売りする。また，未完成品を近くの農村から来る靴作りに市場で売ることもある[16]。

　こうしたインフォーマル部門生産の履物が地方市場や地域の貧困層向け市場に送られるのとは対照的に，アーグラー市内のフォーマル部門の生産物は，安

---

16) コルカタの履物生産でも，輸出向けの製品は雇用者50人以上の企業が担当し，国内市場向けは小・零細規模の工場が担当している（Roy 2013, 44）。

価な靴を自工場では生産しないインドの代表的な靴製造販売企業による買取りや，アーグラーの生産者自身による直接的な海外輸出，輸出業者を通しての輸出などの形を取る部分が非常に多くを占めている。生産するものも全体としては安価な靴とはいえ，フォーマル部門の工場は 100 ルピー以上の相対的に高価な靴を製造しており，250 ルピー以上のものを生産する工場もある (Knorringa 1996；Roy 2013, 110-111)。

　こうして，一般に，繊維産業や履物工業などの軽工業部門のインフォーマル部門の生産者たちは，農村市場や都市貧困層向け，海外の最低価格品需要向けに，低価格製品を主として生産していることが確認されるが，「規模の経済」の論理に反して，それら小・零細規模の生産者たちがフォーマル部門製品より低い価格の製品製造を可能にしているのは，どのような事情であろうか。この点を念頭において，詳細な研究のあるニット産業や既製服産業を主たる素材に，小・零細生産者が優越する産業の生産・労働・流通の特徴を見てみよう。

小さな生産ユニットと労働者の監督

　(1) まず，第一に，これら産業では，一般に，生産の最小ユニットが小さく，かつ小ユニットでの生産が効率的であることである。ニット産業や既製服産業の場合は，そのケースである。代表的な既製服産業の中心地ティルップールの場合，中心的な工程である縫製工程では，6-8 台の縫製機が 1 台のモーターで動かされるパワーテーブルが，生産のユニットとなっている (Chari 2004, 345)[17]。規模の大きな工場の場合も，多くは，小規模ユニットが多数同一敷地内に併存しているのであって，分散型の生産工程に基本的な差異はない。また，製品が完成するまでのいくつかの工程は，それぞれが空間的にも独立している (Cawthorne 1995, 47)。

　(2) こうした縫製の小規模の生産ユニットでは，第二に現場で生産過程に参加しながら監督を行う形の労働者管理が生産効率の上昇に成功していることで

---

17) アーグラーの靴製造業の場合は，4 つの工程を担当する 4 人の男子労働者が，靴の完成品を作るための最小のユニットを構成している。典型的な小作業場では，9 人が雇われる (Knorringa 1996, 85)。

ある。ティルップールの零細工場の縫製過程の場合，しばしば労働者出身の経営者は，自らも労働しながら雇用労働者を監督することによって，労働強度を強めることができている。機械による労働の代替が部分的で，手工的な部分が残っており，肉体労働の集約的な投入が重要な意味をもつ生産過程であるため，生産者の作業効率は，機械によって規制されるのでなく，現場にいる監督者による人格的な管理によってより強い影響をうけているといってよいだろう（Chari 2004, 124, 125, 129）。数十のサイズ，形態，色の組み合わせからなる，非常に多種の既製服生産には，特にこうした労働監督の形が有効である（Chari 2000）。

　このことは，大規模工場化への動きに大きな影響を与えている。自ら労働に参加しない経営者の場合には，こうした労働集約的な工程は，労働参加型の監督を行っている他の小規模生産者に外注することになる。つまり外部コントラクト化である。Chari（2004, 58）によれば，ティルップールでは，取扱い金額の大きな「大企業」はしばしば生産施設をもたず，非常に多数の小規模や零細規模の生産者に多様な生産工程について外注し，経営者は外注先からの製品の集荷を管理することが生産にかかわる主要な活動となっている。こうした生産のあり方は，生産工場の大規模化の傾向を著しく弱める要因であり，ティルップールのニット・既製服産業が，非常に多数の小・零細規模を主要な構成員とするクラスターの形態をとる，重要な要因といってよいだろう。いいかえれば，ティルップールのような，膨大な数の企業間の生産上の外注関係や取引関係の高度な発展が，生産工場の大規模化のメリットを減少させているといえる[18]。

　後に述べるように，より大きな工場はユニットを自工場内に複数擁しているが，その場合には，経営者はその工程を直接統括しないで，「内部コントラクト」に出す。コントラクターは，労働者を雇用し，その労働者とともに工場が所有する機械を使って，出来高払いで生産を請け負うのである（Singh and Sap-

---

[18] Roy（1998）も，企業間の協力関係が，パワールームの発展にとって重要であったことを指摘している。

ra 2007, 114, 120)[19]。コントラクターは，白いバニアンが汚れないように注意するなど品質管理の責任ももっている（Cawthorne 1995）。アーグラーの製靴業の場合，やや大きな工場は，5つの基本工程ごとに1人または数人の親方職工を雇い，彼らに仕事を請負わせる。親方職工は徒弟や労働者を雇い，それらの労働者とともに自ら働きながら，請け負った仕事に完全に責任をもつ（Knorringa 1996, 86-87）。

細分化した市場

（3）非常に多種類の製品が需要されるような市場に対応する場合は，小さな生産ユニットによる生産によって効率を上げることができる。前述のケーララ村落の消費行動の分析に見るように，人々の衣服その他の消費行動にかかわる選好は，色，スタイル，生地などの多くの点で，社会層によって異なっている。さらにインドの各地域には固有の特徴がある。さらに，季節的な変動もある。こうした細分化され，かつ変動する市場にむけて，多様なサイズ，スタイル，素材，生産方法，質など無数に近い組み合わせからなる製品を生産するうえで，標準的な製品を大量ロットで生産する方式より，小規模生産による生産が適合していることは間違いない。事実，織物業の場合に，織機の操業速度は生産効率にとって決定的ではなく，どのように製品を替えながら多様な織物を生産するのかが特に重要であり，その点でパワールームの迅速な対応力は，大規模生産方式のミルよりも高い効率を実現できる重要な理由のひとつである（Roy 1998）。ティルップールの既製服生産における，パワーテーブルをユニットとする生産方式も，こうした多様性と変化に適応したものである（Chari 2000）[20]。

アーグラー市の履物産業も，1990年代の初めに，毎日開かれる市場に225店の卸売業者がいるが，卸売業者も仲買人（commission agents）も，インドの特定地域とのつながりをもっている。地域によってデザインや色の嗜好が異な

---

19) コントラクターは，労働者出身の者が多い（Roy 1998, 903）。かつて労働争議を体験したティルップールの場合，内部コントラクト制は大規模工場内の労働者を分断することも重要な目的となっている，という（Chari 2004, 125-127）。

るために，それぞれの店は異なった製品を扱っている。さらに，履物需要は，衣服と同様に季節的に変動する。インドでは，需要は9月から増大し，10月11月にピークになる。気温が低下して靴の必要が高まるとともに，新しい衣服や履物を使用し始めることが多い祭りと結婚式の季節が近づくためでもある。こうした地域的に多様で細分化した，さらに季節的に変動する需要に対応するのが，小さなロット単位で生産を行う小・零細規模の履物生産者たちである（Knorringa 1996, 70-71, 88, 91, 107）[21]。

プラスチック再生業も，扱う製品種類は多い。デリーのスクラップ・マーケットで扱う物は，たとえば「Gilletteの広告掲示板」，「Saffola食用油のカン」，「めがね」，「ペン」など，450-500種に区分される。それぞれの区分の中でさらに，再生に影響する，色，染色の鮮やかさ，明度などによって区分されるから，取り扱い品目数は非常に多くなる（Gill 2010, 131）。需要の季節的な変動も小さくない。再生品の回収は，夏に多く冬は少ない。他方需要の方でも，貧しい人々は冬は閉鎖型の靴を履き，夏にはサンダルを履くから，必要なプラスチックに季節的な変動ができるし，ホーリーの祭りの際には水鉄砲などのためのポリプロピレンへの需要が伸び，ディーワリーの祭りの季節には，ジョッキや贈物用の需要が増える（Gill 2010, 140）。

安価な労働力と農村社会とのつながり

　(4) インフォーマル工業では，必要とする低学歴労働力を，農村社会との連続性をもつ労働市場から調達することによって，安価に利用していることが，

---

20) Roy（2013, 86）は，デリーにおける既製服産業において，国内市場向けの製品については特定のデザインの製品への注文の規模は小さいという。また，ティルップールの既製服産業では，ニット部門だけでもデザインによって機械が異なり異なった型の編み物に対応するためには非常に多くの種類の機械が必要であるため，一工場でそろえることはできず，多数の工場が機械を持ち合って補完しあう関係ができていると指摘されている（*Ibid.*, 100）。

21) 2010年前後には，アーグラーの国内市場向けの製品を扱う履物商人の数は600人と指摘されており，1990年代初頭時点よりも顕著に増えている（Roy 2013, 111）。1990年代以降も，流通過程の多様性は維持され，さらに拡大した可能性があることが推測される。

低価格の製品を生産する重要な基盤となっている。既製服産業の中核的労働者の教育水準は低い。この地方の農村地域からくるガウンダル（Gounder）・カースト出身の従事者が多いティルップールの既製服産業では，労働者の90％は1年間以上は修学しているものの，60％は小学校水準にとどまっている。増大している女性労働者や出稼ぎ労働者の修学年数はさらに低い（Vijayabaskar and Jeyaranjan 2011）。

　デリーの既製服生産の場合には，ウッタル・プラデーシュ州やビハール州の農村からの出稼ぎ労働者の比率は高い。彼らは，すでにデリーや首都圏で仕事についている同じ村の出身者や同じカーストや親類の家にしばらく滞在して職探しをして，まず臨時工のヘルパーの職で入職する。女性は，結婚後にデリーにでてくるが，すでに家族の誰かが既製服関連の仕事に就いていることがほとんどである。労働者たちは，村落との関係を維持している。経営者たちは，労働者たちが，祭り，結婚式，葬式，等々の理由で村に戻ったり，年に4カ月は帰村してしまうという。さらに，労働者に仕事への執着や帰属心がない，という。しかし，労働者が村との関係を維持していることは，経営者にとっても都合がいい。デリーの既製服産業は，年に12カ月の恒常的な仕事を労働者に与えることができないからである。つまり，労働者が村落との関係を維持しておりすぐに帰村できる制度は，経営者にとっては，仕事がないときも労働者の雇用を維持する必要がないし，年金や健康保険など老齢期や疾病に対する保障についても責任を負わないですむ制度なのである[22]。

　こうした出稼ぎ性をもった低教育水準の労働者を雇用する現状は，安価な疑似ブランド製品の生産に従事しているインドの既製服産業のほとんどの分野が労働者に高度な熟練や知識を要求しない水準にあり，かつ変動の激しい海外市場と前述のように季節的変動の激しい国内市場とに依存して拡大を続けている

---

[22] Singh and Sapra 2007, 116-117. 仕事場は，労働時間が終了すれば，労働者の宿舎となる（Singh and Sapra 2007, 107）。これも，安価に労働力を確保する方法といえよう。デリーの繊維産業労働者については，さらに，Roy（2013, 88-89）。ティルップールの既製服産業の場合も，一般的に，労働者は出身地に農地を持つなど何らかの関係を維持しており，播種や収穫の時期には農作業のために戻る（Roy 2013, 100）。

という事情のもとで，経営側が，世代的な再生産はもちろん現在の労働者についても農村社会に負担を転嫁することで低学歴労働力を安価に使用するシステムといってよいだろう[23]。

　経営と労働者とが恒常的な雇用関係をもたず，かつ労働者が出稼ぎ的な性格をもつということは，経営側にとっては，適時の労働力の調達に不安定性があるということを意味する。やや大規模な工場では，実際の生産過程はコントラクター（請負人）に請け負わせ，コントラクターは彼が雇用した労働者を使って請け負った生産を行うコントラクター制度が採用されていることを前述した。この制度は，労働者を人格的に管理・監督することが重要であるという小規模生産の必要性に対応するとともに，以上述べてきたような，農村に拠点をもつ出稼ぎ型労働力を都市の小・零細企業部門の労働需要と結びつける機能をももっているといえる。実際に，コントラクターは，通常，自らの出身村やその近隣村からの出身者や，同じカーストの成員を配下の労働者として雇用する（Singh and Sapra 2007, 114-117；Chari 2006, 60）。

　この点は，後にあらためて検討するが，こうした流動的な労働市場への依存は，インドの既製服産業の最大の競争力の基盤になる（Singh and Sapra 2007, 115）一方で，生産技術や品質の上昇や世界市場でのより上級品市場への進出を図るうえでは，大きな制約となっている。ティルップールの労働市場を検討した Vijayabaskaran and Jayarajan（2011）によれば，この地域の既製服産業では低学歴の労働者は，長期に同一企業に雇用されず1年以内の移動が一般的であり，企業間を移動しながらより高いグレードの職種に移ってゆく，という。こうした労働者の流動性のために，企業は従業員の訓練や教育を通じて技術や熟練の向上を図る制度をもたない。これに対して，中国山東省の繊維産業では同一企業での長期雇用が一般的で，労働者は企業内での訓練を通じて，職務や企業固有の熟練を獲得してゆく。山東では従業員の教育水準も高く，12年の教育後に入る短大の修学者も多く，社会保険も整備されている。インドよ

---

[23] 生産性と賃金水準において大工業部門と小規模工業部門との比較を行った Ramaswamy（1994）も，賃金水準の格差は生産性の格差以上に大きいことを指摘し，この賃金の低さが小規模工業の比重の増大の要因となっていると指摘している。

り高い中国繊維業の技術水準がこうした長期雇用と企業内訓練制度によって維持されているのと対照的に，インド繊維業の流動的な労働市場と雇用関係は，インド繊維業が，安価な労働力の酷使的利用によって低価格品市場に製品を供給する「ローエンド・モデル」の範囲を超えることを非常に困難とさせる制約となっているのである[24]。

履物生産の場合は，いまなお，生産者のかなり多くは農村地域に居住しているが[25]，農村地域の履物生産者は過去数十年の間に次第に都市に移動してきた（Naidu 2009, 20）。アーグラー市の履物生産の労働者はほとんどがチャマール（Chamar）のサブカーストのジャータヴ（Jatav）カースト出身者で，1990年代初めの時点で約6万人であった（Knorringa 1996, 80-81）。1961年センサスでは，同市のジャータヴ人口は大体7万人で，成年男子の人口を4分の1として計算すれば，そのときの履物労働者は2万人弱と推定できる（Lynchi 1969, 31）。1961年以降の1990年までの30年間に非常に多くの最下層カーストの労働者が農村地域から移動してきた，と推定することができる。2010年前後の時期にアーグラー市の履物工業を調査したRoy（2013, Ch. 8）は，同市の人口200万人のうちの4割は履物の製造と販売にかかわっていると指摘している。世帯の人口の4分の1が就業し，かつ履物関係の商業に従事している世帯が1万程度と仮定して計算すれば，10万-20万人程度が履物生産に従事していると推定できる。1990年以降も，非常に多くの人口が農村地帯からアーグラー市に履物生産者として移動してきたと推定できよう。

農村地域から移動してきた履物生産の労働者については十分実態は分からないが，「アーグラーの労働者たちはほとんどが祭りのときには村に帰ってしまうので，履物生産は停止してしまう」ということから，都市履物労働者たちが，村落との関係を多かれ少なかれ維持していることが推定される（Knorringa 1996, 71）。Roy（2013, 45, 50-51, 114）は，コルカタ（カルカッタ）の履物生産者はほとんどがビハールから単身で移動してきた男子で，家族をビハールに残

---

24) Roy（2004, 109）も，インド繊維業が国際的に発展する上での制約要因のひとつとして，一般的に輸出品の質や仕上がりにムラが多いことをあげている。

25) 履物生産者の半分は，農村地域に立地している（Kollannavar et al. 2010, 135）。

している，という。このコルカタに比べて，アーグラー市の履物生産従事者は近隣の県や州から移動してきて同市内に居住する者が多いが，自営の生産者には播種や収穫期には農作業に村に戻るケースもあると指摘しており，出身農村との関連を示唆している。こうして，履物業従事の労働者たちも，農村地域の社会経済的な最底辺層から出身しているだけでなく，現に農村地域に居住したり，都市に移動後も農村社会とのつながりをかなりの程度維持しており，農村下層階層と連続した労働市場の中で，低賃金労働力として再生産されていると見てよいであろう。

　ギルが調査したデリーのプラスチック再生業の場合は，労働者の大多数と経営者の一部は，特定の指定カースト，カティーク（Khatik）の出身者である。労働者の大多数はラージャスターン州から，一部はウッタル・プラデーシュ州からでてきて，デリーにすでに20年以上住んでいるが，スラムに住んでいるために不法居住者として法的には「出稼ぎ民」の地位にとどまっている。また，経営者レベルにもこの指定カーストの出身者が多く，そこにはデリーで生まれた二世世代もいるために，彼らを「移民」「出稼ぎ」というのは不適切で都市市民と理解した方が適切であるが，それでも彼らは強く村落とのつながりを維持している。彼らは，農村との結びつきを維持しながら，農村からデリーに新たに入ってくる人々に多様な援助をして，彼らのプラスチック再生業への入職を可能にする仕組みを作りあげてきた（Gill 2010, 158-173）。

安価な原料・機械の入手

　(5) 小・零細規模生産者は，生産に必要な原料などの投入財や機械などを安価に入手することによって，安価生産物の生産を行ってきたように思われる。この点を一番はっきりと示すのは，履物生産である。アーグラー市の履物生産者の中でも，Bataなどの全国的な靴製造企業に納品をしているようなより大きな生産者は，親企業の指定する特定の皮革卸業者から，適格な原料を仕入れている一方で，運転資金に不足をきたしているような零細生産者は，皮革や底材を市内の正規品のマーケットでは購入せず，より大きな工場や作業所からでる残り物や不適格品を扱う市場でかき集めて，生産に用いている（Knorringa

1996, 113-114)[26]。プラスチック再生業の研究によれば，再生ポリ塩化ビニール（PVC）は安価な靴や家具の原料として使われている。インドでのその再生率は60-80％と高い。ポリ塩化ビニールは再生プラスチックの7割を占めるから，再生プラスチックを使った履物の生産量はかなり多いといってよいだろう[27]。

南インドの大都市のスラムにおけるサンダル生産にかんする調査によれば，原材料のコストは製造コスト全体の95％以上を占めて決定的に重要である。家族経営の生産者の場合は，安価な低質の材料を使用し，やや大きな経営では高質の材料を使用することが多い。その結果，1足当たりの原材料コストは，たとえばスポンジ・サンダルの場合に大きな経営では36ルピー前後であるのに対して家族経営の生産では18ルピー前後と，非常に大きな差異ができる。低質な原材料使用によるコスト削減効果は，極めて大きいことが分かる（Rani and Galab 1998）[28]。

パンジャーブ州のルディヤーナ市は，メリヤス産業や機械工業など広範な工業が発展したインドの中でも有数の工業地域であるが，他の地域と異なって中小規模の工業企業が中核的な役割を果たしている。ここでは，上流の生産者が使用した原材料を下流の生産者が順次再利用してゆく，原材料の効率的な再利

---

[26] 2010年前後の時点でも，アーグラーの靴生産において輸出向けと国内向けとの最大の差異は，皮革の質にあるという。国内向けの製品では，前述のように非革の合成皮の使用が拡大している。合成皮革の靴の価格は700ルピーから900ルピーであるが，真革の靴では1,200ルピーより安くすることはできない（Roy 2013, 117）。

[27] Gill 2010, 12-13, 133, 148. 再生プラスチックの価格は，対応する純正品の5割から7.5割の水準にある（Gill 2010, 140）。なお，公表されていないが，Bataなどの大企業も，再生品市場でしばしば再生樹脂を入手して，純正の樹脂と混ぜて，安価製品などの生産に使用している，という（Ibid., 133）。

[28] ニット製品輸出の中心地ティルップールでも，品質の維持を重視する輸出企業によって不良品として排除された「ウェイスト」を利用して，中古の機械を使って国内市場向けの生産を行い，非常に多数の小経営や家族経営が成り立っているという（M. Vijayabaskar, "Conceptualising Contemporary Formal-Informal Dichotomy: An Explanatory Essay Based on Emerging Evidence from Tamil Nadu, Southern India," Paper presented at International Conference on "Actualities of Indian Economic Growth at Rural-Urban Crossroads" held at the University of Tokyo, 15th and 16th December 2012）。

用のシステムが1970年代から存在し，中小経営を支える重要な基盤となっている。たとえば機械工業の場合に，部品生産者が単位当たり10ルピーで金属板を購入して，型に合わせて裁断した残りの板を6ルピーで下流の生産者に売り，その生産者は必要な部分を利用してからさらに他の下流生産者に売るという具合に順次再利用し，最後は地域のスクラップ業者が鉄鋼の再圧延工場（steel re-rolling mills）に売って再生するのである。このシステムによって，ルディヤーナの小規模な部品生産者（特に，ボルト・ナット生産者や，他の単純なパートの生産者）は，その製品の一部を，ムンバイ（ボンベイ）など他の地域の生産者の原料入手価格よりも低い価格で売ることができる，という（Tewari 1998）。

以下でも見るように，小・零細規模生産者が圧倒的に多い業種においても，生産者たちは，さまざまな機械を採用している。しかし，その場合に，中古の機械を入手することが多いようである。プラスチック再生業の場合に，小工場は通常は中古の機械を使用している（Gill 2010, 143）。また，ティルップールの既製服産業では，発達した中古機械市場の存在によって，新規の参入は非常に容易になったという（Chari 2000, 588）。パワールーム産業でも，ミルが廃棄した性能の高い機械を進取的なパワールーム生産者が入手し，進取的生産者が廃棄したそれまでの機械を別のパワールーム業者が入手するというような，中古機械の流通市場が，小・零細規模企業の発展に重要な役割を果たした（Roy 1998, 904；Roy 2004b, 108）。

中小・零細企業を中心にメリヤス産業などの発展を見たルディヤーナ市では，業界は，政府の助力を得て，小企業では購入できない高価な設備を輸入し，それを模倣して自力で設備を製作してきた。輸入機械のコピー品は，元の輸入機械の価格の10分の1までも低くなることも多い（Tewari 1998；Tewari 1999）。これも，設備・機械を安価に入手する方法といってよいであろう。また，われわれのルディヤーナでのメリヤス産業の調査でも，海外から輸入した機械であっても，部品は同市内で生産されたものを使用している，という。この点は後に検討するが，輸入した機械や設備を模倣して自力で製作できることや輸入機械の部品を自国内で生産できることは，一定の水準の機械生産の技術が

存在することを意味している。中古機械の流通市場の存在を含めて，中小・零細企業が安価な機械・設備を入手できるシステムは，機械の作成や修理にかかわる地域産業の技術的・産業的な発展によって支えられているといえよう。

現場を知悉した経営者

（6）経営者のあり方も，重要な意味をもっている。ロイは，ミル（大規模工場）の凋落とパワールームの興隆の過程で，ミルにおける経営力が成否を分ける重要な要因と見ている。いくつかのミルは，変化する需要に対応して製品や機械を高度化してブランド品の生産者として発展したが，多くのミルはそれに失敗している。

パワールームやいくつかの小企業・零細工業の分野では，経営者の生産や取引の現場への参加の深さが，重要な競争力となっているように思われる。ティルップールのガウンダル・カーストの既製服経営者は，家族とともに生産の現場で働く。それは，前述のように他の労働者の労働強度を強めるだけでない。ティルップールのメリヤス業がインド市場への浸透を強める大きなきっかけは，高番手の糸を使った「高級バニヤン」の生産の開始であったが，この高級バニヤンの生産にはいままで以上の監督が必要だった（Chari 2004, 125, 224-225, 229）。生産の実際を知悉した経営者が，自ら労働に参加しながら監督を行うことが，ティルップールのメリヤス業がインド市場で地位を確立するうえで重要な貢献をしていることはおそらく間違いないであろう。

また，パワールーム経営者には，手織生産から転換した者が多い（Roy 1998）。手織生産者の多くは手織工カーストで，経営者も手織労働に従事した経験をもつのが普通である。つまり，パワールームの経営者も多くは生産労働に参加し，生産の実際を知悉しているといってよい。さきに，一般的な機械をもって多種の織物の生産をいかに迅速に転換できるかが重要な織物生産において，パワールーム経営者がミルの経営者よりも迅速に対応していることを記したが，こうした迅速な経営判断も，パワールーム経営者の生産現場への参加程度が高いことで可能になっているといえよう。

プラスチック再生業においても，経営者や関連商人やブローカーにとって，

現場の詳細な知識は必須である。デリーのプラスチック再生業では，農村から出てきた労働者は厳しい労働の現場を経て，幸運な者は少しずつ地位を上昇させて，小規模事業所の経営者や商人になってゆく。極めて多数の素材や製品が複層的なマーケットの中で取引され再生されるこの産業では，経験にもとづく現場の詳細な知識や関連する業者にかんする詳細な情報をもとにした，迅速な経営的判断が重要となっている（Gill 2010, 134-141, 162）。

こうした現場労働従事型の生産者としては，さらに，ルディヤーナ市の機械工業の経営者層があげられる。ここの軽機械工業や金属工業のダイナミックな発展を担ったのは，自ら熟練職工でもある経営者たちである。彼らの 2-3 世代前の祖先は，パンジャーブ農村の鍛冶工として農具などの生産をしていたが，次第に都市に移住して，自転車のパーツ生産に参加していった。これらの経営者は，自ら生産労働をするだけでなく，自ら機械を作る能力をもっているので，借りてきた機械や中古の機械を模倣して安価な機械を製作する。こうして，彼らは，熟練工を雇う必要もなく，小資本で起業が可能で，自ら機械を製作することもでき，デザインや製品のイノベーションや品質改良を行う能力ももっているのである（Tewari 1999）[29]。

インフォーマル工業や小工業には，こうした現場労働出身者型の経営者とならんで，商人系譜の経営者の型がある。こうした商人系譜の経営者の場合は，非常に多くの種類の製品や原料からなる取引市場の現場に参加し，そこから得られる情報に精通していることや関連する業者・商人とコネクションをもっていることが，競争力となっているように思われる。アーグラー市の履物工業の中で，家族労働主体の家内工業の場合は指定カーストのジャータヴ成員が経営主であるが，それより大きな経営は，商業カーストの「ホワイトカラー」の人々が経営していることが多い。彼らは，同じく「ホワイトカラー」である商

---

[29] グジャラート州における陶磁器生産の分野では，1980 年代から 90 年代にかけて，登録工場のみならず零細企業が叢生した。台所用品や衛生陶器など高価な製品を生産する登録企業の半分以上は，パテール・コミュニティがオーナーとなっているが，茶碗の装飾やおもちゃの製造など安価品生産を行う未登録企業については，元々の壺作りカーストであるプラージャーパティ（Prajapatis）が 28.6％を経営し，指定カーストが 25.7％を占めている（Das 2003, 80-81）。

人や納入相手である全インド・レベルの製靴大企業などから情報を得ながら，彼らとの信頼関係にもとづき，経営を行っている（Knorringa 1996）。

また，ティルップールの既製服産業においても，北インド出身などの商人出身者による経営は少なくないが，前述のようにそれらはしばしばほとんど生産設備をもたず家内工業への外注（外部コントラクト）によって製品を「生産」している。これらの経営は，同市のクラスター内の情報，内外の市場とのつながりが重要な競争力となっているとも考えられるが，この点は推測の域をでない。

いずれにせよ，細分化された需要の構造と細分化された生産の構造が作り出す多層的で極めて複雑な市場構造の中で，生産と交易の現場から得られる情報の意味は非常に大きいように思われる。Knorringa（1996, 77-78）は，指定カーストのジャータヴ経営の履物生産者が，商人カーストで「ホワイトカラー」の商人層から市場の情報等を得られないことが，ジャータヴ経営発展の大きな制約となっていることを指摘しているが，これもこうした市場構造における情報の重要性を示唆している。他方で，大学を卒業して「ホワイトカラー」になることは，こうした情報のネットワークに加わるうえで，重要な意味をもっているように思われる。

疑似ブランド製品生産のシステム

以上，小・零細規模工業は，安価であるが質の保証がない製品を生産しているが，生産過程の面では，生産ユニットが小さく現場での労働参加型の監督が重要であること，製品需要の面では，質を問わず安価であることが重要で，かつ需要は極めて多種で細分化されており季節的な変動が大きく，労働力の面では，産業は労働の質よりも賃金の低さを追求し，農村社会と連続する労働市場から低教育の低賃金労働力を利用し，生産への投入材の面では，再生品など安価原料の利用と安価な機械を使用することによって，安価製品を生産している。こうした細分化した生産や労働のあり方を知悉して労働参加型の監督を行う経営者や細分化した複雑な市場取引の実際的情報をもった経営者など，小規模経営者による迅速な経営判断が，こうしたシステムに効率的に作用したこ

と，この点でもエリート出身の経営層からなるミルの典型的なケースとは対照的であろうことは想像に難くない。すでに議論の中で指摘したように，これらの安価製品の生産を可能にしている諸側面は相互に関連し，相互補完的であり，一連のシステムをなしているといってよいだろう。

さらに，第9章でより詳しく検討する予定であるが，関連するインフォーマルな諸部門は相互に密接な物的・人的な循環を作りながら，安価製品生産のシステムを作っている。たとえば，農村社会と農業部門の中心をなす人々は，自らインフォーマル部門の農業を営みつつその生産物を安価に農村と都市に供給する一方で，インフォーマル工業部門の生産する，質の保証はないが非常に安価な工業製品を主として消費することで，安価に労働力を再生産して工業に提供する。さらに，インフォーマル部門は提供される労働力に高い教育を要求しないから，労働力再生産における教育費は低く，これも安価な労働力再生産費の重要な要因となっている。他方で，インフォーマル工業の最大の市場をなす農村市場の需要が，品質の保証のない安価な製品であり，細分性をもち季節的であることが，工業生産の技術や体系，投入機械の質，投入原料の質，必要労働力の質，労働監督の形態を大きく特徴付ける，という，相互補完的な関係がおおよそ成立しているといっていいだろう[30]。

小規模な工業への保護や大規模工場へのさまざまな政府による規制が，こうした疑似ブランド製品生産の一連のシステムを，いっそう促進したのは間違いないが，こうした政府の規制がなかったとしても，このシステムのもとで程度の差はあれ，同様の特徴をもつ小・零細工業の発展を見たと想定して間違いないだろう。

---

30) 西部インドの織物生産について小規模経営の発展を歴史的に検討した Hynes (2012) も，艶出糸，人造糸，模造金糸を使った織物など，他人の尊敬を集めたり地位を表示するような物でかつ安価な繊維品を生産することができたことが，小規模経営の拡大に重要であったことを指摘している。

6　グローバリゼーションと小・零細工業

　インドのメリヤス産業，既製服生産，製靴産業などは，1980年代特に半ば以降に海外輸出を急速に増大させてきた。この輸出の増大が，小・零細工業の拡大や発展にどのようにかかわったかは重要な課題である。たとえば，ロイは，インドの衣服習慣の変化は輸出向け既製服生産の発展によるスピルオーバーと見ている（Roy 2004b, 92）。これにかんして筆者は，繊維産業の中でも輸出比率の高い既製服産業においても輸出比率は25％程度であること，および履物産業における靴輸出の比率は極めて低いことを指摘した。さらに，プラスチック再生業では輸出市場は非常に小さいと思われることなどから，これらの小・零細工業の市場的基盤は量的には国内市場にあることを再度確認しておこう。さらに重要なことは，ロイも認めるように，繊維産業の国内消費は安価な疑似ブランドへの指向を強めたこと，この安価製品を選好する市場の動向が産業の生産の動向を基本的に特徴づけてきたことは，上の分析で詳説したところである。この安価な疑似ブランドへの指向は，前述のオセラの調査が示すような，インド農村の社会変動と関連した下層階層の消費動向の変動を考慮しなければ，説明できないだろう。消費変動を「消費のグローバリゼーション」と捉えるだけでは，都市中上層の消費変動を説明することはできても，インド全体の市場動向は説明できない。その意味では，インドの小・零細工業の拡大・発展のあり方を基本的に規定しているのは，輸出ではなく，変動する農村社会や都市の下層を含めた広範な階層の消費動向であることを確認しておきたい。

　しかし，製品輸出の拡大が，これら産業に重要な影響を与えていることは，いうまでもないことである。織物の最終消費需要に占める輸出の比率は，1980年代半ばの11％前後から1995年前後の30％前後へと大幅に増大した（Roy 2004b, Table 3.2 [p. 89]）。既製服やメリヤス製品についても顕著な輸出増大が見られた。こうした輸出の増大が，インド繊維産業に大きな刺激となり，特に，輸出分野で率先してシェアを伸ばした中小・零細規模の企業の発展を強く促進したことは，いうまでもない。しかし，輸出の増大が，これら産業の構

造や生産のあり方にいかなる方向の影響を与えたかは，必ずしも明らかでない。以上検討してきたいくつかの産業について，輸出の影響がどのように現れているかを簡単に検討してみたい。

まず，1980年代から輸出の可能性が拡大したときに，輸出をいちはやく増大させたのは，繊維工業であれば，ミル部門でなくて小・零細規模部門であった。1995/96年における織物輸出の88％は，直接間接にパワールーム部門からのものであった。インドの小・零細規模工業が，ミルなどの大規模経営よりも国際的な競争力をもつにいたっていたことを示している（Roy 1998）。この競争力を支えたものは，基本的には，上述した小・零細規模工業による低価格品生産のシステムといってよいだろう。さらに，このシステムを含む，次節で検討するような地域的な「下からの」産業発展が，輸出への進出を可能にした基盤を形成したといえよう[31]。

輸出市場の拡大が，これら小・零細規模工業に与える影響は，複雑である。ティルップールの場合は，輸出の増大は，少なくともその増大期の初期には，大規模経営化を引き起こすどころか産業の分散性を強化する方向に作用したようである。同地では，輸出の始まった1980年代から1990年代半ばにかけては，雇用者50人以上の大規模，中小規模の工場が減少し，代わってより小・零細規模の事業所が増加する（表7-6）[32]。

ティルップールの場合は，1970年代末から1980年代に，労働力の面でも変化が生じた。それはその時期まで少なかった，指定カーストの労働者や女性労働者，南インドの諸地域からの出稼ぎ労働者の数が非常に増えたことである。

---

31) ルディヤーナの羊毛ニット産業は，1990年代初めにソ連の崩壊によってもっとも重要な輸出市場を失う危機に陥ったが，そこからすぐに回復し，短期間に西欧を含む海外市場への輸出の拡大に成功した。その際重要であったのは，国内市場であった。輸出企業も国内市場向けの生産物をつくっていたから，国内市場は安全弁として重要であっただけでない。ニット生産者は，1980年代からインド国内の上質品や中質品需要を対象に，デザインや製品種類の開発と改良，必要な仕事のプロセスの改良等の組織的な対応を積み重ねており，そうした国内市場を基礎とした改良の蓄積が，新たな輸出市場への進出を可能とした，という（Tewari 1999）。国内市場を基礎とする長期の産業的発展過程が，輸出市場への進出にとって最重要な基盤となったことを示す事例といえよう。

表 7-6 ティルップールにおける雇用規模別工場数とその変化

工場規模	1986 年	1996 年	10 年間の変化
10 人未満	0	130	—
10-19 人	0	310	—
29-49 人	151	497	229%
50-99 人	89	37	−58%
100-499 人	12	7	−42%
500-999 人	20	0	−100%
1,000 人超	0	0	0

出典）Chari 2004, Table 6（p. 27）［原典："Statement III", 1996, at the Office of the Deputy Inspector of Factories, Tiruppur］．

女性労働者は，輸出向け製品の品質検査や仕上げなどの部門に入り，指定カースト労働者は漂白などの労働環境の厳しい職場に配置された。80 年代の半ば以降，女性労働者は，縫製などの熟練工程にも低賃金労働者として配置されるようになる。こうして近隣の農村や都市からくる男性労働者を主たる労働力基盤としていたティルップール繊維業に，輸出増大による労働需要の増加や輸出品のための品質管理部門の形成にともなって，女性労働力や出稼ぎ労働力が大幅に増えるという労働基盤の変化が生じたのである。かつてガウンダル出身者などは，バニヤン製造工場の労働者として入職して，後に経営者として独立するという可能性をもっていたが，このように労働者が経営者として独立してゆ

---

32) 表 7-6 は，工場法にもとづく「登録工場」にかんするもので，登録義務のない雇用者数 10 人未満の工場は，本表からは原則として排除されているなど，本表の数値は実態を正確に反映していないが，10 人以上規模の工場の基本的な動向については表示されているといってよいだろう。なお，ティルップールの繊維産業について 2010 年前後に聞き取り調査を行った Roy（2013, 95）は，雇用者数 50-100 人規模の工場が一番多いと指摘している。表 7-6 は 1996 年に 29-49 人規模の工場がもっとも多いと表示しているから，1996 年以降の 15 年間に工場規模の拡大があった可能性を示唆している。ただ，表 7-6 の数値は工場法にもとづいて登録された雇用者数であるから，実際の雇用者数よりかなり過少に報告されていることは間違いない。したがって，1996 年以降の 15 年間に工場規模の増大が実際にあったかどうかは，これらの数値からの判断は困難で，この点は今後の検討にまちたい。

く可能性は狭まっていった（Chari 2004, 245-247；Vijayabaskar and Jeyaranjan 2011, 143；Singh and Sapra 2007, 86）。

　こうした変化との関係で注目されることは，ティルップールの既製服産業は，海外需要にかんしてその低価格を最大の武器として輸出の拡大を追求したことである。もちろんそれまでの中心的な生産物のバニヤンが労働者も買える程度の価格であったのと比べて，輸出品の価格は労働者が購入可能な範囲でなく高価であるとはいえ，産業は，技術変化や製品の質の向上によってではなく，価格の切下げ競争を通して輸出の振興を図った（Chari 2004, 256, 266-267）。こうして，前述したような，農村と結びついた出稼ぎ的で浮動的な労働力を企業内の訓練制度なしで使用することによって，安価・低質の流動的労働力を基盤として海外市場の低価格帯に向けて進出していくという態勢は，輸出の増大の中で強化されていったといえよう。ティルップールにおける1980年代以降の経営規模の縮小傾向は，こうした輸出にかかわる変化と関連していると推定される[33]。1990年代以降は，ティルップール繊維産業は，北アメリカの中位品市場への進出を図っているが，インドよりも高い賃金水準のもとで，短大卒など学歴も高い労働者を長期雇用して企業内の訓練制度により技術の向上を図っている中国の繊維業が世界市場のシェアを拡大しているのに対して，インド繊維業の世界市場における輸出シェアは多角繊維協定（Multi-Fiber Agreement）が終了した2005年以降も停滞した状態にある。インドの代表的な輸出繊維業地域のティルップールの繊維業にとっても，初等教育程度の低い教育水準の安価な流動的労働力に依存する態勢から脱却し，労働者の技術形成の体制をつくれるかどうか，そうした過程を通じて低賃金・低技術品市場への依存から脱却できるかが，世界市場への進出との関連で重要となろう（Chari 2004, 24；Vijayabaskar and Jeyaranjan 2011；Roy 2013, 82, 105）。

---

33) Singh and Sapra（2007, 97）は，ティルップールの繊維産業は，非常に競争的で激しく変化する市場に依存しているために，生産体制の分散化や抑圧的な労働者管理の方向に進んだという。北アメリカ市場の安価製品市場に依存するデリーの生産者も，不安定な低賃金労働力の利用によって，激しい市場変動に対応している（Singh and Sapra 2007, 118）。

輸出の拡大が経営規模の縮小傾向と並行した 1980 年代のティルップールの例と異なって，他の地域の繊維産業には，輸出拡大が工場規模の拡大を促進しているケースもある。デリーの既製服産業の場合には，たとえばヨーロッパや北米向けのシャツは，非常に清潔な環境で生産しなくてはならないために，中規模経営は糸の切断やボタン縫製のための工場外への運搬を取りやめて工場内でそれらの工程を行う必要が生じた（Singh and Sapra 2007, 115, 120；Roy 2013, 91）。織物産業の場合，輸出は，製品の質の向上や標準化とともに，規模の経済の実現を要求した。輸出希望のパワールーム企業は，同一種の織物の生産が輸出最低単位を超える必要があり，また高度の標準化を実現する必要があるため，新たな機械の導入が必要だった（Roy 1998, 903-904）。

このように，輸出の増大の影響は，経営規模にかんしては画一的でない。ただ，経営規模が拡大する場合でも，外注していた複数の工程を同一の工場敷地内で行うという形態が現在のところ中心的であり，生産ラインの根本的な改変による大量生産方式の確立というような例は少ないように思われる。この点と関係して，安価で流動的な労働者が生産の中心を担うという労働力調達のシステムは，デリーのケースも含めて変化していない（Singh and Sapra 2007, 116）。この点が，今後のインドの輸出の発展にとって，最大の制約要因になりうることは，前述したところである。

1980 年代から徐々に進行する貿易自由化政策への転換の中で，輸出とともに大きな影響をインド産業に与えたのは，機械や中間財などの輸入制限の緩和であった。インドの繊維産業では，1980 年代後半から，従来の織機に代わって自動織機など新たな機械の導入が進んだ。1985 年繊維政策や 91 年の改革によって輸入の自由化が進むと，海外からの機械輸入も増大したが，その中では東アジアからの中古の繊維機械が重要であった。これらの新たな機械の導入はミルなど大規模工場から始まって順次，その中古品が先進的パワールーム地帯でそれまでの機械に代替してゆき，その代替された機械が別の地域で使用されるという形で，小・零細規模経営にも普及していった。ヨーロッパや東アジアの企業から機械や協力の形で技術を導入するケースも出てきた（Roy 1998, 904）。1994/95 年には，インドで入手できる繊維機械の 58％は，輸入品であ

る。繊維機械の多くが輸入品にとって代わられたと見てよいだろう（Roy 2004b, Table 3.14, [p. 103]）。

　もちろん，パワールーム業者の多くがこうして新たな機械を導入したわけではない。むしろ，そうした近代化を行えなかった生産者が多かったであろうが，全体の小・零細規模経営者たちが旧式の機械による生産を続けてきたわけでなく，かなりの部分で，東アジアからの中古機械など輸入機械の導入を含めてイノベーションを進めてきたことは，注目してよいだろう。本章の冒頭で，Marjit and Saibal Kar（2012, 254-255, 270）が，フォーマル部門の資本ストックが停滞あるいは減少しているのに対して，インフォーマル部門の固定資産は増大していることを明らかにしていることを指摘した。この事実は，以上のようなインフォーマル部門における積極的な機械の更新などと関連しているように思われる。こうした小企業・零細経営における技術の改良が，それらの生産者が輸出においても国内市場においても重要性を増している事実の背後にあると推定してよいであろう。

7　農村・地域社会を基盤とした「下から」の産業発展

　小・零細規模経営が主導する繊維産業・履物産業・プラスチック再生産業において，農村市場の拡大が決定的に重要な役割を果たしてきたことは前述したが，農村社会や地域社会は，生産者や経営者を生み出す母体としても重要な役割を果たしてきた。

　インド最大の小・零細規模繊維産業の集積地であるタミルナードゥ州のティルップールの繊維産業を主導的に発展させてきたのは，南インドの農村社会の中で農業生産者として重要な位置にあったガウンダル・コミュニティであった。20世紀の初めには，ティルップールは南インドの重要な綿花栽培地域の中にある綿花取引や繰綿産業の中心地のひとつであった。この地域で栽培された長繊維の綿花は，細糸の原料として重要で，同じタミルナードゥ地域にあるマドラス（チェンナイ）市やコインバトール市などの綿工場で大きな需要が

あった。こうしたタミルナードゥ地域内の綿花取引の中心地としてのティルップールで，ガウンダルは生産者としても商人としても初期の工業家としても重要な位置を占め始めた。この地域では商業作物の栽培も盛んで，農業余剰が商業や小工業に投資されていった。独立以降も，畜産，手織，パワールーム，綿繰り，メリヤス，農村機械工業など多様な農村工業が拡大していった。こうした中で，ガウンダルなど農業生産者たちは，労働者や経営者として同市でのメリヤス産業に進出していった。農村から来たこれらの労働者は，ガウンダル成員の経営するメリヤス工場で勤勉に働き，同じコミュニティからの支援を受けて独立して，小規模経営者となる者も少なくなかった（Chari 2000；Chari 2004, Chs. 4 and 5)。こうして，農業労働に従事してきた農業生産者が，農業生産の増大を背景に，農業余剰を使いながら工業生産に乗り出し，農業生産の場と同様に肉体労働をこつこつと行う精神をもって工業生産と経営に従事してきたことが（Chari 2000；Chari 2004)，同市でのメリヤス産業発展の重要な基礎をなしている。ティルップールのメリヤス産業を「農村起源」と特徴づけるのは妥当であろう。

いまひとつの重要工業都市ルディヤーナ市の中小・零細工業群も，農村社会との密接な関連の中で形成されており，農村起源といってよいようである。同市は，1990年代初めで40,164の登録小企業，109の中規模・大規模企業を擁し，インドの毛メリヤス生産の95％，ミシン部品の85％，自転車・自転車部品の60％を生産していた。この中で注目されることは，パンジャーブの小企業の全従業者の60％以上が熟練工であることである。これら熟練工の従業者は，監督・職工長職にいるだけでなく，多くは地域の軽電機産業，金属工業，工作機械産業などの小さなビジネス，仕事場，工場の所有者である。Tewari (1998) によれば，こうした熟練工たちは，植民地期に農村で農具などを生産していた手工業者に淵源するという。植民地政府は鉄道や運河の建設のために，地元の鍛冶屋や手工業者，特に，ラームガリア（Ramgarhias）から，多くの人を調達したが，その結果これらの手工業者は，技術レベルを上昇させ，技能を多様化させ，新たな生産や環境への対応の仕方を学んだ。彼らの中からは資金を蓄積して，農村地域で小規模な金属工場を作る者も出てきた。しかし，

パンジャーブでは，農民外の村民が農地を購入することが禁じられていたため，これら手工業者には農村内で上昇する機会は限定的で，都市に移動する者が次第に増えていき，商人と連携をとる者もでてきた。ルディヤーナに移動した手工業者たちは，確立しつつあったメリヤス産業の機械や道具，設備を製造する金属工場をはじめた。鋳造場もできてきた。こうした金属関係の小企業は，自転車，自転車の部品，ミシンの部品などの生産へと業務を拡大していった。先に，ルディヤーナの小規模産業が安価な機械を生産する地元の機械産業を基盤としていることを明らかにしたが，そうした同市の機械産業はこうした農村起源の手工業者たちが担っていたのである。ルディヤーナ工業の農村との関連はこれだけではない。穀物商人はルディヤーナ工業の重要な資金の貸し手であり，農業余剰は工業の資金として動員されるシステムができている。Tewari（1998）は，ルディヤーナ工業と農村市場・パンジャーブ州内市場との関連は弱いと理解しているが，同市の重要産業の自転車は農村市場が主導して発展してきたことに注目する必要があろう（Singh 1990）。また，Himmat Singh（2001, 253）によれば，農業先進地域のパンジャーブ農村では，「緑の革命」の進展とともにほとんどの旧式の不完全家屋が瓦葺やコンクリート屋根の家屋に改築されており，それにともなって建築用のさまざまな資材の需要は大きかったであろう。

　このように，ティルップールとルディヤーナという，小・零細規模工業が優越する工業都市については，それら工業が地域の農村社会や地域社会を母体にして形成され発展してきたことを確認できるが，その他の重要な小・零細規模工業の場合も，農村を母体とするものは少なくないように思われる。たとえば，手織産業は農村地域に立地していた手織工が次第に都市部に集住するようになったものだし，パワールーム産業も，こうした手織経営から転換したものが非常に多い。また，履物生産者は，多くは農村の皮革工が都市に移動してきたものでいまなお農村との関連を維持していることは前述したし，今日でも多数の履物工は農村部に立地している。また，デリーにおけるプラスチック再生業の従事者が農村部からきた指定カースト成員からなり，いまなお農村との強い紐帯を維持していることも前述した。

このように考えると，インドの工業発展の中で主導的な重要性をもつインフォーマル部門や小・零細規模企業の作り出す工業部門は，市場的にも系譜的にも，あるいは一部は資金的にも，農村社会を基盤として，いわば農村起源の「下から」の発展が中核的な部分を占めているということができよう[34]。第10章で詳述するように，「緑の革命」を経た農村経済の発展の中から多くの新しい資本家が育ち，製薬業などの新しい産業分野で重要な位置をもつ大企業家も多数出ている。農村の社会と経済の発展を背景とする「下から」の経済発展は，現代インド経済形成の重要な基盤となってきたといえよう。

---

34) Roy（1998, 907）も，成長が顕著な工業密集の都市で，農村起源や手工業起源の資本が重要な役割を果たしていることに注目している。グジャラート州の陶磁器生産においても，パテールが陶磁器産業に農業余剰を投資している（Das 2003, 81）。

第8章

サービス部門の拡大と農村社会経済変動

1 サービス産業の発展——伝統的部門の重要性

　1980年以降のインドの経済発展の中で，もっとも顕著な増大を見せたのは，サービス部門であり，経済自由化政策の全面的採用に踏み切った1991年以降の10年間には，工業部門が成長率を1%低下させているのとは対照的にサービス部門は成長率を上げている。これらのことから，現在のインドの経済成長を「サービス部門主導」の成長であるとする議論も提出されていることは，周知の通りである。

　サービス部門の成長率の上昇は，2つの段階を通して実現してきた。表8-1から分かるように，第一段階は，1951-80年の時期の平均成長率4.5%から1980年代の6.6%への飛躍で，第二段階の1990年代では，成長率をさらに0.9%上昇させて7.5%とした。後の議論との関係では，サービス産業の発展のうえでは，第一段階の80年を境とする成長率の上昇幅は大きく，この点の解明がサービス産業発展を考察するうえで特に重要となることにあらかじめ留意しておきたい。

　こうしたサービス部門の拡大の結果，表8-2から分かるように，インドのGDPの構成に占める第三次産業の比率は1970/71年の34.82%から1996/97年の43.46%へと増大した。同じ時期に，第二次産業のシェアは，26.78%から33.80%へと増大している。就業者数にかんしていえば，第二次産業のシェアは1970/71年から1990/91年の間に11.2%から12.7%へと13%の増大にとど

表 8-1　部門別成長率

（単位：平均年率）

	1951-80 年	1981-90 年	1991-2000 年
農　業	2.1	4.4	3.1
工　業	5.3	6.8	5.8
サービス業	4.5	6.6	7.5
GDP	3.5	5.8	5.8

出典）Gordon and Gupta 2004.

表 8-2　インドの GDP・就業者に占める産業部門別比

	GDP に占める比率（％）		
	第一次産業	第二次産業	第三次産業
1950/51 年	52.05	13.87	34.07
1960/61 年	44.42	23.72	31.85
1970/71 年	38.40	26.78	34.82
1980/81 年	32.82	28.72	38.47
1990/91 年	27.13	31.56	41.30
1996/97 年	22.74	33.80	43.46
	就業者数に占める比率（％）		
	第一次産業	第二次産業	第三次産業
1950/51 年	72.1	10.7	17.2
1960/61 年	71.8	12.2	16.0
1970/71 年	72.1	11.2	16.7
1980/81 年	68.8	13.5	17.7
1990/91 年	66.8	12.7	20.5

出典）Madheswaran and Dharmadhikary 2000, Tables 2, 3 (p. 838).

まったが，第三次産業は同期に 16.7％から 20.5％へと 23％も増大させている[1]。

　1980 年以降のインドの経済成長について，1991 年の全面的な経済自由化政

---

[1] インドの消費支出における対サービスの支出の比率は，1970/71 年の 10.45％から 1980/81 年の 12.35％に増大したが，その後加速化し，1996/97 年には 19.29％に達している。消費支出の成長率を，対サービス支出と対物支出にかんして比較すれば，1970 年代には 7.65％と 2.95％，80 年代には 4.98％と 3.42％，90-96 年の間には 8.02％と 4.04％と，いずれも対サービス支出が高い率で成長してきた（Madheswaran and Dharmadhikary 2000, Tables 7, 8）。

表 8-3 サービス産業の構成別成長率 (1980-2004 年)

(単位：%)

	近代的サービス部門					伝統的サービス部門				サービス（住宅を除く）
	合計	通信	金融	ビジネス・サービス	教育・医療	合計	商業	運輸	その他のサービス	
	サービス全体の産出に占める比率									
1960/61 年	19	2	6	1	10	81	40	14	27	100
1980/81 年	22	3	7	1	11	78	37	16	24	100
1993/94 年	31	3	14	2	12	69	34	14	21	100
1999/2000 年	35	6	14	4	12	65	33	12	19	100
2004/05 年	40	11	12	5	11	60	33	11	16	100
	年成長率									
1960-80 年	5.7	6.9	5.9	3.4	5.5	4.6	4.5	5.6	4.3	4.9
1980-93 年	9.0	7.1	12.3	9.8	6.6	5.4	5.6	5.4	4.9	6.3
1993-99 年	12.6	20.3	9.3	28.0	10.6	8.9	9.8	7.5	8.6	10.1
1999-2004 年	10.5	23.8	5.7	11.4	7.1	6.5	7.9	5.7	4.3	8.0
	サービスの総成長に対する寄与度									
1960-80 年	1.1	0.1	0.3	0	0.5	3.8	1.8	0.8	1.2	4.9
1980-93 年	2.0	0.2	0.9	0.1	0.7	4.2	2.1	0.9	1.2	6.3
1993-99 年	3.9	0.7	1.3	0.5	1.2	6.2	3.3	1.1	1.8	10.1
1999-2004 年	3.7	1.3	0.8	0.5	0.8	4.2	2.6	0.7	0.8	8.0

出典) Bosworth et al. 2007, 27.

策の採用によってグローバリゼーションが急速に進展し，インドのIT産業，携帯電話など通信産業，金融サービスなどの近代的なサービス部門が急成長して，それらの産業がインド経済成長の起動力となっているという，有力な見解があることは，序章で述べたところである。こうした見解は，どの程度妥当であろうか。

　この点で，Bosworth et al. (2007) の研究は非常に興味深い。彼らが提出した表8-3は，1960年以降のサービス部門の成長率をサービス部門の産業分類ごとに算出し，インドのIT産業，電話など通信産業，金融サービスなどを含む，"通信，金融，ビジネス・サービス，教育・医療"などの「近代的」な産業群（以下では「近代的サービス部門」と呼ぶ），"商業，運輸，その他のサービス"など「伝統的」な産業群（以下では「伝統的サービス部門」と呼ぶ）とを比較している。ここから，(1) 近代的サービス部門も伝統的サービス部門もとも

に1980年以降成長率を加速していること，(2) 近代的サービス部門の成長率は伝統的サービス部門よりも高いこと，(3) しかし，サービス部門全体の総産出額に占める近代的サービス部門の比率は低く，2004年にいたっても40％に過ぎない，(4) その結果，近代的サービス部門がサービス部門全体の成長率上昇に寄与する度合は伝統的サービス部門よりかなり低いことである。1980年から1993年の間に，サービス部門は全体として6.3％の年成長率を達成したが，そのうち近代的サービス部門の寄与は2.0％に過ぎず，伝統的サービス部門の4.2％の半分以下である。1993年から1999年の時期にいたっても，近代的サービス部門の3.9％に比して伝統的サービス部門は6.2％と優越し，1999年から2004年の時期にいたって両者は接近したものの，なお，近代的サービス部門の3.7％に対し伝統的サービス部門は4.2％の成長を遂げて，優位を保っている。IT産業，通信産業，金融サービスなど，経済自由化によって通常促進されたと思われる分野が，1980年から2004年の間にインドの経済成長にもっとも寄与してきたと主張することには重要な難点があることがわかるであろう。特に，2000年以前の時期には，それらの近代的な部門のサービス部門全体の成長への寄与は大きくなかったことが分かる[2]。

Bardhan (2010, 28-29) も，サービス部門の産出の約60％を占める伝統的なインフォーマル部門（未組織部門）がサービス部門成長の大きな部分を占めていること，それらは産業規制や貿易の改革政策によってあまり直接的な影響を受けないような，零細な企業によって担われるサービス産業分野である点から，経済改革とインドの経済成長を直結させる考えに重要な疑問を提出している。

1950年代以降のサービス部門の成長率の上昇をもたらした要因を分析したGordon and Gupta (2004) は，1980年代のサービス部門成長率6.6％から90年代の7.5％への上昇は経済改革や輸出の増大によって成長が加速された情報・通信・金融部門等によることを指摘しているが，1980年までの時期の4.5％水準から80年代以降の6.6％の成長率への上昇もたらした要因については，ほとんど明らかにしていない。

このように，1980年代以降成長率を上昇させたサービス産業について，改

革やグローバリゼーションによる近代的サービス部門の発展によって説明することに重要な難点があることを踏まえて，本章では，1980年代以降のサービス産業の成長をもたらした要因を，検討することとしよう．

2　大都市のサービス産業——インフォーマル部門の重要性

まず，第一に，フォーマル部門の近代的なサービス部門の比率が農村部などと比して高いと思われる大都市のサービス産業の実態に即して，1980年代以降のサービス産業の成長をもたらした要因を考察しよう．この点で，インドの代表的な大都市アフマダーバード市のインフォーマル部門を調査したRani and Unni（2000）等（以下では，「SEWA-GIDR調査」と呼ぶ）は，貴重な情報を提供してくれる．

この調査による同市の雇用と所得の全体を表示した表8-4から，サービス部門では，雇用者の81％がインフォーマル部門に所属し，付加価値額の面で

---

2) Bosworth et al.（2007）は，伝統的サービス部門の寄与が大きいという結論にかんして，サービス部門とくに伝統的分野のサービスの価格のインフレ率の過小評価の結果，サービス産業の成長率が過大に推定されたためではないかという解釈があり得ることを指摘しているが，Bosworth et al.（2007）自身，この解釈を実証することが不可能であることを認めている．また，後に検討するUnni and Rani（2003）は，アフマダーバード市のインフォーマル部門の雇用者数が1976年から1997年の間に5倍以上に増大したことを明らかにしている．インフォーマル部門の多くを占める伝統的サービス部門の雇用者もこの間に数倍程度に増大したことを示唆しており，インド全体でも伝統的サービス部門が急速に成長した事実は否定しがたいであろう．また，近代的部門に比して伝統的部門が特に成長率が過大評価されているのでないか，という疑問に関連しては，Nagaraj（2008）は，逆に近代的なサービス部門の代表というべきIT関連産業の成長率が実態以上に過大評価されている可能性を指摘している．すなわち，IT技術やIT関連産業は，ほとんどが輸出向けの経済活動で，データはそれらの活動で得た外国為替収入の大きさについての業界団体の報告から把握されているが，それらから得られる経済活動の価額はインドの国内価格で把握された場合と比べて4倍か5倍と大幅に過大評価となっている可能性があるという．このように，サービス部門の成長率の算出方法については多様な見解があるが，本書では，Bosworth et al.（2007）の算出した表8-3が，サービス産業の動向をおおよそ反映しているであろうという前提のもとで，以下の議論を進めてゆきたい．

表8-4 アフマダーバード市における雇用・付加価値・労働生産性（1997/98年）

	雇用（人）			付加価値額（100万ルピー）			労働生産性（ルピー）		
	フォーマル	インフォーマル	合計	フォーマル	インフォーマル	合計	フォーマル	インフォーマル	合計
直接生産活動										
農業	14,160	20,701	34,861	58	324	382	4,096	15,651	10,958
製造業	173,785	359,076	532,861	12,453	9,435	21,888	71,658	26,270	41,073
電気・ガス・水道	12,472	0	12,472	1,381	0	1,381	110,728	—	110,728
建設	0	139,264	139,264	0	2,148	2,148	—	15,454	15,424
合計	200,417	519,041	719,458	13,892	11,907	25,799			
サービス										
運輸	16,201	175,197	191,398	1,369	5,654	7,023	84,501	32,272	36,693
倉庫	1,422	0	1,422	143	0	143	100,563	—	100,563
商業, ホテル, レストラン	26,993	258,573	285,566	4,197	7,171	11,368	155,485	27,733	39,809
教育	10,579	0	10,579	1,300	0	1,300	122,885	—	122,885
通信, 銀行, 保険	59,365	0	59,365	7,509	0	7,509	126,489	—	126,489
その他サービス	35,170	201,075	236,245	2,267	3,416	5,683	64,454	16,989	24,056
合計	149,730	634,845	784,575	16,785	16,241	33,026			
賃貸収入	0	0	0	1,307	0	1,307	—	—	—
総合計	350,147	1,153,886	1,504,033	31,984	28,148	60,132	91,344	24,392	39,979

出典）Rani and Unni 2000, Table 4.16 (p. 46)；Unni and Rani 2003, Table 2.5 (p. 57).

もインフォーマル部門がほぼ49％を占めることが分かる。建設業を含めてサービス産業を計算すると[3]，雇用者の84％が，付加価値額の面でも52％が，インフォーマル部門によって占められている。つまり，近代的なフォーマル部門の比率が他地域に比して高いと思われる大都市経済の同市のサービス部門で

3）建設業はインドの統計では，第二次産業に含まれるが，国際的には第三次産業に含めるのが普通である。以下の本節では，特に断りのないかぎり，建設業とサービス産業を一体的に議論の対象にしたい。

も，雇用の面では圧倒的にインフォーマル部門が大きいこと，付加価値額の面でもインフォーマル部門が産出の6割を占めるというインド全体の状況と大きな違いはないことが確認できよう。

　サービス部門のなかでは，「倉庫」，「通信，銀行・保険」と「教育」は，フォーマル部門からなっている。前述のBosworth et al.（2006/07）によって伝統的サービス部門として区分された「商業，運輸，その他のサービス」にかかわる分野では，商業や運輸では雇用者の9割はインフォーマル部門であるだけでなく，付加価値の面でも8割から6割がインフォーマル部門でつくりだされるという点でも，インフォーマルが大半を占める分野であることがわかる。表8-4の「サービス」は，Bosworth et al.（2006/07）の区分でいう近代的な部門と伝統的な部門の両方を含んでいて，雇用者の面ではインフォーマル部門が圧倒的に多いが，数少ない近代的企業（主として金融関係）が付加価値の半分強を産出していると推定してよいだろう。また，建設業はすべてインフォーマル部門である。

　伝統的サービス部門の具体的内容を，サービスの内容に分けて，もう少し検討しよう。「運輸」は従業者数の面でも所得の面でもインフォーマル部門が圧倒的であるが，この調査ではインフォーマル部門の中身を，タクシーやローリー（トラック）等の独立経営の分野と，オート・リキシャやペダル・リキシャなどの自営業の分野に分けている。前者のタクシー等の分野には62,636人が従事し，その付加価値額は25億4,100万ルピーで，後者のリキシャ等自営業には112,561人が従事し，稼得する付加価値額も31億1,300万ルピーと大きい。インフォーマル部門の運輸サービスは，まったく固定した営業の施設をもたず，すべて路上で営業されている（Unni and Rani 2003, 50）。こうして，「運輸」関係のサービス分野では，リキシャ等の分野が従事者数においても所得総額においても中核的な部分を占めており，それにタクシー・ローリーなどの分野を加えたインフォーマル部門が全体の大半を占めている[4]。

　アフマダーバード市のサービス部門の中で，28.5万人ともっとも多くの人

---

[4] Rani and Unni 2000, 39.

が従事し，最大の付加価値を生み出している「商業，ホテル，レストラン」はどうであろうか。前述のようにこの分野でも，インフォーマル部門が就業者の90％以上，付加価値の63％を占めて，中核的な位置を占めている。このアフマダーバード市の調査で，インフォーマル部門の「商業，ホテル，レストラン」の中心は，行商人，野菜売り，茶店など，路上で営業する人々である (Rani and Unni 2003, 42)。インフォーマル部門の商業の場合，60％は路上で営業しているし，食堂の場合も77％は路上で営業する露店である (Unni and Rani 2003, 50)。

これらのインフォーマル部門の従事者に加えて，本調査は，20万人を「その他のサービス」に従事するインフォーマル部門従事者と推定している。この中には，7.8万人の家内サーバント（domestic servants）が含まれている。さらに，インドの統計では第二次産業に区分されている建設業は，すべてインフォーマル部門で，そこに荷役人など14万人近い人々が働いている。

こうして，オート・リキシャ運転手，路上で営業する行商人，露店，家内サーバント，荷役人などが，アフマダーバード市のサービス産業の従業者数の中心的部分を占めていることが分かる。これらのインフォーマル部門従事者の収入は，他の部門の従事者と比較して低く，都市の貧困者層を成しているといってよいだろう。表8-4で見るように，インフォーマル部門農業の1人当たりの付加価値額1.6万ルピーを基準に考えると，家内サーバントなど「その他のサービス」，建設労働などの1人当たりの付加価値額はそれとあまり差異がなく，露店など商業・飲食業，リキシャ運転手など運輸関連のインフォーマル部門従事者の場合は，それより大きいが農業の2倍程度にとどまっている。これらのインフォーマル部門の低い1人当たり付加価値額は，フォーマル部門のそれとは対照的である。フォーマル部門の1人当たり付加価値額は，商業・ホテル・レストランの15.5万ルピー，通信・銀行・保険の12.6万ルピー，教育の12.3万ルピー，運輸の8.4万ルピーと格段に高く，サービス産業の中で，フォーマル部門がインフォーマル部門とは隔絶した位置にあることが分かる。都市のサービス産業が，高い1人当たり付加価値額のフォーマル部門と，それとは隔絶した低い付加価値額を得ているインフォーマル部門の二

表 8-5 平均1人当たり消費支出区分別第三次産業就業世帯比率
(単位：%)

	1983年	1993年	1999年
農村			
1	8.17	7.91	10.17
2	10.41	10.77	12.5
3	11.87	14	14.93
4	13.84	17.21	18.31
5	20.23	25.83	27.69
合計	12.90	15.15	16.72
都市			
1	49.8	50.46	52.34
2	53.84	56.15	60.00
3	58.71	61.05	63.24
4	60.48	64.53	64.12
5	63.72	65.52	69.04
合計	57.31	59.54	61.55

出典）Mazumdar and Sarkar 2007, Table 8 (p. 976).

層からなり，従業者の圧倒的な部分を占める後者は，多数の都市低所得層を吸収していると理解していいであろう。

都市部のサービス部門が多くの貧困層を吸収している事実は，アフマダーバードにとどまらず他の都市でも共通した傾向である。1人当たり所得にもとづく世帯の5段階区分にかんして，第三次産業からの収入の比率を示した表8-5から，都市部では低収入層になればなるほどサービス産業への依存は強まり，底辺階層の第五区分ではサービス産業からの収入が家計の7割近くを支える構造となっていることが分かる。

こうしたサービス産業のインフォーマル部門は，アフマダーバード市では，1980年代と90年代にかなり拡大したといえそうである。表8-6は，同市の産業別の就業者を1976/77年に調べたものである。就業者数は60万6,000人で，所得の総額は57億8,400万ルピーであった。この表では，製造業と交通についてはフォーマル（組織）部門とインフォーマル（非組織）部門とを区分して表示してあるが，そうした区分のない「建設」「商業」「ホテル，レストラン」はインフォーマル部門と推定してよいだろう[5]。1976/77年の時点では，サービス部門全体の雇用者28万8千人と付加価値額23億9,500万ルピーのうち，11万8千人，11億7千万ルピーはインフォーマル部門に属していたことになる。さきに見たSEWA-GIDR調査の行われた1997/98年では，サービス部門の雇用者78万5千人（1976年の2.7倍），付加価値額330億3千万ルピー（同

---

5) どの分野がインフォーマル部門かの推定にかんしては，Unni and Rani（2003, 56）の推定結果ともほぼ一致している。

表8-6 産業別就業者と所得（アフマダーバード，1976/77年）

	就業者		1人当たり付加価値	付加価値総額	
	数	比率（%）	ルピー	千万ルピー	%
A. 直接生産活動
1. 土地基盤活動：農業関連，鉱業	10,614	1.8	2,712	2.9	0.5
2-1. 製造業：フォーマル部門	199,123	32.9	9,843	196.0	33.9
2-2. 製造業：インフォーマル部門	82,427	13.6	7,400	61.0	10.5
3. 電気，ガス，水道	6,482	1.1	12,632	8.2	1.4
4. 建設	20,060	3.3	12,740	25.8	4.5
合　計（A）	318,706	52.5	9,225	294.0	50.8
B. サービス
1. 商業	73,100	12.0	11,000	80.4	13.9
2. ホテル，レストラン	15,200	2.5	8,590	13.1	2.3
3. 銀行，保険，不動産	27,700	4.6	11,970	33.2	5.7
4-1. 運輸：フォーマル部門	7,900	1.3	7,975	6.3	1.1
4-2. 運輸：その他	29,900	4.9	7,860	23.5	4.1
5. 通信	2,600	0.4	7,185	1.9	0.3
6. 倉庫	3,500	0.6	9,960	3.5	0.6
7. その他のサービス	128,100	21.1	6,062	77.7	13.4
合　計（B）	288,000	47.5		239.5	41.4
C. 賃貸収入				44.9	7.8
合　計（A+B+C）	606,707	100	9,533	578.4	100

出典）Kashyap et al. 1980, Table 2.18 (pp. 93-94).

13.8倍）のうちインフォーマル部門は63万4千人（同5.4倍），162億4千万ルピー（同13.8倍）であるから，80年代・90年代に，インフォーマル部門サービス業は，就業者数にかんしてはサービス部門全体以上の速度で増加して5.4倍となり，付加価値額においてもサービス部門と同様の速度で増大してきたことが分かる[6]。

1990年代にかんしては，Mehta and Kashyap（2002）が，グジャラート州における都市と農村で拡大・発展した産業は何かを検討している。多くの興味深

い指摘をしているが，特に重要なこととしては，(1) 製造業従事者の比率が減少し，建設，商業，運輸，通信の比率が増大していること，(2) 全体として，常雇労働者をもたない自営業に従事する者の，1人以上の雇用労働者を常時雇用する企業に就業する人に対する比率は，この間にかなり増大したこと，(3) 都市では，自営の小売業従事者の比率は大きいだけでなく，この間にかなり増大したこと，(4) 農村部では，建設業の従事者がかなり増大したこと，である。

以上，アフマダーバード市やグジャラート州の事例を主として検討してきたが，その中から，都市部のサービス産業については，以下のことがおおよそ確認できよう。第一に，1980年代以降，サービス部門が製造業以上に顕著な成長をしたこと，第二にサービス部門の中では，金融などの近代的サービス部門の拡大はあるものの，量的に大きな部分を占めつつ顕著な拡大を遂げたのは商業・運輸などの伝統的分野であり，第三に，商業・運輸などの拡大産業の中核は，行商人・露店，リキシャ曳き，オートドライバーなど，店舗をもたない自営業者や零細なインフォーマル部門の業者であることである[7]。

近代的なサービス部門の比重がインドの中でも相対的に高いと思われるアフマダーバード市でさえも，このようにインフォーマル部門の伝統的部門が1980年代以降のサービス部門拡大の中心をなしてきたこと，さらに店舗のない行商人，露店やリキシャ曳き等がその量的に重要な部分を占めてきたことは，インド全体のサービス産業の展開の特徴を示すものとして極めて重要である[8]。Nayyar (2012) も，インドのサービス部門を，低教育水準で入職可能な副部門と高教育水準を要求する副部門とにわけ，卸売と小売，ホテルとレスト

---

6) ムンバイ（ボンベイ）市においても，インフォーマル部門が非常に速い速度で拡大してきた。同市のインフォーマル部門従事者数は，1961年の80.5万人から，1971年108.7万人，1981年162.8万人，1991年231.7万人へと3倍近くに増大し，同市の雇用全体に占める比率も，1961年47.7%，1971年49.5%，1981年56.1%，1991年66.2%と増大してきた（Sharma and Sita 2008, 342）。

7) グジャラート州の場合に，1990年時点の就業者数でいえば，農村部の非農業部門就業者数は，都市部のそれの半分以下であり，サービス産業の従事者数についても農村部は都市部のそれの半分程度である。その中では，1990年代に特に顕著に就業者数を増大させたのは，小売業と建設業であった（Mehta and Kashyap, 2002）。

ラン,鉄道以外の運輸,倉庫,不動産とレンタル業,個人・リクレーション・娯楽サービスは前者に属し,通信,金融,ビジネスは後者に属するとしたうえで,1993/94 年から 2004/05 年の間に,前者の低教育でも入職可能な副部門が,サービス部門の雇用者増の面では,一番寄与していることを指摘して(p. 213),アフマダーバード市のサービス部門拡大の特徴が全インド的に共通したものであることを示唆している。

3 都市インフォーマル・サービス業の拡大と都市下層民

こうして大都市部で急速に発展してきたインフォーマル部門のサービス産業の発展の背景には,いかなる要因があるだろうか。もっとも大きな比重を占める,行商人や露店(路上の食糧提供者を含める)の拡大の意味を検討することを通して,その要因のいくつかを探究しよう[9]。

露店・行商人

行商人や露店は,固定的な店舗をもたないで,路上で物品を販売したり,食

---

[8] 2009/10 年に人口 100 万人以上の大都市の被雇用者の 14.1％が近代的サービス部門に属し,34.9％が伝統的サービス部門に属する。大都市以外の都市部では,それぞれ 7.7％と 36.9％である。インドの都市における近代的サービス部門の拡大にもかかわらず,都市サービス部門の被雇用者の大半が伝統的な分野によって雇用されていることが確認される (Denis et al. 2012)。小売業の分野で,スーパーマーケットやモールなど組織部門の小売業の発展は 2000 年以降顕著であるが,2006 年の時点ではそれら組織部門小売業のシェアは 4％に過ぎない (*Report of High Level Group on Services Sector*, New Delhi : Government of India, Planning Commission, March 2008, pp. 27, 139)。なお,インドの GDP における国内商業の比重は,1999/2000 年の 13.0％から 2006/07 年の 15.2％へと上昇し,そのうち小売業は 11-12％を占めている。2004/05 年の小売業の従業者数は 3,000 万人で,農村部と都市部に半分ずつ分布している。

[9] Dasgupta (2003, 51-80) も,行商人・露店がインフォーマルなサービス部門従業者の大きな部分を占めており,インフォーマル部門のもっとも重要な部分を構成していると指摘する。6 つの小都市のインフォーマル部門を調査した Ramanujan et al. (1994, 22) は,インフォーマル部門雇用の 22％は,行商人・露店・リキシャ曳きなど固定的事業所をもたない活動に従事しているという。

物を調理して提供したり，あるいは住宅を訪問して販売する。2000年に「路上行商人（street vendors）」にかんする特集を組んだ雑誌 *Seminar* によれば，行商人・露店商は，アフマダーバードに 12.7 万人，パトナ（Patna）に 6 万人，デリーに 20 万人，ムンバイ（ボンベイ）に 20 万人，コルカタ（カルカッタ）に 19.1 万人いる[10]。各都市における行商人・露店の数については，推計によって異なるが，これらが都市サービス部門の中核的な重要性を担っていることは多くの論者が認めている[11]。Bhowmik（2010, 25）は，露店・行商人は都市人口の 2.5% を占め，インド全体でおおよそ 1 千万人に達するだろうと推定する。1999/2000 年の全国標本調査（NSS）は，都市インフォーマル部門の商業分野の就業者を 1,641 万人と推定している。同調査がどこまで露天・行商人を正確に掌握しているかについては不明確であるが，1 千万人に達するだろうと推定される露天・行商人が，少なくとも就業者数にかんする限り都市の商業活動の中核をなしているといってよいであろう[12]。

彼ら・彼女らが扱う商品は，実に多くの種類に及ぶが，多いのは，野菜，果物，魚などの生鮮食品で，雑貨品，台所用品，玩具，衣料品，図書，雑誌，プラスチック製品，皮革製品などを扱う者もいる。さらに，調理済み食糧ないし路上で調理したうえで食糧を提供する者，茶・コーヒーの屋台などである。固定店舗の商店が売る価格より，低い価格で売っているのが普通である（Sarkar 2009, 2 ; 岩谷 2012）。

重要なことは，これら行商人・露店は，都市の居住者とくに下層階層への，生活必需品のもっとも重要な供給者の一部をなしていることである。顧客の中

---

10) *Seminar*, 491, July 2000, p. 58.
11) Sharma and Sita（2008）は，グレーター・ムンバイにおけるその数は 102,401 人と推計しているが，行商人・露店は家内サーバントに次ぐ大きさのサービス産業として急速に増大してきたと指摘する。Jhabvala（2000）は，デリー 20 万人，ムンバイ 25 万人，アフマダーバード 10 万人，パトナ 5 万人と推計し，都市インフォーマル部門従事者の 15% 程度を占めていると推定している。また，チェンナイ市については，10 万人から 11 万人という推計がある（Shah and Mandava 2005, 61）。
12) Government of India, National Sample Survey Organisation, *Informal Sector in India, 1999-2000, Salient Features*, NSS 55th round (July 1999-June 2000), p. 25, Statement 4.1.

心は，貧困層である。都市人口の半分を占める所得の低い階層は，行商人や露店に完全に依存しており，所得の上層も彼らの必需品の半分は行商人や露店から購入しているという（Jhabvala 2000）[13]。主な購入層である都市の貧困層にとっては，行商人・露店は，駅，バス停留所，住宅の近くなど便利な所に存在するため，安価であるだけでなく通勤途上で購入できるなどの便宜がある。都市の貧困層や下位中層階層は，配給店で必需品を購入することと行商人・露店からの購入ですべての必需品を入手している。ムンバイ（ボンベイ）の都市の上層は，野菜や果物を購入し，その若者は衣料品を購入する，という（Bhowmik 2000）[14]。つまり，店舗をもたずに低い所得でも営業する行商人・露店は，安価に商品を提供していること，また通勤途上でも購入できるよう便利な立地で営業することから，勤労する低所得者階層という顧客には非常に適合した小売商の形態となっており，低所得者は，穀物などは配給店から入手しつつ，保存ができない生鮮食品などは全面的に行商人・露店に依存することによって日常必需品の購入を全うしているのである[15]。また，食事を提供する露店も，その顧客は，タクシーやオートリキシャの運転手，下層の勤労者などである。こ

---

13) Joseph and Soundararajan（2009, 152-153）による調査も，野菜果物の屋台売り等の顧客は低所得者層が中心であることを示している。これらの顧客の多くは，21世紀に入ってからインドで拡大したスーパーなどフォーマル部門の小売店で買物をすることもまったくなく，上位所得階層とは異なった消費層をなしているように思われる。野菜果物の屋台・行商人は，したがって，これらの新興の近代的小売業によって打撃をほとんどうけていない（p. 133）。同様の報告は，*Report of High Level Group on Services Sector*, New Delhi：Government of India, Planning Commission, March 2008, pp. 142-143.

14) Sharma（2000）によれば，ムンバイ（ボンベイ）の野菜・果物の消費量は年間75億ルピーで，小売値は卸値に25-40％を加えた価格という。そのほとんどは，行商人・露店によって消費者にわたるとする。コルカタ（カルカッタ）の消費者は，野菜・果物を屋台・露店で購入する。そのほかに彼らから買うものには，パーン（ビートル［beetle］の葉，嗜好品の一種），タバコ，茶，ビスケットほか食物，果物ジュースやシャーベット，衣服，玩具，電子製品，新聞，雑誌，宝くじ券，化粧品，模造装飾品，カセットとレコーダー，靴・サンダル・チャッパルなどの皮革・ゴム製品，家庭用品がある（Sarkar 2009, 8）。

15) 生鮮品の場合は，早朝に仕入れてその日に売り歩く屋台・行商人の品は新鮮だと思う客も多く，アフマダーバードの顧客の4分の1は，「彼らが売る物は味がよい」ので買うという（Sarkar 2009, 8）。

のように，行商人や露店は，都市のインフォーマル部門就業者など下層階層を主な顧客としてきたことが確認できよう。

行商人や露店とインフォーマル部門との結びつきは，顧客との関係だけではない。行商人が売る，衣服，メリヤス品，皮革品，プラスチック成型品，ガラス器具，台所用品，玩具，模造装飾品などの多くは，小規模工場や家内工業で作られている（Sarkar 2009, 3 ; Bhowmik 2000）。これらの生産者は，作ったものを独力で流通に乗せる力がなく，屋台・露店に頼っている。つまり，行商人・露店は，インフォーマル部門で作られた工業製品を流通させる重要なルートとしても機能しているともいえよう。ムンバイ（ボンベイ）の上層階層の若者も，インフォーマル部門で作られた衣料品を購入する場合は，行商人・露店から購入するのであろう。

このように考えると，配給店と並んで，行商人・露店は，農業を含めてフォーマル部門の外で生産された商品を，住民の多数を占めるインフォーマル部門の消費者に流通させるもっとも重要なチャネルとしての機能を果たしており，全体としてインフォーマル部門の内部での生産と消費を結びつける内部循環の性質を色濃くもっているのである。行商人・露店の増大は，都市の製造業・サービス業におけるインフォーマル部門従業者の増加と彼らによる需要の拡大によって支えられているし，インフォーマル経済の発展を表示している。我々は，前章を含めて，製造業とサービス業におけるインフォーマル部門の拡大を明らかにしてきた。成長する都市インフォーマル産業に対応して農村地域から大量の人々が都市に流入してきた。そうしたインフォーマル経済の発展自体が，行商人・露店の拡大・発展を可能にしているのである。これが，都市サービス部門における行商人・露店の拡大の第一の要因である。

下層民消費の変化

行商人・露店の増加をもたらした第二の要因として注目すべきことは，これらの都市の貧困階層が行商人・露店が提供する野菜や果物あるいは魚などの生鮮食糧品を日常的に消費しているという事実である。インド社会では，上層階層と下層階層との間に，消費パターンに大きな差異があったこと，下層階層の

表8-7 インドにおける所得階層別1人当たり食物消費量

(単位：kg/年)

	底辺所得階層			上層所得階層		
	1983年	1999-2000年	変化（％）	1983年	1999-2000年	変化（％）
米	66.5	75.6	13.7	94.4	85.8	−9.1
小　麦	43.6	44.9	3.0	71.0	59.9	−15.5
雑　穀	37.0	11.9	−67.8	28.8	9.0	−68.8
穀物計	147.1	132.4	−10.0	194.3	154.6	−20.4
豆　類	7.6	6.9	−9.2	17.7	16.6	−6.2
食用油	2.6	4.6	76.9	7.3	13.7	87.7
野　菜	36.0	53.9	49.7	65.2	90.8	39.3
果　物	1.6	4.2	168.8	6.4	18.2	184.4
乳製品	15.7	20.5	30.6	89.7	117.2	30.7
肉・魚・卵	1.9	3.8	100.0	4.8	10.6	122.8
砂　糖	6.4	6.6	3.1	18.7	18.8	0.5

出典）Kumar et al. 2007, Table 1.
注）「底辺所得階層」：貧困線以下の所得階層。「上層所得階層」：貧困線の150％を越える所得の階層。

消費パターンは，彼らの社会的上昇への志向や社会・経済的な位置の変動とも関連しながら，数十年の間に大幅に変化してきたことは，第3章や第6章で言及したところである。日々の食事の内容にも，上層と下層階層の間には大きな違いがあった。1950年代の摂取栄養調査によれば，下層階層が野菜や果物，乳製品などを摂取する量は上層民に比べて非常に低かった。全国標本調査（NSS）の結果から1983年以降の食物摂取の変動を調べた，表8-7から，底辺所得層が急速に野菜の摂取を増大させて上層所得との差異を縮めたこと，果物については両階層の間の差異は縮まっていないが下層階層も急速にその消費を拡大していることがわかる。表8-7は，インド全体にかんする表であるが，Kumar et al.（2007）によれば，これは，都市部と農村部とに共通して見られる傾向である。こうして，野菜は下層階層にとっても極めて日常的に摂取する必需品になってきたし，果物も次第にこの階層の消費の中での重要性を増しており，下層階層は，配給店で入手できないこうした生鮮食品を行商人や露店から毎日あるいは1日おきに購入する状況になってきたといってよいだろう[16]。

また，南インドの場合に，19世紀には上層階層のみがもっていたコーヒー消費の習慣が，20世紀以降は農業労働者階層を含めて下層階層にも広がって

いったことは，第3章で述べたところである。コーヒー・紅茶の飲用は，その後も広がっていった。都市における露店の茶店は，こうした嗜好品の変化を受けて増大したと見てよいだろう。

　第三の要因としては，都市の住民の大多数を占めるインフォーマル部門従事者の世帯が，都市の階層としては貧困階層に属しながらも，少なくとも野菜を購入しうる程度の購買力をもつにいたっていることである。この点については，次章で改めて検討することとしたい。

　以上まとめれば，都市サービス産業の中で中核的な重要性をもつ，露店・行商人などの拡大は，都市インフォーマル部門従事者など下層階層住民の増大や彼らの食生活の変化が，重要な要因となっているといえよう。その意味では，都市下層階層の量的な増大と生活変化が都市サービス部門の拡大の重要な背景をなしているのである。

　都市サービス産業については，増大する都市中間層もその拡大に寄与していることも間違いない。前節で，アフマダーバード市の交通業の中で路上で事業を行うオート・リキシャやタクシーが重要な位置を占めていること，また1980年代からそれらは非常に増加したであろうと推測したが，経済成長の過程で形成された都市中間層は，これらオート・リキシャやタクシーの主たる利用者と考えられる。この点については，第5節で再度言及したい。

4　農村の社会経済変容とサービス産業

　農村の社会経済や生活様式の変化も，インドのサービス産業の発展の重要な基盤となっている。「緑の革命」などを通じて農業生産は顕著に増大したが，この過程が農業をめぐる流通過程やサービスに大きな変化をもたらしたことはいうまでもない。第6章では，農業生産の上昇を背景に農業労働者層を含め

---

16) コルカタ（カルカッタ）では消費者の82％が，毎日か週3回以上の頻度で，行商人から野菜を購入している（Bhowmik 2000）。

て農村内の諸階層の所得が増大し、工業製品やサービスの消費が増加したことを指摘した。さらに、農村の諸階層は社会的上昇を志向しながら、多様な工業製品への消費を増大させるだけでなく、教育への支出を増加させた。また、下層階層も巡礼旅行に参加したり式場で結婚式を挙げるなど、生活様式に大きな変化が生じていることを明らかにした。農業外雇用の急速な増大は、村落外への移動や出稼ぎの飛躍的な増加をともなった。

　これらは、インドのサービス産業の拡大を大きく促進する作用を果たしたと推定してよいだろう。そこで、本節では、いくつかのサービス産業と建設業の拡大について、こうした農村社会の変容との関係で検討しよう。

農業生産の増大から商業の拡大へ

　商業は、サービス産業のうちで最大の分野で、1991/92年の時点では、サービス部門雇用全体の36％を占める。商業活動のほとんどはインフォーマル部門で行われる（Suryanarayanan 2000）。

　第5章で見たように、農村地域における「緑の革命」は、農業生産に大きな変動を引き起こした。第一に、農業の土地生産性を向上させて、農村内の余剰生産物を顕著に増大させた。第二に、農産物の作物構成に大きな変化を呼び起こし、市場向けの商品作物の作付を拡大させた。第三に、各地域は、いくつかの特定の作物に特化する傾向を示した。こうした農業生産の変化は、もっとも基本的な商品ともいうべき農業生産物の地域的な移動を大きく増加させるとともに、余剰農産物の村外への販売によって逆に流入する工業製品はじめ多様な商品やサービスの移動を活発化させて、インドにおける商業活動拡大の最大の要因をなしたといってよいだろう。

　北インド・アーグラー市の近くにあるカリンプル村は、1920年代からのワイザー（Wiser）夫妻の調査によって有名になった村である。この村を、1960年以来繰り返し調査してきたワッドレイ（Susan S. Wadley）は、1984年の調査報告書において、農業生産の上昇による農村内外の経済変動を生き生きと写しだしている。この村では、「緑の革命」によって収量が増大した結果、増加した余剰生産物を扱う卸売市場の形成が促され、他方で、収入が増えたため消費

財への支出が増大した。その結果，村の農地で生産されて，この県の市場町であるマインプリー（Mainpuri）市に移出されたり，逆に商店を通して農村の消費者に購入される商品の移動は，計り知れないほど拡大した，という。こうした商業の発展で，この村の人々には，工業ではないが仕事の場が生まれた。周辺から市場に集まってくる穀物や冷蔵貯蔵設備に入れるジャガイモなど，膨大な量の商品を運搬したり貯蔵したりする仕事である。交通も発展して，マインプリーは仕事の場となり，村の人々は，農業労働から，同市の市場で働くように変化していった（Wadley 2000, 286-287）。

グジャラートの農村地帯を「緑の革命」を経た1980年代後半に調査したRutten（1995, 150）も，多くの村落の富裕層が農産物の商業活動に進出したことを明らかにしている。第6章でも紹介したように，Kanitkar（1994）によれば，農村地域における非農業経営は1990年代のはじめに年率5.4%で成長していたが，22村落の86の経営の調査では，その多くは茶店，パーン店，雑貨店，テイラーなど商業・サービス部門で，原料などの96%は地元や県内で調達されて，製品やサービスの82%は地域社会で需要された。これら事業者の過半は1年間に4万ルピー以上の売上げをあげている。1989年時点のインフォーマル部門被雇用者の賃金が月500ルピー前後であったことを考えると（Ramanujam et al. 1994, 58），これらの農村での事業にかなりの大きさの収入をもたらす程度の需要があったことが分かる。農業生産の発展を経て農村社会の消費が拡大し，こうした商業・サービス業の成長をもたらしていることは間違いないであろう。

農業生産の上昇が，農産物流通量のより大きな拡大をもたらすことは，Kumar（1999）も示すところである。ハリヤーナー州の400世帯が市場に販売した農産物にかんするこの調査は，生産物の市場化率は生産量にもっとも強く影響されること，多くの作物で生産量が世帯の生存に必要な量を超えると市場化率は生産物量増加率以上の率で高まること，油種子や綿花などの商品作物は商品化率は一貫して高いことなどを明らかにした。「緑の革命」を通して自給的な生活必要量を超えて増大した生産量が，生産量の増大率を超える速さで市場で流通する農産物量を増大させたと推定してよいであろう。さらに，「緑の

革命」の過程は商業作物の拡大や作物の地域的な特化の傾向をも促進したから，地域的・全国的な農産物流通の大きさが，急速に増大したことは間違いない[17]。

こうした農産物の増産と農産物流通量の増大が，地域の商業などサービス部門の拡張を促進することは，農村地域の農外経済活動にかんする統計的分析も示唆することである。1970年代のマハーラーシュトラ州について，Shukla (1991) は，穀物の土地生産性と農村雇用における「小売，卸売，レストラン，ホテル」業従事者の比率とは有意の強い正の相関関係があることを実証している[18]。

さらに，村落の余剰農業生産物の村外への移出と村内へのさまざまな商品の流入，地域的・全国的な農産物等の流通は，前述したような人々の食生活の変化によってさらに促進されたであろう。貧困層を含めて圧倒的に多数の人々が，1983年から1999年の間に，果物，「肉・魚・卵」の消費を2倍以上に増やし，食用油，野菜，乳製品なども顕著に増大させた。鶏卵などがその集中的な生産地から遠隔地へ大量に移出されていることは周知の事実であるが，こうした消費パターンの変化が，農産物などの国内流通量を大きく増加させていることは，間違いないだろう[19]。

こうして，農業生産の増大と消費パターンの変化が，農村と近接都市における商業部門の拡大をもたらし，その結果拡大する都市の商業活動へ村民が従事するという農外職業の増加をもたらしたが，この過程で，村落と近隣都市との生活上の結びつきは強まっていった。前述のカリンプル村の場合，都市との間には定期バス便の他，トンガ，数台の人力車で往復できるし，1984年の段階

---

17) タミルナードゥ州北アルコット県の町アーラニ (Arni) の調査から，Harriss (2006, 127-128) は，「緑の革命」の時期に，この町の近辺の農村での主要作物の生産が約50％増大した間に，この町で流通した商品は恒常価格で計算して400％増大したことを述べ，農業生産の増大がその交易を拡大し，町の経済の拡大に重要な貢献をしたと指摘している。
18) Shukla (1991) は，さらに，農業所得の増大が地域の人々の移動や旅行の回数を増やし，交通関連従事者を増加させることも示唆している。
19) ミルク・乳製品の消費の増大は「白い革命」と呼ばれて，流通構造に大きな影響を与えていることは周知の通りである。

でほとんどの家は自転車を所有しており，町まで歩く人はいなかった。多くの家族ではほとんど毎日男子成員の1人がマインプリーの町に出かけていた，という。村の人々は，同市での農産物取引に雇用されるだけでなく，村人6人は自転車・ラジオ修理業，バングル販売など市内に店舗を開き，16人の村民はカリンプル村や近くの村からミルクを集めてマインプリー市で売る事業を営んでいたことは特に注目される。村民は都市部に経済活動を拡大する一方で，学校への通学，重篤な病人の入院，映画や祭りにゆくなど多様な内容で，都市との生活上の結びつきを強めていった。

タミルナードゥ州の人口6万人の町アーラニでも，1970年代から90年代にかけて，周辺農村でなされた農産物の州内外への移出や地域外からの商品の農村地域への移動の結節点として，地域の経済社会と密接な関連を保ちつつ商業などが発展した。90年代には，町の小規模ビジネスが取扱う物品の44％は米などこの地域の生産物で，商品の6割以上はこの地域（その半分以上は周辺村落）に売られている。町の常勤の就業者の4-5割近くが周辺村落からの通勤者が占めるなど，町と村落社会とは結合関係を深化させていった（Basile 2013, Ch. 6）。

こうして，「緑の革命」など農業生産の発展を重要な起点として，農村の経済と生活が都市部をも取り込んで拡張し，その過程が商業はもちろん都市内外の教育関連，娯楽，交通など多様なサービス部門の拡大をもたらした。次の章で詳しく検討するが，こうした農村部からの動きは，都市経済の形成とくにそのインフォーマル部門の拡大を促す主要な推進力のひとつであったといってよいだろう。地方都市の多くにとっては近隣の農村地帯からの農産物の集荷と農村地域との商品の交易が中核的な機能のひとつであることは間違いない[20]。

図8-1は，こうした農村・都市をつなぐ商品流通の増大の中で，農村と都市の両方で，家族経営を中心としたインフォーマル部門の商業活動が，1980年代に急速に増大していった様相を示している。農村部と都市部が事業所数と

---

20) Ramanujan, et al. (1994) は，県庁・郡庁所在地レベルの6つの小市を対象として選んでいるが，そのうち4つについては，農産物市場など農業関連の産業が都市経済の中で特に重要な位置を占めている。

雇用者数においてほぼ歩調をそろえて増加しており，しかも農村部の商業事業所が先導的に拡大していることが見て取れる。都市のインフォーマル部門の商業活動が農村部の商業的発展の強い影響のもとで展開した可能性が強いことを示唆している。

農村地域からの旅行者の増大と旅行・観光関連産業の発展

インドのサービス部門の中で極めて大きな位置を占める旅行・観光関連の事業においても，農村居住者が旅行者の大半を占めている事実は，ほとんど知られていない。

旅行・観光関連の事業は，交通，飲食業，レストラン・ホテルなどいくつかの分野にまたがる重要産業である。Borbora（1998, 113）によれば，旅行・観光業に直接雇用される雇用者数は1992/93年には696万人に及ぶ。

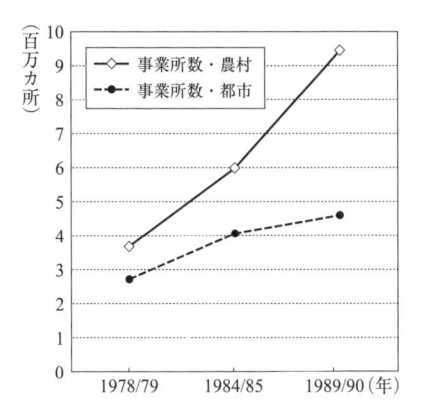

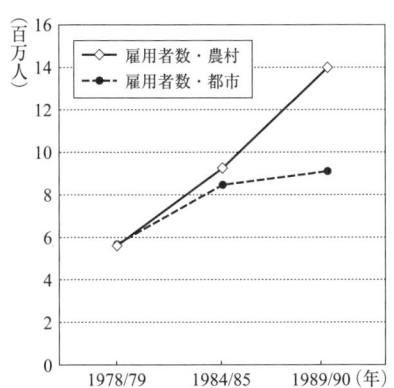

図8-1 インフォーマル部門の商業事業所数と雇用者数の変動

出典）Kulshereshta and Singh 1998, Table 5 (p. 59).

これに加えて，ケーララ州のサバリマライ（Sabarimala）やアーンドラ・プラデーシュ州のティルパティ（Tirupati）など多くの地域では，巨大な巡礼の動きのおかげで大規模に雇用が生み出されており，これらを含めて旅行事業から全体として作り出されている雇用は，全有業者の約5％に相当する1,641万人に達する。その後，この産業は拡大し，2006/07年には，旅行・観光はGDPの5.83％を占め，総雇用数の8.27％に当たる5,110万人の雇用を作り出している[21]。インドの『経済白書』は，2007/08年に直接的・間接的に旅行・観光業が生み出している雇用はインドの総雇用の9.24％に達するとし，同業はイ

ンドの経済成長の主要なエンジンのひとつになっているという[22]。2007/08 年における IT・IT 関連産業が GDP の 4％を占めて 200 万人の雇用を生み出していることと比して，この旅行・観光関連産業がサービス部門の中で格段の大きさと重要性をもっていることが分かる。

インドの旅行・観光の大半は，国内旅行で，その数は急増している。インドの国内旅行総数は，1987 年には 3,480 万回であったが，1992 年には 8,100 万回へと，年平均 18.4％の驚異的なスピードで拡大した（Borbora 1998）。その後，2002 年の国立応用経済学研究協会（NCAER）による調査（NCAER c. 2003）では，総国内旅行数（日帰り旅行を除く）は 2 億 3 千万回で延べ 5 億 5 千万人となり，92 年以降の 10 年間に国内旅行は 2.8 倍に増えていることが分かる。2009 年には国内旅行者は 6 億 7 千万人であるから，21 世紀に入っても増大は続いている[23]。なお，外国人旅行者数は 1993 年の 187 万人から 2008 年の 528 万人に増大しているが，その規模においても拡大の速度においても，国内旅行が外国人旅行者よりも桁違いに高い重要性をもっていることを確認しておきたい。

国内旅行の増大は，経済自由化によって活動を活発化したビジネス階層や富裕化した都市中間層が旺盛に旅行を始めたためであろうか。世帯調査によってインドにおける旅行活動について調査した NCAER（c. 2003）は，こうした想定とは非常に異なる実態を明らかにする。同年の国内総旅行回数の 73％は，農村居住民によるものであった（NCAER 2003, 13）[24]。国内旅行に参加したインドの総世帯数の中でも，農村世帯は 75％を占めている。同調査から国内旅行への総支出額を計算すれば，都市世帯の 1,245 億ルピーに対して農村世帯は

---

21) *Report of High Level Group on Services Sector*, New Delhi : Government of India, Planning Commission, March 2008, pp. 9, 68.
22) *Economic Survey, 2010–11* (http://indiabudget.nic.in) p. 246.
23) *India Tourism Statistics at a Glance 2010*, Ministry of Tourism and Culture, Department of Tourism, Government of India, c. 2011 (Web version), p. 10.
24) 全国標本調査（NSS）(*Travel and Use of Mass Media and Financial Services by Indian Households, NSS 54th Round [Jan.-June 1998]*, Report, No. 450, Statement 8) も，1 泊以上の国内旅行の 70％は農村世帯によることを明らかにしている。

1,973億ルピーを支出しており，総支出額の面でも農村世帯がインド国内旅行の中核を占めていることが分かる。全国的に見て，都市居住の世帯の40％からは旅行者がでているが，農村世帯はそれより多く46％から2002年度中に旅行にでていることも注目される。

　農村の中でも，旅行者の中核は富裕とはいえない階層であった。農村における旅行参加世帯の中で，指定カースト・指定部族と「後進階級」がそれぞれ26.4％と34％を占めて，合わせて6割を占める。また，農村旅行参加世帯の39％は土地なし世帯で，34％は限界規模・小規模農家である（NCAER c. 2003, 11）。所得階層から見れば，23.2％は「最低所得階層（22,500ルピー以下）」，32.1％は「低所得階層（22,500-45,000ルピー）」に属する。こうして，農村社会の社会的・経済的な下層階層が，インドの国内旅行を行う最大のグループであることが分かる[25]。国内旅行の交通手段は，バスが70％以上を占めている。

　国内旅行の目的で，総旅行の58.9％を占めてもっとも頻度が高いのが「社会的目的の旅行」である。知人・親戚への訪問や結婚，誕生や葬儀の際の旅行である。農村地域からの旅行者の中では，この比率は61％を占めている。第6章以降で検討したように，農村地域での非農業就業は激増したが，その大きな部分は都市等遠隔地への出稼ぎであり，他方，都市インフォーマル部門の従業者の多くは農村との関連を維持していた。こうした農村と遠隔地との社会的・経済的な関係の強まりの結果，所得の上昇にともなって，農村部から貧困層を含めて大量の人々が1泊以上の旅行をするようになったと理解してよいであろう。

　「社会的目的」に次いで大きな比率を占めるのは，「宗教・巡礼」である。「宗教・巡礼」目的は，旅行全体の13.8％を占めて，残りの「ビジネス・商業

---

[25] NCAER (c. 2003, 11) は，低所得階層が旅行者の多数を占めている現状から，政策上は，高額の高級ホテルではなく，安価なホテルや巡礼者休息所の拡充など，低所得層をターゲットにするよう勧告している。農村下層階層における旅行の増大は，前章で言及したJodha (1989) も報告している。ラージャスターン州の村落調査によれば，村落の貧困層で，県外に運賃を払って年2回以上旅行した家族がいる世帯は1963-66年の調査では17％に過ぎなかったが，1982-84年には78％に達し，旅行する階層が飛躍的に広がっている。

(trade)」の 7.7％と「レジャー・休暇」の 6.0％を合わせた比率を超える大きさである[26]。「宗教・巡礼」目的の旅行の場合もその 7 割弱は，農村居住者によるものである（NCAER c. 2003, 13）。

　Fuller（1992, 205）がいうように，巡礼は，宗教的な目的を第一にするときでも，遺跡などのモニュメント，博物館，海岸，観光スポットなどをめぐる通常の観光旅行と結びついて行われるのが一般的であり，宗教的な旅行と世俗的な旅行とは，しばしば区別しがたい形で行われてきた。鉄道の普及で巡礼も促進されたが，近年 30 年の間にはバスを使った巡礼が拡大し，宗教中心地には，遠隔の村落の下層階層からも巡礼する人々が増大した。数は少ないが，豊かな都市中間層は，飛行機や乗用車を使って巡礼を行っている。前述のように，南インドの M 村の場合，1980 年の時点では巡礼に参加したのは，村落内では中間的なカーストに所属する富裕な人々であった。彼らは数人で乗用車を雇って，いくつかのヒンドゥー寺院を参拝しながら，ケーララ州の著名な寺院を目指す，数日間の巡礼旅行を行った。2000 年以降は，指定カースト成員の中からも，バスによる巡礼旅行に参加する者がでている。村落社会における指定カーストなどの社会的位置と経済的基盤が上昇してきたことを反映しているといえよう。類似したケースとして，ラージャスターン州の村落における近年の変化について，中谷純江の優れた調査がある（中谷 2009）。この村では，1990 年代まではホーリー祭が年中行事として行われていた。この祭りは，村落のカーストなど伝統的なハイアラーキーの秩序を維持確認するものであったが，旧領主層を頂点とした社会構造が受け入れられなくなる中で，ホーリー祭は行われなくなった。代わって，かつては低カーストの人々の神と見られていたラームデヴへの巡礼が人気を集め，上位カーストと下位カーストも含めて多くの村民が巡礼するようになっている。ここでも，村落社会における社会的階層秩序の変化が，参加階層の広がりをともないながら，巡礼者の増大をもたらしている。杉本良男の南インドの宗教施設にかんする研究は，キリスト教寺

---

26) Surjit Singh（2001）は，国内旅行者の増加の理由として，「宗教的な場への旅行と中間層が移動的になったこと」の 2 つを挙げて，宗教的な旅行の増大が国内旅行拡大の重要な部分を占めていることを示唆している。

院を含めて，巡礼者が非常に増大している寺院があることを示しているが，これらは中谷の明らかにしたような村落レベルの巡礼者の増大と関係していると推測できよう（杉本 2010）。

　ここまで農村居住者の社会的旅行や巡礼がもつ大きな意義に注目してきたが，都市の中・上層階層によるビジネス目的やレジャー目的の旅行が重要性をもっていることを否定するわけではない。前述のように NCAER による調査では「ビジネス・商業旅行」は，全国内旅行の 13.8％を占め，旅行1回当たりの平均支出額から算出すればインドの総国内旅行支出の 20％弱と推定され（NCAER c. 2003, 26），インドの国内旅行の重要構成部分を占める。この NCAER による旅行調査で，年収 16 万ルピー以上を得ていた「高所得世帯」は，都市部の世帯の2割程度を占めると推定されるが[27]，この高所得世帯が行った旅行は，インドの総旅行数の 11％前後に過ぎなかった。しかし，高所得世帯が1回の旅行にかける経費は全世帯平均の約4倍の 5,263 ルピーで，その結果，高所得世帯が国内旅行に支出する総額はインド全体の 42％程度に達する計算になる（NCAER c. 2003, 28）。つまり，高所得階層は，インドの大多数の旅行者とは異なった旅行形態をとり，フォーマル部門の旅行・観光産業の発展を支える中核となっているといってよいだろう[28]。

　以上検討した NCAER による旅行・観光業調査は，2002 年という断面におけるインドの国内旅行の実態を分析したものであり，変化の様相を示したものではない。しかし，このデータから，近年 20 年間にインドにおける国内旅行が急速な量的拡大を経験した事実を，主として都市中間層やビジネス層による旅行活動の活発化によって説明することが非常に困難なことはいえよう。農村社会の下層階層を含めた広範な階層が出稼ぎや移動を通じて都市など遠隔地との関係を拡大したことや，農村内外の階層間の社会関係の変化の中から農村

---

27) NCAER による全国的な家計調査によれば，2001/02 年の時点で，年収 18 万ルピーを超える所得を得ている世帯は，都市部の 17％であった（NCAER 2005, Ann. 4.2）。
28) 1995 年の週刊誌 *Sunday* の記事は，ビジネス旅行客の顕著な増大が見られるとし，彼らは，3つ星や4つ星のホテルを需要しようと予想している（"Hotel Full," *Sunday*, 19-25 March 1995, pp. 52-57）。

下層からの巡礼者が増えたことなどを背景として，農村所得が増大する中で，下層階層を含めた農村の非常に多くの世帯は国内旅行への参加を拡大した。このことが，この間のインドにおける旅行者の増大のもっとも大きな要因であるといっていいだろう[29]。これが，広範に広がるインフォーマル部門の旅行・観光関連産業の拡大を支えてきたことは想像に難くない[30]。同時に，豊かになったビジネス階層や都市中間層が，旅行を頻繁に行うようになって，その高額な支出が，インドのフォーマル部門の観光産業を支える重要な基盤として急成長を遂げたことも事実であろう。

農村住宅の建設と建設業の拡大

　インドの総雇用の 5.6% を創出している重要産業である建設業にとっても（Raju 1994），農村地域は決定的に重要である。南インド村落で見たような，村民の住宅の改築・新築は，インドの多くの地域で生じた。表 8-8 に見るように，1983 年から 2008/09 年の間に，農村部の泥壁・草葺きの家屋（カッチャー）は 51% から 7% へと減少した[31]。インド各地の 250 村のデータを分析した Foster and Rosenzweig（2004）は，1982 年から 1999 年の間に資産としての家屋の価額は 5 倍以上に増大しており，この間の農村家屋の建築が顕著に進んだことを示唆している。こうしてインドの農村地帯で非常に大きな建設関連の需要が生じ，それにともなって，建設業従事者が増大した[32]。

---

29) Mazumdar（1995）も，観光旅行は伝統的には富裕層の特権であったが，近年数十年の間に富裕層以下の階層の参加によって観光業は急速な拡大を遂げてきたという。
30) *Indian Tourism Statistics 2004*, issued by Market Research Division, Ministry of Tourism and Culture, Department of Tourism, Government of India, c. 2006（Web version）によれば，インド全体のホテル部屋数は 120 万室であるが，そのうちスターホテルは 7% のみで，圧倒的多数のホテルがインフォーマル部門であった。また，これも圧倒的にインフォーマル部門であるレストラン（1993 年に 379 万人を雇用）にとって，旅行客の動向は非常に重要だという（Surjit Singh 2000）。
31) 下層階層を含めて，農村家屋の草葺き（カッチャー）から，瓦屋根等の家屋（パッカー）への転換は，早い時期から始まっている。前掲表 6-13 が示すように，ラージャスターン州における村落調査では，村落の貧困層の家屋の 91% が 1963-66 年にはカッチャー家屋であったが，その比率は 1982-84 年には 34% に減少した（Jodha 1989）。

表 8-8　農村部・都市部における住居

(単位：%)

	1983 年	1987/88 年	1993/94 年	2002 年	2008/09 年
農村部					
カッチャー	51	49	33	21	17
半パッカー	32	32	38	43	28
パッカー	17	19	29	36	55
都市部					
カッチャー	16	18	10	3	2
半パッカー	26	24	20	20	6
パッカー	57	58	70	77	92

出典) National Sample Survey Organisation, Government of India, *Dwellings in India : NSS 50th Round (July 1993-June 1994), Fifth Quinquennial Survey on Consumer Expenditure*, March 1997, 18 ; National Sample Survey Organisation, Government of India, *Housing Condition in India, Housing Stock and Constructions, NSS 58th Round (July 2002-December 2002) ; Housing Conditions and Amenities in India, 2008-09, NSS 65th Round (July 2008-June 2009)*, National Sample Survey Office, Government of India, 2010.

注) 半パッカーとは，屋根あるいは壁が，パッカー構造ではない家。表 6-13 の注も参照。

　注目すべきことは，この農村地域における住宅建築数は，都市部における住宅建設よりも格段に多いことである。次の表 8-9 の示す 2002 年の全国標本調査（NSS）による農村と都市の住宅建築（新築・増築・大規模修理を含む）の推計からは，着工件数においては，農村部は 82% と圧倒的な比重を占め，建築費総額においても 60% を占めている。建築以外にフラットなど既成の住宅の購入は都市部が非常に多いが，これを加えた住宅建築・購入費増額についても農村部は 54% を占めて，インドの住宅建設の過半は農村部で行われているといってよいことを示している。

　農村部における建築の拡大は，金融需要にも大きな影響を与えている。1980 年代から 90 年代末にかけてインドにおける住宅貸付の 45% 強を農村部が占め，その後も 42% 強を占めている。農村部の住宅建設がインド全体の金融需要の重要な部分を形成しているといえよう[33]。

---

32) Shukla (1991) は，1970 年代にかんしてであるが，農業所得の上昇がその地域の住宅需要の増大を引き起こすことを示唆している。

33) 佐藤 2011.

表 8-9 農村と都市における住宅の建築着工件数・建築費・購入費の推計（2002 年）

	農　村	都　市 スラム地域	都　市 非スラム地域
A. 過去 5 年間の建築着工世帯数（1,000 件）[1]	36,394	1,214	6,988
B. 過去 5 年間の建築費総額（100 万ルピー）[2]	1,164,238	40,923	750,072
C. 過去 5 年間の住宅購入費総額（100 万ルピー）	10,035	3,365	204,381
D. 建築費・購入費総計（B＋C）（100 万ルピー）	1,174,274	44,289	954,453

出典）National Sample Survey Organisation, Government of India, *Housing Condition in India, Housing Stock and Constructions, NSS 58th Round (July 2002-December 2002)*, Report No. 488, Statements 28, 29, Tables 75, 104 より算出。

注 1）「建築」には，新築，増築，大規模修理を含む。
　 2）「建築費総額」は，新築，増築，大規模修理ごとに算出したものの合計。

　グジャラート州の建設従業者数の統計も，農村部の建設業が都市部以上に急速に拡大したことを示している。Mehta and Kashyap（2002, 126）によれば，グジャラート州において，1990 年から 1998 年の間に，建設業従事者が，農村部で 4,424 人から 35,863 人に 7.1 倍化の激増を見せ，都市部でも 9,248 人から 33,535 人へと 2.6 倍に増大した。都市と農村部を含めて建設業がこの間に極めて急速に拡大したことを示しているとともに，アフマダーバード市というインド有数の巨大都市を擁するこの州で，都市部よりも農村部の方が建設業従事者の増加率が高く，かつその純増数が大きいことを示している。

　都市部よりも農村部で建設業従事者がより多く増大していることは，インド全体の傾向である。インドの建設業雇用における農村部の比率は，1993/94 年の 56.7％ から 2004/05 年の 64.3％ に増大し，2009/10 年には 70.3％ に達した（Denis et al. 2012）。21 世紀に入ってからの 10 年間で，インドの新規雇用をもっとも多く創出した産業は，農村の建築業であった（Thomas 2012）。以上見てきた農村部で急速に進展する家屋建設が，インドの建設労働者の 7 割を吸収する農村建設業の基盤となっていることは，間違いないであろう。

農村教育需要の拡大と多様化

　以上のように商業，旅行関連産業，建設業で農村地域は産業発展の主導的な役割を果たしてきたが，サービス部門の重要な一翼をなす教育の分野でも，都

表 8-10　一村当たりの中等学校建設数

	1971-1981 年	1982-1992 年	1990-1999 年
公　立	0.059	0.117	0.061
私　立	0.098	0.053	0.076
合　計	0.157	0.17	0.137

出典) Foster and Rosenzweig 2002.

市部には及ばないものの農村地域の需要は無視できない重要性をもっている。

「緑の革命」によって加速化した農村社会経済の発展と変容は，商業分野への影響を及ぼしただけでなく，教育への人々の需要を拡大した。Foster and Rosenzweig (1996) は，「緑の革命」の技術変化と教育の関係を分析し，教育のある農家は新技術をより適切に利用することができて，教育への投資収益（リターン）は増大することを明らかにした。さらに，Foster and Rosenzweig (2002) は，1960年代から1999年までにわたる，インド各地の240村落の調査データを分析し，この間における中等学校の新規建設数を穀物生産性の変動との関係で分析した。表 8-10 が示すように，公立と私立の中等学校が，この間にかなりの速度で建設されている。彼らによれば，中等学校の建設数や子供の学校への登録率は，村落における将来の穀物生産性の上昇の見込みと明確に相関している。農業の生産性の上昇は，農作業に従事しないで学校教育を受けることの機会費用を上昇させるが，農業生産性の上昇を見込めるような経済的に発展しつつある状況のもとでは，人々は教育を通じた技術への投資から得られる利益への期待を増大させるため，教育への需要と投資を拡大させた結果，学校建設数も学校登録率も上昇したのだ，と指摘して，農業生産の発展を起点とする農村地域経済の発展が，教育需要や教育投資の増大をもたらしてきたことを明らかにしている[34]。

こうした農村経済社会の発展が，教育への強い刺激となっていることは，多くの村落調査の結果とも一致している。前述のタミルナードゥ州の M 村の調

---

34) こうした強い教育需要の存在は，Kingdom (1996) からも窺われる。1994年に，ウッタル・プラデーシュ州の農村地帯で，登録生徒の27%は，授業料を払わなくてはいけない私立の小学校に通っていた。

査が示すように，1980年以降の村落社会の変動としてもっとも顕著なもののひとつは，村民の教育への需要の多様化と高度化であった。1980年時点では村落内の社会経済的な階層上の位置と教育の水準とは強い相関関係を有していたが，その後その関係は大きく変容している。村内の公立小学校と隣村の中学校にのみ就学させていた，下層の社会層からも，2007年の時点では，大学，大学院を含めてより上位の学歴をもつ者が少なくない数で現れてきた。そうした階層からも，バスなどを使って町や都市の学校に通い，私立学校や英語媒体の学校に通っている子供も少なくない（前掲表6-15）。また，女子においても，教育水準の上昇は顕著である。こうして，村民は，より上級教育への志向を強めただけでなく，私立学校や英語媒体学校など，その教育需要を高質化・多様化させた。こうした動向に対応して，村落内外には公立学校や私立学校が多数新設された。

20世紀前半以来，少なくない数のカースト集団や地域の社会集団が，その構成員の社会的・経済的な上昇を目指して学校の設置など教育施設に大きな力を注いできた。西部インドでは，製糖業の発展を基盤にしてマラーターなどの集団から新たな資本家階層が形成されたが，その形成過程の中から，製糖業を中心とする産業コンプレックスがつくりだされるとともに，地域やコミュニティの教育需要に対応して，薬学や工学など複数のカレッジを含んだ小学校から大学までの学校をもつ教育コンプレックスが農村地域の中に生み出されている（Damodaran 2008, 248）。

こうした教育の上級化と多様化への住民の志向には，社会的・経済的な上昇への願望が込められている。南インド農村地帯の場合，バラモンなど上層階層はすでに1980年までに大学・大学院教育を経て，高い所得を安定的に得られる，公営企業・大規模私企業や公務員のホワイトカラー職に就いて，社会のエリート階層を構成していた。1980年代からは，バラモン以外の階層も，農業に従事する階層から脱して社会的・経済的な上昇を図るために，子弟の教育水準の上昇に大きな努力を投入し始めた。

インド社会の場合，その際に越えなくてはならない障壁はかなり高い。第11章で詳述するように，インド企業の労働市場は，非常に階層的である。高

度成長期の日本の企業が，高校卒業生を採用してオン・ザ・ジョブの訓練によって多能工として熟練工を養成し，その多くは職制（監督職）として退職するという，企業の内部労働市場が優越するシステムを取ったのとは対照的に，インドの大規模企業は，多くは，未熟練工，熟練工，監督職，管理職のそれぞれを直接外部労働市場から採用し，その際にそれぞれに学歴などの応募資格を要求してきた。修士号，学士号，ポリテクニックで得られるディプロマ，産業訓練校（ITI）修了資格などの学歴や資格は，しばしば，大企業等の常雇のホワイトカラー職や高賃金の熟練工職に応募するための条件となっているし，中等教育修了資格（SSLC）の取得なくしては，フォーマル部門の常雇労働者として就職することはほとんど不可能となっている。SSLC の認定資格を得て，より上級の教育課程に入れば，フォーマル部門の常雇の職に就く可能性が拡大し，将来の所得が大幅に上昇する可能性がある。

　したがって，これらの資格や学歴を手にすることがまずなによりも就学の目的となるし，そのことによって得られるかもしれない将来の収入を考慮すれば，必要な学費は将来への投資と理解される。同時に，修士号，学士号，ディプロマなどの資格・学歴に到達するためには，SSLC 認定試験で高得点をとれるような，小学校・中学校・高等学校に通わせなくてはならなくなる。村の地元の小学校・中学校からそうした経路に入ることは非常に困難なため，遠隔地の学校，私立の学校，英語媒体で教える学校を，初等教育の時期から選ぶ必要がある。こうして，地元の公立学校以外の学校教育やカレッジ，職業学校など資格をえられうる教育機関への需要は大幅に拡大してきた。インドでは，こうして教育は，重要な「産業」として成長してきたといってよいだろう。

　こうして社会的・経済的な上昇への願望のこもった教育への多様な需要の拡大が，前掲表 8-3 で見たように「教育・医療」分野の成長をもたらしてきた[35]。1991 年経済改革以来のインド経済と社会のグローバル化の進展がこの動向を加速したことは間違いないが，前掲表 8-3 からもわかるように教育分

---

35) 前掲表 8-3 の「教育・医療」は「コミュニティ・サービス」として表示されている数値と思われる。「コミュニティ・サービス」の内訳は，70％が教育，23％が医療・健康関係という（Gordon and Gupta 2004）。

野は 1960 年代から加速しながら一貫して成長してきたサービス産業分野であり，教育の拡大と多様化が過去数十年の基本的な動向である[36]。教育への支出の拡大は，都市世帯において特に顕著であることは間違いないが，農村地域においても，こうした多様な教育への需要が目立って拡大してきた事実を確認しておきたい。

結婚式場における挙式の普及

都市部を中心に発展してきた，結婚式産業も，農村社会に広がりつつあるように思われる。過去 20 年間に都市部を中心に結婚式場が多数設立されてきた。それまでは，結婚式は，花婿や花嫁の自宅で，家族やコミュニティによって執り行われていた。式の中核は，多くは年長の親族メンバーが取り仕切った。それが，都市の上層や中間層家族を中心に，結婚式場やホテルで，式場が企画する形で挙式する習慣が急速に広がった。結婚式場経営は，イベント産業という新たなサービス産業の中核をなすにいたっている[37]。『サンデイ・トリビューン（*Sunday Tribune*）』紙は，「結婚に世界でもっとも金を使う」インドでは，この結婚式ビジネスは，年 25％ の高成長を遂げて，5,000 億ルピーの重要産業になっているという[38]。

第 6 章で述べた南インド・タミルナードゥ州の M 村では，結婚式場が 2 つ設立されて，村民が結婚式場において挙式していることを紹介した。この事例は，こうした結婚式場での挙式の慣行が，農村部にも広がりつつあること，指定カースト成員を含めて式場挙式を行う人々が増えつつあることを示している[39]。Uberoi（2008）がいうように，結婚は，上昇しつつある階層にとって

---

[36] ムンバイ（ボンベイ）市内の学校生徒の世帯調査では，英語で教育する学校で教育を受けることでその後の所得がどの程度上昇するかを調べているが，それによれば英語教育の所得上昇効果が顕著に上昇したのが女子で，その上昇は 1980 年代に顕著だが 90 年代には停滞した。英語教育が所得上昇に反映されることは，1991 年の経済改革以前から見られた現象であることを示唆しているといえよう（Munshi and Rosenzweig 2006）。

[37] Uberoi 2008.

[38] Trehan 2004. なお，『インディア・トゥデイ（*India Today*）』誌は，2001 年に「500 億ルピー産業」と記していた（*India Today*, December 10, 2001, p. 31）。

も，それに張り合おうとしているより低い社会層にとっても，自らの「生活スタイル」を表示しながら，求めている社会的・経済的な地位にあることを主張する，重要な場であり続けている。都市と農村を含めた広い地域で，下層階層も含めて広範に広がる社会的自立と上昇への志向が，新たな生活スタイルを広げつつ，新しいサービス産業分野の基盤を広げているといってよいであろう。

　以上，インド経済の中で大きく成長を遂げてきた，いくつかの重要なサービス産業と建設業の拡大過程を，農村社会を含めたインド社会の社会経済的な構造変動との関連に留意しながら検討してきた。サービス部門や建設業の拡大は，「緑の革命」を起点とする農業生産の発展，村落の農業余剰の増大，農村諸階層の所得の増加や消費の拡大と変動，階層性の高い農村社会の中で社会経済的な上昇を図る人々の志向や，そうした志向と関連しながら展開する消費パターンや生活スタイルの変動によって牽引されてきた部分が非常に大きいことを明らかにしてきた。商業，旅行関連産業，建設業などでは，農村経済の拡大と変動が主導的な役割を果たしている可能性が大きく，都市中間層などによって主導されたと思われる教育産業や結婚式産業も，農村社会の変動の論理の中に包摂されつつ農村社会を含むインド社会全体に広がっていきつつある，といえよう。

5　経済改革下の近代的サービス部門の発展

　しかし，1991年以降に全面的に展開する経済自由化やインド経済のグロー

---

39) なお1990年代の調査であるが，全国標本調査（NSS）によれば，30日間の期間に結婚式など儀式に支出した世帯の支出額は，農村世帯が4,458ルピーで都市世帯の3,342ルピーを超えている。1人当たり月間支出額が農村281ルピー，都市458ルピーであることを考慮すれば，農村世帯では儀式への支出額は家計の中で重要な大きさを占めていることが注目される（*Wages in Kind, Exchange of Gifts and Expenditure on Ceremonies & Insurance in India, 1993-94, 5th quinquennial survey of consumer expenditure, NSS 50th Round, July 1993-June 1994*, Report No. 428, p. 18）。

バリゼーションが，サービス部門の発展に新たな局面をもたらしたことは，間違いない。90年代からの経済改革の意義やそのサービス産業に与えた影響については第10章で検討するため，本節では，経済改革によって刺激を受けて大きな発展を遂げたと思われるフォーマル部門のサービス部門について，簡単に検討したい。

通信産業

　経済自由化政策への転換以降，もっとも顕著な発展を遂げた産業として，電話事業を挙げることに大きな異論はないであろう。1991年には500万人に過ぎなかった電話契約者は，2007年には2億3,300万人に増大した。平均27％の成長率である。インドのGDPに占める通信部門の比率は，1999/2000年の1.6％から2005/06年の4％へと上昇している（Mani 2008）[40]。第10章で検討するように，1990年代からの規制緩和と自由化，携帯電話の導入，外国企業を含む公私の企業の激しい競争関係の中で，電話料金が低下して，急速な普及につながった。

　前掲表8-3で示したように，通信産業は20％を超える成長を遂げたが，その規模はまだ小さく1999年まではサービス産業全体の成長率への寄与度は伝統的分野の「運輸」よりも小さかったが，21世紀に入ってからは電話産業のサービス産業全体への寄与率は高まった。

　注目されることは，電話が，都市の上層や中間層の域を超えて，インフォーマル部門従事階層や農村社会に急速に普及していると推定されることである。電話普及率は，2004年の7.0％から2012年12月の73.3％へと急上昇したが，その結果，都市部は149.5％と飽和状態となり，農村部でも2004年の1.6％から2012年12月の39.9％へと上昇している。電話総数における農村のシェアは，2004年16％から2012年12月の36.9％へ拡大しており，2010/11年における成長率も，農村の電話は29.41％で，都市部の25.43％を超えている。ま

---

40) サービス部門の中での通信部門のシェアは，1991年の1.7％から2006/07年の7.5％へと増大している（*Report of High Level Group on Services Sector*, New Delhi : Government of India, Planning Commission, March 2008, p. 31)。

だ広がる可能性をもつ農村地域への電話の普及は，今後の通信事業の成長の鍵とされている[41]。

序章でも述べたように貧困州といわれるビハール州の一農村で携帯電話機の普及率は世帯の6割を超えるという報告もあり，ウッタル・プラデーシュ州でも2007年の時点で指定カースト階層でさえもその普及率は3割を超えているとの調査もある（Kapur et al. 2010）。2011年センサスによれば，インドの農村世帯での電話所持世帯は5割を超えている[42]。こうした農村地域やその貧困層に達する電話機の浸透には，農村社会経済の変動がある。第6章で検討したように，その背景には農村諸階層の所得の増大があることはいうまでもないが，出稼ぎの増大や村内の雇用関係の変化なども重要である。パンジャーブ州に大量の出稼ぎ者を送出してきたビハール州では，パンジャーブ農家は携帯電話でビハールの農業労働者に直接連絡して出稼ぎ人を確保しているし，増大する10歳から14歳の出稼ぎ少年たちは，定期的にビハールの実家と携帯電話で通話している（Rodgers and Rodgers 2011）。

こうして，通信事業は，都市の中間層需要を出発点としながらも，テレビなどと同様に，中間層以外の都市の諸階層に，さらに出稼ぎや非農業就業を急増させている農村部に市場を拡大することによって，その高度成長を維持している，といえよう。

ITとその関連産業

インドのIT産業やBPO（ビジネス・プロセス・アウトソーシング）などIT関連産業が，90年代の改革やグローバリゼーションの進展の中で，急速な成長を遂げて，インドの代表的な輸出産業となったことは周知のことである。第4章で述べたように，独立以降のインド経済建設の過程で，大学など高等教育は，初等中等教育に比べて大きな発展を遂げた。農村社会を含めた社会の上層

---

41) *Annual Report 2010-11, 2012-13*, Department of Telecommunications, Ministry of Communications and IT, New Delhi : Government of India, Web version.
42) *Census of India, 2011, Houses, Household Amenities and Assets, Figures at a Glance*, Government of India, 2012.

階層出身者は，英語による高等教育を受ける者が多く，インドは高等教育を受けた人材を多く蓄積する国として成長してきた。さらに，独立以降の経済建設において，科学技術の育成には大きな力が注がれ，輸入代替工業化の過程はインドの技術的な基礎を形成する過程であったことは，前述した。インドのIT関連の産業も，IBMなどの外資を規制する，政府による保護の体制のもとで育成されてきた。しかし，その本格的な発展は，1991年に始まる本格的な経済自由化政策の展開を待たなくてはならなかった。

ITやBPO産業は，1997/98年にはGDPの約1%に過ぎなかったが，2007/08年には4%と急成長し，ITハードウェアを加えると，同期に1.8%から5.5%に成長した。IT・BPO産業の雇用者数は，1998/99年の23万人から2007/08年の200万人へと増大した[43]。この産業は，2012/13年には23万人の雇用を増大させて280万人を直接的に雇用し890万人を間接的に雇用して，GDPの7.5%を占める重要産業に成長するとされている。通信産業と異なってIT・BPO産業は，海外市場が3分の2を占める輸出志向の産業で，この間に急速に輸出を増大させ，いまやインドの代表的な輸出産業に成長した。インドの総輸出（商品とサービス）に占めるこの産業のシェアは，1998年の4%未満の状態から2012年の約25%へと飛躍した[44]。

しかし，経済改革後のグローバリゼーションや公共電話事業の政府独占制度の廃止などによって刺激を受けたIT産業は，1990年代にはまだ規模は小さく，サービス産業全体の成長への寄与という点では大きくはなかった。序章で述べたように，Verma (2012, 278-279) は，「輸出はサービス部門の付加価値の小さな一部に過ぎない」として，IT関連などの輸出がサービス部門の発展を主導したという説を批判している。大都市のアフマダーバード市の場合でも，1999年に「ビジネス・サービス」分野に従事する者は就業者全体の2.1%に過ぎず (Unni 2000, Table 4.4)，その経済全体への影響は限定的であった[45]。

---

43) *Report of High Level Group on Services Sector*, New Delhi : Government of India, Planning Commission, March 2008, pp. 34, 51.
44) National Association of Software and Services Companies (NASCOM) ウェブサイト (http://www.nasscom.org/indian-itbpo-industry)。

20世紀末以降は，インドのサービス部門の中で大きな比重を占める先導的部門としてもインド経済全体に重要な影響を及ぼすようになっていることは間違いない。

銀行・金融業

同様に，銀行・保険や不動産など金融関係のサービス部門の成長も，経済自由化以降の変化として指摘されている[46]。サービス部門の中の「銀行・保険」のシェアは，1981年の6.5％から1991年の10.2％を経て，2006年の11.3％へと増大している[47]。1990年以降の銀行・金融の成長の中で，注目されることは，住宅貸付の重要性の増大である。インドの商業銀行の最大の借り手は工業部門であるが，工業部門への貸付の年平均成長率は1990年代と2000/01-2004/05年の期間の両期間ともに15％台であったが，個人貸付の成長率は同じ時期にそれぞれ23％と38％と高く，もっとも成長率の高い分野であった。その結果，個人貸付は，2005年には貸付全体の22.2％に達した。個人貸付の中心は住宅貸付で，個人貸付の約半分を占めている[48]。こうして，個人の住宅貸付は，インドの銀行の貸付先として重要性を増してきた。前節で述べたように，農村への住宅貸付は，90年代から21世紀に入っても，インド全体の住宅貸付の42-45％を占めてきたから，農村における住宅建設のための金融需要は，急速に拡大しつつ，インドの金融の成長の重要な一端を担ってきたといってよいだろう。また，個人貸付の住宅貸付以外の部分では耐久消費財購入のためのローンが非常に大きい（Nagaraj 2008）。ノンバンクなどからの耐久消費財ローンは自動車など都市部の需要向けが中核をなすと思われるが，NCAERに

---

45) Gordon and Gupta（2004）も，1990年代にはIT関連産業のGDP成長への寄与は小さいという。
46) Bishwa Nath Singh（2000）は，経済政策の変更によって新たなサービスへの需要が生じてくるし，私的資本の動員の必要から資本市場の発展が必要となり，外国資本の流入も新たな金融サービスを必要とすることを指摘している。
47) *Report of High Level Group on Services Sector*, 2008, p. 31.
48) Reserve Bank of India, *Reports on Currency and Finance : Special Edition, Vol. III, 2005-06*, date 31 May 2007, "IV. Credit Market."

よる調査では，消費者ローンによってバイク，カラーテレビ，冷蔵庫など高価格の耐久消費財を購入するケースの増加率は農村部の方が都市部よりも高く，耐久消費財ローンが90年代後半にかけて農村部にも急速に普及していると見ていいだろう（NCAER 2003, Table 6.2［p. 42］）。こうして金融の分野でも，農村地域の資金需要は小さくない重要性をもっていることに留意しておきたい。

これら通信，IT・IT関連，金融の分野の成長は極めて急速であるが，前掲表8-3で示されているように，サービス部門全体の成長への寄与の程度でいえば，それら3つの分野を合わせても1993-99年の間には2.5％で，寄与度3.3％の伝統的部門の「商業」に及ばず，1999-2004年にいたっても3分野の寄与度は「商業」と同等に過ぎない程度であることを，改めて確認したい。

アウトソーシング，下請け

経済改革以降の規制緩和と企業間の競争関係が強まるなかで，製造業の企業の構造改革の一環して，企業内の電算部門，清掃，セキュリティなどのサービス分野をアウトソーシングしたり，小規模企業に下請けさせる動向を重視する見解がある[49]。しかし，Gordon and Gupta (2004) は，こうしたサービス部門が他の部門から分離することによる成長率の上昇は，1980年代についてはサービス産業年成長率の上昇分2％のうちの0.5％分を説明するが，1990年代については分離は年成長率を0.25％程度とほんの少し上昇させたに過ぎないという。

公務員・公共部門雇用

1991年の経済改革以前の時期から，サービス部門におけるフォーマル部門の中では，公共部門の雇用が重要な位置を占めている。フォーマル部門は農村部の第三次産業雇用の4分の1，都市部では3分の1を占めている。第三次産業全体としては，3分の1である。そのうちで，都市部のフォーマル部門の半

---

49) Unni 2003, 73. *Report of the High Level Group on Services Sector* も，「製造業やサービス業のいくつかの会社は，中核的でない活動分野をアウトソースし始めており，その結果サービス部門の高成長をもたらしている」という。

分と，農村部の3分の2以上は，公共部門雇用である。公共部門の雇用は，1990年代，経済改革後に減少したが，なおサービス部門全体の中で，特に農村部では重要な位置を占めている（Mazumdar and Sarkar 2007）。

都市中間層の拡大とサービス産業

独立以降の長期の都市社会の形成の中で，農村エリート階層は19世紀末から都市に徐々に移動して，公務員・弁護士・教員などの専門職やホワイトカラー職，企業の管理層に就いてきた。次章以降で検討するように，80年代や90年代には，都市インフォーマル産業の発展の中からそれら経営者層を中心に都市中間層は厚みを増していった。さらに，90年代からの経済改革の進展は，金融，IT関連や通信などの分野の拡大を促進し，その中からも新たな中間層への参入者が生じていることも確かである。

これら中間層の拡大は，前述のように，大都市交通の中で重要なオート・リキシャやタクシーの増大の重要な基盤となっていると見てよいであろう。さらに，国内旅行の検討において，「高所得世帯」が国内旅行に支出する総額はインド全体の42％程度に達することを指摘したが，これも，都市中間層の拡大がフォーマル部門を中心にサービス産業の拡大をもたらしている重要な要因となっていることを示している。また，都市および都市近郊における住宅建設の主導的な担い手は，こうした中間層であろう。

都市中間層の需要の重要性は，教育の分野では際立っている。農村や農業からの離脱を志向している都市中間層にとっては，大学等の高い水準の教育を通して，高収入の安定した都市就業を獲得することが，ほとんど唯一の将来の生き残りの道となっている。教育の分野は，農村地域を広範な後背地としてもちながらも，都市中間層の需要によってもっとも顕著に牽引されている分野といってよいであろう。

6　おわりに

　以上の検討から，次の点が明らかになったといえよう．

　第一に，サービス部門の成長率の上昇は，1991年の経済改革より前に1980年代に基本的な部分を実現していることであって，その上昇を1991年改革と直結させる議論には難点があることである．

　第二に，80年代と90年代を通して，サービス部門の成長にもっとも寄与したのは伝統的部門の成長であった．また，大都市においてさえもサービス産業ではインフォーマル部門が非常に大きな比重を占めていたことである．IT・IT関連産業，通信産業，銀行・金融など経済改革によって成長への刺激を受けた近代的サービス部門は，1990年代末までの時点ではその規模は小さく，サービス産業全体の成長への寄与は大きくはなかった．1991年に始まる経済改革は，1990年代におけるサービス部門成長率の6.6％から7.5％への加速を説明する程度であることを確認する必要があろう．

　第三に，「緑の革命」など農業の発展を起点とする農業・農村経済の変容と発展，農村社会構造の変化，人々の生活スタイル，消費の増大や変化など農村地域で進展した構造的な変動は，インドの伝統的分野のサービス部門や建設業の拡大を進めたおそらくもっとも重要な推進力であったといえよう．本章の検討は，農業生産の増大や消費の拡大と多様化が農村を起点として都市部をも巻き込んで商業の急速な拡大を進めたこと，農村からの人的移動や巡礼の下層への浸透と関連して農村部からの旅行者の数は都市部を圧倒しており，その増加は旅行・観光関連のサービス部門の急速な拡大をもたらしたこと，また住宅建設においても農村部は都市部よりも大きなシェアをもっていることを明らかにした．教育や結婚式産業など都市部の中間層の需要が産業の発展を主導したと思われる分野でも，需要は農村部に急速に拡大し，それら産業のインド全体への展開をもたらしている．近代的サービス産業の典型である通信産業においても，都市部から始まったその普及は2000年以降は農村地域の貧困層へと広がり，農村社会の需要は通信産業の爆発的な発展を支える役割を果たしている．

第四に，都市のサービス部門の拡大も，伝統的な分野でのインフォーマル部門が中心であり，都市インフォーマル部門に従事する下層階層住民の増大，彼らの食生活の変化が，その拡大の重要な背景をなしている。第9章でも検討するように，1980年代以降，農村社会の下層からは多数の人々が都市に出稼ぎ等の形で流出し，そのほとんどは都市インフォーマル部門に従事する都市下層階層を作り出していった。都市のサービス部門の拡大は，こうした農村から都市への人の移動によって，大きく促進されたといってよいだろう。

　第五に，農村上層階層からは，農業から離れて都市に居住地を移す世帯も徐々に増大し，ホワイトカラー層や都市インフォーマル部門経営者層など都市上層・中層階層は拡大していったが，この都市上・中間層の増大も，教育，フォーマル部門の観光業，オート・リキシャなどのインフォーマルな交通部門などを中心に，サービス部門の成長をもたらしている。

　第六に，IT・IT関連産業，通信産業，銀行・金融などの近代的サービス部門は，2000年以降はインドの経済成長に大きな影響を及ぼす主導的産業として発展している。これらの産業が1990年代の改革期を経ていかに変容して海外や国内の市場と結びついたかについては，第10章で検討することとする。

第 9 章

農村-都市インフォーマル部門経済生活圏

　前章までの検討は，製造業とサービス産業の拡大において，インフォーマル部門が重要な役割を果たしてきたことを明らかにした。本章では，都市インフォーマル部門と農村経済・社会との関連に注目することによって，インドの経済的・社会的変動における都市インフォーマル部門の意義を検討しよう。

1　都市インフォーマル階層の形成と拡大

　アフマダーバード市の調査・研究は，サービス部門雇用者の 81％がインフォーマル部門への所属を示していることを前述した。表 9-1 は，製造業等を含めた，同市の非農業部門全体のインフォーマルな雇用の状態を示したものである。

　男子従業者の 65％，女子従業者の 82％がインフォーマル（未登録）部門に雇用されている。さらに，フォーマル部門の登録企業に雇用されながらも，継続雇用の保障や雇用契約を欠く人々を加えると，男子総従業者の 70％から 87％，女子の場合は 75％から 91％が，インフォーマルな雇用関係にあると，Unni (2000) は明らかにしている。同市の総世帯のうち，8 割程度は，インフォーマル部門に就業したり，登録企業であっても臨時雇用であるなど，インフォーマルな雇用関係にあると推定してよいであろう。

　ただ，インフォーマル部門従業者の 3 割前後を占める「自営業者」の内容は，大きく 2 つに分かれることに注意が必要である。前章で見たように，都

表 9-1 アフマダーバード市におけるインフォーマル部門就業者とインフォーマルな雇用

	非農業労働者に対する比率（％）		
	男	女	合計
インフォーマル部門就業者			
自営業者	28.9	34.5	30.2
（小企業経営者）	2.7	0.1	2.1
（雇用労働者なしの自営業者）	26.2	34.4	28.1
無報酬の家族補助者	5.3	24.1	9.9
未登録企業の被雇用者	30.6	23.1	30.1
合　計	64.8	81.7	70.2
インフォーマルな就業者			
インフォーマル部門就業者	64.8	81.7	70.2
登録企業被雇用者のうち雇用保障等まったく保障のない者	5.4 (21.7)	3.5 (17.4)	5.1 (21.0)
合　計	70.2 (86.5)	85.2 (99.1)	75.3 (91.2)

出典）Unni 2000, Table 7.3 (p. 60).
注）（　）内の数字は，登録企業被雇用者のうち雇用保障はあるが雇用契約等の保障のない者を含めた場合。

　市サービス部門の非常に大きな部分を占める商業やレストランでは，おおよそ6割は店舗をもたないが，4割は店舗をもっている。次節で検討するように，これら店舗もちの商業事業主等は，他のインフォーマル部門従事者とは異なった社会的・経済的な階層をなしている。本書では，インフォーマル部門やフォーマル部門の臨時雇用者などを総称してインフォーマル階層と呼ぶが，そのうち固定店舗等をもつ商業経営者などをインフォーマル階層上層とよび，残りのインフォーマル階層下層と区別することとしよう。アフマダーバード市の場合に，インフォーマル部門上層には，インフォーマル部門従事者の15%前後が含まれると仮定した場合[1]，同市の総世帯の7割程度が，インフォーマル

---

1) Sengupta et al. 2008. 1993年時点について，都市・農村を合わせたインフォーマル部門従事者のうち，「中・高位所得階層」にある者は18%と推計している。

階層下層に属すると想定してよいであろう。Unni（2000）の調査は，同時に調査対象者の家屋も調査しているが，壁・屋根がレンガやコンクリート，タイルなどからできているパッカー家屋は調査対象の 30.4％ で，残りの 7 割はカッチャー（不完全）家屋であった（Unni 2000, Table 3.1 [p. 16]）。ここからも，同市内の世帯の 7 割は，フォーマル部門の常雇の職などを得ることができない，低所得・不安定就業のインフォーマル階層下層と推定できよう。

同市の世帯全体を所得の水準と安定性の階層で見た場合は，人口の 7 割程度を占めるインフォーマル階層下層のうえに，店舗もち商人などインフォーマル階層上層，公務員，教員，大企業の中間管理職や熟練職，常雇労働者など中間層と呼んでよい階層があり，さらに非常に富裕な経済的上層階層が存在しているといってよいだろう。

Unni（2000）によれば，同市のインフォーマル部門の平均賃金は 46.8 ルピーで，これは 1998 年の「貧困線」賃金の 52 ルピーを下回っている。「貧困線」をめぐってはいくつかの議論はあるが，インフォーマル部門の就業者の賃金が，貧困層の所得水準を大きく超えるものではなかったことは，間違いないだろう。組織部門の不安定雇用者を含めて都市インフォーマル階層下層は，都市世帯の 7 割を占めながらも，低所得で不安定な経済基盤をもつ階層として，上層階層と中間層からはかなり明確に区分された存在といってよいだろう。

こうした住民の 7 割程度がインフォーマル階層下層と見られるアフマダーバード市の事例が，どこまでインドの都市全体を代表しているかはなお検討の余地はあるが，以下ではインフォーマル階層下層が都市人口の多数を占めることはかなりの程度インドの都市に共通する特徴と考えて議論を進めたい。

インド農村からの都市への出稼ぎや移住は，19 世紀末以来続いてきた。南インドの事例で述べたように，イギリス支配期においては，バラモンなど農村の上層階層が，都市の官僚や公務員，教員，弁護士などに就くために，またそのための教育を子弟につけるために，都市に次第に生活の基盤を移していった。また，農村の土地もちの階層からは，綿工業などの大規模工場に職を得る者も増えていった。こうした状況は独立以降も続き，村落の上層階層や中層階層から，都市への移動や出稼ぎが拡大していった（Pothana 1994）。彼ら村落の

上層や中層階層出身者は，都市の公務員や公共企業をはじめとする都市フォーマル部門や，都市の商業の自営などの分野に進出していったと考えていいであろう。

　しかし，1970年代から80年代にかけて，農村社会の下層を含めて広範な階層が，都市への出稼ぎや移住を始めた。都市のインフォーマル階層は，1970年代から農村地域からの移民の流れ，特に農村の中層以下の階層を受け入れながら，拡大してきたといえそうである。インドの農業従事人口は，1971年から1981年の間にその比率を69.7％から66.5％へと減らして，減少の方向に転じた（Bhattacharya 1998）。農村からの都市への労働力の移動が始まり，減少傾向に入った農業からの人口は，大量にインフォーマル部門に吸収された[2]。第6章で述べたように，このころ農村では「緑の革命」が進行する中で，農業労働者賃金の上昇も見られはじめていた。それゆえ，農村・農業で生活ができなくなって，農村から都市へ移動・出稼ぎをしたというわけではない。前章で述べたように，農業生産の発展は，農作物などの商業取引・交易，交通・運輸はじめ多様な非農業雇用をうみだし，都市の商工業の発展を刺激した。Bhattacharya（1998）は，都市のインフォーマル部門は，ダイナミックに発展しつつある部門として，農村からの人口を積極的に吸収した，という。

　県庁や郡庁所在地レベルの地方の6小都市の調査は，インフォーマル部門の小事業所による従業者総数が，1980年と89年の間に，年率14％から27％もの高い成長率で拡大したことを示している。インド全体では，同等レベルの小都市のインフォーマル部門の成長率は，1969-80年の6.68％から1980-89年の12.81％に上昇している。しかも，これら6都市の小事業所では，事業所当たりの雇用者数は1980年から89年にかけて増大傾向を示し，経済活動の活発化が進んだことを示唆している（Ramanujam et al. 1994, 36-47）。こうして，都市インフォーマル部門が，1980年代にはダイナミックな部門として成長しながら，農村からの労働力を吸引していったのである。

---

　2) インドにおける男子の人口移動は，1990年代に飛躍的に拡大した（宇佐美近刊b）。

2 都市インフォーマル階層と農村社会

1980年代から90年代にかけて,かなりの数の都市インフォーマル階層の実態調査が行われている。調査方法も対象地域,調査対象の選び方も多様で,都市による差異も大きく,まとまった結論を得ることはなかなか困難であるが,全体としては,農村の非エリート階層を多く吸収してきたことを反映して,都市インフォーマル階層,とくにその大多数を形成するその下層には,農村の下層階層との共通性や連続性を見出すことが可能であること,同時に,商業自営者などのグループにはインフォーマル部門下層階層とは異なる特徴があること,を明らかにしている。

低い教育水準と低い社会階層

まず,都市インフォーマル部門の従業者の教育水準は,総じて低く,非識字層がかなりの比率を占め,せいぜい初等教育どまりの者が大半である。アーグラー市(ウッタル・プラデーシュ州),カーンプル(Kanpur)市(同州),プリー(Puri)市(オリッサ州)のインフォーマル部門従事者をランダムサンプリングの方法で抽出して調査したTiwari(2005, 160)によれば,この3つの市を合わせて,インフォーマル部門従事者の教育水準は,30%は非識字で,小学校(5学年)までが17%,8学年まで16%,10学年まで20%,12学年まで10%,大学まで6%,大学院まで1%で,職業教育を受けてディプロマをもつ者は0.5%である。つまり,10学年の修了時の中等教育修了資格(SSLC)を獲得できなかった者が6割以上を占めている。教育の水準は,製造業の方が高いが,サービスや建設業では従事者の36%が非識字である。6割が35歳以下という若い年齢層であることを考えるとかなり低い教育水準であるといってよいだろう[3]。Mitra(2003, 42)が1999年に行った,居住者の大半がインフォーマル部門に従事するデリーのスラム居住者の調査では,調査対象者の39.5%が非識字で,中等教育以上を受けた者は18.2%に過ぎなかった。インフォーマル部門従事者の大半は,学歴や教育水準の上で公私の大規模企業など

フォーマル部門に職を得ることが困難な水準にあるといってよいだろう。

　ただ，教育水準にかんしては，インフォーマル部門従事者の中でも，固定事業所の事業主と，そこでの被雇用者と，固定事業所なしの営業者の三者では，違いがある。1989年に行われた地方6都市の調査では，固定事業所の事業主層（インフォーマル部門従事者の25％を占める）では65％が，中等教育修了資格（SSLC）以上と教育水準は高い。他方でインフォーマル部門従事者の多数を占める被雇用者層（42％）と固定事業所なし層（22％）では，SSLC所有者はそれぞれ34％と16％に過ぎず，逆に非識字者がそれぞれ17％と34％を占めるなど，教育水準が低いことと対照的である（Ramanujam et al. 1994, 106, 115）。

　また，都市インフォーマル部門では，指定カーストや後進カーストに属する者の比率は，非常に高い。アーグラー，カーンプルとプリーの3都市のインフォーマル部門従事者では，指定カースト・指定部族の比率はカーンプル73％，プリー40％と高く，アーグラーでは26％である（Tiwari 2005, 109-127）。指定カースト成員の比率はインフォーマル部門の製造業で特に高いがサービス部門でも低くはない。ただ，ここでも，不動産，ビジネス・サービス，卸売業などでは，上位カーストも含めて指定カースト以外のカーストが重要となっていることが注目される。

　つまり，都市インフォーマル部門従事者は総じて下位コミュニティの出身者が多く教育水準もかなり低いが，インフォーマル部門従事者の2割程度を占

3）オンゴール（Ongole）市（アーンドラ・プラデーシュ州）の移民が多く居住する地域の住民調査では，インフォーマル部門従業者の教育年数は，移民で4.81年，非移民で6.12年で，平均5.68年である。29％はまったく学校に行かず，32％は小学校を修了し，30％は中学校まで教育を受けた。7％のみが中等教育修了資格試験を通り，専門的・技術的な資格を所持しているものが2％である（Rao and Rao 1994a）。ヴィシャーカパトナム（Visakhapatnam）市の建設業労働者の場合，95％は後進階級か指定カーストで，84％は初等教育の段階でドロップアウトして，公式の教育を受けていない，という（Raju 1994）。また同じヴィシャーカパトナム市にかんする1980年代初めの調査であるが，フォーマル部門就業者の22％が非識字であったのに対して，インフォーマル部門就業者では非識字者は51％に達し，インフォーマル部門従事者の教育水準の低さを示している（Sreeramamurty 1986, 68）。

める固定事業所所有の営業者などには，上位カースト出身者が多くその教育水準も高いということがわかる。インフォーマル部門従事者は，2つの社会層からなっているといってよいだろう。前節で述べたように，本書では，この二層を都市インフォーマル階層上層と都市インフォーマル階層下層として区分することにしよう。

　すでに第7章などでも指摘したように，数十年にわたって農村人口を吸収してきたことを反映して，都市インフォーマル部門従事者には，かなりの比率で地域外から流入した移住者（migrants）が含まれている。1989年に行われた地方6都市の調査では，雇用労働者の39％，事業主（固定事業所あり，固定事業所なし）の場合は30％が，移住者であった（Ramanujam et al. 1994, 107）。インフォーマル部門で事業を起こそうとする場合，自営業の場合でも資金を必要とするが[4]，労働者として従事するにはほとんど資金を必要としない。都市に流入した場合，まず建設労働者として雇用されることが多いようである。インドでもっとも急速に拡大した都市のひとつヴィシャーカパトナム市の建設業労働者の場合，移住者の比率は66％に達する（Raju 1994, 21）[5]。1991年時点のオンゴール市のインフォーマル部門従事者の調査は，調査世帯の60.4％が移住者で，臨時労働者の場合は3分の2に達し，移住者の5分の4は農村からきたという（Rao and Rao 1994a, 28；Rao and Rao 1994b, 89, 91）。北インドの工業都市のルディヤーナ市も急速に拡大した都市で，1981年から91年の間の人口増加の59％は移住者によるものであった（Bhashin 2004, 157）[6]。

---

4) 1989年の時点で，インフォーマル部門の固定事業所をもつ事業者の固定資本の平均は3,649ルピーで，固定事業所をもたない場合でも1,450ルピーであった。当時のインフォーマル部門の被雇用労働者の賃金は月500ルピー程度であるから，何らかの事業を始めるには賃金の3カ月分くらいの資金は必要だったといえよう（Ramanujam et al. 1994, 58, 118）。

5) なお，1980年代初めでは，ヴィシャーカパトナム市のインフォーマル部門の従事者の74％は移住者だった（Sreeramamurty 1986, 75）。1990年のヴィジャヤワーダ市のインフォーマル部門従事者の調査では，59.5％が移住者だった（Rao and Rao 1994, 108-109）。

6) 1970年代の10年間（1971-81年）の農村から都市への移住者の都市総人口に対する比率については，5％から15％の間の都市が多い，という（Mitra 1994, 127-133）。

インフォーマル部門の従事者は，農村からの移住者を含めて，都市で家族を伴って生活する者が大多数である。ヴィシャーカパトナム市での調査では，インフォーマル部門従事者の84％は結婚しており，オンゴール市でも，単身者は2.4％のみで，インフォーマル部門従事世帯当たりの就業者は1.42人であった（Sreeramamurty 1986, 70 ; Rao and Rao 1994a, 39）。ヴィジャヤワーダ（Vijayawada）市では，流入労働者は平均24歳で流入し，その時点で約46％は結婚していたという（Rao and Rao 1994b, 109）。また，ルディヤーナ市の移住者の調査では，平均家族規模は5.28人で，非流入者との差異はほとんどなかった（Bhashin 2004, 159）。男子単身者の出稼ぎというケースは，リキシャ曳きなどには多いと思われるが，決して一般的な移住者の姿ではない。

　また，農村から来た移住者の場合も，短期間滞在して村に戻るという形態は一般的とはいえない。1990年時点のヴィシャーカパトナム市では，建設業では流入後1年以内の労働者が41％を占めたが，他の業種を含めた流入者全体では，1年未満が約4分の1，5年以上が18％で，大半が1年から5年の滞在者であった（Rao and Rao 1994b, 110）。1999年のデリーのスラム地域の調査では，移住者の場合でも，滞在年数は長い。調査対象者のうち，26.6％は非移住者であるが，36.8％が流入後16年以上経過した移住者であり，11-15年の者も17.9％おり，流入後10年以下の者は18.7％に過ぎない（Mitra 2003, 45-46）。

農村とのつながりの維持

　こうして，農村地域から都市のインフォーマル部門に流入した人々の多くは，短期で農村に帰ることなく長期に都市で家族を伴って居住するといってよいが，そのことは，これらの人々が出身農村社会との関係を絶って完全な都市民となることを意味するわけではない。非常に多くの人々は，農村との関係を維持し，恒常的に出身地への送金を行っている。1990年調査のヴィジャヤワーダ市の場合，移住労働者の76％が送金を行っていた。移住労働者の25.26％は月額150-200ルピーを，7.37％は250ルピー以上を送金していた。この時にインフォーマル部門従事者の55％は月700ルピー以下の賃金であっ

たから，この送金額は決して小さくない。送金の目的は，労働者の親が親戚から借りた借金の返済が大きい（65.3%）が，出身地に残した子供たちの教育（11.6%）や医療のため（9.5%）という回答もあった（Rao and Rao 1994b, 112-113）。また，1991年のオンゴール市の調査では，移住人口（調査対象者の6割を占める）の33.66%が送金を行っていた。送金はほとんどが農村向けで，月50-150ルピーを送金する者が多く，出身地での借金の返済，結婚式，子供の教育に使われることが多かった（Rao and Rao 1994b, 98-102）。チェンナイ（マドラス）市内のインフォーマル部門の移住労働者を調査した Duraisamy and Narasimhan（2000）によれば，移住者の70%は送金を行っており，その額は平均収入の18%に達する。多くは夫婦で都市に来ているが，34%は出身地に在学中の子供を残している。51%は出身地に戻りたいと希望し，42%は家族の土地を出身地に所有している。出身地に戻りたいという希望があったり，子供を残している移住世帯からの送金額は大きい。

　1999年調査のデリーのスラム居住者の場合も興味深い。前述のように，このスラム居住者は長期にデリーに滞在する移住民が中心である。表9-2に見るように，調査対象世帯の84%は出身地の両親に送金し，14%は子供に送金し，配偶者，配偶者の親戚へも送金している。送金額も，約半分以上の世帯では1,000ルピーを超えている。他方，非常に高い比率で，送金を行った相手から，逆に送金を受け取っているなど，相互に金を送り合う関係にある。本調査によれば，物や衣服の寄贈，子供の世話，精神的援助，仕事の紹介など多様な援助を，相互に行っている。表9-3からは，送金世帯の半分以上が出身地に土地を所有し，ほとんどの世帯が家屋をもち，定期的に訪問していることが分かる。つまり，デリーのスラムに長期に居住している場合も，出身村落には家屋や土地を維持し，残した両親や子供，親戚などと，物心両面で相互援助を行っていることが分かる。彼らにとっては，村落から都市への流入は，出身村落からの離脱を意味しない。移住者とその出身村落に残った家族や親戚とは，そして都市での生活と出身農村での生活とは，相互に補完し合いながら進められるべきものと理解しているといってよいだろう[7]。

　こうして，都市インフォーマル部門は，農村社会の非エリート層から不断の

表 9-2　デリーのスラム居住者の送金

(単位：%)

相　手	送金をした		送金を受け取った	
	送金した世帯の比率	送金世帯のうち, 1,000ルピー以上送金した世帯の比率	送金を受け取った世帯の比率	送金受取り世帯のうち, 1,000ルピー以上を受領した世帯の比率
両　親	84.4	51.9	60.9	57.1
子　供	14.1	59.3	0.0	―
配偶者	7.5	50.0	13.6	66.7
配偶者の親戚	1.6	50.0	18.2	50.0
同一カーストの成員	0.4	0.0	4.5	100.0
同一村民	0.8	50.0	4.5	100.0
その他	0.8	50.0	9.1	50.0

出典) Mitra 2003, Table 6.2 (p. 110).

表 9-3　デリーのスラム居住者の送金者と出身地との関係

(単位：%)

	送金世帯中の比率		
	出身地に土地を所有している世帯	出身地に家屋をもっている世帯	出身地を訪問している世帯
両親へ	57	83.9	99.1
子供へ	70.4	92.6	96.3
配偶者へ	64.3	85.7	100
配偶者の親戚へ	50	100	75
同一カーストの成員へ	0	100	100
同一村民へ	50	50	50
その他へ	100	100	100

出典) Mitra 2003, Table 6.4 (p. 111).

流入を受け入れるだけでなく，流出先での人々の生活は出身農村から完全には分離されず，多かれ少なかれ出身農村での生活と連続的・一体的な側面をもつものとして営まれることになる．ラージャスターン州の事例研究では，出稼ぎ

---

7) 全国標本調査等を分析した，宇佐美（近刊a）によれば，2001年における男子移動人口は9,336万人で，総人口の17.5％を占める．ビハール・パンジャーブ・タミルナードゥ州から移動した男子の場合，6-9割が故郷への送金をおこなっている．これら3州では総世帯の4分の1程度は世帯内に移動者を擁し，その移動者のいる世帯のほとんどは送金を受けている．

者を出している世帯は非出稼ぎ世帯よりもかなり高い収入水準にあり，出稼ぎからの収入はこれら世帯の年収総額の60％近い額に達するという（Gidwani and Sivaramakrishnan 2003）。その意味では，都市での彼らの生活は，程度に差はあれ，農村での生活の拡張という側面もあるともいえよう。都市インフォーマル階層と農村との関係についてはなおいっそうの検討が必要なことはいうまでもないが，都市のインフォーマル部門に生きる人々が，社会層や教育水準など多くの点で農村の非エリート階層と共通点をもつだけでなく，流入者などインフォーマル階層の大きな部分の人々の都市での生活が，農村での生活と連続したり結合したりしていることは，非常に重要なことである。都市インフォーマル階層のかなりの部分は，半農村的な性格をもっている，ということもできよう。

3　都市インフォーマル部門と農村社会との物的循環

　都市インフォーマル階層，特にその下層が農村社会との共通性や連続性をもち労働力移動など両者の間には人的な移動があることを明らかにしてきたが，商品や物の流通・移動の面でも，インフォーマル部門と農村の経済社会とは，特に密接な関連と共通性をもっているように思われる。
　すでに前の諸章にて示唆したように，インドの商品やサービスの生産と消費の構造は大きく二分されて，フォーマル部門の製品やサービスが同じフォーマル部門同士や都市の中上層階層が中心に作りだす購買力との結びつきが強いのとは対照的に，インフォーマル部門の製品やサービスはインフォーマル部門同士や都市貧困層や農村の需要と結びつきが強いといえそうである。

共通する消費嗜好

　この点を説明するために，第一に，農村の消費者の消費行動の特徴と都市インフォーマル階層下層の消費嗜好が，共通性をもっていることを確認しておこう。農村の消費者は，商品の購入に際して価格の低さを特に重視することは，

表9-4 テレビ（白黒とカラー）所有台数における白黒テレビの比率（2001/02年）

（単位：％）

所得区分（年収・ルピー）	都市部 住民構成比率	都市部 白黒テレビの比率	農村部 住民構成比率	農村部 白黒テレビの比率
45,000ルピーまで	14	89	43	92
45,000-90,000ルピー	32	74	40	86
90,000-135,000ルピー	24	41	10	68
135,000-180,000ルピー	14	16	4	42
180,000ルピー以上	17	10	4	26
合　計	100	45	100	74

出典）NCAER 2005より作成。
注1）テレビ（白黒とカラー）の所有台数は，小型白黒テレビと通常型カラーテレビの台数を合算した数値。
　2）所得階層は，2001/02年の物価水準にもとづく。

第6章と第7章で見たところである。前節で見たように貧困層が中心になる都市のインフォーマル階層下層も，商品の購入に際して価格の低さをもっとも重視するという傾向を有する点で，農村需要と共通点をもっている。

　この点で興味深いのは，テレビの購入に際して，都市の所得上位2分の1の階層と比較した場合，都市の所得下位2分の1の階層と，農村の9割の住民とが共通した消費行動をとっていることである。表9-4に見るように，都市住民の所得上位2分の1を占める年収9万ルピー以上の階層では白黒テレビに対してカラーテレビの購入が優越しているのに対して，都市の所得下位2分の1の階層（9万ルピー未満）と，農村住民の9割を超える階層では，ともに白黒テレビが優越している。農村にも年収9万ルピー以上の高所得階層はいるが，そうした階層でも白黒テレビへの傾斜は強い。つまり農村のほとんどの世帯と都市の所得下位2分の1の世帯とは，両者ともに，機能の内容や機能の豊富さ以上に価格要因を重視してテレビを購入していると推定してよいだろう。貧困層を中心とする都市インフォーマル階層下層の世帯と農村のほとんどの世帯とは，低価格品への志向という共通の特徴をもっているのである。第7章で紹介したプラスチック再生業などインフォーマル産業の場合もその市場が都市の貧困層と農村であり，農村需要が都市貧困者層と共通した特徴をもっていることを示唆している。

　第6章では，農村下層階層にとっては，消費は上層階層への抵抗や村落の

抑圧的な階層構造からの自立への志向を体現していることを指摘したが，この点は都市の繊維工業の労働者の消費への意識にも共通している。南インドのコインバトール市では，綿工業労働者は，社会的な地位の低さや条件の悪さに対する抵抗の表現として，人目をひくような消費を行っている。豊かな人たちやオフィスで働くホワイトカラーを超えることはできないが，彼らに対抗して，労働者たちは，高価な衣服を着たり，結婚式などに大金を使ったりする，という（Ramaswamy 1983, 143-144）。デリーの美容院従業員など農村出身の従業員の消費意識を調査した Munshi（2012）も，ブランド品ジーンズのイミテーション品を 50 ルピーで購入したり，彼女たちが社会的上昇の確認としての消費行動をとっていることなどを報告している。ここでも，農村社会における消費傾向との共通性を見出すことができよう。

インフォーマル部門同士の商品交換

　第二に，すでに述べてきたことであるが，一般に，インフォーマル部門は，フォーマル部門と比較して安価な商品やサービスを市場に提供してしてきたことをあらためて確認しよう。インフォーマル経済の研究を進めてきた T. S. パポラ（Papola）が指摘するように，「フォーマル部門が到達できない広範な市場にインフォーマル部門は安価な製品を供給してきた」（Wishwakarma 1993）。その製品は，しばしば，安価であるが低質でもあるとみなされた。安価に提供することを第一に優先したインフォーマル部門の工業製品が，都市の貧困層や農村を主な市場とすることが多かったことは，すでに，第 7 章で指摘したところである。その点をもっとも典型的に示すのは，プラスチック再生産業で，その市場は，主として貧困層と農村市場であった（Gill 2010, 133, 170, 249）。インフォーマル部門として発展したパワールーム産業が，インドの大規模工場に対抗して発展し繊維産業の中核となってきたこと，「緑の革命」以降に拡大する農村市場に安価な製品を提供することによって農村市場に浸透したことがその発展の基盤となったことも前述した。パワールーム産業は，都市市場については，都市低所得層を中心に浸透していったといえそうである。Roy（1998）は，都市における極めて急速に拡大した布の街頭販売の発展によって，

パワールーム製品の都市市場への浸透が可能となったと指摘する。前章で述べたように，都市の露店・行商人が主に都市低所得層を顧客としていることから判断して，パワールーム産業は，農村と都市インフォーマル階層下層を主たる市場として浸透していったと推定される。こうして，インドの繊維産業では，フォーマル部門が主に都市の上層階層を顧客とし，インフォーマル部門は農村と都市下層インフォーマル階層を主たる市場とするという関係の中で，その変化が起こってきたことが分かる。

そのほかのインフォーマル部門製造業でも，しばしば露店・行商人の小売商に販売を依存することは，前述したところである。デリーの露店・行商人の調査は，衣服，安物のゴムやプラスチックの履物（スリッパ，サンダルなど），ベッドシーツ，台所用品，家具など多様なものを固定店舗よりもずっと安い価格で低所得層を相手に売っているが，それらは市内やそのほかの町の家内工場の生産物である，という（Bhowmik, ed. 2010, 52-55）。

また，貧困層を主たる顧客として，安価に野菜などを売る屋台や露店などのインフォーマル小売業が，20世紀末から急速に発展した近代的小売業によって打撃をほとんどうけていないことも前述したところである（Joseph and Soundararajan 2009, 133）。このことも，フォーマル部門とインフォーマル部門の小売業とは，それぞれ都市の中上層階層とインフォーマル階層下層とを主な顧客とするという，2種類の市場の存在を示唆するといってよいだろう。アーグラー市の履物製造業の研究が，インフォーマル部門の製品とフォーマル部門の製品とが異なった流通経路に流れてゆく実態を，興味深く描いていることも第7章で紹介した。インフォーマル部門生産の履物が地方市場や地域の貧困層市場に送られるのとは対照的に，フォーマル部門の生産物は，安価な靴を自工場では生産しないインドの代表的靴製造販売企業による買取りや，アーグラーの生産者自身による直接的な海外輸出，もしくは輸出業者を通して輸出されるなどの形で流通してゆく部分が非常に多くを占めている。

また，第三に，インフォーマル部門の事業者は，フォーマル部門からよりも，他のインフォーマル部門企業から必要な投入財を購入することが多い。1989年に行われた地方6都市の調査によれば，インフォーマル部門では製造

業もサービス業も，投入財は主としてインフォーマル部門の内部で調達してきたし，フォーマル部門との産業上の連関は弱い。生産の規模も収入も小さなこれら事業者は，その日に必要な少量の投入財を，インフォーマル部門が圧倒的に多い地域の市場で購入する以外ない，という（Ramanujam et al. 1994, 27, 63, 91）。前述したように，インフォーマル部門サービス業の代表的存在である露店・行商人が，家内工業などインフォーマル部門の生産物を主として扱っていることも，インフォーマル部門内部の商品の移動といえる。

　観光業関係の業界でも同様である。インフォーマル部門のホテルは，洗濯，掃除などのサービスをインフォーマル部門に依存し，必要な物資もインフォーマル部門から購入する。そこで働く従業員も，雇用関係は臨時的・不安定で，転職率も高く，正規の観光業教育を受けた人はほとんどおらず，大半がインフォーマルな労働市場から調達される。これらの非スターホテルは，インフォーマルな交通機関と結びついている。タクシー，オート・リキシャ，サイクル・リキシャ曳きの人々が，ホテルに客を連れてくるし，市内の観光地に連れて行く。彼らは，顧客をインフォーマル部門の土産物店やレストランに案内して店からのコミッションを受ける。インフォーマル部門のホテルにはレストランがないことがほとんどであるから，客はこれらのレストランで食事をとる（Surjit Singh 2001）。前章で見たように農村から来る多数の旅客は，こうして相互に関連する旅行関連のインフォーマルな諸産業を支える重要な需要者層であろう。

　もちろん，フォーマル部門と都市上中層民とを結ぶ物的な循環と，インフォーマル部門と都市インフォーマル階層下層・農村居住民とを結ぶ循環とがまったく別個の循環として動いていると理解することは，正確でない。都市のオート・リキシャなどのインフォーマルな運輸業が，拡大する都市中間層を重要な顧客としていることは間違いないであろうし，たとえばアフマダーバード市の凧作りというインフォーマル部門の製造業も，都市の中間層を重要な市場としている。また，手織業も，都市中間層を重要な市場としている。逆に，農村住民や都市インフォーマル階層下層が，耐久消費財などフォーマル部門の製品やサービスを購入していることも，もちろん紛れもない事実である。また，

産業上の下請け関係やアウトソーシングの関係として，フォーマル部門とインフォーマル部門が密接なリンケッジを作りつつあることは，現在重要な事実である。そうした点に十分留意したうえで，なお，特に1990年以前の時期については，フォーマル部門とインフォーマル部門との間のリンケッジは全体としては弱く，フォーマル部門＝都市中上階層の間の循環と，インフォーマル部門＝都市インフォーマル階層下層・農村住民の間の循環という，多少とも性格を異にする二層の物的な流れがあったことは，間違いないであろう。こうした2つの流れが本格的な交錯を始めるのは，膨大な農村世帯がフォーマル部門の製品たる時計・自転車など耐久消費財の購入者として現れ始める1980年代半ば以降で，第10章で検討するように，そうした交錯は1991年以降の経済改革の中で加速化すると見てよいであろう。

4 農村-都市インフォーマル部門経済生活圏の形成

　以上のように，都市のインフォーマル部門と農村社会とは，物的にも人的にも密接な関連をもち，両者をつなぐ物的な循環と重なる形で両者にまたがる人的・社会的な生活圏があるように思われる。本書では，こうした経済圏・生活圏を「農村-都市インフォーマル部門経済生活圏」と呼び，「農村-都市インフォーマル部門経済生活圏」を想定することで現代のインド経済社会の構造の重要な部分が理解されうるのではないかという仮説を提出したい。
　こうした，都市インフォーマル部門と農村社会を結ぶ物的・人的な循環・生活圏は，どのように形成されたのであろうか，試論的に検討してみたい。

農村工業の都市への移動
　都市インフォーマル部門の形成を歴史的に考えた場合，いくつかの系譜を挙げることができる。第一に，ムガル期，英領期，独立インドを通じて，行政の拠点としての都市は，官僚，役人，上層階層などの居住地となり，教育機関も設置されてきた。これにともなって，商人，手工業者，サーバントなど多様な

インフォーマル部門の従事者が集まったことは間違いないだろう。第二に，大きな寺院の存在も，都市形成の重要な歴史的要因でもある。寺院とそこに集まる人々の需要は，多数の手工業者や商人を集めたであろう。第三に，19世紀後半からは，ボンベイ（ムンバイ）やアフマダーバード市を中心に大規模な工場制綿工業が発展するが，大規模工業は，前述のように1920年代以降いくつかの産業でも発展し，多数の工場労働者を都市に集めることとなった。この傾向は，いうまでもなく独立以降の国家主導の重工業化政策の展開の中でいっそう強まり，公私の大企業が重要都市に設立された。工場や膨大な数の労働者層の需要は，非常に多くのインフォーマル部門の設立を促したといってよいであろう。

　第四に，これらとは別に，いくつかの伝統的な手工業では，19世紀末頃から20世紀前半にかけて中核的な生産者層が，農村部から都市部に移動し，都市インフォーマル部門の重要な部分を構成するにいたっている。その代表的な産業が，手織業である。19世紀には，都市部にも宮廷や支配階層，遠距離市場向けに，高級品を生産する織物工が存在したが，農村にいる大多数の人々の消費する織物を生産していた大多数の織物工は，農村内で生産を行っていた。織物工の使う原料である紡績糸は，近隣の農民が副業として紡いでいたといわれている。しかし19世紀後半からは，前述のような大都市に大規模な紡績工場ができて，農村の織物も工場製の糸を使用するようになり，さらに20世紀に入ってそれまで紡績糸を中心に生産していた大都市の綿工場が綿布をも生産して市場に供給するようになった。多くの農村の織物工は，大規模綿工場のつくらないような特徴的な製品に生産を特化させて，この競争の中で生き残ろうとした。この過程で，織物工たちの非常に多くは，農村から離脱して都市の周辺部にまとまった一角をつくって，住むようになった（柳沢1971/72）。こうしてできたそれぞれの手織物生産中心地は，特色のある織物を作りながら，織物工を支配する織元や商人のネットワークで製品を遠隔地まで送り販売した。こうして農村から都市に移住した織物工も，生産物の主な市場は人口の多数が住む農村地帯であった。第3章で述べたように，20世紀以降の農村社会の変動の中で下層階層からも人絹糸を使用したサリーを着用するなどの新たな手織品

への需要が創出され，南インドなどの手織業は1920年代以降新たな発展を達成することになったのである。独立以降は，手織業は独立前の構造を維持しながら，その一部が大規模綿工場で廃棄となった中古の動力織機数台を設置したパワールーム工場を開始したことは，前述したところである。パワールーム工場が，農村市場を基盤に大規模綿工場（ミル）の市場を奪っていったことも前述した。このように，インドの手織業は，農村から都市に生産の場を移動させながらも，農村を第一の市場として農村との強い関連を維持しており，さらに後には発展してインドの織物生産の大半を占めるパワールーム産業を生み出している。この過程は，農村起源の産業が都市部に拡張し，農村経済が都市部を取り込みながら発展・拡張していった過程と理解することができよう[8]。

　独立前の時期から農村起源の産業が都市部のインフォーマル部門に発展してゆくという点では，やや脈絡は異なるが，第8章で見た履物生産や皮革業も同様の特徴があろう（押川1997）。さらに，第3章では，1920年代以降，農村社会の下層階層の自立性の強化に関連して消費パターンの変化が生じ，そこから精米業，落花生油搾油業，ビーディ生産，繰綿工場などの零細企業の発展が促されたことを明らかにした。これらも，農村部から都市部へと広がっていったと見てよいだろう。

農村経済の発展・拡大と都市インフォーマル部門

　独立以降，特に「緑の革命」の時期を経た農村社会経済の発展・変容は，農村部における新たな非農業活動を生み出しただけでなく，第8章で見たように，都市部に広がる商業や製造業の拡大をもたらしたことは間違いないだろう。北インドのカリンプル村やメーラト県数村の事例，タミルナードゥのアーラニ町の事例が示すように，「緑の革命」後の農村地域では，余剰農産物の村落外への搬出，その見返りとしての工業製品などの流入が，農村部とその近くの都市部とで，商業，運送業，倉庫業などサービス部門での経済活動の活発化

---

8) Chowdhury (2001, 230) は，パワールーム産業が都市部に非常に多く存在することを認めつつも，それが農村産業としての特徴をもっていることを指摘している。

を生み出した。

すでに何度か紹介した6つの小都市の場合，そのうち4つの都市の主な産業は農産物関連である。前述のように，これらの都市で1980年代に見られたインフォーマル部門の従業者数の年成長率は，商業部門を中心に非常に高かった（14.46％から26.82％）が，HMT（the Hindustan Machine Tools）の工場が設立された1都市を除いて，「緑の革命」による農業生産の上昇，生産物の特化，農産物消費パターンの多様化などの農村社会の生産と消費の変化なしには説明できないであろう[9]。興味深いことに，この6都市の調査報告書は，「インフォーマル部門の中で，第三次産業の発展が第二次産業の発展を促進する」ケースを紹介する。布取引に従事していた業者が縫製を始めたり，薬草の商人がその加工を始めたりするように，商業を通じて技術や市場の知識を蓄積して，製造業に乗り出す，と指摘し，インフォーマル部門がその内部で内容を豊富化してゆき自己発展する可能性を調査報告書は高く評価する。事実，この6都市では，インフォーマル部門の総雇用に占める製造と修理の比率が，1980年の24％から1989年の28％へと増大している（Ramanujam et al. 1994, 37, 39, 65）。

前章で見たように，農業生産の上昇など農業生産の変化と農村社会構造の変容にともない，村民の教育参加が拡大し，旅行が高頻度化し，病院に行くようになるなど多様なサービス需要が増大し，その多くは都市におけるインフォーマル部門のサービス部門における多様化と成長をもたらした。

他方製造業の分野でも，第6章で示したように，農業生産の増加と非農業就業の拡大の両方による農村世帯の所得の増大によって，農村社会の工業製品への需要が伸長したことも間違いない。前述したように，1992/93年に行われた国立応用経済学研究協会（NCAER）の消費調査の報告書によれば，1980年代後半に消費財の工業製品の生産と消費のブームがあり，農村社会と低所得階

---

9) なお，HMTの重要生産物である時計については，1980年代半ばの耐久消費財ブームで急速に販売を増やしたが，農村市場はもっとも重要な市場であった。こうした経路でも，農村市場は都市のフォーマル・インフォーマルな工業・サービスの発展に大きな刺激を与えている。

層の消費が特に顕著に増大した，という。それまでシンプルな工業製品でさえほとんど購入することのなかった下層階層が，工業製品の消費者になり，農村需要はいくつかの耐久財にとっては主要な市場となっていることは，前述した（前掲表6-12）。さらに注目されることは，多くの非耐久消費財についても，農村は主たる市場となっていることである。報告によれば，農村市場が70％を超えるのは，ラジオ，自転車，腕時計（機械式）とタバコで，60-70％は洗濯石鹼，履物（カジュアルとPVC），歯磨き粉，食用油，50-60％は，卓上扇風機，ミシン，モーターサイクル，石油ストーブ，ギー，ヴァナスパティ（植物油の一種），履物（革製），ティー，化粧石鹼である（S. L. Rao ed. 1994, 1, 9, 13）。耐久消費財とともに，非耐久消費財の日常的消費財の分野で多種の工業製品が下層階層を含めた農村社会に浸透を始めたことを示唆している。こうした数多くの種類の日常消費の工業製品に対する農村需要の増加は，フォーマル部門とともに都市インフォーマル製造業の多様化と成長を刺激したことは間違いないであろう。第7章で見たように，パワールーム製品，合繊品や綿のメリヤス，安価な履物など，インフォーマル産業として展開する多くの商品について農村需要はもっとも重要な基盤であった。

　さらに，都市の製造業の小・零細規模経営者の創出の面でも，農村社会は重要な役割を果たしたことも，第7章で明らかにした。手織業やパワールーム産業の経営者については前述したが，ティルップール市のニット工業，ルディヤーナ市の機械工業をはじめ，非常に重要な小・零細規模工業の経営者が農村社会から系譜しており，いくつかの重要な小・零細規模工業は「農村起源」であることを指摘してきた。

　以上をまとめれば，19世紀末以降，農村経済の変容は都市におけるインフォーマル部門のサービス産業と製造業の形成・発展・拡大を刺激してきたが，その過程は「緑の革命」以降の農業生産の発展と農村社会の変容によって加速・拡大されたことが明らかになったといえよう。その過程では，都市インフォーマル部門の経営者層の多くも，農村社会から出自したと見てよいであろう。現在の都市インフォーマル部門の大きな一部は，こうした農村経済の拡大，多様化と波及の中の一環として形成・発展してきた，といえよう。都市イ

ンフォーマル部門と農村社会とは，物的・人的に連続的・循環的な側面と多くの共通点をもつ「農村−都市インフォーマル部門経済生活圏」を構成していることを前述したが，都市インフォーマル部門の大きな一部分がこのように農村経済の延長・拡大のうえに形成発展した事実が，その背景となっているといえる。

都市フォーマル部門とインフォーマル部門

　こうして農村経済との強い関係の中で形成され発展した都市インフォーマル経済と同時に，都市のフォーマル部門との密接な関係のもとで発展した都市インフォーマル部門があることは，いうまでもない。前述のように独立以降の工業化戦略の中で形成されたフォーマル部門の労働者層等を市場とするインフォーマル部門はもちろん重要であるが，アフマダーバード市の事例で検討したようにフォーマル部門従業者の比率は決して大きくなく，その需要は限定的であると見てよいであろう。サービス部門に関連し，製造業の企業の構造改革の一環として，企業内の電算部門，清掃，セキュリティなどのサービス分野をアウトソーシングしたり，小規模企業に下請けさせる動向を重視する見解があるが，第8章で述べたように，こうしたサービス部門が他の部門から分離することによる成長率の上昇は，1990年代についてはサービス産業の年成長率を0.25％程度とほんの少し上昇させたに過ぎず，大きいとはいえない。

　製造業にかんしては，Ramaswamy（1999）は，企業内での請負人による請負生産は広く行われているが，企業外への生産の外注は，大企業にかんしていえば1992/93年に企業の総付加価値額の4.5％に過ぎず，衣服産業などを除いて微々たる量である，という。自動車産業の部品メーカーには，完成車メーカーに納品する第一次・第二次のメーカーと，多数のインフォーマル部門の部品生産者群とがあるが，前者が後者へ外注することはほとんどないという。北インドの部品メーカーの事例研究によれば，両者の技術的な差異は大きく，前者の製品のリジェクト率0.35％に対して後者の零細企業群の製品のリジェクト率は10.5％を超えており，後者へのアウトソーシングを行った場合は，製品の質の確保が困難なためである（Awasthi et al. 2010 ; Uchikawa 2011）。

フォーマル部門とくに大企業部門と外注関係を通して強く結合したインフォーマル部門は大きいとはいえないと見てよいであろう。

農村・都市インフォーマル部門と経済成長

前章で見た図 8-1 は，こうした農村・都市をつなぐ商品流通の増大のもとで，農村と都市の商業活動が 1980 年代に急速に増大し，農村部における商業活動の拡大が先導する形で，都市部の活動が拡大していったことを示唆している。次に掲げる図 9-1 も，1978 年以降に農村から都市部にわたって発展したインフォーマル部門製造業の事業所の変動を示している。このグラフでも，農村部と都市部とは同調的に変動しており，両地域を通じて共通の要因が製造業の発展を推し進めたことを示唆している。

Balakrishnan (2010, 147-152) や Kumar (1992) らが，「緑の革命」以降の農業部門の成長が第三次産業や第二次産業を刺激したことに 1980 年前後に始まるインド経済成長加速のもっとも重要な契機を見出していることは，序章と第 6 章で述べたところである。彼らのいう，農業部門成長が他部門の成長を促進する具体的な過程は，農村経済の発展が都市インフォーマル部門の発展を刺激する，農村-都市インフォーマル部門経済生活圏の形成の過程を通じて実現されたのではないだろうか。その意味では，農村-都市インフォーマ

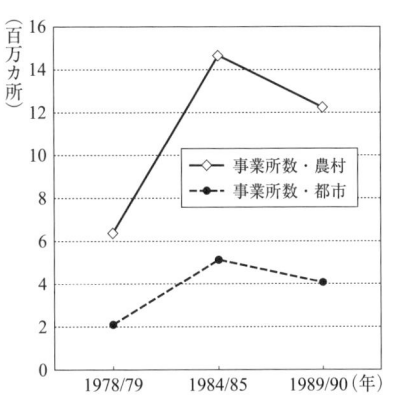

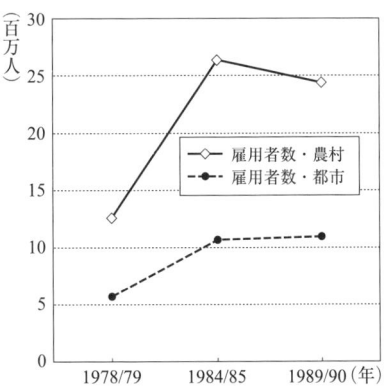

図 9-1 インフォーマル部門の製造業事業所数と雇用者数の変動

出典) Kulshereshta and Singh 1998, Table 4 (p. 58).

表9-5 産業別部門別雇用の年成長率（1972/73-1987/88年）
(単位：%)

	組織部門	非組織部門	合　計
鉱山・採石業	1.87	12.42	5.68
製造業	1.25	4.47	3.72
電気・ガス・水道	4.78	NA	4.78
建設業	0.12	8.55	7.03
商業・ホテル・レストラン	2.38	5.10	4.47
運輸・倉庫・コミュニケーション	1.33	8.82	4.98
その他のサービス	3.94	3.03	3.40
合　計	2.51	4.96	4.20

出典) Sundaram 1998, Table 2.

ル部門経済生活圏の発展こそが，1980年代以降のインド経済成長の最大の基盤をなしていたといえよう。農村経済の拡大が都市のインフォーマル部門の拡大をもたらしてきたという我々の見解は，Ravallion and Datt（1996）の分析結果とも整合的である。部門別の経済成長がインドの貧困層にいかに作用するかを検討したこの論文は，都市経済の成長は都市の所得分配を悪化させて貧困層に不利に作用するのと対照的に，農村経済の成長は都市と農村の両方の貧困層の所得を増大させる，という。「犬と尾の関係に例えると，農村部門が犬で，尾の都市部門を動かしているのであって，その逆ではない」というこの論文の結論は，農村-都市インフォーマル部門経済生活圏の形成過程における農村の主導的役割を示唆しているといってよいであろう[10]。

1972/73年から1987/88年の間の非農業分野での雇用者数の産業別成長率を示す表9-5からは，インフォーマル部門の雇用成長率はフォーマル部門のそれの2倍に近いことが分かる[11]。また，Unni（2003, 72）の試算でも，1983年から94年の間に，農業を除くインフォーマル部門の雇用成長率は3.9％で

---

[10] 都市経済の成長が農村と都市の貧困削減に寄与する程度は，1991年以降は増大する。Datt and Ravallion（2010）は，不熟練労働者を吸引する都市のインフォーマル部門が1991年以降顕著に増大したことが，その背景にあると示唆している。農村-都市インフォーマル部門経済生活圏における下層階層の労働市場の連続性を示す事例といえよう。

フォーマル部門の1.2％を大きく凌駕し，1994年から2000年の期間についてもインフォーマル部門は3.2％でフォーマル部門の0.4％を大きく超えている。さらに，1999/2000年から2004/05年の間にも，非農業部門従事者のうちでインフォーマル部門に所属する者の比率は，68％から72％へと増大している[12]。これも農村-都市インフォーマル部門経済生活圏などインフォーマル部門のダイナミックな発展・拡大が，インド経済成長全体にもつ重要性を示唆するといってよいだろう。

5 都市インフォーマル部門上層階層の台頭——都市中間層の拡大

第2節において，都市インフォーマル部門の従事者の中で，固定事業所をもつ商業その他の経営者・自営業者が，高い教育水準をもち，高カースト出身者が多いことを指摘した。1970年代以降のインフォーマル部門の拡大と発展は，インフォーマル部門の内部で，商業事業主，小工場経営者，金融業者など

---

11) Raj (1984) は，1970/71年以降，非登録部門の非家計の事業所の数と活動は驚くほど増大しているが，その状況の過小報告は深刻な状態にあり，これらの活動による付加価値生産の状況を捉えることは不可能となっている，という。

12) National Commission for Enterprises in the Unorganised Sector, *The Challenge of Employment in India : An Informal Economy Perspective*, Vol. 1, The Main Report, New Delhi : Government of India, 2009, p. 13. 1990年以降の時期について，インフォーマル部門の雇用は増大する一方で，フォーマル部門の雇用増はほとんど停止し，「雇用なき成長」と呼ばれていることは周知のことである。なお，インフォーマル部門とフォーマル部門の所得の成長率について見れば，1983年から94年の時期はそれぞれ5.7％と7.2％，1994年から2000年の時期については7.2％と8.4％である。インフォーマル部門が旺盛な成長を続けている一方で，フォーマル部門がそれを超える速度で成長しているといえようが，インフォーマル部門の成長率については，実際はもっと高かった可能性があることに注意が必要である。Kulshereshta and Singh (1998 ; 1999) は，1985/86年から1996/97年の間にインドのGDPにおけるインフォーマル部門のシェアが低下したことを明らかにした。その低下の理由については，事業者からの自己申告に依存するインフォーマル部門からの統計データ収集上の不十分さ（事業者の過小申告など）のためであるという見解が存在する。インドの統計当局 (Central Statistical Organisation) に所属する2人の論文著者はこれにかなり強い同感の意を表して，インフォーマル部門の所得の成長率が過小に報告されている可能性が強いことを示唆している。

の活動の拡大と発展をともなったことは間違いない。

　先に見た，1990年代初めのアーグラー市の履物産業の事例は，こうしたインフォーマル階層上層の活動の様子を示している。ここでは，履物・皮革を扱うことを「伝統的な職」とする約6万の指定カースト成員が履物生産に従事していたが，その生産する履物生産の原料・材料の販売や製品の買取りを行う商店が，中心的なマーケットに675から700あった（Knorringa 1996, 88）。これらの店舗の経営者には生産労働を行っているような指定カーストの構成員はおらず，パンジャーブやシンド地方の出身者や，シク教徒，上層ムスリムであった。彼らは「ホワイトカラー」で，指定カースト成員の生産者の家をバイクで回って納品を督促することもあったという。こうした履物関係の商業経営者に加えて，1980年代には先進カーストの経営者で指定カースト労働者を雇って小規模靴工場を設立したり，指定カーストの女性労働者が家庭内で就業する内職を組織して靴製造を行う者が増えた。その一部は，インフォーマル部門の規模を超えて，小規模工場経営者へと上昇していった。アーグラーでは，1990年代初めにこうした雇用者10人を超える小規模工場経営が数百存在した（Knorringa 1996, 80）。これらの非指定カースト経営者による小規模工場の一部は，注文を受けて地方市場向けの生産をしたが，一部，特に10人を超える規模の工場は，インドの大規模な履物生産企業による買取りか輸出向けであったことは，前述したところである。こうして，アーグラーの履物産業の場合，インフォーマル部門上層による商業・工場経営が発展してゆき，その一部はインフォーマル部門の枠を超えて成長していった。その際，輸出市場の拡大はこうした発展を促進する契機であったことは間違いないが，国内市場向けの生産においてもインフォーマル部門上層の経営は重要だった。インフォーマル部門や中小規模経営部門の社会的・経済的な上層階層による経営が，インフォーマル階層下層の低賃金労働を基礎に成立するという構造をもっているといえよう。

　こうして，インフォーマル部門の発展・拡大は，インフォーマル階層上層の成長をともなったが，そのことの意味はかなり重要である。Sengupta et al.(2008) は，全国標本調査（NSS）統計等を分析してインドの所得階層区分を行った。その中で，2004/05年の時点で，インドの総人口の23.3％は「中・

表 9-6　所得階層別の就業者 (2004/05 年)

	就業者総数 (100万人)	インフォーマル部門 就業者 (100万人)	インフォーマル部門 就業者の比率 (％)
貧困・やや貧困層	345.1	332.6	96.4
中・高所得層	112.4	90	80.1
合　計	457.5	422.6	92.4

出典) Sengupta et al. 2008, Table 7.

表 9-7　所得階層別インフォーマル部門就業者の社会層別分布 (2004/05 年)

(単位：％)

		指定カース ト・指定部 族	その他の 後進階級	ムスリム	その他	合　計
1	貧困層	44.9	33.6	12.9	8.6	100.0
2	やや貧困層	30.5	40.6	10.8	18.1	100.0
3	貧困・やや貧困層 (1＋2)	34.3	38.7	11.3	15.6	100.0
4	中・高所得層	16.4	35.6	7.6	40.4	100.0
5	合　計 (3＋4)	30.5	38.0	10.5	20.9	100.0

出典) Sengupta et al. 2008, Table 7.

高所得層」にあることを示したが，その「中・高所得」層の 80.1％はインフォーマル部門に従事していることを明らかにした（表 9-6）。これらインフォーマル部門の「中・高所得層」は高学歴で，その 71.4％は「自営業（self-employed)」つまり雇用主である。また，表 9-7 が示すように，インフォーマル部門の「中・高所得層」の 40.4％は指定カースト・指定部族・「その他の後進階級 OBC」「ムスリム」以外の「その他」，すなわち先進カースト所属で，ついで 35.6％が OBCs である。この研究ではインフォーマル部門には農業部門も含まれるが，国立応用経済学研究協会（NCAER）の推計では 2005/06 年に，インド世帯総数の 18.7％を占める 13.5 万ルピー以上の年収のある世帯のうち，7.2％は農村世帯で，11.5％は都市であるから，Sengupta et al. (2008) のいうインフォーマル部門の「中・高所得層」の 6 割以上は，本書のいう，都市インフォーマル階層上層と見てよいであろう。表 9-8 から分かるように，インフォーマル部門の事業所は，商業部門に一番多く，ついで製造業で，この 2 つの分野で全事業所の 7 割程度を占める。インフォーマル部門の「中・高所

表 9-8 インフォーマル部門事業所の産業別分布 (1999/2000 年)

(単位：1,000)

	事業所数		
	農　村	都　市	合　計
製　造	9,614	4,656	14,270
建　設	1,181	673	1,854
商業・修理	8,578	8,794	17,372
ホテル・レストラン	848	928	1,776
交通・倉庫・コミュニケーション	2,012	1,924	3,936
金　融	42	119	160
不動産・賃貸・ビジネス活動	200	572	773
教　育	232	348	580
医療・社会活動	455	331	786
その他，コミュニティ・社会的個人的サービス活動（家内サービスを除く）	1,906	1,000	2,906
合　計	25,068	19,344	44,412

出典) *Informal Sector in India, 1999-2000, Salient Features*, NSS 55th round (July 1999-June 2000), National Sample Survey Organization, Government of India, May 2001.

得層」も商業と製造業の経営者層と見てよいであろう。

　しばしばインド経済の消費を牽引するのは，拡大する「中間層」といわれる。こうした把握にはすでに述べたように基本的な問題があるが，以上の事実は，都市インフォーマル部門の発展の中から形成されたインフォーマル部門の商業や製造業の零細経営者層が，少なくとも量的にはいわゆる「中間層（中・高所得層）」の中核を占めていることを示している。

6　消費市場としての農村-都市インフォーマル部門経済生活圏

　農村-都市インフォーマル部門経済生活圏は，インドの製造業やサービス業にとって，最大の最終消費市場を構成し，その成長を支えてきた。表 9-9 は，Sengupta et al. (2008) が，1 人当たり支出額を基準に，インドの世帯を「貧困・やや貧困層」と「中・高所得層」とに区分したものである。「貧困線」の 2 倍を超える 1 人当たり支出を行った世帯は「中・高所得層」に区分され，

表 9-9　所得階層別年間支出額

(単位：10億ルピー)

	食糧・飲料	必須非食糧品*	教育	医療	その他の非食糧品	耐久消費財	合計
1999/2000 年							
貧困・やや貧困層	2,537	638	77	183	461	64	3,961
中・高所得層	1,250	362	105	186	538	125	2,566
合計	3,787	1,000	182	369	999	190	6,527
2004/05 年							
貧困・やや貧困層	2,937	912	141	225	613	114	4,944
中・高所得層	1,771	633	298	316	985	275	4,278
合計	4,709	1,545	439	541	1,598	389	9,221

出典) Sengupta et al. 2008, Table 18.
注) *「必須非食糧品」には, 光熱, 衣服, 寝具, 履物を含む。

「貧困線」の2倍までの世帯は「貧困・やや貧困層」に区分してある。同論文では, 1999/2000年にはインドの総人口の19.3％が, 2004/05年には23.3％が「中・高所得層」に入ったという。

この表9-9から分かることは, まず第一にインドの総消費の5-6割は,「貧困・やや貧困層」が支出していることである。第二に, 総消費額のうちから「食糧・飲料」を除いた, 工業製品やサービスへの支出の中では, 衣服, 寝具, 履物などを含む「必須非食糧品」が, 耐久消費財の数倍の規模をなしていることと, ここでは「貧困・やや貧困層」の市場が圧倒的に重要であることである。つまり, 耐久消費財・教育等を除いた日常的な消費財の分野では, 農村-都市インフォーマル部門経済生活圏の非エリート階層がもっとも重要な消費者層となっているといえよう。すでに見たように, これらの階層は, インフォーマル部門が生産・提供する安価な製品やサービスのもっとも重要な市場である。つまり, 農村-都市インフォーマル部門経済生活圏の内部で生産し消費する, いわば部門内で循環する商品の流れが, インドの消費財の経済循環のもっとも基幹的な部分を構成していることを示唆しているといってよいだろう[13]。

他方で, 表9-9からは, フォーマル部門の代表的な生産物である耐久消費財については, こうした日常的な消費財と異なって,「中・高所得層」が2倍

表 9-10　テレビ・オートバイ・自動車の所得階層別所有分布（2005/06 年）

（単位：％）

年収（2001/02 年価格のルピー）	世帯比率	所有台数分布 テレビ	所有台数分布 オートバイ・原付二輪車	所有台数分布 自動車
45,000 ルピーまで	25.8	7.2	2.8	0
45,000–90,000 ルピー	39	32.5	17.6	0
90,000–135,000 ルピー	16.6	25.1	24.6	5.9
135,000–180,000 ルピー	8	15	21.3	16.6
180,000 ルピー以上	10.7	20.3	33.7	77.6
合　計	100	100	100	100

出典）NCAER 2005.

　以上の大きさの市場となっていることを示している。しかし，この点では，自動車に代表されるような高価な耐久消費財と，扇風機，自転車，ラジオ，テレビなどの安価な耐久消費財とで状況は非常に異なることに注目することが重要である。

　たとえば，表 9-10 は，NCAER 調査による所得階層ごとのテレビ（白黒とカラー）の所有台数の分布（2005/06 年）を示しているが，所得上位の二階層（総世帯数の 18.7％を占める）が所有するテレビの総数は，全体の 35.3％に過ぎず，テレビの大半はそれよりも所得の低い階層が所有している。こうした，低価格耐久消費財には，自転車，ラジオ，扇風機，クッカーなど非常に多くの種類の耐久財が属する。

　これに対して，非常に高価な耐久消費財の自動車の場合は，その 94％が上位二階層によって所有されており，極端に所得上位階層集中的である。オートバイ・原付二輪車は中間型といえよう。

　耐久消費財の最終市場をまとめれば，テレビを代表として，相対的に安価で

---

13) 表 9-9 は，1999 年から 2005 年の間に，「中・高所得層」が他の階層に比して消費のシェアを増大させたごとく表示している。しかし，2005 年の「中・高所得層」のシェアの増大には，この間に「中・高所得層」に区分される人口比が 19.3％から 23.3％に増大したことが大きく反映している。1999 年時点での「中・高所得層」すなわち，上位 19.3％の階層の消費額の増大率は，1999 年の「貧困・やや貧困」階層の消費増大率をわずかに超える程度である。

大量に生産・販売される耐久消費財は，農村-都市インフォーマル部門経済生活圏の「貧困・やや貧困」階層を主たる市場とし，非常に高価な耐久消費財である自動車はインドの所得の1-2割の上層に集中しているのである。ここで注目すべきことは，前節で示したように上層2割の「中・高所得」階層のうちの8割はインフォーマル部門に従事していることである。つまり，インフォーマル部門の中で，商業・卸売，製造業，サービス業を営む非常に零細な経営者層が，自動車購入者層の中核をなしていると推定して間違いないであろう。

つまり，自動車などの高額耐久消費財を含めて，インドの耐久消費財産業は，農村-都市インフォーマル部門経済生活圏の購買力に圧倒的に依存しているといってよい。

7 都市インフォーマル部門内の対流と上昇の限界

このように，都市インフォーマル部門の就業者も単一の社会経済的な階層をなしているわけではない。本節では，こうした都市インフォーマル部門内の階層や階層間の流動性を検討しよう。

農業労働者賃金の影響と所得の上昇

都市インフォーマル部門就業者の底辺層におかれた人々の賃金や所得は，農村における農業労働者の賃金を基準にして，それを少し上回る水準にあるといえそうである。我々の1980年前後に行った村落調査では，当時の農業労働者賃金は1日10ルピーであったが，都市インフォーマル部門非農業職に就業した場合の所得も月に300ルピー程度と農業労働者賃金とあまり差異のない水準であった（柳澤1991, 376-377）。同様の関係は，2007年の同じ村落の調査からも明らかとなる。村落における男性農業労働者の年収が2,400-3,000ルピーであるが，都市の建築労働や守衛などの労働に従事する男性の年収は2,800-3,000ルピー程度である。

また，第6章で掲げた表6-7から，都市の非農業分野の賃金が農業労働者の賃金をやや上回る水準で並行的に変化してきたことが分かる。

　第2章第3節では，1944年前後の非農業分野の雇用構造を分析し，ビーディ生産労働者，炭坑労働者やジュート工場の不熟練工など，非農業労働市場の下層階層は指定カーストを中心とする農村下層から出身し，その賃金水準は農業労働者の賃金水準によって規定されていることを示したが，こうした農業労働賃金と都市下層階層の賃金水準との関係は，基本的にその後も維持されてきたといってよいだろう。雇用主が労働者に教育や技術の熟練などの面で一定の水準の獲得を要求しないような労働市場には，農村社会の農業労働者階層からの大量の労働力の流入がありうるため，その賃金水準は農業労働者の賃金水準に引き寄せられることは当然といえよう。前述のRavallion and Datt (1996)の指摘する「農村経済の成長が都市の貧困層の所得を増大させる」という関係は，こうした農村と都市インフォーマル部門の労働市場とが連結されているという関係の中で成立していると理解できよう。

　グジャラートの一工業団地の近隣農村への雇用の影響にかんするShah (2001)の研究によれば，工業雇用の多くは非正規雇用でインフォーマルな性格の雇用であったため，土地もち世帯にとってはあまり魅力的ではなく，工業従事者のいる世帯の比率は土地もちの階層では低く (38.6%)，土地なしの階層で高い (64.5%) という。この例も，インフォーマルな労働市場と土地なしの階層や農業労働者階層との結びつきの強さを示している。

　しかし，都市インフォーマル部門下層の賃金水準は農業労働者賃金に規定されてはいるものの，都市就業の所得は農村で得られる所得よりも，多少とも多いことが一般的である。デリーのインフォーマル部門を調査したMitra (2003, 36) も，農村から都市への移動によって所得は上層することは広く認められている，という。デリーの屋台・露店を中心としたインフォーマル部門を調査したDasgupta (2003) では，都市への移住者の69%は「村落で得られる収入より高い所得を得ている」と回答している。

　NCAERによるインドの世帯家計の調査も，年収が4万5千ルピーに満たない貧困世帯は，農村部で43%を占めるが，都市部では14%に過ぎないことを

表 9-11　都市・農村における収入別世帯分布（2001/02 年）
(単位：%)

年　収	都　市	農　村
45,000 ルピーまで	14	43
45,000-90,000 ルピー	32	40
90,000-135,000 ルピー	24	10
135,000-180,000 ルピー	14	4
180,000 ルピー超	17	4
合　計	100	100

出典) NCAER 2005.

示している（表 9-11）。もちろん，都市部での物価の高さや住居費の必要などの差異があるから，両者の所得を直ちに貧困度の指標とすることはできないが，都市部で貧困層の比率が農村部に比して小さいことは，「貧困線」をめぐる論争の中でも多くの論者が認めるところである[14]。

都市下層階層の賃金は農村の農業労働者賃金よりも多少とも高いことに加えて，都市では妻の就業など多就業の比率も高いようである（Mitra 2003, 24, 39）。Dasgupta（2003）の調査によれば，1993 年におけるインフォーマル部門の雇用のうち 22.7% は女性であるとされるが，この数字にビーディ，線香，食物などの女性による家内生産を加えるとより高くなる。この調査でも，インフォーマル部門に従事する男性の配偶者は，ほとんど家内補助者として働いていた。ただ，農村部でも農業労働者階層では女性の就業率も高いから，都市部の世帯で農村部より高い比率で多就業となっているかどうかについては，いっそうの慎重な比較が必要であろう。

都市インフォーマル部門における収入の上昇は，インフォーマル部門内部での職や地位の移動によって実現されることが多い。デリーの屋台・露天商の調査では，インフォーマルなサービス部門内部で職の移動を体験した者のうち 60% は，移動の結果収入が増大した，と回答している（Dasgupta 2003）。デリーのスラムでの調査も，インフォーマル部門内部で上昇してゆく流動性が小

---

14) Government of India, Planning Commission, *Report of the Expert Group to Review the Methodology for Estimation of Poverty*, 2009, p. 7.

さくないことを明らかにしている。都市滞在が長期に及ぶ移住民は，仕事にかんする情報を多く得ることによって臨時雇用の立場から脱出する可能性が大きく，長期滞在によって所得も上昇し，貯金もできて出身村へのかなりの額の送金も可能になる，という（Mitra 2003, 46, 56, 66, 76, 96, 115）。都市に移動した当初は最下級の職に入職した移住民も，滞在期間の長期化の中でこうしたインフォーマル部門内の上昇をおこない，所得を徐々に上昇させることができるといってよいだろう。

階層的上昇の限界

　しかし，そうしたインフォーマル部門内の上昇にも，社会層によって重要な差異があることが指摘されている。デリーの貧困層の調査をした速水（2005）によれば，廃品回収業従事者には，ごみ拾い人，ごみ集荷人，仕切屋，卸売業者，廃品再生工場などの職があるが，ごみ拾い人と，ごみ集荷人とではその後の上昇の可能性の点で大きな差異があるという。ごみ拾い人は，ビハールや西ベンガル州からきている非識字の移住労働者が中心であり，貧困ライン以下の所得水準で，スラム的な住居に住むという劣悪な生活状況にあるだけでなく，それより条件のよいごみ集荷人や仕切屋に上昇することはほとんど不可能であった。これに対して，ごみ集荷人はウッタル・プラデーシュ州出身の移住民の息子が多く，レンガやセメントの完全住宅に住み，貧困線を多少とも上回る水準の所得を得ている。仕切屋や卸売業者まで高位の職種はウッタル・プラデーシュ州出身者によって占められている。ビハールや西ベンガル出身のごみ拾い人と異なって，ウッタル・プラデーシュ州から来ているごみ集荷人には，仕切屋やさらには卸売業者への上昇への道が開けている。その上昇を可能にしているのは，ウッタル・プラデーシュ出身者間の信頼関係やネットワークにもとづく支援など共同体的な関係である，という。

　インフォーマル部門内における上昇が，所属するコミュニティや社会層と密接に関連することは，Knorringa（1996）のアーグラー市履物業の研究も注目するところである。同市では，実際に履物生産の労働を行うのは，指定カーストのチャマールの副カーストであるジャータヴであるが，彼らが生産した履物

表9-12　社会層別インフォーマル部門就業者の所得階層別分布

(単位：%)

		指定カースト・指定部族	その他の後進階級	ムスリム	その他	合　計
1	貧困層	30.6	18.4	25.6	8.6	20.8
2	やや貧困層	65.1	59.0	62.3	43.2	57.8
3	貧困・やや貧困層（1＋2）	88.5	80.1	84.7	58.7	78.6
4	中・高所得層	11.5	20.0	15.4	41.2	21.3
5	合　計（3＋4）	100.0	100.0	100.0	100.0	100.0

出典）Sengupta et al. 2008, Table 5, 7 より作成。

を購入する商人や彼らを集めて靴を生産する小工場の経営者は，パンジャーブやシンド地方からきた先進カースト出身であった。ジャータヴの履物生産者たちとそれを買い取る商人の間には相互の不信感が強く，生産の改良に必要な情報が相互の間で伝わることもなく，商人も生産者も生産を改良しようという志向はなかった。それぞれの家や仕事場で分散して生産するジャータヴと商人との間のバーゲニング力の差は大きく，商人に有利に価格は決まり，ジャータヴの手元に残る利潤は極めて少なかった。また，同市には輸出同業組合や商業組合はあったが，ジャータヴ生産者の利益を代表するものではなかった。こうして，同市の履物業の中で，ジャータヴ生産者が底辺階層から商人などに上昇するケースはなかった。

　前節において，都市インフォーマル部門の就業者が，低教育水準と低カースト者が主体の下層階層と，相対的に高い教育水準で先進カースト成員が多い上層階層とからなることを明らかにした。先に紹介した Sengupta et al.（2008）による NSS 統計の分析も，インドの所得階層の上位2割に相当する「中・高所得階層」に属するインフォーマル部門就業者は，先進カーストに属するものが多く，教育水準も高いことを明らかにしている。表9-12は，各社会層に属するインフォーマル部門就業者の所得階層別の構成を見たものである。ここからは，「中・高所得層」に属する就業者の比率が，先進カースト（「その他」）では41.2%に達しており，他の社会層が20%以下であることと比して，先進カーストでは格段に高所得層の就業者比率が高いことを示している。社会層別

表 9-13　15 歳以上人口の教育水準別所得階層別分布（2004/05 年）

（単位：％）

	非識字	初等教育まで	中等教育	中等教育以上大学未満	大学・大学卒	合計
貧困・やや貧困層	86.1	83.3	71.2	52.4	29.7	72.6
中・高所得層	13.9	16.7	28.8	47.6	70.3	27.4
合計	100.0	100.0	100.0	100.0	100.0	100.0

出典）Sengupta et al. (2008), Table 8.

の教育水準を比較した表 9-13 は，15 歳以上の全人口にかんするものであるが，この「中・高所得層」の 8 割はインフォーマル部門所属であるから，インフォーマル部門就業者のうちで大学卒の場合は中・高所得階層に入る可能性は非常に大きいが，中等教育以下の場合はその可能性は非常に低いことが推測できる。

　以上まとめれば，今後のいっそうの実証が必要であるとはいえ，インフォーマル部門の内部において低カースト出身者で教育水準が低い下層階層が，多少の所得の上昇を実現してゆくことは可能であるが，中・高所得階層にまで上昇することはかなり困難であるといってよいであろう。

第10章

経済改革と工業・サービス産業の発展
――大企業部門を中心に――

　第4章において述べたように，1950年代から始まる国家主導の輸入代替化過程は，それまで輸入に依存していた生産財部門を基本的にインドの中に形成した。海外の基本的な技術をインドの産業の中に定着させ，製薬業など1991年改革以降に世界市場に飛躍してゆく産業の国際競争力の基盤を作り，一部の産業分野の企業においては，途上国に適合的な技術や生産物を開発したり，一定の技術水準を擁する部品産業を作り出すなど，1991年以降の工業発展の基礎を作り出した。同時に，海外や国内での競争関係を制約し，外国資本の参入や活動を制限，外国技術の導入を統制して，大規模企業の投資行動に制限を課し，小規模企業を育成する政府の工業政策のもとで，インド工業は多くの分野で，陳腐化した機械を使用した，高コストで低質な製品を生産するという特徴を強めていた。1960年代半ば以降の工業生産の成長や生産性上昇の停滞は，こうしたインド経済の高コスト化と深く関係していた。1980年前後のインドの工業・サービスのフォーマル部門産業の多くは，新たな発展を遂げるうえで，高コスト経済体質からの脱却を必要とする状況にあった。

　インドの経済政策は，1970年代から徐々に変化の兆候を示し，80年代には生産財輸入の制限の緩和，ライセンス規制の部分的な緩和，外資の参入を部分的に認めるなど対外開放性を部分的に認める政策をとりはじめたが，それまでの政策基調の本格的な転換は1991年を待たなくてはならなかったことは，周知の通りである。1991年の政府の声明は，ライセンス制度の基本的廃止，外国資本の参入の促進，貿易の自由化など，企業の経済活動の自由を認め，国内

的・国際的な市場競争を強化し，経済のグローバル化を推進する方向性を明示したものとして，画期的である．

　この経済改革の詳細については，すでに優れた研究が日本語を含めてでている．そこで，本章はこれら改革や変化の詳細には立ち入らず，この改革を経てインドの工業・サービス業が発展する構造や基本的な特徴がどのように変化したかを，フォーマル部門特に大企業部門産業を主たる対象に，検討したい．

　その際に，1990年代初めに，インドの代表的な財閥企業ゴードレジの総支配人が，多国籍企業との競争でインド企業が存続しうるかを論じた新聞紙上の論説は，インドの大企業部門が当時直面していた基本的な課題はなにかを考える上で重要な示唆を与える．著者の総支配人は，インドの財閥の存続にとって，財閥家族による経営など経営のあり方の改革の必要性を強調するとともに，主として価格のみが競争上問題となるセメントや鉄鋼業のような素材部門と異なって，製品部門では，大量市場消費者向けの製品を作成することが市場を持続的に確保するうえで決定的に重要であると主張する．途上国における大量市場向けの製品は，まず安価でなくてはならない（たとえば先進国向けの半分の価格）し，高級品仕様ではなく低位の仕様にすべきである．このためには，研究開発が今以上に必要であり，今とは異なった労働文化と経営が必要である．「決定的に重要な大衆に製品を届け，よりよい経営を行うことができた，各分野について1-2のインドの会社」のみが生き残りうるであろうと主張した[1]．

　「決定的に重要な大衆」に製品を浸透させることを通じて持続的な発展が可能となる基盤を構築するという点から見れば，それがインドの既存の財閥系企業によってなされたかどうかは別として，1991年以降のインドの大企業部門の発展の実績は，画期的な進展を実現したことを示している．すでに述べたように，1990年代以降テレビ，携帯電話，バイクなど耐久消費財は農村の非エリート層を含めて大衆的市場に急速に浸透した．以下詳述するように，耐久消

---

1) Sanjay Bhargava, "Indian business houses in 90s," June 17, 1993, *The Economic Times, Midweek Review*, p. 13.

費財産業は，製造業では成長率が一番高かったし（Chandrasekar 2011, 223），成長率が上昇した2003年以降については，拡大する家計部門によって主導される，バイク・自動車生産，通信産業，家屋建設が，海外市場主導のIT産業とともに，インド経済を牽引する役割を果たしてきたことが明らかとなっている（Nagaraj 2008）。

本章は，こうして1990年代以降のインド経済の成長を牽引したこれら産業が，いかにしてインド国内の大衆の需要および海外市場と結合しえたか，またそれを可能にした研究開発や「労働文化」はいかにして形成されたか，を検討する。また，そうした大衆的市場との結合と企業の技術形成・開発体制の成立にとって決定的に重要な役割を果たしたと思われる，1980年代から進展し1991年以降全面的に展開するインドの経済改革とグローバリゼーションの歴史的な意義を考察する。

第1節では，1990年代までに，耐久消費財を吸収しうる大衆的市場と中間層市場の形成過程が進展してきた事実を確認する。この市場的条件の形成に加えて，第2節では，旧来の財閥系以外のコミュニティから新たな資本家層が1960年代以降形成され，この新資本家層がこれら新産業の発展に重要な役割を果たすとともに，その形成が経済改革の進行の重要な背景となったことを示す。第3節では，「高コスト」で特徴づけられていた耐久消費財生産や電話サービスなどにおいて，経済自由化政策によって製品の実質価格の下落が実現し，その市場が，広範に形成された農村-都市インフォーマル部門経済生活圏や中間層社会に広がったこと，こうして大企業部門の中核部分が，下層階層を含む大衆的な消費需要と中間層市場の2つの「決定的に重要な」市場との結合を強めたことを指摘する。第4節は，自動車の部品生産やITソフトウエア産業などに見られるように，国際的な水準で製品の質を確保する仕組みが，部分的ではあるがインドのいくつかの産業の中に形成され始め，国際的な水準の技術集約型の産業が形成されたことを明らかにし，第5節では，こうして形成された技術集約型の産業分野を含め，インド経済が海外市場をその発展の重要な基盤に組み入れたことを述べる。

1 大衆的市場と中間層市場の形成

　前章で見たように，農村経済社会の発展と密接な関連を維持しながら形成された農村-都市インフォーマル部門経済生活圏には，1980年代には，自転車，時計，ラジオなどの耐久消費財が主要な市場として浸透し，1990年代には，扇風機や白黒テレビなど，電気製品が普及していった。第6章の表6-12で示したように，白黒テレビについて見れば，1989/90年には農村市場は製品の30-50％を吸収したに過ぎなかったが，1998/99年には過半を超えるまでに農村市場の比重は上昇していった。2005年の時点では，テレビを代表として，相対的に安価で大量に生産・販売される耐久消費財は，農村-都市インフォーマル部門経済生活圏の「貧困・やや貧困」階層を主たる市場とするにいたっている。これらの耐久消費財の市場の拡大の背景のひとつには，前述のように都市インフォーマル部門の拡大がある。この部門の拡大にともなって農村からの移住民の流入が増大したが，都市インフォーマル部門の移住民・出稼ぎ労働者世帯と出身農村世帯とは相互補完的な経済的・社会的な結びつきを維持することによって，大衆的な消費財需要を拡大していった。その際に，こうした農村-都市インフォーマル部門経済生活圏の消費需要の特徴は，安価工業製品への指向が強いことも前述した。したがって，この経済生活圏への耐久消費財の浸透のもうひとつの背景として，この市場への耐久消費財の浸透は，それら製品が安価に提供されることによって可能となった事実があると推定してよいだろう。

　テレビなどの相対的に安価な耐久消費財と異なって，自動車の市場は，現状では都市の高所得者層にほとんど限定されていることは，前述した。こうした高価な耐久消費財を購入する中間層について，前章で，2004/05年の時点でインドの総人口の23.3％に相当する「中・高所得層」の80.1％はインフォーマル部門に従事していることを明らかにし，都市インフォーマル部門の発展の中から形成されたインフォーマル部門の商業や製造業の零細経営者層が，少なくとも量的にはいわゆる「中間層（中・高所得層）」の中核を占めていることを

示した。高価耐久消費財の購入層の中心をなす中間層の多数を構成するのがインフォーマル部門の商業や製造業の零細経営者層であるというこの認識は，Sridharan（2008）の「中間層」の構成にかんする検討結果ともおおよそ一致している。この論文は，2005/06年の時点で，人口の6％前後を占める高所得の階層の構成について，公務員の高給層が30％前後，フォーマル部門の民間企業従事者が14％前後と推定し，残りの56％の大半は，製造業，不動産業，特に，卸売・小売りの商業の分野の小・中経営の所有者であろうと推測し，1998/99年の時点と比較して中間層に占める公務員と農業経営者の比率が大きく低下していることを示唆している。中間層の構成を正確に把握することは非常に困難であるが，量

表10-1　組織部門における雇用
（単位：10万人）

年	公共部門	民間部門	計
1971	107.31	67.42	174.73
1981	154.84	73.95	228.79
1986	176.84	73.74	250.58
1987	180.24	73.64	253.88
1988	183.20	73.92	257.12
1989	185.09	74.53	259.62
1990	187.72	75.82	263.54
1991	190.57	76.76	267.33
1992	192.10	78.46	270.56
1993	193.26	78.51	271.77
1994	194.45	79.30	273.75
1995	194.66	80.59	275.25
1996	194.29	85.12	279.41
1997	195.59	86.86	282.45
1998	194.18	87.48	281.66
1999	194.15	86.98	281.13
2000	193.14	86.46	279.60
2001	191.38	86.52	277.89
2002	187.73	84.32	272.06
2003	185.80	84.21	270.00
2004	181.97	82.46	264.43
2005	180.06	84.52	264.58

出典）Sridharan 2008, Table 18（p. 28）.

的に過半を超える多数は，インフォーマル部門の経営者層であること，および，こうしたインフォーマル部門依存の高収入階層に上昇する世帯は急速に増大していることは，おおよそ間違いないであろう。IT産業の急速な成長にともなってインドの平均的な賃金水準を大幅に超える「高給」を得ているITエンジニア層などが拡大していることは確かであるが，民間の組織部門の雇用の増大率は低く，2005年の時点でも公共部門雇用者の半分以下と小さい（表10-1）。Sridharan（2008）がフォーマル部門の民間企業従事者内の「中間層」が全「中間層」世帯の14％前後に過ぎないと推定しているように，これら新興の民間企業の技術者層や管理層が中間層に占める比率は決して大きくない。むしろ，中間層の拡大を支えているもっとも重要な要因は，インフォーマル部

門の拡大であるといって間違いないであろう。

このように，安価と高価の両分野の耐久消費財産業を支える，それぞれ大衆的と中間層的な二層の市場的な基盤は，ともに農村-都市インフォーマル部門経済生活圏の発展の中から形成されていることが，確認できよう。

2　新資本家グループの形成と経済改革

経営者層の中での「静かな革命」

こうして，農村経済と社会の発展，およびそれと関連した都市インフォーマル部門の発展を基盤に，耐久消費財等を含む工業製品やサービスへの国内市場が形成され拡大してきたが，産業の担い手となる経営者層の中でも，1970年代から80年代にかけて重要な変化が生じていた。農村の経済や社会の変化を重要な背景のひとつとして，新たな資本家群が形成されて，製薬業や機械産業，IT産業など経済自由化後に特に顕著に発展するような分野で重要な役割を果たすようになったのである。Pedersen（2000）は，インド工業家の中での「静かな革命」が進行したと表現している。

すでに，第7章で小規模工業における農村起源の小・零細経営者層の形成を指摘し，第9章では農業・農村社会と密接な関連をもちながら都市インフォーマル部門の経営が発展したことを指摘したが，こうした新たな経営者層の形成は，フォーマル部門，それもインドを代表するような大規模企業の層の中でも進行していった。19世紀半ば以降，綿工業をはじめとしてインド資本による工業的発展が進んだことは第2章で見たが，そうした工業資本家の中心をなしたのは，19世紀には地域の範囲を超えて遠隔地交易に従事していた商業コミュニティやパルシーであった。特に重要なのは，財閥として典型的な発展を遂げたビルラーなどが属したマールワーリーと呼ばれるコミュニティであったが，グジャラート地方を基盤とするバニアーも，重要であった。独立インドの国家主導的な工業化においても，民間資本の中心をなしたのは，こうしたマールワーリー，バニアーなどの商業コミュニティや，パールシーのター

ターなど，遠隔地交易を基盤に工業の分野に進出して成長した財閥であった。これらの経営者の多くは「インド商業工業会議所連合会（Federation of Indian Chamber of Commerce and Industry：FICCI）」をつくり，インド内部に工業部門を確立することを目指した国家主導の輸入代替工業化戦略の中で，中央政府との密接な関連を保ちつつ，地域を越えてインド全体に広がる形で成長を遂げていった。Baru（2000）らは，これらのビジネスハウス（財閥）を「全国資本家」と呼んでいる。独立以降の経済発展の過程で，こうした全国的な財閥の中には，ターターのように重要な地位を維持したものもあったが，分裂したり，あるいはほとんど消滅したものもあった。バニアーを出自とするリライアンスのように，躍進した財閥もある[2]。

こうして独立インドの経済発展では商業コミュニティ出自の全国的財閥がインド工業の中核的な担い手であったが，1970年代・80年代から，それまで工業資本家をほとんど輩出していなかったバラモンなどの高カースト出身者や，農耕カースト，後進カーストや，さらには被差別カーストなどから，工業分野やサービス分野に進出し，大規模経営を営む経営者に発展するものが増大した。それらの多くは地域の経済と社会の発展と密接に関連しつつ発展したところから，「地域資本家」と呼ばれている。

Damodaran（2008）によれば，バラモン，カトリー（Khatris），カーヤスタ（Kayastha）など高カーストでも，金貸や金融関係への従事者は少なくなかったが，バニアーなどとは比較にならないほどその数は小さく，工業への本格的な進出は独立以降である。1965年の独占調査委員会の行った調査でも，インドの75の大企業の中でカトリーとバラモンの所有する企業はカトリー2社とバラモン5社にとどまった。しかし，その後，製薬業（Ranbaxy社），自転車・バイク（Heroグループ），トラクター（Mahindra社），ビール・蒸留酒（"Kingfisher"ビールなどのUnited Breweriesグループ），製紙（Ballarpur工業）の業界トップ企業に加えて，ソフトウェア業界第二位のInfosysや，著名なタイヤ生産企業（Apollo），国際的なホテル経営（Oberoi）を輩出するなど，この2

---

[2] これら財閥の動向については，石上・佐藤（2011，第10章）参照。

つのコミュニティは大きな飛躍を遂げて，今日にいたっている。バラモンのビジネス層は，グジャラートやマハーラーシュトラなど西部インドと，タミルナードゥなど南部での発展が顕著であるが，カトリーでは，Mahindra のようにパンジャーブなど北インド出身者が重要な役割を果たしており，自動車部品産業や IT 産業の分野で新たな経営者層が育っていった（Damodaran 2008, Ch. 3）。

　農耕カーストや，後進カースト・被差別カースト出身の経営者層の形成も，これに劣らず重要である。農耕カーストでは，アーンドラ・プラデーシュ州のカンマ（Kammas）とレッディが重要である。Upadya（1988）の研究は，アーンドラ地方の沿岸地域で，もっとも有力な農耕階層で農地所有も多かったカンマ・コミュニティが，「緑の革命」を経て，農業外の商業や工業に進出してゆく過程を明らかにしている。この論文によれば，「緑の革命」による農業生産の上昇と農業利潤の拡大によって，農村地域には資本家的な農業が発展した。農業を通して富を蓄積したカンマ・コミュニティの中には，公共工事の下請けなど建築業，製糖業・食糧加工業などアグリビジネス，機械工業，セメント製造，映画館など，さまざまな非農業分野のビジネスに進出するものが輩出した。その際に興味深いことは，土地所有の上限を決めた土地改革の結果，蓄積した資金によって農地を購入して土地所有の拡大を図ることが困難となったことが，彼ら農村の富裕層が農業外のビジネスに投資する重要な契機となったことである。

　1980 年代以降，カンマの新世代の経営者の出現が特に集中的に生じた分野は，製薬業であった。これらの起業者たちは，薬学の博士号や修士号をもつなど非常に高い教育を受けて，しばしば海外の製薬企業での勤務を経て起業し，ジェネリック薬品の生産と輸出をしている。また，製薬と関係して病院経営に進出する経営者もあり，インドで 2 位の自動車のバッテリー生産者もこのコミュニティの企業である。同じくアーンドラ・プラデーシュ州のレッディ・コミュニティも，国際的な製薬企業となった Dr. Reddy's Laboratory や，チェンナイの Apollo 病院はじめ 38 の病院を経営するアジアで最大のグループなど，重要な経営者を産み出している。この地方のラージュ（Raju）・コミュニティ

も，Satyam コンピュータ・サービス社など，多様な分野に進出している (Damodaran 2008, Ch. 4)。

タミルナードゥでも，農業経営を行っていた，ナイドゥ (Naidu) やガウンダル (Gounder) のコミュニティから多くの企業家が産み出されている。ナイドゥ・コミュニティは，すでに独立以前から，綿花の繰綿工場を設立するなどの形で工業への進出を遂げ，多くの綿工場をコインバトール市に設立した。これらの綿工場は，タミル地方の手織工に原料となる綿糸を提供するなど，地域の経済と密接な関連を維持しながら，発展していった。コインバトールは，独立以降も綿工業とともに，機械工業などの中心地として発展していった。今日この地域には，広範な機械工業が展開している。ここには約 600 の鋳造所があるが，それらは繰綿工場や製糖工場の機械の修理や犂など農具の製作など農業関連の事業を起点として，ポンプ生産，モーター生産，紡績機生産の全国的な生産拠点としての地位を築き上げてきた (Damodaran 2008, 147)。ナイドゥ・コミュニティの一企業は，インドの紡績機生産の 60％のシェアを誇る，繊維機械では世界的な企業に成長し，またインドのポンプの半分をこの地で生産しているナイドゥ企業もある。また，ニット製品・既製服輸出のインド最大の輸出拠点となっているタミルナードゥのティルップールでは，この地域のガウンダル・カーストが中核的な経営者層を形成していることなど，この産業の農村起源的特徴については，すでに第 7 章第 7 節で指摘した (Damodaran 2008, Ch. 5)。

南インドでは，このほか，後進カーストで酒作りを伝統的職業とするナーダール (Naddar) による，シヴァカーシ (Sivakasi) 市におけるマッチ生産，同じく酒作りを伝統的な職とするイーラワによるコイアマット生産などが，重要である。イーラワの中からは，「バラモン企業」として著名な IT 企業 Infosys Technologies の創立に共同創設者として参加する者も出ている。

こうして南インドでは，農業の発展を背景にして，農産物加工や農業関連産業などの地域経済の拡大を基盤にした農業関連のコミュニティによる工業分野への進出が顕著であるが，西部インドでも，農業階層として農村社会の中核をなしていた，パティダール (Patidar) やマラーター (Maratha)・コミュニティ

から，多くの企業家が出ている。この地域の新企業家の中心は，協同組合の形をとることが多かった。これらの経営者は，酪農協同組合や製糖協同組合を基礎に，事実上の家族経営として工場を経営したが，さらに，化学，製薬，石鹸，繊維，時計生産，タービンの生産などの多様な分野に進出していった。カレッジの設立など，教育分野への進出も顕著である（Damodaran 2008, Ch. 7 ; Attwood 1992)。

1980年代後半に，グジャラート州の豊かな農村地帯における農村地域立地の工業生産を調査したRutten（1995）は，同地における農業発展を背景に，農業資本家層から工業経営に進出する実態を生き生きと描いている。調査した一村落の大規模農業経営者75人のうち，50人は商業や工業など非農業経営にかかわっており，うち4件は精米所，タバコ加工工場，冷蔵施設など農業関連の事業への投資を行っていた。さらに工業企業が多数立地する農村地域での調査では，59の工業企業のほとんどは，1970年代以降の設立である。そのビジネスは，冷蔵施設，農産物加工，製材所，煉瓦工場，タイル工場，パイプ工場，セメント，機械工場など多岐にわたるが，59工場のうち20工場は農業関連である。工場のうち37工場は労働者数10人以下であるが，250人規模の工場も2工場あって，労働者総数の分布では，10人以下の企業のシェアは2割程度に過ぎない。労働者の4分の1は，監督者や夜警など常雇で，近くの村落からの労働者である。そのほかの出来高払いの労働者は，トライブ地帯からの出稼ぎである。経営者のほとんどは，事業を始める前には同種のビジネスに従事せず，農村地域で農業・商業活動を行っていた。経営者の9割は農村出身で，3分の2はこの村落の地域で生育している。ルッテンは，こうした工業企業の成立を，農業生産の上昇を背景に農業資本家が農業余剰を工業など非農業部門に投資した結果であるという。

農村地域の発展を基盤とする企業家層形成

以上の新資本家の形成過程は，次のような特徴をもっているといってよいだろう。

第一に，新資本家の非常に大きな部分は，農村地域での農業経営に関連して

いたコミュニティや階層であったことである。カンマ，レッディ，パティダール，マラーターなどのコミュニティは農業経営を行うとともに村内の大規模土地所有層としても農業に関連していた。また，バラモンの多くも，農村内の有力土地所有者階層や地主として，農業にかかわることが多かった。こうして，伝統的に商業を職とするコミュニティ以外の，農村社会で農業にかかわるさまざまな階層やコミュニティから，独立以降，ビジネスに乗り出す者が大幅に増大し，そこから，インドを代表するような大規模企業も興っていることが，まず確認できよう。ダーモーダランは，この新たな資本家層の台頭を，かつては商業コミュニティが事実上独占していた「資本」が，特に南インドと西部インドでは，商業コミュニティの独占物であることをやめたことを意味し，その点で「資本の民主化が起こった」と理解している。

　第二に，新資本家層の中心的部分についていえば，その台頭は，「緑の革命」に代表される農業生産の発展を背景に，農村内の有力農業経営者層が非農業部門に進出することが重要な契機となっている。その際，しばしば，製糖など農産物加工業にまず進出するなど農業を中心とする地域経済の拡大に基盤を置きながら，多様な分野に進出していることも確認できる。つまり，農業経済と農村社会の発展を基礎とする地域経済の発展が，こうした工業投資のもっとも重要な基盤となっている，といってよいだろう[3]。独立以降の農業の発展と農村社会の変容は，前節で述べたように非農業分野の製品やサービスへの市場を形

---

3) このインドの農村における資本家の発展は，農業生産の発展を前提とするが，それを農業経済における資本主義的発展の典型的な姿として理解することはできないことを断っておきたい。第1章で述べたように，これらの資本家として発展してゆく階層，特にカンマ，レッディ，パティダール，マラーターなどのコミュニティの有力階層は，農村社会で歴史的に広大な農地を所有し，その農地の一部を隷属的な労働力をもって経営し，一部を小作人に小作地として貸し出すことが一般的だったと推定され，独立以降の時期においても，それらを典型的な資本主義的経営とはいいがたい。また，広大な土地所有の存在が，農業経営からの収益とともに，これらの経営の蓄積基盤の重要な部分を構成しており，非農業部門への進出への極めて重要な基盤となっていることにも留意が必要であり，これらの工業経営への進出を典型的な農業の資本主義的発展の帰結として理解するのは不正確である。Upadya (1988) の事例研究は，この点をよく示している。

成しただけではなく，1980年代以降に発展する新たな産業発展を担う経営者層の重要な一部を形成する基盤を準備したのである。

こうして農村地域を含む地域の経済・社会との密接な関連の中で新たな経営者層が成長したことと関連して，インドのいくつかの地域に，重要な経済発展地域が形成されるにいたった。Baru (2000) は，パンジャーブ，ハリヤーナー，グジャラート，マハーラーシュトラ，カルナータカ，タミルナードゥ，アーンドラ・プラデーシュなどの諸州が，1970年代末に発展した地域経済をもつ地域として登場してきた，という。

「資本の民主化」

第三に，農業関係のコミュニティの農業外のビジネスへの進出は，これらコミュニティが既存のカースト秩序に抗してその社会的な地位の上昇を目指す運動と密接な関連をもっていたことである。たとえばナーダール・コミュニティがカースト内のビジネス進出を援助するために設立した銀行の例が典型であるが，カーストや親族の協力関係は，資金を調達するうえで非常に重要な役割を果たしてきた[4]。カーストの地位向上運動の中で教育水準の上昇には特に重要な役割が与えられてきたが，これらの農村居住のコミュニティが非農業分野に進出する場合も，もっとも重要な役割を果たしたのは，大学などでの高等教育であった。西部インドの事例のように，ビジネスに進出すると同時に農村地域に小学校からカレッジまでを含む教育施設の複合団地をつくるなど，事業者たちは教育を非常に重視した。これらコミュニティの非農業ビジネスへの進出は，カーストの地位上昇への運動によって大きく支えられ，逆に，ビジネスでの成功がカーストの社会的な地位を向上させるものとして理解されたといってよいだろう。

既存のカースト秩序に反対する運動の影響は，農耕コミュニティなどにかかわるだけではない。反バラモン運動の影響力の強かった南インドや西部インド

---

[4] 西部インドのマラーター企業家台頭の基盤となった協同組合運動とカースト上昇運動との関係については，Damodaran 2008, 224-225.

では公務員職などへのバラモン等上位カーストの参入への障害は大きく，このことが彼らをビジネス界へ誘導する結果をもたらした。「資本の民主化」が生じたのは「留保制度が当然」と受け止められてきたインドの南部と西部であり，対照的に北インドでは，商業カーストによるビジネス界の掌握は強く，農業経営では中心をなしたジャートは，大規模農家としての発展を遂げることができてもビジネスへの進出は非常に困難だった，という（Damodaran 2008, Ch. 10）。Varshney（2012）も，北インドとは異なって，南インドではカースト・ハイアラーキーが堀り崩されてきたからこそ，商業を伝統的な職としない上下の多様なカーストから商業やビジネスへ多数が参入し，それが南インドの経済発展につながったという。

新興産業における技術志向の新企業家層

　第四に，これら新資本家も，政府によるさまざまな政策によって保護されて成長してきた点である。カトリー等が二輪車や自動車部品関連産業へ参入することができた最大の要因は政府による輸入規制であり，南インドのナーイドゥの工業進出も政府のインド産業保護政策の成果であった。また，多くの企業家が，その出発点で政府による公共事業の下請けを行うことでビジネスへの進出を果たしている。新企業家にとって特に重要な政策は，政府による小規模工業保護政策であった[5]。ナーダールが覇権を確立したマッチ産業の場合も，政府

---

5) Roy（2011, 304）も，「緑の革命」を通しての資本蓄積とともに小規模工業保護政策が，こうした農村社会から出自する新たな企業層の形成をもたらしたり，80年代以降のインドの製造業輸出の中核を担う小規模工業部門を育成するなど，重要な役割を果たしたことを指摘している。Tyabji（1989）やGorter（1997）も，「小規模工業」保護政策は，ガンディー主義的な哲学の残滓として理解されることが多かったが，近代的な技術を使った小規模資本家を育成する性格をもっていたことを指摘している。1990年の時点でインドの金属家具産業を調査したGuhathakurta（1993）は，小規模企業保護政策が小規模企業の成長と拡大に寄与している側面を認めつつも，中小企業層の上層の経営的発展を阻害する側面を有していたことを指摘している。村落工業・小規模工業への保護を拡大した1977年の工業政策声明は親貧困層・親後進地域政策と見られてきたが，それらの政策がどのような政治的・経済的な背景をもとに形成されたかは興味深い課題である（Inoue 1992, 85-89）。

が 1973 年にマッチ産業を小規模工業に留保する政策をとり，当時インドのマッチの最大部分を生産していた，スウェーデン起源の大企業 WIMCO の生産能力を凍結することによって，シヴァカーシ（Sivakasi）のマッチがインドの消費の 5 分の 4 を占める現状を招来することができたのである（Damodaran 2008, 71, 144, 185）。地方の新資本家たちは，州政府を通じて中央政府に「小規模工業」への留保を要請することによって，この発展を実現してきたといえよう。

これらの新資本家は，インドのビジネス界でどの程度の比率を占めているのだろうか。Baru（2000）は，インドの民間企業上位 100 社のうちで 4 分の 1 近くが，第一世代の経営者であると推定している。これらの新経営者が目立つのは，繊維，セメント，砂糖，化学，肥料，製薬，電子，鉄鋼，機械部品などである。IT ソフトウェア産業でも，Wipro や Tata Consultancy Services のような旧来の財閥系の企業は存在するが少数派にとどまり，2000 年の時点で主導的な役割を果たしている企業の多くは，旧来のビジネス層からでなく，小規模企業から成長している（Upadya 2004）。特に製薬業や電子産業，IT ソフトウェアに代表されるような，1990 年代以降顕著に発展をみたり輸出を伸ばす産業分野で，これら新興の資本家層が中核的な重要性をもっていることに注目しておく必要があろう。

いくつかの研究は，これらの新資本家群は，旧来の全国的な財閥企業と比べて，技術志向が強く，海外技術の導入など対外的な自由化への志向が強かったことを示唆する。たとえば，グジャラート州の一小都市における産業団体の事例研究は，全国的な大規模企業の子会社ではない小・中規模の経営者の意識を調査している。調査対象の集団は，商業カーストのバニアーだけでなく，バラモンなど上位カースト成員と手工業者や低位カースト出身の経営者からなっている。これらの企業は，国内市場からさらに海外市場へ進出し，海外企業と技術提携をする場合もある。彼ら小・中規模経営者は，自らが技術志向であることを強調し，「短期利潤とレントシーキングを追求する」大規模企業の経営姿勢との差異を強調する。政府による支援はかつて彼らの上昇にとって重要であったとその意義を認めるが，彼らの成功はその結果ではなく，彼らの技術的

な専門性や優れた経営力の成果であると考えている。かつて重要であった保護主義的国家はもはや必要でなく，輸入制限やライセンス制度はむしろいっそうの発展の桎梏になっている，と主張する (Gorter 1997)。

前述のように，インドの代表的経営者団体は全国的財閥集団が主として結成した FICCI であるが，1974 年に，機械工業関連企業の 2 組織の合体によって「インド機械産業連合 (Association of Indian Engineering Industry: AIEI)」（後に「インド産業連合 [Confederation of Indian Industry: CII]」）が結成された。Pedersen (2000) によれば，この組織は構成メンバーの 75％以上が雇用者 500 人以下の中小企業で，専門への意識の高さで有名であるが，海外企業との技術協力が非常に多く，近代的技術への志向の強さを示している。Kochanek (1996a; 1996b) も，CII の構成員の 33％は南インドの，29％は西部インドの経営者で，電子，ソフトウェア，コンピュータなど新興の産業の若い経営者が多く，輸出の拡大に熱意をもち，海外との広いネットワークをもっており，インド経済のグローバル化と，すべての分野での規制廃止・統制廃止・ライセンス廃止の方向を志向した，という。多くのトップレベル官僚は，FICCI などを「すでに黄金時代を過ぎた，老いつつある貴婦人」とみなす一方で，CII は「ダイナミックで，効率的で，進取的な，期待に沿うヤッピーだ」と見ていた[6]。

「静かな革命」から経済改革へ

いくつかの研究は，こうした新資本家集団の形成が，ライセンス制度の廃止など経済の自由化と対外的な開放の方向に基本的に政策基調を転換した 1991 年の経済改革に重要な影響を与えたと主張している。すでに述べたように，南

---

6) 1980 年代初めの貿易自由化には FICCI は反対し，ターターやビルラーなどからも反対の意見が出された (Kohli 2012, 105)。1991 年の経済自由化については，ほとんどの工業家や産業団体は，規制廃止や国内の民間部門の活動の自由化を歓迎しながらも，関税の引下げや外国資本への開放などのグローバル化については歓迎せず，エリート・ビジネス層からの批判もあった (Kochanek 1996a; 1996b)。Upadya (2004) も，旧来の大財閥系ではない，小規模経営を経験しながら成長してきたソフトウェア産業の経営者たちは，グローバル化と自由化の全面的な推進を志向しており，旧来型の資本家層とは異なった志向をもっていることを指摘している。

インドのシヴァカーシのマッチ製造業者が州政府を通じてマッチ生産の小規模工業への留保産業への指定を実現したことは，1970年代における小規模工業への留保産業の拡大政策には，小企業の多い新資本家層の影響力が現れていることを示唆しているように思われる[7]。第4章で述べたように，1970年代のインド政府の製薬産業政策の転換はインドにおける製薬業飛躍の基礎をつくったが，Damodaran（2008, 72）は，噂では，インドの製薬産業にとっては巨大な支援となった政府の諮問委員会の報告書はRambaxyを経営するカトリーの資本家のオフィスで起草されたという。また，Kochanek（1996b）は，前述のように技術志向的で対外開放的な経営者団体CIIは，インド政府の官僚層と専門家としての関係を強めて，経済関係省庁に影響力を及ぼしていった，という[8]。

こうした文脈をふまえて，1991年の政策転換を引き起こした要因として，官僚層の変化，経済危機やIMFなど外部からの圧力などの諸要因を検討したPedersen（2000）は，新資本家の形成という工業資本家の中での「静かな革命」こそが，この改革が実現されるうえで鍵となった社会変化であると評価している[9]。この論文の著者自身自らの主張は仮説的な議論であると述べているように，1991年の政策転換と新資本家群の形成との関係について結論をえるには，政策決定過程や既存の全国的な財閥の産業実態，経営政策の変動などの

---

7) 政府によってマッチ生産が小規模工業として指定されることでインド市場を掌握することができた，シヴァカーシのマッチ生産者たちは，その後，機械化を進めた。彼らは，「かつては小規模工業への留保は我々を助けたが，今や，政策を改めて，プラントや機械への投資の上限を引上げる時期にきた」と述べて，小規模留保政策からの脱却の必要性を述べている（Damodaran 2008, 188）。次節でも述べるように，白黒テレビ生産は，小規模工業保護政策のもとで1976年には小規模工業によって生産されていたが，1988年の時点ではトップ10企業のうちの9企業は，1976年の「小規模工業」から1988年の「大規模工業」へと規模拡大を行っている（Joseph 2004, 258）。こうして，小規模工業保護政策によって育成された企業が，その後規模の拡大を行い，先進的な企業は小規模工業保護政策をむしろ発展の桎梏とみなすようになっていると推定できよう。小規模工業への留保にかかわる政策の変動も，こうした新資本家層の実態の変動との関係で理解される必要があろう。

8) CIIの前身AIEIとラジーブ・ガンディーとの協力関係については，Ganguly and Mukherji 2011, 86-87.

面でも今後の実証的な分析が必要である。しかし，従来の商業的活動集団を起源とする財閥以外の社会層からビジネス階層が発生した「資本の民主化」が，インドの政策転換を促した社会的・経済的な背景をなし，インドの経済体制の変動にとって重要な歴史的な意義をもったことは，おそらく間違いないように思われる[10]。

前述のように，新資本家層の台頭の背景には，農業生産の拡大，農村社会の変容，カースト上昇運動があるし，農村を含む地域経済の形成と発展がその台

---

9) Pedersen（2000）は，1990/91年の経済危機は，改革の時期を決める点では決定的に重要であったが，直接の国際収支危機が去ったあとも改革が継続した事実を説明できないとし，改革をもたらした基本的な要因としては十分な説得力に欠けるという。インドの経済と社会は，19世紀以前から海外貿易や遠隔地交易とかかわりをもち，その意味では開放的であったといえる。そうした開放的な交易体制の中で資本を蓄積し工業資本に転化してきた，商業資本から出自した旧来の財閥系資本よりも，農村経済や社会と関連をもって形成されてきた，技術志向性の強い新資本家層の方が，現在においてはより強く対外的開放性を要求したという，これらの議論は，「開放性」とその担い手の理解にかんして興味深い問題を提起しているといえる。たとえば，19世紀インドの「開放性」と1991年の改革に体現される「開放性」の間には，その方向性や担い手の性質に重要な断絶があるといえるのかもしれない。19世紀的な開放経済の中で商業利潤の獲得を目指した商業資本は流通独占へ傾斜してゆく可能性を常にもっていたであろうと推定されるが，「短期利潤とレントシーキングを追求する」と中小企業から批判された既存の財閥系大企業の行動や特徴は，こうした資本の出自との関係で理解されうるかもしれない。他方で，農業生産や地域の経済と社会を基盤として，既存の財閥や商業資本の流通過程への独占的な支配力に対抗しながら，生産と技術の発展を基礎に発展を遂げてきた新資本家の希求する開放性は，世界的な技術水準への到達を可能にするための「開放性」であり，それこそが現代インドの「開放性」の中核にかかわる事項であるといえるかもしれない。これらの点はいずれも推測の域を出ず今後の課題であるが，経済や社会の「開放性」の検討に当たっては，その担い手や方向性や性質などに留意しながら，歴史的な文脈に即して理解される必要があろう。なお，インド経済の長期の歴史を検討したRoy（2011, 312-315）も，1990年代からのグローバリゼーションを19世紀のグローバリゼーションへの回帰として見ることを厳しく批判している。知識集約産業の発展の基礎には，1950年から80年代までの閉鎖期に育成された国家と結合した資本集約的な工業の発展や技術訓練・教育の体制の拡大やその波及効果があり，小規模産業への留保生産は80年代からの製造業輸出の中核を担う小規模産業部門を成長させた。ロイは，1990年代からの成功の多くはこの閉鎖期に作られた構造変動の結果であることを指摘し，現代インドのグローバリゼーションが数十年間の閉鎖期に作り上げられたインドの経済と社会の発展を経験することなしには成立しえないことを示唆している。

頭の基盤となった。本書が検討してきた農業生産と農村社会の長期にわたる変動は，非農業品に対する国内市場の中核部分を準備しただけでなく，小規模経営保護政策など1970年代・80年代の政府の政策的な対応によって促進されつつ，1991年改革の方向を先導し，新たな産業発展の中で重要な役割を果たす新経営者層の形成を準備したのである。

3　工業製品とサービスの国内市場への浸透

経済改革と耐久消費財の相対価格の下落・質の改善

　二層の国内市場への耐久消費財の浸透は，すでに1980年代に自転車，時計，ラジオなどの分野で見られたが，第1節で述べたように，それらより高価なテレビなどの電気製品やいっそう高価な乗用車の普及は，1990年代以降に実現された。これらテレビ・自動車等が国内市場に浸透するうえで，1980年代から始まり1990年代に全面化するインド経済の自由化とグローバル化への政策的な転換が決定的に重要な役割を果たしたと思われる。

　その典型は，テレビの場合に見られる。テレビ等の電子消費財に対する政府の方針は，1970年代までは，技術的な自立を図ること，およびこの分野を主として小規模企業が主導的な役割を果たす分野として育成することであった。フォーマル部門の企業がテレビ生産のライセンスを取得する場合には，生産能力に制限が課されていた。実際に1970年代ではテレビの主要な生産者は小規模企業であり，主要4社のシェアも合わせて46％と集中度も低かった。当時でも日本，韓国，米国などの主要企業が年間数百万セットの規模で生産を行っ

---

10) Balu（1995；2000）は，全国的な既存財閥グループと新興の資本家層とのライセンスをめぐる対立の存在を指摘し，1991年の経済改革は，新資本家層の要求に対する政府の対応と見ている。FICCIに代表される旧資本家層は，新資本家や外国との妥協を余儀なくされた，と理解している。この議論は興味深いが，今後のいっそうの実証的な検証が必要である。Kohli（2012, 58-59）は，FICCIとCIIとの対外政策をめぐる表面上の差異の存在を認めつつも，その差異を過大に捉えることはできないと主張している。

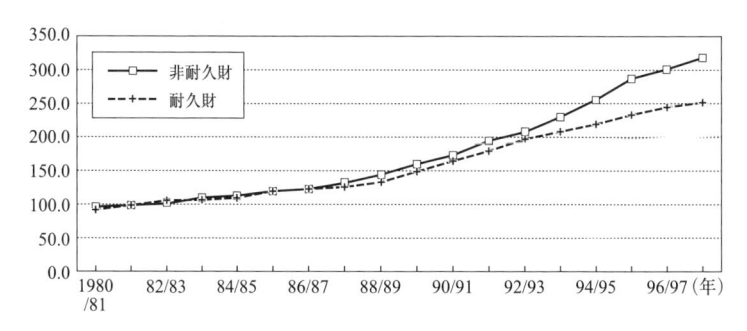

図 10-1　耐久消費財と非耐久消費財の価格変動
出典）Roy 2002, Figure 5 (p. 100).

ていたのとは対照的に，インドの主要企業の生産規模は年間数千セットにとどまっていた。そのため，インド企業の部品コストは海外の2.6倍，組立・マーケティングなどのコストは海外の4倍であり，代表的な51センチの白黒テレビの価格は，国際価格の3倍を超えていた（Joseph 2004, 252-256）[11]。

こうした高コストの構造は，1980年代からの自由化と規制緩和の中で変化していった。80年代には，外資比率40％までの合弁企業を含めてすべての企業の参入が自由化され，設備能力への制限はなくなるなど，外資への制限は残るものの自由化の方向に踏み出した。その結果，白黒テレビのトップ10社は，1976年には小規模企業であったが，1988年には1社を除いて大規模企業になった。1991年の改革は，外国資本の自由な参入を可能にし，ソニー，アカイ，サムスン，Goldstar，Thomsonは，100％持株の子会社の形でインドに進出していった。こうして外資を含めて参入が増大する中で，価格競争が行われた。Joseph（2004, 264, 256-265）は，ほとんどの製品について，広告の中で製品の特徴だけでなく価格を明示するようになったが，これはインドの工業の中では旧来なかったことだ，という。

---

11) 1990年の時点でのインドの金属家具産業では，その小規模保護政策が，高品質製品の市場で支配的な地位を占めていた大企業と競合する新規企業の参入を困難とした結果，これらの大企業製品の非常に高い製品価格が守られる結果となっていた（Guhathakurta 1993）。

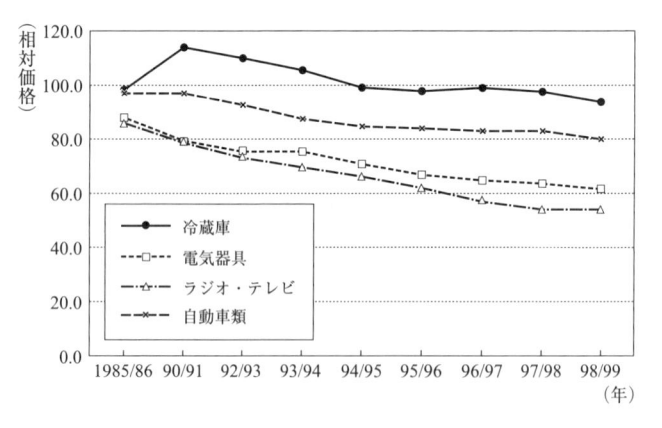

図 10-2 耐久消費財の相対価格の変動
出典）Ramaswamy 2002, Figure 1 (p. 131).

　図 10-1 からわかるように，耐久消費財の価格は，1991 年頃から非耐久消費財の価格動向から分離して明確に相対価格の下落方向を示している．耐久消費財の相対価格は 1980 年代後半から 1998/99 年にかけて全体として低下してきたが，その中でも「ラジオ・テレビ」の低下は目立っている（図 10-2）．しかも注目すべきことに，このテレビの相対価格の下落は，製品機能の顕著な改善をともなっていた（Joseph 2004, 264）．耐久消費財の相対価格は 2000 年以降も低下した．1993/94 年を 100 とした「全商品」の卸売物価指数は 2009/10 年に 242.9 に上昇しているのに対して，「電機器具・機器」の指数は同期に 76.5 へと低下しており，電機器具・機器の相対価格はこの間に 3 分の 1 以下へと大幅な低下を見たことが分かる[12]．

　前述のように，白黒テレビについて見れば，1998/99 年には農村市場は過半を吸収するにいたり，2005 年には，テレビを代表として，相対的に安価で大量に生産・販売される耐久消費財は，安価製品を嗜好する，農村-都市インフォーマル部門経済生活圏の「貧困・やや貧困」階層を主たる市場とするにい

---

12) *Statistical Yearbook India, 2011*, Government of India, Ministry of Statistics and Programme Implementation, Central Statistical Office, 2011.

たったが，こうした浸透は，外国資本や大規模企業の参入や競争の促進など，インドの経済政策の根本的な転換なしにはあり得なかったといってよいであろう[13]。

　自動車産業の場合も，1980年代から始まる，外国資本スズキと国営企業マルティ社との合弁企業の参入なしに，乗用車の国内市場への浸透はなかったであろう。1949年にインド政府は完成車の輸入を禁止して以降，自動車産業は厳しい規制の下にあった。1975年には年25％の生産能力の拡張が自動承認されるようになったが，乗用車部門は緩和の対象にならなかった。この分野での自由化への動きは，1977年から1980年にかけて始まった。国内における競争の促進と外資の参加を進めるために，生産ライセンス，外資との合弁の規制などを緩和し，規模の経済を実現するために生産能力の制限を撤廃した。インド内の大企業や外資の参入制限も緩和され，二輪車，四輪車など異種の分野への進出も可能となった。しかし，少なくとも1980年代の自由化は無制限に進んだわけでなく，政府のコントロールのもとでの自由化であった。

　1980年代初頭までの時期のインドでは，第4章で述べたように，商業車部門においていくつかの生産者が国際競争力を維持して国内市場を掌握していたが，乗用車部門の生産は，1980年にはすでに一定の層をなしていた中間層の需要に合致しないものだった。独占的な地位にあったHindustan Motors (HM) と Premier Automobiles (PAL) の2社の乗用車は1950年代のモデルで，かつ非常に高価であった（表10-2）[14]。

　D'Costa (1995) によれば，政府は，陳腐化した技術に拘わらず保護された

[13) *Business India*誌の一記事（"Rustic tactics" February 23-March 8, 1998, pp. 125-127）は，サムスン，LGなど韓国企業が，インドの農村市場向けに，機能は少ないが安価なカラーテレビなどの家庭電化製品を開発・販売する方針をとっていることを紹介している。2006年の時点で，カラーテレビ，洗濯機，エアコン市場でLGとサムスンは1位と2位を占めるなど韓国企業はインドの家電市場でリーディングな位置を獲得しているが，いずれも農村市場を特に重視してきたことは注目されるし，これら企業が農村市場への家電製品の浸透に重要な役割を果たしてきたことにも留意することが必要である。インドにおける韓国企業の進出を検討した朴（2009）も，韓国企業の成功の一因として低価格モデルの投入をあげ，インドの消費市場をリードしてきた底力は庶民層を中心とした低価格品消費にあったことを指摘している。

表 10-2　インド車の国際的な競争力

インド車	インドにおける価格	対応する外国車とその海外価格
Maruti（800 cc）	$3,567（1985 年）	Yugo／$4,000（1986 年，US）
Maruti（800 cc）	$3,992（1990 年）	Citroen AX-10E／$8,664（1990 年，フランス） Austin Mini／$7,739（1990 年，フランス） SEAT Marbella／$6,600（1990 年，フランス）
Maruti Zen（993 cc）	$7,161（1993 年）	Nissan March（997 cc）／$7,284（1993 年，日本）
HM Ambassador（1,489 cc）	$4,329-5,733	旧式車。国際的な対応車なし
HM Contesa	$5,468-7,026	
PAL Padmini（1,089 cc）	$4,200-5,510	
TELCO（16.6 トントラック）	$15,000（1986 年）	Fiat Iveco（13.3 トントラック）／$23,000（1986 年）
Ashok-Leyland（15.2 トントラック）	$11,850（1985 年）	

出典）D'Costa 1995, 485-502, Table 5 (p. 497).

市場で生き延びてきた，「古い資本家」のビルラー・グループの Hindustan Motors の改革は困難と考え，政府と日本のスズキとの合弁会社マルティ・ウドヨグ（Maruti Udyog）社により，規模の経済を実現して競争力のある，燃料効率の高い乗用車を生産する方向を採った。表 10-2 からも分かるように，マルティ社のベーシック・カーは，価格の上でも質の上でも，国内的にも高い競争力をもつだけでなく，国際的な低価格乗用車市場においても競争力をもつにいたった。実際に，この価格低下によって需要は飛躍的に拡大した（Narayama et al. 1992, 212）。

　こうしたマルティ社による乗用車生産の開始により，インドの乗用車生産は急増し，成長しつつある中間層に吸収されていったことは，周知のことであ

14）1970 年に Hindustan Motors（HM）と Premier Automobiles（PAL）がそれぞれインド市場の 51％ と 26％ を占めていた。1980 年代前半に，一般的なスクーターの価格は公共部門雇用者の年収の約 25％ であるが，乗用車の価格はスクーター価格の 10-15 倍と高かった（D'Costa 1995）。

る。

　繊維産業でも，90年代からの経済自由化政策によって輸入関税が大きく引き下げられ，競争が激化した結果，合成繊維の価格は大幅に低下した。ポリエステル繊維の価格は1990年代半ばのキロ100ルピーから1997/98年の56ルピーへと値下がりした。この価格低下によって，第7章で見たように合成繊維製品は農村市場や貧困層を含む大衆的な市場から広く需要されるようになり，国内の合成繊維の生産の拡大をもたらした（Oberoi 2013）。

　電話産業も，1991年以降の規制緩和などの改革によって，急速な価格の下落と市場の拡大を実現した産業である。1994年の新たな電話政策によって，民間企業の携帯電話事業を含めての参入が認められ，それまでの固定電話に加えて携帯電話事業が開始され，非常に競争的な環境がもたらされた。さらに1996年に設置された Telecom Regulatory Authority of India（TRAI）は，電話へのアクセスの拡大，安価で高質のサービスの確保のために監視を行い始めた。各地域には複数のサービス提供企業が競争し，携帯電話機生産の分野には，多くの外資企業が参入して生産を開始した。規制緩和や携帯電話の導入以前には電話料金は定期的に引き上げられていたが，規制緩和以降の競争的な環境のもとで，新規参入の電話サービス提供者は価格などの販売条件で相互に競争を展開し，その結果，電話料金は急速に低下した。携帯電話の通話時間当たり料金は，1994年以降2000年代初めまでの間に8分の1に低下し[15]，今や，インドの電話料金は世界でももっとも低い水準にあるといわれている（Mani 2008, 37-46）。

　この電話料金の急速な引き下げによって，電話契約者は飛躍的な増大を遂げていることは周知のことである。人口100人当たりの電話の数で示す，電話密度は，2011年12月の時点で，インド全体で76.86％（都市部で167.46％，農村部で37.52％）に達し，インドは世界第2位の電話数をもつ国となった。前述したように，2007年の時点で，南インドの調査村では指定カースト世帯でもその43％が携帯電話を所持していたし，ウッタル・プラデーシュ州でも指

---

[15] Parikh and Radhakrishna eds. 2005, 133.

定カースト階層でその普及率は3割を超えている。貧困地域とみなされているビハール州の農村でも，2011年の調査は63％の世帯が携帯電話を所有していることを報告している（Tsujita and Oda 2012, Appendix Table 2 [p. 28]）。2000年以降の携帯電話は，都市の上層部からさらに下層階層に，さらに農村部へ，それも所得の低い階層を含めて浸透していったことは間違いない[16]。電話通信省の2011年の年次報告書が述べるように，都市地域ではすでに飽和状態に達しているため，民間企業も農村地域での契約拡大を追求しており，実際に電話の増大率は都市部よりも農村地域でより高いことは，前述したところである。こうして，電話産業は，1991年以降の規制緩和により急速な価格の低下を実現することによって，インドの下層階層を含めて全国民的な規模の市場と結合された，といってよいであろう。

　建築産業についても，実質価格の下落が生じた。Nagaraj（2003）によれば，1982年から徐々に始まるセメント産業の統制緩和によって，生産能力の増大，新企業の参入や技術的な改善が生じ，セメントの実質価格が下落した。さらに鉄鋼の供給増大もあって，建築の実質価格が低下して，建築業の急速な拡大をもたらした。

経済発展を主導する耐久消費財産業・通信産業・建築業

　こうして，1991年を中心とする経済政策の転換により，テレビなど電気器具，乗用車などの耐久消費財生産と電話サービスなどの大企業部門は，質の改善とともに低価格化を実現することによって，農業・農村社会やインフォーマル部門の発展の中から形成されてきた大衆的市場や中間層市場と結合された。そのことを通じて，これら産業は，インドの工業生産やサービス産業の発展を主導し，さらにはインド経済全体の成長を主導する役割を果たすようになった[17]。表10-3が示すように，1994年から2004年の間に，インドの製造業の成長に占める消費財の貢献は大きいが，その中でも，ウェイトが小さな耐久消

---

16) Ganguly and Mukerji（2011, 93）は，電話は都市だけでなく農村にも浸透し，富裕層だけでなく貧困層も電話接続のブームに加わっており，建設労働者，農民，野菜売り，タクシー運転手なども電話革命の恩恵を受けている，という。

費財は成長寄与度こそ小さいものの，成長率は一番高かった（Chandrasekar 2011, 223）。Ramaswamy（2002）も，耐久消費財は，自由化によって国内市場志向で発展し，自由化，高投資，生産の増大，製品の価格低下と多様化，構造変動，という好循環を作り出しながら，もっとも高い成長率を実現したと評価している。

通信産業の急速な発展は，1990年代末からであるが，その影響は大きい。

表 10-3 製造業の成長率（1994/95-2004/05 年）

（単位：％）

	成長率	寄与度
基礎財	4.49	1.59
資本財	6.92	0.67
中間財	6.39	1.69
消費財	6.45	1.83
耐久財	9.16	0.47
非耐久財	5.65	1.31
全　体	5.83	5.83

出典）Chandrasekhar 2011, Table 9.2 (p. 223).

2000年から2005年の間に，インドの通信部門が，他のどの部門より高い，24.02％で成長し，インドの成長率にもっとも寄与している。「情報・通信」部門の中では，通信部門が63％を占めて，情報部門よりも大きな位置を占めており，インド経済の成長にとって，電話産業はIT産業よりも重要性が大きいといってよいであろう。電話産業は，電話サービスからの収入と電話機からの収入の2つの部分からなるが，前者の電話サービス収入が後者の数倍も大きく，サービス産業としての意義が大きい。同時に，電話の飛躍的な普及・拡大は，世界第二の携帯電話機市場をつくりだし，外国資本中心に携帯電話機生産の拠点が急速に発展していることも，重要である（Mani 2008）。

2002/03年以降のインド経済の成長率が，8％台に上昇していることを念頭に，Nagaraj（2008）は，産業として成長を主導しているものとしては，国内市場によって牽引される通信産業と海外市場主導のビジネス・サービス，工業

---

17) 経済改革以降の民間投資・工業発展と経済自由化改革との関係を検討したChandrasekhar（1996）は，すでに，工業投資が耐久消費財を中心とする消費ブームによって牽引されていることを指摘しているが，さらに，金融改革の効果を検討したRajakumar（2005）も，需要が，企業の投資行動に影響する，より重要な要因であることを指摘している。さらに，Mohanty and Reddy（2010）は，独立以降の需要の成長は消費需要が主導してきたが，1980年代以降の高成長率期において消費主導の傾向は強まったという。消費需要が，改革以降の工業発展や経済発展の牽引者として，重要性をもっていたことを確認することができよう。

としては二輪車・四輪車産業，そして家屋建設が，牽引的な役割を果たしているという。家屋の建築については，第8章において，農村における家屋建設の重要性を指摘した。改革による実質建築価格の下落が，農村地域を含めて家屋建設の広範な地域での進行の背景にあるといってよいであろう。二輪車と四輪車産業の発展と通信産業の発展については，本節において，自由化改革を経て価格の低下・質の改善を通じ，インフォーマル部門の成長の中から拡大した大衆的市場および中間層市場と結合することによって，高度成長の軌道に乗ったことを示してきた。つまり，後に検討する海外市場依存のIT産業を除けば，現代インドの高度経済成長の中核は，これら産業が，拡大する大衆的市場および中間層市場と結合することによって実現されている，といってよいであろう。輸入代替工業化過程で発展してきたフォーマル部門の工業は，自転車やラジオなど農村市場との結合を一部では実現してきたものの，全体としては国家財政や極めて上層階層の消費と主として結びついていたが，自由化改革は，そうしたフォーマル部門工業の中核を，極めて広範な農村-都市インフォーマル部門経済生活圏に広がる大衆的市場および，インフォーマル部門経営者層など広がりつつある中間層市場と結合することによって，これら産業発展の基盤を飛躍的に拡大した点にその歴史的な意義があるといってよいであろう。

4 技術開発・訓練システムと技術集約型産業の発展

　1980年代から始まる自由化とグローバル化への転換過程の中で，多くの分野で新技術の導入があり，機械や生産設備の現代化が行われたことは，いうまでもない。しかし，最新の機械や設備の導入は，直ちに世界的な水準の質をもつ製品を競争的な価格で生産しうるシステムが成立することを保証しない。いうまでもなく，生産にかかわる労働者・監督者・管理者などが革新的に変化する技術を十分に活用できる能力を有していること，また，そうした保証された質の水準で製品を生産できる企業群が形成されることが前提となる。
　この点で，Okada（2004, 1265-1288）は，インドの代表的な完成車メーカー

のマルティ社と TELCO (Tata Engineering and Locomotive Co. Ltd.), および両社への第一次的な納入企業 50 社へのインタビューを経て, 労働者や企業が変化する技術に対応して技術を学習し必要な技能を開発するシステムを発展させ, 質的な保証をもって製品を納入する企業が形成されるなど, 新たな企業関係が生じていることを示し, インドの産業の一部にではあれ 1990 年代に重要な変化が生じたことを指摘している。

岡田によれば, 1990 年代に年率 21％の高い成長率を達成した自動車部品産業であるが, 競争関係の激化の中で部品生産者に対する技術水準の引上げへの圧力が強まっていた。ハリヤーナー州の古くからの工業県であるファリダーバード (Faridabad) の部品生産者の多くは 1970 年代にトラクターの部品生産者として創業し, 1980 年代半ばにマルティ社の操業開始とともに自動車部品生産に進出していた。1990 年代の半ばまでは, 生産労働者はほとんど教育を受けておらず, 雇用の実態は多様であった。一部の企業では, 賃金は低く, 労働者の転職は一般的であったが, 生産労働者は長期間勤続して熟練工になるという企業もあった。

しかし, 1990 年代の中頃からは, 新たな動向が起こった。第一に, 小規模企業でさえも, 中等教育を修了した後の職業教育機関である産業訓練校 ITI (Industrial Training Institute) の修了を生産労働者に要求し始めたのである。オートメーション化とコンピュータ化の進展にともない, 新たな技術を職場で学習するために必要な基礎的技術の知識が求められたためであった。

第二に, かつては, 資格を問うことなく誰でも臨時工として雇用したり, 臨時工の比率が高い企業もあったが, 90 年代中頃からは, 企業が短期雇用の臨時工への需要を減らし, 長期雇用の方向を志向し始めたことである。顧客から製品の質や生産過程の質的な水準の引上げが要求されるために, 時間をかけて訓練をする必要のある臨時工の雇用はコスト的に高くなるし, 臨時工に責任と労働への熱意を期待することができないからである。

第三に, マルティ社は日本的な生産システムを採用したが, そうしたシステムは同社がモデルとなって, TELCO への部品生産企業を含めて部品生産者などの間に広く普及していった。QC サークル, 提案制度, 多能工化・ローテー

ション，ISO 9000 認定などは，調査対象企業のかなり多くが採用するようになった。企業の多くは，雇用者への毎年の訓練や新入社員への訓練など企業内の恒常的な訓練制度を，1993年以降に導入した[18]。

　企業間の関係も変化していった。TELCO も，質と価格の面で世界的な水準を実現するために，エンジニアの派遣を含めて，部品供給企業の技術水準の上昇を援助し，企業間の関係は技術学習を相互に促進する関係としての性格を強めていった。製品の質確保の方法も，生産物の検査による事後検査の方法から生産過程のコントロールによる事前予防の方法に変化していった。

　全体として見れば，生産の中核を占める労働者については学習能力のある者を採用し，長期雇用の制度のもとで，企業内での技術の恒常的な習得過程を重視し，生産にかかわる労働者のコミットメントを強めることを通じて，製品の質を生産過程の中で確保するシステムが，自動車産業においては部品産業を含めて浸透し始めたといってよい。このシステムは，低学歴労働者を中心としてしばしば短期雇用の労働者に大きく依存し，安価な労働力を競争力の基盤としてきた，改革以前の生産過程からの極めて重要な転換である[19]。

　インドのソフトウェア産業のケースも，グローバリゼーションの中で，企業内の教育・研修システムの発展を構築し，労働者の技能・技術水準の恒常的な上昇とコミットメントの強化を図り，それを通じて製品の質の確保と向上を実現しようとした事例として，自動車産業との同一性があるように思われる。

---

18) ただ，Okada（2004）は，QCサークルへの参加は管理層に限定されていて生産労働者が入っていないこと，企業によっては社内訓練制度も管理層のみが参加しているなど，階層性をもつ社会構造による制約を受けていることを，的確に指摘している。
19) 労働者の技術形成については，Awasthi et al.（2010）も参照。インドの代表的鉄鋼生産企業のターター・スチール（Tata Steel）社でも，労働者に品質と顧客指向の考え方を教育するとともに，作業中に不都合が起こった場合にラインを止める権限を労働者にも与えるなど，作業者がラインで作り込みに積極的にかかわる日本的経営手法が導入された（石上 2008）。また，鈴木・新宅（2010）は，インドの機械工業の代表的な大企業で，ポカヨケやカイゼンなどの日本的方法が採用され，労働者の多能工化がすすみ，非常に離職率が低くなっている事例を紹介している。マルティ社や Tata Motors Ltd. で，労働者訓練のシステムが ITI を組み入れながらつくられている点については，Okada（2006）を参照。

1980年代の末頃から海外ではソフトウェア技術者への需要が急増した。その頃，インド国内ではソフトサービス技術者への需要は少なく，インドのソフトウェア産業は国内で過剰となっていた技術者を雇い，ソフトウェアの技術を仕事を通じて習得させて，海外需要に対応することによって大きな利益を上げることができた。この初期の時代には，ソフト企業の人的資本の使い方は非常に「浪費的」であり，他の産業への技術者の供給を減らすなど否定的な影響を与えたという（Athreya 2005）。

しかし，こうした技術者の過剰状態は1990年代の半ばには消滅し，技術者の不足と賃金の上昇が起こってきた。インドの多様な分野でのエンジニアの卒業生は毎年16万人と推定されているが，ソフトウェア産業の雇用者は急増して1998年には25万人近くになっていた。こうした状況の中で，いくつかの企業は，エンジニアではない人材をソフトウェアのプログラミングを行えるよう訓練する仕組みを作り始めた。インドのソフトウェア企業は，学卒者を3年間の経験で，西欧で10年の経験をもつ学卒者と同様の水準に引き上げることができるといわれている。企業は，雇用者の企業への忠誠を確保するために，雇用者の自社株取得制を導入したり，技術系人材への管理層へのキャリアパスの構築を試みた。また，ハイアラーキー的な階層性の緩和やチームワークの強化など多様な方法によって，従業員間で知識の共有・浸透を図る組織的なイノベーションを進めた。この過程で，企業は，訓練と人的配置を通じて，海外からアウトソースされたサービスを適時に高質の水準を維持して納品することができるような，大規模に人的資源を管理・運営する組織的な能力を構築していった。Athreya（2005）は，こうした能力はアウトソーシング型のサービス輸出にとって鍵となる競争力であり，この比較優位をインド企業が「創出した」が，労働力不足と拡大する市場がこの比較優位の形成を促進したという。アメリカに住む場合のコストが節約できるなどのために，オフショアモデルは，オンサイトモデルのコストの3分の1ですむという。こうして，インド企業は，アウトソーシングされれば，低いコストで十分な質を維持しながら適時に納品することができるという能力および評価を，確立したのである。いったんこの能力が確立し「メイド・イン・インディア」のブランドが成立する

と，電子顧客管理，医療転写，財政データ分析，さらにはコールセンターなどの他のサービス分野の発展へとつながっていった。

こうしたICTなど技術集約産業における経営や労働関係の変化と関連して，Vijayabaskar (2005) も，自動車産業におけるICTの導入による労働環境の変化を検討しており，インドの労働市場の変化の観点から見て興味深い。変化のひとつは，ブルーカラー職の減少である。コンピュータ数値制御（CNC）やロボットの導入により，必要な操作員の数が減少し，職務の内容も操作から機械監視に変化した。ホワイトカラー職の中では，ICT化により記録・部課間連絡・データ処理など単純事務作業が減少し，事務員の数は減少した。職場においては，CNC機の導入により操作技術の必要性は低下し，機械監視技術が重要となり，技術的な技能よりも，機械の故障を見張り問題点を特定して解決する，認知的な問題解決能力がより要求されるようになった。また，新たな経営技術の結果として，流動的な製品市場の変動に対応できるよう，労働者は，現在の専門分野とは別の分野の技術を習得して多能工になることを要求されるようにもなった。こうした高い認知的な能力が求められるために，従来の熟練工よりも高い学歴が必要とされるようになったのである。一方でブルーカラー職の減少もあって，ITIのような伝統的な技術の職業教育の修了者の需要は減っていったという。

労働者への要求のこのような変化と関連して，製品の質の確保の重視は，質の確保が困難な外注先企業へのアウトソーシングを避けさせる方向で作用する。ICT化は，アウトソースを促進して企業規模を縮小させる方向で作用することはない。かくて，コスト削減の必要性は企業をアウトソーシングに向かわせるが，質的な上昇の必要性は，労働者に安定的な雇用を保障するとともに，アウトソーシングは避ける方向に，企業を向かわせるのである[20]。

---

20) インドを代表するような，バンガロールのソフトウェア産業の大企業も，小企業へのアウトソーシングを行わず，自社内で雇用者を増やして対処している（Okada 2008）。また，自動車産業において，完成車メーカーに納品する第一次・第二次のメーカーは，製品の質の確保が困難なために，零細部品生産者に外注をほとんど行っていないことは，前述した（第9章）。

このように自動車部品工業や自動車組立工業および ICT 産業などでは，製品の質の確保や上昇を第一次的に追求するために，1990年代から，認知能力の高い，より高学歴の者を需要し，雇用者の雇用を保障しつつ，企業内での訓練・教育を通じて，日々変化する技術環境に対応できるフレキシビリティが大きくかつ仕事や職場へのコミットメントの高い労働者の形成を目指す点で，共通の特徴をもつ傾向が志向されたといってよいであろう。

経済改革以降のインド製造業の競争力を検討した Kalirajan and Bhide (2004) は，化学製品，電子機械，輸送機の3製造業分野にかんして，企業レベルの技術効率を上昇させる上で，輸出集約度，輸入原料集約度，技術輸入集約度，R&D集約度，広告集約度，外資協力集約度の作用の程度を検討した結果，労働者の訓練を含むR&D集約度がもっとも大きく作用していることを明らかにしている。また輸入機械集約度の寄与が非常に低い電子産業については，新たな機械を使用できる労働者が不足しているためであろうと推測している。本節で検討した，技術的進展を可能にする労働者の訓練体制がインド製造業の競争力の形成に占める中核的な重要性を示唆しているといってよいであろう。こうした変化を通しての世界水準での製品の質の確保は，これら技術集約型産業のもっとも重要な競争力の獲得であり，インドの産業発展史上画期的な意義をもつといってよいであろう。

この転換の実現は，1980年代からの産業のグローバリゼーションの結果であることは間違いない。1980年代から始まる経済改革が，先進的な技術を体現した機械や設備をインドに導入したことはすでに十分指摘されているが，それにとどまらず，企業内の労働者・管理層を含む社会関係，労働関係，雇用関係，あるいは労働市場の構造にかかわる変化や企業間の関係など，狭義の技術的な変化の範囲を超える大きな社会経済変動への起点となったことは，1980・90年代の経済改革とグローバリゼーションの大きな意義である[21]。次

---

21) インド製薬業は，国内市場を中心に発展した1970年代と80年代には，技術的な後進性と革新的な製品の欠如が明らかであった。インド企業の研究開発の本格的な開始は，1991年の自由化改革によって世界のジェネリック市場への進出の可能性が開けたことが契機となった，という (Chaturvedi and Chataway 2009, 146-147)。

節で見るようにアフリカ等途上国向けの資本集約的・技術集約的商品が増大していることを考えると，経済改革は，ボリュームゾーン志向の技術集約型産業をインドの比較優位産業の一角に登場させたといってよいだろう。第4章において，ネルー時代以来の輸入代替工業化の過程が，インドの技術集約型産業発展の基礎的な能力を形成したとする Kochhar et al. (2006) の議論を紹介したが，こうして1980年までに形成されてきた基盤にもとづき，技術集約型産業は，経済自由化政策のもとでのインド経済のグローバル化の中で，国際的な質の確保という新たな水準を達成することによって，インドの主導的産業としての位置を確立したということができよう[22]。

しかし，1990年代の後半以降，フォーマル部門企業の雇用には重要な変化が見られた。インフォーマル部門企業にかんする委員会の報告書は，組織部門においても，常雇であっても社会保障のない労働者や，臨時工や契約工が増大していることを指摘している[23]。Annavajhula and Pratap (2013) によれば，たとえばマルティ・スズキ社は，90年代末までは雇用保障，年功制賃金，企業組合など日本的な労働慣行を導入してきたが，自動車市場における競争の激化に対応して労働コストを引下げるために，契約工など非正規労働者の比率を大幅に増大させる方向に転換し，2007年には同社のグルガーオン工場では正規雇用労働者は労働者の30％の水準に低下した，という。自動車産業の他の企業でも契約工等の非正規雇用労働者が多数を占める状況が一般的となっている。

以上をまとめてみれば，1980年代以降のインド経済において技術集約産業の重要性はいっそう拡大したこと，技術集約産業においては中核的労働者への雇用の保障，企業内教育・訓練体制の確立などを通じて製品の質を国際的水準で確保するシステムが確立したが，1990年代後半以降は自動車産業などフォーマル部門においても非正規労働者比率の増大が顕著に進んでいるといえよう。

---

22) Kochhar et al. (2005) は，1980年代以降のインド経済において労働集約型産業の比重の増大は見られず，成長率の高い州は，技術集約サービス産業の比率を高めている，という。

23) National Commission for Enterprises in the Unorganised Sector, *The Challenge of Employment in India*, Volume 1-Main Report, April, 2009.

5 輸出の新たな展開

インドの産業における以上の動向は，輸出の動向にも反映し，インドの経済発展において輸出市場は新たな重要性をもちつつある。

表10-4が示すように，世界市場におけるインドの輸出のシェアは，1950年代の1.39％から1960年代の0.9％へと急速に低下した。1970年代には，インド通貨の実質実効交換レート（real effective exchange rate, REER）の低下や輸出補助金など輸出促進政策によってインドの輸出は成長したが，世界の輸出拡大率はさらに大きく，世界の商品輸出におけるインドの輸出のシェアは0.5％へと低下した。インドの世界輸出におけるシェアの拡大が見られたのは，1980年代後半からである。この時期には実質実効交換レートの低下と輸出補助金の増大が重要な要因であるが，産業規制の緩和や資本財輸入の自由化へのいくつかの措置の影響もあった。1991年の全面的な自由化改革後は，商品輸出の成長率は，2002年まではむしろ低下したが，2002年からは上昇するとともに，世界の輸出市場におけるシェアにかんしては1980年代後半に比して重要な上昇を確認することができる。表10-5から分かるように，サービスの輸出につ

表10-4 インドの輸出成長（1950-2005年）

（単位：％）

	年成長率 財 インド	年成長率 財 世界	年成長率 サービス インド	年成長率 サービス 世界	世界輸出に占めるインドのシェア（平均） 財	世界輸出に占めるインドのシェア（平均） サービス	インド輸出（財とサービス）の対GDP比率（平均）
1950-59年	0.22	6.3	3.78	NA	1.39	NA	NA
1960-69年	3.58	8.77	1.78	NA	0.90	NA	4.21
1970-79年	17.97	20.41	26.61	NA	0.54	NA	5.20
1980-85年	2.39	−0.86	3.79	0.36	0.47	0.81	6.05
1986-90年	17.76	12.36	10.47	14.14	0.48	0.63	6.29
1993-97年	13.30	10.56	14.10	9.22	0.60	0.59	10.50
1999-2001年	10.26	4.09	9.52	3.07	0.66	1.07	12.52
2002-05年	25.29	17.58	45.36	15.16	0.81	1.64	17.19

出典）Veeramani 2007, Table 1 (p. 2420).

表 10-5　インドのサービス輸出の年平均成長率

	1993-97 年	1999-2001 年	2002-05 年
旅　行	7.67	1.65	33.25
運　輸	6.57	12.51	36.40
保　険	18.26	11.66	47.22
雑	25.99	4.26	49.81
ソフトウェア	NA	7.27*	35.29
商業サービス合計	13.96	4.83	45.59

出典) Veeramani 2007, Table 3 (p. 2421).
注) ＊1999-2001 年のソフトウェアの価額の推計は，2000 年時点の「雑」に占めるソフトウェアの比率から計算した（RBI は，2000 年以降ソフトウェア輸出のデータを別個に発表している）。

表 10-6　インドの商品輸出成長の構成

	世界貿易効果（%）	商品構成効果（%）	市場分布効果（%）	競争力効果（%）	合計（%）	実際のインド輸出の変化（100万USドル）
1962-70 年	339	－102	39	－176	100	625
1970-80 年	187	－48	48	－87	100	5,495
1980-86 年	15	49	25	11	100	2,245
1986-90 年	97	－6	12	－3	100	7,820
1993-2005 年	57	－12	6	49	100	80,493
1993-2000 年	73	－22	3	46	100	22,380
1993-2001 年	71	－19	3	45	100	21,142
1993-97 年	90	－10	0.1	20	100	12,210
1997-2000 年	56	－39	10	73	100	10,170
1997-2001 年	47	－34	10	77	100	8,933
1997-2002 年	32	－14	5	76	100	17,152
2002-05 年	78	－5	12	15	100	51,131
2000-05 年	59	－2	11	32	100	58,112

出典) Veeramani 2007, Tables 4, 5 (p. 2423).

いても，1990 年代末以降にインドからのサービス輸出は顕著に増大し，世界輸出におけるそのシェアを急増させていることが分かる。インドの GDP に対する輸出の比率も，1990 年から 2008 年の間に，7.13％ から 23.48％ へと顕著に増大した（Mukherjee and Mukherjee 2012）。

　Veeramani（2007）は，一国の輸出の成長は，世界貿易の成長による「世界貿易効果」，世界輸出の中で成長率が平均より高い商品の構成が高まることに

第10章　経済改革と工業・サービス産業の発展　353

表10-7　要素集約度別輸出品の構成

(単位：%)

	1993年	2002年	2010年
一次産品	23.1	17.5	15.5
自然資源集約的産品	21.8	19.5	16.1
不熟練労働集約的産品	29.8	26.3	14.8
資本集約的産品	25.4	36.6	53.5
（内　精製油）	1.8	4.5	17.1
（内　人的資本集約的産品）	13.4	15.2	17.0
（内　技術集約的産品）	10.2	16.9	19.4
その他	0.0	0.0	0.2
合計	100	100	100

出典）Veeramani 2012, Table 4.
注）本表では、「資本集約的産品」は、「人的資本集約的産品」「技術集約的産品」および「精製油」(SITC 334) からなっている。

よる「商品構成効果」、世界的平均よりも高い成長率の市場（地域）のシェアが増大することによる「市場分布効果」、および、輸出国の競争力の上昇による「競争力効果」によって促進されるとし、表10-6のように、異なった年次におけるそれら効果の構成を算出した。この表から、1991年以前は、競争力効果は概してマイナスであったが、1991年以降はその傾向は逆転し、インドの輸出の増大に競争力の改善が重要な寄与をしていることが分かる。2002年以降については、競争力効果の寄与は小さく表示されているが、この時期には通貨の実質実効交換レートの上昇があったにもかかわらず「競争力効果」が正の値をとっていることから、本論文の著者は、非価格的な競争力の上昇があった可能性を示唆している。

　こうした輸出の増大は、輸出品目の構成と輸出相手国の変化をともなった。1993/94年から2010/11年の間のインドの商品輸出の拡大を検討したVeeramani (2012) は、まず商品輸出が、1993/94年から2001/02年の間には年8％、2002/03年から2010/11年には21％の成長率を達成し、世界輸出の成長率を超えた成長をしてきたことを確認したのちに、第一に、インドの輸出が、労働集約型商品から資本集約型・技術集約型商品へと大きく比重を変えてきたことを指摘する。表10-7が示すように、繊維製品などそれまで重要であった不熟練

技術集約型の商品の比率が29.8％から14.8％へと半減する一方で，資本集約的産品が25.4％から53.5％へ，そのうち技術集約的産品が10.2％から19.4％へいずれも2倍前後の増大率を実現し，医薬品など化学製品，電気機械・設備，鉄道以外の輸送手段などが増大してきた[24]。

　第二に，資本集約型・技術集約型への商品構成のこの変化は，インドの輸出先の高所得国から低・中所得国への重点の移動をともなってきたことを明らかにしている。興味深いことに，労働集約型商品の輸出先は，北米・ヨーロッパ・日本などの高所得国地域が中心であることに対して，資本集約型・技術集約型商品は，アジア・アフリカ・南米など低中所得国を中心とすることである。たとえば，2002年から2010年の間に年率44％で急成長を遂げている乗用車類の輸出の場合，低中所得国が主たる輸出先である。2010年に，高所得国はインドの乗用車輸出の8％を占めるに過ぎないのに対して，サブサハラ・アフリカは11％を占める。他方で，伝統的な労働集約製品たる「ニットの男物シャツ等」の58％は高所得国に輸出されているが，サブサハラ・アフリカはわずか1％を占めるだけである。前述のように資本集約型・技術集約型商品の輸出比率が上昇したのにともなって，インドの商品輸出に占める伝統的な輸出先たる高所得地域のシェアは，1993年の62.9％から2010年の35.5％へと激減し，代わってそれ以外の低中所得国のシェアが37.1％から64.5％へと激増した。こうして，商品輸出にかんしてみれば，インドは先進国向けの労働集約財の輸出を中心とする構造から，アフリカなど途上国向けに資本集約的・技術集約的商品を輸出する構造へと転換してきたのである。

　こうした商品輸出の変化に加えて，IT関連のサービス輸出が急増してきたことも周知の事実である。2008年の時点で，IT関連のソフトウェア・サービスとビジネス・サービスはインドの財輸出の36.1％に相当する額に達している（石上・佐藤 2011, 113）。このIT関連サービスの輸出増大をも考慮すれば，

---

[24] 製造業輸出の変化にかんしては，さらにChandrasekhar (2011)，石上・佐藤（2011, 106-109），Mukherjee and Mukherjee (2012)。2009年には，インドの輸出のうち「医薬品」「電話機器」「自動車・輸送手段」がそれぞれ4.0％，3.6％，2.6％を占めている（Mukherjee and Mukherjee 2012）。

技術集約的な産業からの輸出がインドの輸出の中核的な産業として確立したことは間違いないであろう。我々は第4節で，これら技術集約的な産業において，国際的な質の維持と上昇をめざした産業内のシステムの変化を見てきた。1991年以降のインド輸出の原動力となった競争力の上昇の重要な部分は，以上のような技術集約型産業における「質」を確保するシステムの形成によるといってよいであろう。

前掲表 10-4 が示すように，輸出の対 GDP 比は急速に上昇し，輸出市場はインドの経済発展を支える重要な市場的基盤となりつつある。IT 関係はもちろんであるが，繊維産業と並んで，化学・薬品，自動車部品などの分野でも，輸出市場は極めて重要となっている[25]。

かくて，インドの経済自由化は，技術集約型産業の分野で，商品の質においても国際的な水準での競争力を付与することによって，輸出市場をインド経済発展の重要な基盤に組み入れたのである。

こうして，1990 年代から本格化した経済自由化とグローバリゼーションの過程は，耐久消費財やサービスの価格低下や質の向上を通じて，国内の大衆的市場および中間層市場と耐久消費財産業や通信産業・建築業を市場的に結合させるとともに，従来の労働集約型産業分野に加えて技術集約的分野においても輸出市場への進出を可能にさせることによって，インド経済の発展の水準を大きく高めたといえよう。

しかし，こうして成立したインド経済発展の形には，重要な制約要因があるといわざるをえない。この点は，以下の章にて検討しよう。

---

[25] 2001/02 年から 2005/06 年の 6 年間に年率 35% の高成長を達成した自動車産業は，2005/06 年には三輪車と乗用車の国内生産のそれぞれ 18% と 16% を輸出している（Chandra et al. 2008, 500）。また，医薬品生産額の 40% 程度が輸出に向けられている（石上・佐藤 2011, 238）。

第 11 章

インド社会の階層的構造は変化したのか
——都市と農村社会の現在——

1 農村から都市へ——農村階層と都市の階層との対応性

　1940年代のインドの非農業部門の労働市場を検討した第2章において，労働市場が，大きく3つの階層からなり，農村社会の階層構造と密接に関連していることを明らかにした。
　第一の層は，機械・金属工業の熟練職工に代表される，都市完全定着型高賃金労働者層で，家族を含めた生活が都市において一応可能となる程度の相対的に高い賃金を得て，農村社会との関連をもたずに家族とともに都市に定着して生活している。この層では数年間の養成工制度があり，熟練職種内はグレードで分かれ，労働者は毎年の昇給をともないながらグレード内とグレード間を昇進していく制度をもっている。第二の層は，綿工業の織工に代表される，農村の中核的農民層出身の半定着労働者層である。ボンベイ（ムンバイ）の綿工業の労働者は，農村社会の中核的農耕カーストを出自とし，退職後に村落に戻るなど農村社会と農業を労働力の世代的な再生産に組み込んだ，半定着の労働力で，賃金水準は機械・金属工業の熟練職工より低いが，以下検討する最低賃金水準の労働者群より高い，という中間的な位置にある。第三の層は，農村下層階層出身の低賃金労働者層である。ジュート工業の労働者の多くやビーディ産業の労働者がこれに含まれる。土地なしの農業労働者や零細な土地をもつに過ぎない零細農民などの階層を母体として都市に流入したが，農業労働者の賃金

．水準に規定されて，この産業の労働者の賃金は非常に低い．そのために都市で扶養家族を含めて生活することは困難で，家族の多くを出身農村に残して農村社会と農業を世帯的な再生産の重要な一部として組み込むか，あるいは都市において家族成員が複数で従事する多就業形態をとることによって生計を維持することが一般的となる．ジュート工業やビーディ産業の他に，プランテーションや炭坑，非登録部門の多くの産業，また，機械・金属や綿工場も含めて登録工場の人夫のような下層労働者など，極めて広範な労働者が農村下層を労働力の給源としており，この層に含まれる．

　こうした構造の中で，インドの工業雇用の構造の最下層は，農業労働者を含む農村下層社会を給源とするために，労働者層の最下層の賃金水準は基本的に農業労働者の賃金水準によって規定されていること，綿工業織工層や機械・金属工業の熟練職工層の賃金水準は，最下層賃金のそれぞれおおよそ 2 倍と 3 倍の水準にあることを，明らかにした．

　農業労働者賃金が都市労働者や非農業部門労働者の最低層の賃金水準に強い影響を及ぼして基本的な水準を規定する関係，その最低層の上に，農村の中層や上層を主要な給源とする労働者層が存在するという，給源となる農村社会の階層性と対応した多層的な労働市場の構造は，独立以降も基本的に維持されたように思われる．

都市雇用と農村社会――南インドの事例

　第 6 章で検討したタミルナードゥ州ティルチ県の県庁所在地ティルチ市に通勤可能な水田地帯農村 M 村の 1980 年の調査の事例から，都市雇用の構造を検討しよう．

　都市雇用の構造を明らかにするために，タミルナードゥ州の教育制度を簡単に説明しておこう．小学校は 5 カ年教育で，ついで 5 カ年の中学校（High school）教育がある．中学校修了時に，中等教育修了資格（SSLC）の試験を受ける．この試験の結果はその後の進路にとって極めて重要で，最低点 35 点をとれなかった場合は，より高い教育に進むことはできない．SSLC 試験を通った者のうちで希望者は，その点数に応じて，ⓐ 後期中等学校（Higher secondary school, 2 カ年) を経て大学の学部 (3 カ年), さらには大学院修士課程 (2 カ年) へ進む, または, ⓑ ディプロマの資格を得るためにポリテクニック (3 カ年) に行く, または, ⓒ 旋盤工, 機械工などの資格を得るために産業訓練校 (ITI, 1-3 カ年) へ進学する.

M 村からティルチ市近辺の雇用に就いている者には, 2 つの型がある. 大企業労働者や政府の公務員として雇用される者と, 小・零細企業や商店に雇用される者とである. 両者は, 雇用の条件が相互に異なるだけでなく, 労働者の社会経済状況も異なる. まず, 前者の型の労働者から検討しよう.

ティルチ市とその近辺は, 南インドの中心的な工業地帯として発展してきた. 1980 年時点では, 公企業のバーラト重電機会社 (Bharat Heavy Electricals Limited, BHEL) が 1 万 4 千人の常雇労働者と 1,200 人の臨時工を雇用しているだけでなく, 南方鉄道ティルチ工場は 6 千人, ダルミヤ・セメント工場は 1,600 人, 軍需工場は 1,600 人を雇用していた. これら 1,000 人以上雇用の工場の他に, 7 工場は 100 人以上の従業員を擁していた. さらに, 政府の公務員, 特に電力局の職員職は, 地主のバラモン層を含めてこの村の関係者にとって重要な雇用機会であった.

これらの工場の特徴は, 第一に労働者の賃金が, 小・零細企業や商店労働者のそれと比べて高いことである. 後者などでの賃金が 1980 年時点で月に 300 ルピー以下であったのに対して, 大企業などでは月 500 ルピーを超えることが普通であった. 第二に, 大企業の従業者は, 幹部職, 監督職, 熟練工職, 未熟練工職などの職種に分かれるが, それぞれの職種の中で, 労働者の賃金の基本給部分を毎年上昇させる定期昇給制度があることである. 各職種の中は等級 (grade) に分かれ, たとえば BHEL の熟練工の場合は, 第 1 等級から第 4 等級まで分かれる. 就職した熟練工は, 第 4 等級の最下級の賃金から始めて, 3 年かけて第 3 等級に上昇し, その後それぞれの等級に数年ずつかけて昇給してゆく. 第三に, こうした大企業では, 従業員の勤続年数は小・零細企業に比べて長い. こうした職に就いた村民は, 通常は退職の定年に達するまでは勤続する.

以上の点は, 日本の大企業労働市場の特徴として指摘されてきたことと共通

しているが，次の特徴は，日本の場合と非常に異なっている。すなわち，第四に，従業員が明確な職種に分かれていて，それぞれの職種における新規の職員の採用は原則として企業外部からの直接採用であること，つまり企業内で上級職種へ内部昇進することが極めて困難なことである。工場によって多少は異なるが，通常，従業員は，幹部職（Executive class），監督職（Supervisor class），熟練工職（Skilled worker class），未熟練工職（Unskilled worker class）とに分かれており，企業はそれぞれの職種ごとに必要な資格を要求し，原則としてその資格を満たす者を外部から募集して採用する。たとえば，BHEL が新規に職員を採用する場合は，幹部職には学士あるいはそれ以上の資格，監督職にはポリテクニックで得られるディプロマの資格，熟練工には産業訓練校（ITI）修了などを要求する。多くの大工場は，未熟練工でも SSLC 資格を得ているか第 8 学年を修了していることを要求する。それぞれの職種で採用された者は，1 年程度の訓練期間を経て直ちにその職種の最下位職に配置される。たとえば幹部職に採用された者は，直ちに幹部職，たとえばエンジニアに配置される。したがって，彼の工場従業員としての一生の地位は，もっている資格と入職時の職種によって決定的に規定される仕組みとなっている。もちろん，就職した労働者は職種の中の等級を数年かけて上昇し就職して 20 年程度後には上級の職種に昇進する可能性が生じるが，たとえば熟練工から上級職種の監督職への昇進は非常に難しく，この方法で昇進できる者は 10 人の候補者中 1 人程度だという。

　賃金の体系も，こうした特徴を共有している。たとえば，1980 年前後の時期の BHEL の場合に，熟練工のもっとも低い基本給率は月 395 ルピーで，毎年 10 ルピーずつ昇給していく。熟練工の基本給が監督職の初任給の基本給である 580 ルピーの水準に達するには，15 年程度かかる計算となる。監督職に初めから採用された者は，初任給の 580 ルピーから始まり，幹部職に就いた者の初任給の基本給は 750 ルピーである。こうして，大企業従業員や公務員になることを希望する者にとって，いかなる学歴や資格を得るか，それにもとづいていかなる職に採用されるかという点が，一生を左右する問題となるのである。

他方で，小・零細企業や商店の従業員の雇用条件は，大企業従業員や公務員のそれと比べて，極めて劣悪である。これらの職には，トラックの運転手，商店の販売員，精米所・金属工場・アイスクリーム工場など小事業所の労働者，大企業の日雇い労働者や守衛，バスの洗浄員などが含まれる。

まず，これらの職の賃金は，大企業従業員や公務員より低く，1980年前後の時点で，300ルピー前後である。都市に居住した場合は1カ月350ルピー以下では生活できないといわれ，また，農村における日雇い農業労働者の賃金は1日10ルピーであった。したがって，こうしたグループの都市雇用者の収入は，農村日雇い農業労働者並の水準で，都市では容易に自立した生活が困難な水準であるといえよう。また，大企業のような定期的な昇給制はなく，長期に勤続している労働者でも300ルピー前後の賃金を得ているに過ぎない。こうした低い賃金水準と劣悪な労働条件，定期昇給制も欠如した条件のもとで，勤続年数は概して短く，5年以上の長期の勤続者は少ない。

以上をまとめれば，第一に，ティルチ市近辺の労働市場は，大企業従業者や公務員などの層と，小・零細企業や商店の従業員の層との二層に分かれる。前者をフォーマル部門職，後者をインフォーマル部門職といってもおおよそよいであろう。第二に，大企業従業者や公務員などフォーマル部門職の中でも，幹部職，監督職，熟練工職，未熟練工職とにわかれ，それぞれの職に就くには必要な学歴や資格があることである。その意味では，フォーマル部門職も，単一のものでなく，教育水準を基準としていくつかの層に分かれて，異なったキャリアを描く。第三に，こうした階層は，賃金や労働条件などが相互に非常に異なっており，階層間の賃金差が2倍以上数倍に達しうるような構造になっていることである。最低をなすインフォーマル部門職の賃金は，農業労働者の賃金水準に大きく影響された水準にあることもおおよそ確認できる。

村落社会の階層的構造とこの都市の職における階層性とは，対応関係をもっている。まず，このM村の土地を所有する村外地主のバラモン家族は，子弟に大学教育を与えて，フォーマル部門職の中でもホワイトカラー職の幹部職や管理層に多くが職を得ている。先進カースト村民のピッライとチェッティの場合は，ITIやディプロマの資格を得て，大工場の熟練工職や監督職に職を得る

ものが多い。後進カーストのムッディリヤンや指定カーストでは，1980年の時点では都市雇用の比率は低く，一部を除いて，村落内の人造ダイヤモンド研磨業や稲藁取引など村落近辺でインフォーマル部門の非農業職に就くことが多かった。

表11-1は，同一村落を2007年に再調査したときの，それぞれピッライ・チェッティ（先進カースト），ムッディリヤン（後進カースト，OBC），指定カーストのサンプル世帯の職業分布である。男性の職業分布を見れば，ピッライ・チェッティの場合は，A群（農村部就業者）以外の都市就業者のうち45％は，月収5,000ルピー以上の技能職（E群）や公務員・大企業熟練工・専門職など（F群）についているのに対して，その比率はムッディリヤンでは24％，指定カーストでは31％と低い。ピッライ・チェッティでは，5千ルピー未満の技能職（D群）でもバス運転手や車掌などフォーマル部門に職を得ていると推定される者がかなりの比率を占めるから，この村の先進カーストの都市就業者の3分の2程度がフォーマル部門に就職している，と推定される。これに対して，ムッディリヤンなどでは，フォーマル部門に職を得ていると推定されるのは3割強程度，指定カーストでは5割強程度である。

こうして南インド村落の例では，バラモンなど高カースト成員は管理層・ホワイトカラー職など幹部職に，在村の先進カースト世帯は公務員・大企業・専門職を含むフォーマル部門に多くが職を得る。一方，後進カースト成員は都市雇用を得る場合は都市肉体労働者（B群）や下層ホワイトカラー職（C群）などインフォーマル部門が多く，指定カーストはフォーマル部門の下層職やインフォーマル部門に職を得ているといってよいであろう。

南インドの一村落を調査したSato（2011）も，村内の土地所有の多い富裕な世帯は，ホワイトカラー職についていることが非常に多く，中流下層にはブルーカラー職についているものが多いことを明らかにしている。ホワイトカラー職は月に1万から5万ルピーを得ているが，ブルーカラー職は5千ルピー前後であり，日雇い労働者になると1,500ルピーから2千ルピーと低くなる。同じ都市の職でありながら，日雇い労働者の収入の数倍の大きさの収入をブルーカラー労働者は獲得し，ホワイトカラー職はさらにブルーカラー職の数

表 11-1 タミルナードゥ州 M 村における職業別就業者比率（2007 年）

(単位：%)

		ピッライ・チェッティ 男	ピッライ・チェッティ 女	ムッディリヤン等* 男	ムッディリヤン等* 女	指定カースト 男	指定カースト 女
A群	農業経営	4	0	18	4	4	2
	ミルク生産	1	6	1	0	0	0
	農業賃労働	10	13	26	53	40	72
	農業賃労働＋農業経営	0	0	2	0	1	0
	村落近辺商業	5	6	2	2	1	2
	村落近辺ビジネス	10	0	2	2	6	0
	村落手工業・サービス	5	13	5	13	6	2
	人造宝石研磨	8	19	3	11	0	1
	小 計	42	56	59	84	58	79
B群	建築労働	0	0	4	2	1	1
	都市下層労働者（守衛，オートリキシャ運転者等）	10	13	9	4	8	2
	小 計	10	13	13	5	9	3
C群	都市商業	0	0	0	0	4	5
	販売員，電算機オペレーターなど	10	13	6	5	3	5
	都市ビジネス（オートリキシャ所有含む）	0	0	1	0	1	0
	小 計	10	13	7	5	8	10
D群	看護士（Rs. 5,000 未満）	0	0	0	2	0	2
	教師（Rs. 5,000 未満）	0	0	0	2	1	3
	電気工（Rs. 5,000 未満）	1	0	5	0	2	0
	トラック運転手等（Rs. 5,000 未満）	0	0	3	0	1	0
	バス運転手（Rs. 5,000 未満）	6	0	2	0	5	0
	車掌（Rs. 5,000 未満）	6	0	1	0	4	0
	小 計	13	0	11	4	13	5
E群	運転手（Rs. 5,000 以上）	1	0	1	0	3	0
	車掌（Rs. 5,000 以上）	2	0	1	0	3	0
	電気工（Rs. 5,000 以上）	1	0	0	0	0	0
	その他（Rs. 5,000 以上）	6	0	0	0	0	0
	販売監督者等	2	0	1	0	1	0
	看護士（Rs. 5,000 以上）	0	13	0	0	0	0
	教師（Rs. 5,000 以上）	0	6	0	0	0	1
	事務員，その他ホワイトカラー	0	0	1	0	0	0
	小 計	13	19	5	0	6	1
F群	大企業熟練工・公務員	2	0	2	0	3	0
	大企業管理層	2	0	0	2	0	0
	専門職	4	0	1	0	1	1
	退職者年金受領者	4	0	1	0	1	0
	海外雇用	1	0	1	0	0	0
	小 計	13	0	5	2	5	1
	合 計	100	100	100	100	100	100

出典）筆者の 2007 年調査による。

倍の収入をえるという，職種間の収入格差が極めて大きい賃金構造をなしていることが確認できる。

都市就業の階層区分——プネー市の場合

以上は，南インドの村落から見た都市就業の区分であるが，インド全体についても，おおよそ対応した区分ができそうである。マハーラーシュトラ州プネー市の住民調査を行った Deshpande and Palshikar (2008) は，インドの職業を次のようにランク付けしている。

〈上流〉「クラス1職公務員（上級管理職）」，専門職上層，大規模ビジネス，小規模・中規模・大規模工業家。

〈中流上層〉「クラス2職公務員（中間管理職他）」，小ビジネス，近代技術を使う小自営業（3-4人の雇用者を雇用），運輸関係の小規模ビジネス，建築関係小規模ビジネス。

〈中流〉「クラス3職公務員（事務職他）」，「クラス3職」の熟練工，組織部門の熟練工，伝統的技術を使う自営業，年金生活者，5エーカー以上の土地を所有する農業経営者，コールセンター雇用者，金工，僧侶。

〈中流下層〉「クラス4職公務員（現業職他）」，インフォーマル部門の熟練工，半熟練工，小ビジネス，大工，鍛冶屋，織工，縫製工，時計修理，銅工，壺作り，床屋，洗濯屋，塗装工，石工，コック，小金融関係従事者，1-4.99エーカーの土地もち農業経営者，パート／フルタイム勤務＋零細ビジネス，人力車もちおよびドライバー。

〈貧困層〉警備員，不熟練労働者，家内零細ビジネス従事の女性，倉庫労働者，ウェイター，ドライバー，雇用されたセールスマン・大工・テイラー・石工・コック・塗装工・床屋・織工，ガラスバングル生産者，靴工，ミルクマン，1エーカー以下の土地の農業経営者，土地所有者＋農業労働者。

〈極貧層〉乞食，売春婦，土地なし農業労働者，ジュート袋縫労働者，ビーディ労働者，建築労働者，掃除人，家内労働者，子守，臨時工，ゴミ拾い，バスケット作り，屠殺人，新聞配達少年。

表11-2 4世代の職業（プネー市におけるサンプル調査）

	祖父	父	回答者	息子・娘
上位カースト					
上流（Upper）	11%	16%	29%	38%
中流上層（Upper middle）	34%	33%	25%	27%
中流（Middle）	39%	25%	23%	25%
中流下層（Lower Middle）	6%	13%	6%	2%
貧困層（Poor）	6%	8%	12%	7%
極貧層（Very poor）	5%	6%	5%	2%
サンプル数	118	276	216	92
マラーター・クンビー					
上流	0%	2%	8%	16%
中流上層	11%	12%	22%	26%
中流	19%	36%	21%	29%
中流下層	37%	33%	17%	13%
貧困層	9%	9%	15%	12%
極貧層	24%	8%	7%	4%
サンプル数	54	306	142	68
その他の後進階級（OBCs）					
上流	2%	2%	3%	11%
中流上層	15%	12%	19%	16%
中流	16%	25%	22%	21%
中流下層	41%	36%	33%	35%
貧困層	18%	18%	15%	14%
極貧層	8%	7%	8%	3%
サンプル数	100	202	161	63
指定カースト					
上流	0%	0%	3%	3%
中流上層	3%	4%	8%	4%
中流	9%	23%	17%	16%
中流下層	13%	24%	24%	27%
貧困層	16%	17%	16%	27%
極貧層	59%	32%	32%	23%
サンプル数	93	203	169	75

出典）Deshpande and Palshikar 2008, Tables 11, 12, 13, 14.

この区分方法で，都市住民の階層としては，大まかにいって「上層」「中流上層」の二層は，第10章で検討した中間層に相当し，「中流下層」以下は「インフォーマル階層」に相当すると見てよいであろう。

　このプネー市における調査結果は，南インドの事例と同様に，農村内の階層性と都市における階層性との対応した関係を示している。表11-2で見るように，調査時点の2007年での都市居住者である「回答者」について比較すれば，上位カーストは77％が「中流」以上の職に就き，54％は公務員であればオフィサークラス以上に相当する「中流上層」「上流」に職を得ている。マハーラーシュトラ州の中核的な農耕階層といわれてきたマラーター・クンビーは，組織部門の熟練工などを含む「中流」を中心に，「中流下層」から「中流上層」の3つの区分に60％の世帯が分布している。さらに，後進カースト（OBC）では，22％の世帯は「中流」の職を得ながらも，過半の56％はインフォーマル部門の労働者を含む「中流下層」以下である。第9章で検討したようなインフォーマル部門の労働者層がOBCの中核的な職といってよいであろう。指定カーストの場合の職はいっそう低くなり，72％が「中流下層」以下の世帯となっている。こうして，バラモンなど上位カースト世帯は「上流」と「中流上層」中心の職を，農耕カースト出身者が「中流」職を，後進カーストと指定カーストがインフォーマル部門労働者など「中流下層」以下の職を得ていることがわかる。農村社会における社会経済的な階層構造は，都市の就業構造においてもほぼ対応する形で再生産されているといってよい。

2　階層間の流動性・断絶性と教育

階層間の流動性とその限界

　上記のプネー市の調査は，調査回答者の祖父と父，および息子・娘の4世代の職の階層変動を明らかにしており，興味深い。第一に気がつくことは，すべてのカーストで，職のランクの上昇を経験していることである。職のランクの上昇の面で顕著なカーストは，マラーター・クンビーであるが，祖父の時代

には59％が「極貧層」に属していた指定カーストでも，4世代後には「極貧」層は23％に減少し，「中流」以上23％を含めて顕著な上昇を遂げたといってよい。土地なしの農業労働者を中核としていたと推定される指定カースト層が，第5章や第6章などで見たような長期にわたる社会経済的な上昇過程を経過したことを反映している。後進カースト（OBC）も明らかに職の階層を世代をかけて上昇している。こうした下層階層の社会経済的な上昇が，農村-都市インフォーマル部門経済生活圏の購買力の増大の基礎をなしていることは前述したところである。

　第二に，しかし，出発点の「祖父」の時代の職の階層が非常に低かった指定カーストや後進カースト（OBC）の場合，その上昇には大きな限界があることである。指定カーストの場合は，「息子・娘」の世代になっても，「中流下層」の水準つまりインフォーマル部門労働者の段階を超えることは非常に難しい。後進カーストからは「中流」以上に属する「息子・娘」も出ているが，過半は「中流下層」以下にとどまっている。

　第三に，他方，上位カーストの世帯は，「息子・娘」の世代では「上層」38％「中流上層」27％と上層階層の比率を上げて，上層の都市階層（いわゆる「都市中間層」）としての性格を強めていること，マラーター・クンビーの場合も4割以上は，都市中間層に入っていると推定されることが指摘できる。

　つまり，全体として見た場合，都市・農村を含む階層関係には，一定の階層間の流動性を含みながらも，農村内の階層構造は，4世代を経過しても，都市の階層構造の中に再生産されていることである。農村社会の下層階層は，都市に移動してもインフォーマル階層にとどまり，農村上層階層は都市の上層としての地位を強めて上・中間層化しているのである。農村下層から都市の上層への上昇のケースがあることは間違いないが，そうした上昇はとても一般的とはいえない。その意味では，都市と農村を含んで，インド社会における上層階層と下層階層とは，大きく2つの層をなし，両者の間には階層的な断絶があると見てよいだろう[1]。

階層間移動と教育

　階層間の流動性を阻害する直接的な要因には，もちろん多くが考えられるが，教育が重要な鍵を握っていることは多くの研究者が一致している[2]。すでに本章でも述べたように，公務員や大企業などフォーマル部門では，管理職，監督職，熟練工職，未熟練職などの採用にあたって，それぞれの職位ごとに一定の学歴や資格をもっていることを要求している。この点で，高度成長期の日本の工場のように中卒や高卒で入社して未熟練職から順次熟練をあげて管理職の末端に到達するシステムとは，異なったシステムが一般的である。そのために，学歴や資格は，一生を左右する決定的な要因となっていることは前述した。

　しかも注目されることは，第10章で検討した自動車部品工場の例のように，入職に必要な学歴や資格は1980年代以降次第に上昇する傾向が見られることである。我々の南インドの村落調査でも，1980年の時点では，SSLC（中等教育修了資格）を得れば，フォーマル部門への就職の可能性は大きかったが，2007年の調査では，フォーマル部門に確実に職を得るためには大学卒相当の教育年限が事実上必要となっている[3]。

　教育は都市雇用市場で重要なだけではない。第9章で検討した前掲表9-13が示すように，大卒者の7割は，「中・高所得階層」に所属し，インフォーマル部門を含めて，高い学歴と高所得とは高い相関をもっている。

---

1) アフマダーバードの綿工場を失職した元従業員の次世代にわたる職業変動を追跡した貴重な研究である木曽（2012）も，階層間の社会的流動性は決して高くはなく，社会階層間の職業上の階層差が世代を超えても維持されていることを指摘している。また，1971年と96年のデータから職業とカーストの関係の変化を分析したKumar et al. (2002) も，世代間の職業階層間の流動性は低く，カーストと職業階層との関係の変化は大きくないことを指摘している。

2) コインバトールの綿工場のある労働者は，「私の同級生でポリテクニックに進学してLTMディプロマの資格を得た人は，今では私の監督者だ」という（Ramaswamy 1983, 136）。企業内の階層的な序列関係でどこに位置づけられるかを決定する要因としての教育の重要性については，Breman（1999）。

3) 南インドのM村の事例については，別稿で詳しく展開する予定である。Lanjouw and Murgai (2009) も，農外の常雇の雇用に就いている者は，もっとも高い教育水準を有していることを指摘している。

Sato（2011）は，南インドの一村落を事例に，村民が都市で安定的で報酬の高い職をえるうえで，高い教育を受けることがいかに重要であり，そのためにいかに巨額の経費が必要であるかを，見事に明らかにしている。評価の高いカレッジ等に入学するためには，必要な資格試験等で非常な高得点を得る必要があるために，富裕な階層は幼稚園の段階から英語による教育を行う私立の学校に子弟を送る。そうした幼稚園の入学金と年授業料はそれぞれ2千ルピーから6千ルピーと，農業労働者の月収の数倍の額である。カレッジ・大学となると，年授業料は6万ルピー（理学士の場合）から26万ルピー（工学士の場合）に達する。月収2千ルピー前後の日雇い職の場合はもちろん，月収5千ルピーのブルーカラー職の親にとっても，年間収入を超えるし，工学士の場合はその数倍の額に相当し，とても貯蓄できる額ではない。月収1万ルピーを超えるホワイトカラー層にとっても，その準備は容易ではない。そこで，融資を受ける必要がでてくる。さらに卒業後も，公務員職などのホワイトカラー職を得るには，親戚や両親の知人などの推薦状が必要であるが，そのために5万ルピー程度の謝礼を出すことが慣習となっている。この巨額な資金をえるために，親類からの借金やサウジアラビアで出稼ぎをする兄からの送金を使ったり，家畜を売るなどの方法が採られる。こうして大きな資金を入手できることが，カレッジを経て職を得るための必要条件となっている。村内に広い農地を所有する上層階層が，都市の職においても，ホワイトカラー職など高収入の安定的な雇用を獲得しており，農村における階層的な構造は都市雇用の中でも再生産される仕組みとなっている[4]。

　こうした農村階層と非農業雇用との関係は，農村人口の多くを占める下層階層が農村社会から離脱して都市に移住することを困難にしている。タミルナードゥ州のティルチ県のM村についていえば，前述のように，ピッライや

---

4) 1983年から2005年の間について，教育，職，所得，消費などの面での格差の変動を検討した，Hnatkovska et al.（2012）は，全体としては指定カースト・指定部族とそれ以外のコミュニティとの格差は縮小したことを指摘しつつ，ホワイトカラー職への就職や高等教育の面では格差は多少とも拡大したことを明らかにしており，本章の議論と一致している。

表 11-3 タミルナードゥ州 M 村における主要職業別世帯分布（2007 年）
(単位：％)

	ピッライ・チェッティ	ムッディリヤン他	指定カースト
農業経営（AG）	2	7	2
農業賃労働（AL）	3	9	25
農業経営＋農業賃労働	3	20	5
（主として農業　小計）	9	37	32
農業経営＋非農業職	0	6	2
農業賃労働＋非農業職	3	7	7
農業賃労働＋農業経営＋非農業職	0	2	2
（農業主＋非農業職副　小計）	3	15	10
非農業職＋農業経営	14	10	9
非農業職＋農業賃労働	3	8	20
非農業職＋農業賃労働＋農業経営	0	8	1
（非農業職主＋農業関係副　小計）	17	26	29
ビジネス（地域）	3	4	7
専門職	3	1	2
その他非農業職	55	18	20
人造宝石研磨	9	0	0
無収入	0	0	0
（非農業職のみ　小計）	71	22	28
合　計	100	100	100

出典）筆者の 2007 年調査による。

　チェッティなどの先進カーストの世帯は，大学教育を含む高い教育を通して，フォーマル部門に安定したある程度高い水準の賃金の職を得ている成員を擁しているケースの比率が高い。それとは対照的に，後進カーストや指定カーストでは，大学に行く男子の比率は低く，農外職を得てもその多数は，農業労働者賃金を大幅には超えない程度の賃金水準の不安定な職にとどまっている。農外収入にのみ依存して安定的な生計を維持することは困難な状況にあるといってよいだろう。表 11-3 からは，後進カーストのムッディリヤンの世帯の 37％は農業経営を行いつつ農業労働者としても働くなど農業専業であり，農業主非農業副の世帯 15％を加えると農業を中心とする世帯は半数近くに及び，さらに非農業就業を主として農業を副とする世帯を加えると，78％が何らかの形で

農業に従事していることになる。指定カーストの世帯の場合も同様で，農業専業世帯32%，農業が主で非農業が副の世帯が10%，つまり42%は農業中心の世帯であり，非農業が主で農業が副の世帯29%を加えると72%の世帯が何らかの農業就業（圧倒的に農業賃労働が多いが）に就いていることになる。つまり，ムトラージャや指定カーストの場合は，非農業就業の増大は，農業からの離脱という形態を採らず，多くは世帯としては農業への従事を続けつつ非農業就業を行うという，世帯単位でいえば兼業の形を取っている。

このために，これら農村下層の階層にとって，非農業収入をえながらも，農村から離脱して都市生活者になることは非常に困難である。実際に，ティルチ県6カ村の2005/06年の調査では，1979/80年に調査対象となった238世帯のうちで31世帯が離村し，5世帯は不明である。不明の世帯を離村とみなしても，25年間の離村率は15%に過ぎない（Djurfeldt et al. 2008）。非農業就業が顕著に増大し非農業所得が農村経済の中核になすにいたっても，大多数の村民にとっては農業との完全な分離はできず，村外への離村が困難な事情を反映しているといってよいだろう。ジョン・ハリスらも示唆するように，労働する階層は，都市と農村や多様な分野にまたがる，小規模で不安定なインフォーマル部門の雇用や自営を組み合わせることで，生計を維持している（Harriss et al. 2010；2012）。このことが，農業から完全に離れて都市部へ移住する挙家離村世帯の比率が低いことのもっとも重要な理由と思われる。

3 二層の構造——都市中間層と農村-都市インフォーマル部門経済生活圏

こうして，大まかにいって，インド社会は，ごく少数の有力階層が農地の大半を所有し村民の多くが土地なしの農業労働者や小作人であった農村社会の階層性に対応して，都市社会の構造も，村落の上層から出自する中間層と農村社会の下層階層から出てくる都市インフォーマル階層下層との二層からなる構造をつくりだしていること，この2つの階層間の流動性は個々にはあったとしても全体としては低く，世代を通しての下層階層から上層階層への上昇には大

きな限界が画されていることを，確認できよう。
　この点はなお今後各地域にかんしての検討を必要とするが，このインド社会を二分する構造の中で，農村社会の最上層部分は基本的には都市中間層として都市に生活基盤を移動させる挙家離村の傾向を示していると思われる[5]。南インドでは，バラモン世帯は19世紀末から徐々に村落から都市に住居を移動させており，1980年以降の経済成長の過程はこの都市への移動をいっそう進めたことは間違いない。農村上層の都市への移動にともなってこの階層は所有していた農地を少しずつ減少させてきたことは前述したが，その減少速度は1980年代以降決して加速していないように思われる。この点も今後の検討が必要であるが，彼らは農村に所有する農地を全面的に売却することなく，それをある程度は保持したまま，都市を生活の拠点としているようである。
　他方で，農村下層階層の都市への移動の様相は異なっている。第9章で検討したように，下層階層の多くは都市のインフォーマル産業の労働者等の形で都市に移動するが，典型的には出稼ぎに見られるように，彼ら／彼女らは農村社会との関係を維持し，都市と農村の両方の生活を結びつけながら，生計を維持しているといってよい。何よりも，教育水準の低い彼らが都市で得る職は，ホワイトカラー層など都市中間層の数分の一の極めて低い収入で，雇用の安定もなく，ましてや老後や疾病にかんする保障のないものである。したがって，都市では世代的な再生産を行うことは非常に困難であり，農村社会を再生産の不可欠な一環に組み入れざるをえない，といってよいだろう。こうして，第9章で検討したように，農村と都市にまたがる「農村–都市インフォーマル部門経済生活圏」が形成され維持される構造となる。インドの農村人口比率の減少速度が低いことの重要な原因は，この点にあるように思われる。
　こうしてインド社会は，都市中間層社会と農村–都市インフォーマル部門経済生活圏から構成される二層の構造をなしていると結論できよう。

---

5) Sato (2011) は，南インド村落の富裕層が，ホワイトカラー職を得て，都市に生活基盤を移動させている事例を報告している。

終　章

21世紀インド経済の制約と可能性
――二層的社会経済構造の形成と展望――

1　二層構造の歴史的形成

　こうした農村と都市をまたがる二層の社会経済構造は，現代のインド経済の発展が，二層の構造をもった農村社会の構造を基本的に変えることなく進行したことによるといってよいだろう。第1章で詳述したように，ごく少数の村落有力階層が村内の耕地の大半を所有し，残りの多数の村民は主として農業労働者や小作人として農業労働に従事するという階層的な農村社会の構造は，第5章で指摘したように，土地改革を経ても基本的には変更されずに，今日にいたっている。独立以前からの工業などの発展もこうした農村構造を前提に進行した。都市の工業・サービスの大企業部門の管理者層，技術者層，高度熟練工層など，教育を必要とするスタッフは，教育支出が可能な農村社会の上層土地所有者階層に依存せざるを得ないが，その人材を確保するためには農村の土地所有者層の高い収入に対応した高い給与の体系にせざるを得ない。他方で，フォーマル部門の非熟練職工やインフォーマル部門の労働者層など高い教育水準を要求しない職種では，農村下層階層からの労働力が流入し，その賃金水準は農村の農業労働者賃金に規定されてきたことは，第2章や第9章で検証したことである。こうして都市労働市場の二層間の極端な所得や労働条件の格差は，農村社会の階層性に対応して形成されてきたのである。

　独立以降の経済成長は，こうした二層的な階層性の一定の弱化の進行を前提

しつつも，基本的にはそうした構造を再生産させるものだった。第6章で明らかにしたように，農村社会における上層階層による下層階層へのコントロールの弱化は，農業生産の上昇や非農業雇用の増大とともに，農業労働者賃金の上昇をはじめ下層階層の実質所得の上昇を可能にして，農村社会内の階層の上昇への希求を背景に展開する農村市場の拡大をもたらした。こうした農村市場の拡大を背景に1980年代以降のインド経済の成長率の上昇が始まるが，インドの非農業部門への需要の中心をなした農村需要が「品質の保証のない低価格の疑似ブランド品」志向をもったことから，その需要の多くは工業とサービスのインフォーマル部門の拡大に帰結したことは，第7章，第8章で明らかにした。その結果，インフォーマル部門は大量の労働力を農村地域から吸引したが，そこで要求されたのは安価な疑似ブランド品生産に適的な低教育で低賃金の労働力であった。こうした労働力需要の構造のもとでは，高度の教育を子弟に与える経済力のない農村社会の下層階層に，都市インフォーマル部門に入るために最低限必要な初等教育の数年を超えるような教育を与えるような動機づけは，あまり生じないであろう。こうして，農村社会の多くを占める下層階層は，低教育の低賃金労働者を都市インフォーマル部門に提供する地盤であり続ける構造となっている。

　また，彼ら農村下層階層は，典型的には農業賃労働や零細農業経営からの収入と都市インフォーマル部門雇用からの低い収入を結合して生計を維持しているために，貧困層の範囲を大きく超えることは非常に困難であり，その結果，非農業部門の製品やサービスへの需要は「低価格の疑似ブランド品」需要であり続け，したがってインフォーマル部門の存続の基盤であり続けるという，相互補完的な関係をつくりだしている。

　さらに，1980・90年代の耐久消費財産業や通信産業は，経済自由化によって，農村=都市インフォーマル部門経済生活圏市場や，インフォーマル部門経営者層や公務員・大企業管理層などからなる都市中間層市場の両方と結合することによって発展したことを，第10章で明らかにした。これら産業の管理層や上層の労働者層の人材は，農村社会上層を含めて社会の上層階層の世帯から高い教育を受けて提供されている。こうして，これら成長するフォーマル部門

も，市場や人材供給のうえで，階層的な社会経済構造を基盤にしているということができる。

こうして，インドの経済発展は，階層的な社会経済構造を基本的には再生産する形で，進んできたことが確認できるであろう[1]。

2　社会経済構造の階層性と経済発展──二層の発展の交錯

しかし，このことは，インドの経済成長が，インドの社会構造が階層的であることによって促進されたということを意味しない。むしろ逆である。本書の議論は，農村社会の下層階層の上層階層への抵抗や自立化の動きを通して実現された，ハイアラーキー関係の弱化こそが，農村市場が拡大したもっとも重要な要因のひとつであることを明らかにしてきた。それは農業労働者賃金の上昇など下層階層の所得の上昇の要因としても重要であった。さらに，村落の上層土地所有者の土地所有の独占を掘り崩す，土地なし階層による零細地片の獲得の過程も，彼らの経済的な基盤を拡大した。これらなしでは農村市場の拡大は想定が困難であったといって過言ではないであろう。また，下層階層の非農業品やサービスへの需要の大きさと特徴は，階層的秩序に対抗して社会的上昇を目指す下層階層の志向を見ることなしには理解不可能であろう。農村下層市場の拡大によってインフォーマル部門が拡大し，そこから農村-都市インフォーマル部門やインフォーマル部門経営者が中核をなす都市中間層が形成されて，耐久消費財産業の市場をなすという脈絡の中では，農村社会における階層関係の弱化は，現在の高度成長を理解するうえで，決定的に重要である。

また，企業家層の形成の点でも，カースト的ハイアラーキーの弱化が，重要な役割を果たしてきたことも前述した。Varshney（2012）らが強調するように，南インドではカースト的なハイアラーキー秩序が大きく掘り崩されてきた

---

1) 格差の拡大が指摘されている中国と比べても，21世紀初めの時点でインドの所得格差は中国よりも大きい（柳澤近刊）。

からこそ，上下の多様なカーストから商業やビジネスへ多数が参入し，それが南インドの経済発展につながったといえよう。

　独立以降，都市の大企業部門は，市場的には主として国家財政やエリート階層の需要と結び付きながら発展してきたと見てよいだろう。こうした大企業部門とエリート層を中心とした経済の上層部分の発展は，以上述べたように，階層関係を打破する中から形成されてきた農村-都市インフォーマル部門経済生活圏の成長という「下からの発展」と市場的に結合することによって，1980年代以降の新たな大企業部門の成長が実現したことを示してきた。その意味では，二層の発展は，経済自由化政策によって交錯をすることで，インド経済の新たな発展の基盤をつくったといえよう。

　こうした二層の発展の交錯は，部分的にせよ資本の形成の面でも，当てはまる。第10章で述べたように，商業資本から系譜する旧来の財閥系資本が支配的な体制の中で，農業発展を起点としながら，農業カーストなど多様な階層が，マルワーリーなど商業資本の支配力の弱い地域では，工業や商業に進出し，その流れの中からは技術集約的な産業を主導するような経営者も輩出した。こうした農業地域を後背地として「資本の民主化」を通して形成された新資本家層が，経済改革やその後の経済発展に重要な役割を果たしたことは前述した。その意味では，資本形成の面でも，二層の発展が交錯することによって，インド経済の新たな発展の構造が形成されたといってよいであろう。

3　経済発展の制約要因としての階層的構造

　このようにインドの経済発展は，インド社会の階層構造の一定の弱化によって推進されたが，その過程は階層構造を基本的には再生産してきたことも見逃してはならない。1980年以降の成長率の上昇は，こうした階層的性格をもつインドの社会経済構造を基盤に進行したが，この構造の階層性は経済成長のいっそうの進展にとって基本的な制約要因になる可能性を有していると思われる。

第一に，もっとも重要な点は，こうした構造は，非農業部門の国内市場の拡大にとって極めて大きな制約要因となると思われることである。フォーマル部門の耐久消費財を含めてインドの非農業部門は，農村-都市インフォーマル部門経済生活圏の市場に依存していることを指摘したが，重要なことはこの市場は農村と都市の貧困層を中核とした市場であることである。すでに行論で明らかにしたように，農村地域の土地所有の集中状況に基本的な変化がないために，農村の多数の世帯は小規模土地所有農民としての自立の可能性は低く，他方で都市インフォーマル部門の労働者である限り，将来の保障のない不安定雇用のもとで低賃金の労働条件で働き続けることにならざるを得ないであろう。農村-都市インフォーマル部門経済生活圏の人々の生活水準は明らかに過去数十年の間に上昇したが，それは，プネーの都市調査でも見たように，ほとんどが「極貧」であった水準から中流下層にまで広がる範囲で上昇したに過ぎず，都市で世帯を自立的にかつ安定的に再生産を行いうる「中流」の水準にはまだ距離がある。その意味では，彼らの多くは，都市と農村の「ワーキング・プア」の状況にあり，そこから構造的に脱出することは非常に困難であろう。この点から見て，農村-都市インフォーマル部門経済生活圏が，今後も順調に拡大して現在の安価な耐久消費財の市場から乗用車などの高価な耐久消費財市場へと飛躍する可能性は非常に低いように思われる。この点は，土地改革等によって不在地主制を基本的に解消して，小農民の土地所有者による自作農が主体となる農業構造を確立した東アジアの事例とは，根本的な差異があるといわざるを得ない。

　第二に，インドの工業やサービスにおいて，農村-都市インフォーマル部門経済生活圏の需要の特徴にもとづき，インフォーマル部門を中心に品質の保証のない疑似ブランドの生産が大きな比率を占めていることを明らかにしてきた。前述のように農村-都市インフォーマル部門経済生活圏の多くの人々がワーキング・プアの状態にとどまる場合は，こうした需要の特徴が維持される可能性が高いと想定できる。この構造のもとでは，たとえば日常品市場において一定の質をもった全国的な標準品の市場が成立して，そうした市場の形成に対応して，産業における技術水準や商品の質的な水準の上昇や，インフォーマ

ル企業の中小工業化など産業構造の高度化などが進展する可能性はもちろんないわけではないが，その方向への変化の速度は非常に遅くなるであろう。多くの分野で，インフォーマル部門を中心に「質の保証のない」安価製品の生産が行われる現在の産業構造は，かなりの期間継続するように思われる。

　第三に，疑似ブランド品への需要と生産の構造が成立する中で形成された，労働集約型産業の輸出の発展の可能性には限界があるように思われる。すでに第7章で言及したように，ティルップールなどのアパレル産業などの輸出部門においては，移動性の高い労働力に依存しているため企業内の訓練・教育の体制はなく，国際的な低価格品市場に進出するにとどまっている。この点で，企業内の技術形成システムを確立して長期雇用の労働者の技術的上昇を図ることによって，より上質の製品の市場に進出している中国との間に，すでに大きな差異が生じていることは前述した。

　第四に，企業内においても，一般的に管理層と労働者層とは異なった社会的・経済的階層から出自しており，両者の間には階層的な断絶があることは前述したが，このことが工場内の労働者のコミットメントに大きな影響を及ぼしていることである。インドと中国の工場の労働者のコミットメントについて調査した，清川雪彦の記念碑的研究（2003年）は，中国の労働者の方が「規律ある労働者」としての意識が高いことを明らかにする。インドの労働者の労働規律の低さの背景には，経営者が労働力の質の向上に無関心であることとともに，インド社会自体の階層的な構造を反映して，企業内も管理者と労働者がまったく異なった社会層からなる階層的構造をなしているために，企業内のコミュニケーションに問題が生じ，機能主義的な職務観や競争意識の浸透を妨げていることが明らかにされている。調査された工場でも，中間管理層と労働者層との間の賃金差や学歴差が小さい中国とは対照的に，インドの中間管理層と労働者層では賃金差も学歴差も大きい。日本は，平等主義と競争性を備えた社会の同質化を素地にして高いコミットメントを実現し，中国も平等化度，競争性，教育の発展度で進んでいる点で，インドよりも高いコミットメントを実現できる条件を有していた。清川は，中印両国の工業化水準に，近年次第に大きな差ができつつあるのは，両国のこの特性の差異が，経済自由化のもとで機能

し始めた結果に他ならない，という。企業の内部構成をも貫くインドの階層的社会構造が，工業発展にとっても重要な制約要因として機能していることを示している。

4 展　　望

　本書は，両極的な階層構造をなす農村構造のもとで植民地支配下の停滞状態にあった20世紀前半のインド経済が，独立以降に成長率を上昇させ，1980年以降さらに成長率を加速化する過程を，検討してきた。その中でインドの広範な人々の主体的な行動と営為を背景にした次の要因が，1980年以降のインド経済の成長率の加速化を可能にした基盤を作りだす上で極めて重要であったことを明らかにした。第一に，階層構造に抵抗して平等な構造の農村社会を求める下層階層の人々の動向が重要な支柱となった，農村下層階層の社会的・経済的上昇であり，第二に，19世紀末以来の農民階層による農業生産性上昇を目指した経験に支えられた，独立以降の農業生産の発展であり，第三に，自立的国民経済の形成を目指す植民地期の独立運動を背景とする，独立以降の国家主導の輸入代替化の過程である。その意味では，インドの経済成長は，下層階層を含めた広範なインドの人々の，自立的な経済発展と平等な社会の実現を希求する，長期の日常的・非日常的な主体的営為の結果であるということができよう。

　この過程は，前述のようにインド社会経済の階層構造を基本的には切り崩してはいないが，いまだごく部分的ではあるが，重要な変化の方向性もすでに現れていることを確認する必要がある。

　すでに農村社会における上層階層の社会経済的な統制力はかなり弱化しており，南インドでは，もはやどの階層も村落社会を統御できないほどの「社会革命」が進行している村もある。かつてはバラモンが土地所有者として支配的な地位にあった村落で，今や指定カーストが最大の土地所有者層に上昇しているという，土地所有上の重要な変化が生じている村落もある（Harriss et al. 2010；

2012)。いくつかの村落調査は，農業労働者の不足や賃金の高騰が，雇用労働力にもとづく農業経営の維持を困難とし，家族労働にもとづく小農経営化の動向が存在することを示唆していることも前述した（Djurfeldt et al. 2008）。今日，下層階層の社会的・経済的な上昇への志向は非常に強く，農村社会においても，厳しい経済環境のもとで，良質の教育を求める動向は下層階層の中でも近年顕著となっている。さらには，都市では，プネー市における4世代にわたる階層変動が示すように，下層階層から中流階層へ上昇したケースも少なくない。また，第10章で明らかにした，企業内の訓練や技術形成の新たな動向は，まだ一部の技術集約的産業でしか拡大していないが，労働者の生産へのコミットメントを上昇させるシステムとしても重要な可能性をもっている。

　階層的構造という制約条件を乗り越えて経済発展を持続するうえでは，ワーキングプアの巨大な集合となりつつある農村‒都市インフォーマル部門経済生活圏が，いかなる変化を遂げて，そこに生きる人々が自立的な生活をなし得る社会経済的な水準に到達しうるかが，極めて重要であろう。農村社会においては農地の階層間の移動がいかに進行し，従来の下層階層が中核となる小農的な経営がいかに支配的になりうるかが，重要な意味をもつことになろう。都市インフォーマル部門においては，労働者や従業者が，賃金の上昇，雇用の安定の保障と老後の保障などを通じて，農村から自立して世代的な再生産が可能な状態となるかという点が，重要であろう。農村と都市インフォーマル部門における人々の安定的かつ自立的な生活の確立によって，工業品とサービスの最大の市場である農村‒都市インフォーマル部門経済生活圏の需要の量的な増大のみならず質の上昇がもたらされるのではないだろうか。その結果，インフォーマル部門も含む工業・サービス部門の量的拡大のみならず，技術水準の上昇など質的な上昇をも引き起こして，そのことが農村‒都市インフォーマル部門経済生活圏の人々の生活水準の上昇や教育水準の上昇をもたらす，という好循環への道が開かれる可能性があろう。

　インドの経済発展への制約条件はなお大きいが，長期にわたる経験と蓄積にもとづき，インドの人々がその制約を超えて新たな持続的発展への道を切り開く可能性を注視することが重要である。

参考文献

英 文

Ahluwalia, Isher Judge (1985). *Industrial Growth in India : Stagnation since the Mid-Sixties*, Delhi : Oxford University Press.
Annavajhula, J. C. B. and Surendra Pratap (2012). "Worker Voices in an Auto Production Chain : Notes from the Pits of a Low Road-1, 2," *Economic and Political Weekly*, Vol. 47, Nos. 33 and 34, August 18 and 25.
Athreya, Suma S. (2005). "Human Capital, Labour Scarcity and Development of the Software Service Sector," in Ashwani Saith and M. Vijayabaskar, eds., *ICTs and Indian Economic Development : Economy, Work, Regulation*, New Delhi etc. : Sage.
Athreya, V. B. (1984). *Vadamalaipuram : A Resurvey*, Working Paper No. 50, Madras Institute of Development Studies, Madras.
Athreya, V. B. (1985). *Gangaikondan 1916-1984 : Change and Stability*, Working Paper No. 56, Madras Institute of Development Studies, Madras.
Athreya, V. B., G. Djurfeldt and S. Lindberg (1990). *Barriers Broken : Production Relations and Agrarian Change in Tamil Nadu*, New Delhi : Sage.
Attwood, Donald W. (1992). *Rising Cane : The Political Economy of Sugar in Western India*, Boulder and Oxford : Westview Press.
Awasthi, Dinesh, Sanjay Pal and Jignasu Yagnik (2010). "Small Producers and Labour Conditions in Auto Parts and Components Industry in North India," in Anne Posthuma and Dev Nathan, eds., *Labour in Global Production Networks in India*, New Delhi : Oxford University Press.
Bagchi, Amiya Kumar (1972). *Private Investment in India 1900-1939*, Cambridge : Cambridge University Press.
Baker, C. J. (1984). *An Indian Rural Economy 1880-1955 : The Tamilnadu Countryside*, Oxford : Clarendon Press.
Balakrishnan, Pulapre (2006). "Benign Neglect or Strategic Intent? Contested Lineage of Indian Software Industry," *Economic and Political Weekly*, September 9.
Balakrishnan, Pulapre (2010). *Economic Growth in India : History and Prospect*, Delhi : Oxford University Press.
Balakrishnan, Pulapre and M. Parameswaran (2007). "Understanding Economic Growth in India : A Prerequisite," *Economic and Political Weekly*, Vol. 42, Nos. 27-28, July 14.
Banerjee, Abhijit V., Paul J. Gertler and Maitreesh Ghatak (2002). "Empowerment and Efficiency : Tenancy Reform in West Bengal," *Journal of Political Economy*, Vol. 110, No. 2.
Bardhan, Pranab, ed. (1989). *Conversations Between Economists and Anthropologists : Methodological Issues in Measuring Economic Change in Rural India*, Delhi : Oxford University Press.
Bardhan, Pranab (2010). *Awakening Giants, Feet of Clay : Assessing the Economic Rise of China and India*, Princeton : Princeton University Press.

Baru, Sanjaya (1995). "Continuity and Change in Indian Industrial Policy," in T. V. Sathyamurthy, ed., *Industry and Agriculture in India Since Independence*, Delhi etc. : Oxford University Press.
Baru, Sanjaya (2000). "Economic Policy and the Development of Capitalism in India : The Role of Regional Capitalists and Political Parties," in Francine R. Frankel et al. eds., *Transforming India : Social and Political Dynamics of Democracy*, Delhi : Oxford University Press.
Basile, Elisabetta (2013). *Capitalist Development in India's Informal Economy*, Oxen : Routledge.
Basu, Kaushik (2009). "China and India : Idiosyncratic Paths to High Growth," *Economic and Political Weekly*, Vol. XLIV, No. 38.
Besley, Timothy and Robin Burgess (2000). "Land Reform, Poverty Reduction, and Growth : Evidence from India," *Quarterly Journal of Economics*, May.
Bhagavan, M. R. (1985). "Capital Goods Sector in India : Past and Present Trends and Future Prospects," *Economic and Political Weekly*, Vol. 20, No. 10, March 9.
Bhalla, Sheila, Anup K. Karan and T. Shobha (2006). "Rural Casual Labourers, Wages and Poverty : 1983 to 1999-2000," in Aasha Kapur Mehta and Andrew Shepherd, eds., *Chronic Poverty and Development Policy in India*, New Delhi : Sage.
Bhashin, Reena (2004). "Dynamics of Migration and Poverty in Ludhiana City," in Gopal Iyer, ed., *Distressed Migrant Labour in India : Key Human Rights Issues*, New Delhi : Kanishka Publishers & Distributors.
Bhattacharya, Prabir (1998). "The Informal Sector and Rural-to-Urban Migration : Some Indian Evidence," *Economic and Political Weekly*, May 23.
Bhowmik, Sharit K. (2000). "A Raw Deal?," *Seminar*, 491, July.
Bhowmik, Sharit K., ed. (2010). *Street Vendors in the Global Economy*, London etc. : Routledge.
Biradar, R. R. (2009). *Rural Non-Agricultural Employment in India : An Analysis of its Determinants and Impacts on Poverty and Inequality*, New Delhi : Concept Publishing.
Binswanger-Mkhize, Hans P. (2013). "The Stunted Structural Transformation of the Indian Economy : Agriculture, Manufacturing and the Rural Non-Farm Sector," *Economic and Political Weekly*, Vol. 48, Nos. 26 & 27, June 29.
Blaikie, Piers, John Harriss and Adam Pain (1992). "The Management and Use of Common-Property Resources in Tamil Nadu, India," in Daniel W. Bromley et al., eds., *Making the Commons Work : Theory, Practice, and Policy*, Institute for Contemporary Studies, San Francisco, California.
Blyn, George (1966). *Agricultural Trends in India, 1891-1947 : Output, Availability, and Productivity*, Philadelphia, University of Pennsylvania Press.
Bokil, Milind S. (1996). "Privatisation of Commons for the Poor : Emergence of New Agrarian Issues," *Economic and Political Weekly*, Vol. 31, No. 33, August 17.
Borbora, Saundarjya (1998). "Tourism : Its Growth and Impact on Employment Generation," in Kartik C. Roy and Clement A. Tisdell, eds., *Tourism in India and India's Economic Development*, New York : Nova Science Publishers.
Bosworth, Barry, Susan M. Collins and Arvind Virmani (2006/07). "Sources of Growth in the Indian Economy," *India Policy Forum*, Vol. 3.

参考文献 | 383

Brar, Karanjot Kaur (1999). *Green Revolution : Ecological Implications*, Delhi : Dominant Publishers & Distributors.

Brara, Rita (2006). *Shifting Landscapes : The Making and Remaking of Village Commons in India*, New Delhi : Oxford University Press.

Breman, Jan (1974). *Patronage and Exploitation : Changing Agrarian Relations in South Gujarat, India*, Berkeley etc. : University of California Press.

Breman, Jan (1999). "The Study of Industrial Labour in Post-Colonial India—The Formal Sector : An Introductory Review," *Contribution to Indian Sociology*, Vol. 33, Nos. 1 & 2.

Byres, T. J., K. Kapadia and J. Lerche, eds. (1999). *Rural Labour Relations in India*, London : Frank Cass.

Cain, P. J. and A. G. Hopkins (1993). *British Imperialism : Crisis and Deconstruction, 1914-1990*, London and New York : Longman (木畑洋一・旦祐介訳『ジェントルマン資本主義の帝国 II』名古屋大学出版会, 1997 年).

Cawthorne, Pamela M. (1995). "Of Networks and Markets : The Rise and Rise of a South Indian Town, the Example of Tiruppur's Cotton Knitwear Industry," *World Development*, Vol. 23, No. 1.

Centre for Science and Environment (CSE) (1982). *State of India's Environment 1 : The First Citizen's Report*, New Delhi.

Centre for Science and Environment (CSE) (1985). *State of India's Environment 2 : The Second Citizen's Report*, New Delhi.

Centre for Science and Environment (CSE) (1999). *State of India's Environment 5 : The Fifth Citizen's Report*, New Delhi.

Chambers, Robert, N. C. Saxena and Tushaar Shah (1989). *To the Hands of the Poor : Water and Tree*, London : Intermediate Technology Publications.

Chandavarkar, Rajnarayan (1994). *The Origin of Industrial Capitalism in India : Business Strategies and the Working Classes in Bombay, 1900-1940*, Cambridge : Cambridge University Press.

Chandra, Bipan, Mridula Mukherjee and Aditya Mukherjee (2008). *India since Independence*, Revised Edition, New Delhi : Penguin Books.

Chandrasekhar, C. P. (1996). "Explaining Post-Reform Industrial Growth," *Economic and Political Weekly*, Vol. 31, Nos. 35, 36 & 37, Special Number, September.

Chandrasekhar, C. P. (2011). "Six Decades of Industrial Development : Growth in the Manufacturing Sector in India from the 1940s," in D. Narayana and Raman Mahadevan eds., *Shaping India : Economic Change in Historical Perspective*, New Delhi : Routledge.

Chari, Sharad (2000). "The Agrarian Origins of the Knitwear Industrial Cluster in Tiruppur, India," *World Development*, Vol. 28, No. 3.

Chari, Sharad (2004). *Fraternal Capital : Peasant-Workers, Self-Made Men, and Globalization in Provincial India*, Stanford : Stanford University Press.

Charlesworth, Neil (1985). *Peasant and Imperial Rule : Agriculture and Agrarian Society in the Bombay Presidency, 1850-1935*, Cambridge : Cambridge University Press.

Chatterji, Basudev (1992). *Trade, Tariffs and Empire : Lancashire and British Policy in India, 1919-1939*, Delhi : Oxford University Press.

Chattopadhyay, K. P. (1952). *A Socio-Economic Survey of Jute Labour*, Calcutta : Calcutta University Press.

Chattopadhyay, Raghabendra (1987). "An Early British Government Initiative in the Genesis of Indian Planning," *Economic and Political Weekly*, Vol. 22, No. 5, January 31.

Chaturvedi, Kalpana and Joanna Chataway (2009). "The Indian Pharmaceutical Industry : Firm Strategy and Policy Interactions," in Govindan Parayil and Anthony P. D'Costa, eds., *The New Asian Innovation Dynamics : China and India in Perspective*, Hampshire : Palgrave Macmillan.

Chaudhuri, B. (1983). "Agrarian Relations," in Kumar ed. 1983.

Chaudhuri, Sudip (2004). "The Pharmaceutical Industry," in Subir Gokarn, Anindya Sen and Rajendra R. Vaidya, eds., *The Structure of Indian Industry*, Delhi : Oxford University Press.

Chopra, Kanchan (1990). *Agricultural Development in Punjab : Issues in Resources Use and Sustainability*, New Delhi : Vikas Publishing.

Chopra, V. L., R. B. Singh and Anupam Varma, eds. (1998). *Crop Productivity and Sustainability : Shaping the Future, Proceedings of the 2nd National Academy of Agricultural Sciences of India and the Indian Council of Agricultural Research*, Delhi : Oxford and IBS Publishing Co.

Chowdhury, Supriya Roy (2001). "Powerlooms in Silk Weaving : Case Studies from Karnataka," in Amitabh Kundu and Alakh N. Sharma, eds., *Informal Sector in India : Perspectives and Policies*, New Delhi : Institute for Human Development and Institute of Applied Manpower Research.

Corta, Lucia Da and Davuluri Venkateshwarlu (1999). "Unfree Relations and the Feminisation of Agricultural Labour in Andhra Pradesh," in Byres et al. 1999.

Council for Leather Exports (2012). *Export of Leather Products : Facts and Figures, 2010-2011*, Chennai.

Damodaran, Harish (2008). *India's New Capitalists : Caste, Business, and Industry in a Modern Nation*, Ranikhet : Permanent Black.

Das, Keshab (2003). "Income and Employment in Informal Manufacturing : A Case Study," in Renana Jhabvalu, Ratna M. Sundarshan and Jeemol Unni, eds., *Informal Economy Centrestage : New Structures of Employment*, New Delhi : Sage.

Dasgupta, Sakti (2003). "Structural and Behavioural Characteristics of Informal Service Employment : Evidence from a Survey in New Delhi," *The Journal of Development Studies*, Vol. 39, No. 3, February.

Datt, Gaurav and Martin Ravallion (2010). "Shining for the Poor Too?," *Economic and Political Weekly*, Vol. 45, No. 7, February 13.

Datta, Madhusudan (2001). *The Significance and Growth of the Tertiary Sector (Indian Economy : 1950-97)*, New Delhi : Northern Book Centre.

D'Costa, Anthony P. (1995). "The Restructuring of the Indian Automobile Industry : Indian State and Japanese Capital," *World Development*, Vol. 23, No. 3.

Denis, Eric, Partha Mukhopadhyay and Marie-Hélène Zérah (2012). "Subaltern Urbanisation in India," *Economic and Political Weekly*, Vol. 47, No. 30, July 28.

Desai, Sonalde B., Amaresh Dubey, Brij Lal Joshi, Mitali Sen, Abusaleh Shariff and Reeve Vanneman (2010). *Human Development in India : Challenge for a Society in Transition*, New Delhi : Oxford University Press.

Deshpande, Rajeshwari and Suhas Palshikar (2008). "Occupational Mobility : How Much Does Caste Matters?," *Economic and Political Weekly*, Vol. 43, No. 34, August 23.

Dewey, Clive (1978). "The End of the Imperialism of Free Trade : The Eclipse of the Lancashire Lobby and the Concession of Fiscal Autonomy to India," in Clive Dewey and A. G. Hopkins, eds., *The Imperial Impact : Studies in Economic History of Africa and India*, London : Athlone Press.

Dewey, Clive (1979). "The Government of India's 'New Industrial Policy', 1900-1925 : Formation and Failure," in K. N. Chaudhuri and C. J. Dewey, *Economy and Society : Essays in Indian Economic and Social History*, Oxford etc. : Oxford University Press.

Dhawan, B. D. (1991). "Developing Groundwater Resources : Merits and Demerits," *Economic and Political Weekly*, Feb. 23.

Dhawan, B. D. (1995a). *Groundwater Depletion, Land Degradation and Irrigated Agriculture in India*, New Delhi : Commonwealth Publishers.

Dhawan, B. D. (1995b). "Magnitude of Groundwater Exploitation," *Economic and Political Weekly*, April 8.

Dholakia, Ravindra H. (2007). "Understanding Indian Economic Growth : Some Observations," *Economic and Political Weekly*, Aug 25.

Djurfeldt, Göran, Venkatesh Athreya, N. Jayakumar, Staffan Lindberg, A Rajagopal and R. Vidyasagar (2008). "Agrarian Change and Social Mobility in Tamil Nadu," *Economic and Political Weekly*, November 8.

Dorin, Bruno and Frédéric Landy (2009). *Agriculture and Food in India : A Half-century Review from Independence to Globalization*, New Delhi : Manohar.

Drèze, Jean (2002). "Palanpur (1957-93) : Occupational Change, Land Ownership, and Social Inequality," in Vandana Madan, *Oxford in India Readings in Sociology and Social Anthropology : The Village in India*, Delhi : Oxford University Press.

Duraisamy, P. and S. Narasimhan (2000). "Migration, Remittances and Family Ties in Urban Informal Sector," *The Indian Journal of Labour Economics*, Vol. 43, No. 1.

Eapen, Mridul (2001). "Rural Non-Farm Employment : Agricultural versus Urban Linkages——Some Evidence from Kerala State, India," *The Journal of Peasant Studies*, Vol. 28, No. 3, April.

Ecological Economics Unit, Institute for Social and Economic Change, Bangalore (1999). "Environment in Karnataka : A Status Report," *Economic and Political Weekly*, September 18.

Eswaran, Mukesh, Ashok Kotwal, Bharat Ramaswami and Wilima Wadhwa (2009). "Sectoral Labour Flows and Agricultural Wages in India, 1983-2004 : Has Growth Trickled Down?" *Economic and Political Weekly*, Vol. 44, No. 2, January 10.

Fan, Shenggen, Peter Hazell and Sukhadeo Thorat (1999). *Linkages between Government Spending, Growth, and Poverty in Rural India*, Research Report, 110, International Food Policy Research Institute.

Forest Survey of India (ESI) (2000). *The State of Forest in India, 1999*, Dehradun.

Foster, Andrew D. and Mark R. Rosenzweig (1996). "Technical Change and Human-Capital Returns and Investment : Evidence from the Green Revolution," *The American Economic Review*, Vol. 86, No. 4, September.

Foster, Andrew D. and Mark R. Rosenzweig (2002). "Does Economic Growth Increase the Demand for Schools? Evidence from Rural India, 1960-99," in Anne O. Krueger, ed., *Economic Policy Reforms and the Indian Economy*, New Delhi : Oxford University Press.

Foster, Andrew D. and Mark R. Rosenzweig (2004). "Agricultural Productivity Growth, Rural Economic Diversification, and Economic Reforms : India, 1970-2000," *Economic Development and Cultural Change*, Vol. 52, No. 3.
Freebairn, Donald K. (1995). "Did the Green Revolution Concentrate Incomes? A Quantitative Studies of Research Reports," *World Development*, Vol., 23, No. 2.
Fukazawa, H. (1983). "Agrarian Relations : Western India," in Kumar ed. 1983.
Fuller, C. J. (1992). *The Camphor Flame : Popular Hinduism and Society in India*, Princeton : Princeton University Press.
Ganguly, Sumit and Rahul Mukherji (2011). *India Since 1980*, Cambridge : Cambridge University Press.
Ghose, Kamal Kumar (1969). *Agricultural Labourers in India : A Study of Their Growth and Economic Conditions*, Calcutta : Indian Publications.
Gidwani, Vinay and K. Sivaramakrishnan (2003). "Circular Migration and the Spaces of Cultural Assertion," *Annals of the Association of American Geographers*, Vol. 93, Issue 1.
Gill, Kaveri (2010). *Of Poverty and Plastic : Scavenging and Scrap Trading Entrepreneurs in India's Urban Informal Economy*, Delhi : Oxford University Press.
Gokarn, Subir and Rajendra Vaidya (2004). "The Automobile Components Industry," in Sudir Gokarn, Anindya Sen and Rajendra R. Vaidya, eds., *The Structure of Indian Industry*, Delhi : Oxford University Press.
Gokhale, R. G. (1957). *The Bombay Cotton Mill Worker*, Bombay : The Millowners' Association.
Gordon, James and Poonam Gupta (2004). *Understanding India's Services Revolution*, IMF Working Paper, WP/04/171.
Gorter, Pieter (1997). "The Social and Political Aspirations of a New Stratum of Industrialists : Local Politics on a Large Industrial Estate in West India," in Mario Rutten and Carol Upadhya, eds., *Small Business Entrepreneurs in Asia and Europe : Towards a Comparative Perspective*, New Delhi : Sage.
Gough, E. Kathleen (1981). *Rural Society in Southeast India*, Cambridge : Cambridge University Press.
Government of India, Department of Telecommunications, Ministry of Communications and IT (c. 2011). *Annual Report 2010-11*, New Delhi.
Government of India, Ministry of Tourism and Culture, Department of Tourism (c. 2006). *Indian Tourism Statistics 2004*, issued by Market Research Division, Ministry of Tourism and Culture, Department of Tourism, Government of India.
Government of India, Ministry of Tourism and Culture, Department of Tourism (c. 2011). *India Tourism Statistics at a Glance 2010*.
Government of India, Planning Commission (2008). *Report of High Level Group on Services Sector*, New Delhi, March.
Guha, Sumit (1999). *Environment and Ethnicity in India, 1200-1991*, Cambridge : Cambridge University Press.
Guhan, S. and Joan P. Mencher (1983). "Iruvelpattu Revisited-I & II," *Economic and Political Weekly*, Vol. 18, Nos. 23 & 24, June 4 and 11.
Guhan, S. and K. Bharathan (1984). *Dusi : A Resurvey*, Working Paper No. 52, Madras Institute of Development Studies, Madras.

Guhathakurta, Subhrajit (1993). "Economic Independence Through Protection? Emerging Contradictions in India's Small-scale Sector Policies," *World Development*, Vol. 21, No. 12.
Hansda, Sanjay K. and Partha Ray (2006). "Employment and Poverty in India during the 1990s : Is There a Diverging Trend?," *Economic and Political Weekly*, July 8-15.
Haque, T. and A. S. Sirohi (1985). *Agrarian Reforms and Institutional Changes in India*, New Delhi : Concept Publishing Company.
Harnetty, Peter (1991). "'Deindustrialization' Revisited : The Handloom Weavers of the Central Provinces of India, c.1800-1947," *Modern Asian Studies*, Vol. 25, No. 3.
Harriss, John (2006). *Power Matters : Essays on Institutions, Politics, and Society in India*, New Delhi : Oxford University Press.
Harriss, John, J. Jeyaranjan and K. Nagaraj (2010). "Land, Labour and Caste Politics in Rural Tamilnadu in the 20th Century : Iruvelpattu (1916-2008)," *Economic and Political Weekly*, Vol. 45, No. 31, July 31.
Harriss, John, J. Jeyaranjan and K. Nagaraj (2012). "Rural Urbanism in Tamilnadu, Notes on a 'Slater Village' : Gangaikondan, 1916-2012," *Review of Agrarian Studies*, Vol. 2, No. 2, July-December.
Harriss-White, Babara and S. Janakarajan (1997). "From Green Revolution to Rural Industrial Revolution in South India," *Economic and Political Weekly*, Vol. 32, No. 25, June 21.
Harriss-White, Babara and S. Janakarajan (2004). *Rural India Facing the 21st Century : Essays on Long Term Village Change and Recent Development Policy*, London : Anthem.
Haynes, Douglas, E. (1996). "The Logic of the Artisan Firm in a Capitalist Economy : Handloom Weavers and Technological Change in Western India, 1880-1947," in Burton Stein and Sanjay Subramanyan, eds., *Institutions and Economic Change in South Asia*, Delhi : Oxford University Press.
Haynes, Douglas, E. (2012). *Small Town Capitalism in Western India : Artisans, Merchants, and the Making of the Informal Economy, 1870-1960*, Cambridge : Cambridge University Press.
Hazell, Peter B. R. and C. Ramasamy (1991). *The Green Revolution Reconsidered : The Impact of High-Yielding Rice Varieties in South India*, Baltimore and London : The Johns Hopkins University Press.
Hazell, Peter B. R. and Steven Haggblade (1991). "Rural-Urban Growth Linkages in India," *Indian Journal of Agricultural Economics*, Vol. 46, No. 4, Oct.-Dec.
Himanshu, Peter Lanjouw, Abhiroop Mukhopadhyay and Rinku Murgai (2011). *Non-Farm Diversification and Rural Poverty Decline : A Perspective from Indian sample Survey and Village Study Data*, Asia Research Centre Working Paper 44, London School of Economic & Political Science.
"Hotel Full," *Sunday*, 19-25 March 1995.
Hutton, J. H. (1977). *Caste in India*, (First published by Cambridge University Press, 1946), Bombay : Oxford University Press, Forth Edition.
Inoue, Kyoko (1992). *Industrial Development Policy of India*, Tokyo : Institute of Developing Economies.
Jaffrelot, Peter and van der Veer, eds. (2008). *Patterns of Middle Class Consumption in India and China*, New Delhi : Sage.
Jeffrey, Craig and Jens Lerche (2000). "Dimensions of Dominance : Class and State in Uttar

Pradesh," in C. L. Fuller and Véronique Bénéï, eds., *The Everyday State and Society in Modern India*, New Delhi : Social Science Press.

Jhabvala, Renana (2000). "Roles and Perceptions," *Seminar*, 491, July.

Jodha, N. S. (1989). "Chapter 7 : Social Science Research on Rural Change : Some Gaps," in Bardhan, ed., 1989.

Jose, A. V. (2013). "Changes in Wages and Earnings of Rural Labourers," *Economic and Political Weekly*, Vol. 48, Nos. 26 & 27, June 29.

Joseph, K. J. (2004). "The Electronics Industry," in Subir Gokarn, Anindya Sen and Rajenra R. Vaidya, eds. *The Structure of Indian Industry*, Delhi : Oxford University Press.

Joseph, Mathew and Nirupama Soundararajan, eds. (2009). *Retails in India : A Critical Assessment*, New Delhi : Academic Foundation.

Kalirajan, Kaliappa and Shashanka Bhide (2004). "The Post-reform Performance of the Manufacturing Sector in India," *Asian Economic Papers*, Vol. 3, No. 2.

Kanitkar, Ajit (1994). "Entrepreneurs and Micro-Enterprises in Rural India," *Economic and Political Weekly*, Vol. 29, No. 9, February 26.

Kapur, Devesh, Chandra Bhan Prasad, Lant Pritchett and D. Shyam Babu (2010). "Rethinking Inequality : Dalits in Uttar Pradesh in the Market Reform Era," *Economic and Political Weekly*, Vol. 45, No. 35, August 28.

Kashyap, S. P. (1988). "Growth of Small-size Enterprises in India : Its Nature and Content," *World Development*, Vol. 16, No. 6.

Kashyap, S. P., R. S. Tiwari and D. R. Veena (1980). *Facets of an Urban Economy : Economic Base Study of Ahmedabad,* Sardar Patel Institute of Economic and Social Research, Ahmedabad.

Kathuria, Sanjay (1995). "Competitiveness of Indian Industry" in Dilip Mookherjee, ed., *Indian Industry : Policies and Performance*, Delhi : Oxford University Press.

Kathuria, Sanjay (1996). *Competing through Technology and Manufacturing : A Study of the Indian Commercial Vehicles Industry*, Delhi : Oxford University Press.

Kaur, Gunjeet, Sanjib Bordoloi and Raj Rajesh (2009). *An Empirical Investigation of the Inter-Sectoral Linkages in India*, Reserve Bank of India Occasional Papers, Vol. 30, No. 1, Summer.

Kessinger, Tom G. (1979). *Vilyatpur 1848-1968 : Social and Economic Change in a North Indian Village*, New Delhi : Young Asia Publications.

Kingdom, Geeta G. (1996). "Private Schooling in India : Size, Nature, and Equity-Effects," *Economic and Political Weekly*, Vol. 31, No. 51, December 21.

Knatkovska, Viktoria, Amartya Lahiri and Sourabh Paul (2012). "Castes and Labor Mobility," *American Economic Journal : Applied Economics*, Vol. 4, No. 2.

Knorringa, Peter (1996). *Economics of Collaboration : Indian Shoemakers between Market and Hierarchy*, New Delhi : Sage.

Kochanek, Stanley A. (1996a). "The Transformation of Interest Politics in India," *Pacific Affairs*, Vol. 68, No. 4.

Kochanek, Stanley A. (1996b). "Liberalisation and Business Lobbying in India," *Journal of Commonwealth & Comparative Politics*, Vol. 34, No. 3, November.

Kochhar, Kalpana, Utsav Kumar, Raghuram Rajan, Arvind Subramanian and Ioannis Tokatlidis (2006). *India's Pattern of Development : What Happened, What Follows?*, IMF Working

Paper, WP/06/22.
Kohli, Atul (2006). "Politics of Economic Growth in India, 1980-2005 : Part I & II," *Economic and Political Weekly*, April 1, April 8.
Kohli, Atul (2012). *Poverty Amid Plenty in the New India*, Cambridge : Cambridge University Press.
Kollannavar, Giriyappa, D. Chandramouli and B. Krishnama Naidu (2010). "Artisan Footwear Industry : Impact of Technology Transfer and Globalization," in Y. Gangi Reddy and Shankar Chatterjee, eds., *Rural Development in India : Scope for Industrial Development*, New Delhi : Serials Publications.
Kulshereshta, A. C. and Gulab Singh (1998). "Contribution of Unorganised Sector in the Indian Economy," *Manpower Journal*, Vol. 34, No. 3, Oct.-Dec.
Kulshereshta, A. C. and Gulab Singh (1999). "Gross Domestic Product and Employment in the Informal Sector of the Indian Economy," *The Indian Journal of Labour Economics*, Vol. 42, No. 2.
Kumar, Dharma, ed. (1983). *Cambridge Economic History of India, Vol. 2*, Cambridge : Cambridge University Press.
Kumar, Ganesh N. (1992). "Some Comments on the Debate on India's Economic Growth in the 1980s," *The Indian Economic Journal*, Vol. 39, No. 4.
Kumar, Parmod (1999). "Marketed Surplus of Different Crops Across Farm Size : A Study in Haryana," *Indian Journal of Agricultural Economics*, Vol. 54, No. 4, Oct.-Dec.
Kumar, Praduman, Mruthyunjaya and Madan M. Dey (2007). "Long-term Changes in Indian Food Basket and Nutrition," *Economic and Political Weekly*, Vol. 42, No. 35, September 1.
Kumar, Sanjay, Anthony Heath and Oliver Heath (2002). "Changing Patterns of Social Mobility : Some Trends over Time," *Economic and Political Weekly*, Vol. 37, No. 40, October 5.
Kurosaki, Takashi (2011). "Economic Inequality in South Asia," in Raghbendra Jha, ed., *Routledge Handbook of South Asian Economics*, London and New York : Routledge.
Lal, Deepal (1976). "Agricultural Growth, Real Wages, and the Rural Poor in India," *Economic and Political Weekly*, Vol. 11, No. 26, June.
Lall, Sanjaya (1985). "Trade in Technology by a Slowly Industrializing Country : India," in Nathan Rosenberg and Claudio Frischtak, eds., *International Technology Transfer : Concepts, Measures, and Comparisons*, New York etc. : Praeger.
Lambert, R. D. (1963). *Workers, Factories, and Social Change in India*, Princeton : Princeton University Press.
Lanjour, Peter and Abusaleh Shariff (2004). "Rural Non-Farm Employment in India : Access, Incomes and Poverty Impact," *Economic and Political Weekly*, Vol. 39, No. 40, October 2.
Lanjouw, Peter and Rinku Murgai (2009). "Poverty Decline, Agricultural Wages, and Nonfarm Employment in Rural India : 1983-2004," *Agricultural Economics*, Vol. 40.
Lanjouw, Peter and Rinku Murgai (2013). "Size Matters : Urban Growth and Poverty in India, 1983-2005," in N. C. Hope, A. Kochar, R. Noll and T. N. Srinivasan, eds., *Economic Reform in India : Challenges, Prospects, and Lessons*, Cambridge : Cambridge University Press.
Leadbeater, S. R. B. (1993). *The Politics of Textiles : The Indian Cotton-Mill Industry and the Legacy of Swadeshi, 1900-1985*, New Delhi : Sage.
Lynchi, Owen M. (1969). *The Politics of Untouchability : Social Mobility and Social Change in*

a City of India, New York and London : Columbia University Press.
Madheswaran, S. and Amita Dharmadhikary (2000). "Income and Employment Growth in Service Sector in India," *The Indian Journal of Labour Economics*, Vol. 43, No. 4.
Majumder, Bhaskar (1990). "Import Substituting Industrialization Strategy in Indian Economy : A Critical Evaluation," *Indian Journal of Economics*, Vol. 71, Part 2, Issue No. 281, Oct.
Mani, Sunil (2008). "Growth of India's Telecom Service (1991-2007) : Can It Lead to Emergence of a Manufacturing Hub?," *Economic and Political Weekly*, Vol. 43, No. 3, January 19.
Marjit, Sugata and Saibal Kar (2012). "Informal Sector and the Developing World : Relating Theory and Evidence to India," in Chetan Chate, ed., *The Oxford Handbook of the Indian Economy*, New York : Oxford University Press.
Mascarenhas, R. C. (1982). *Technology Transfer and Development : India's Hindustan Machine Tools Company*, Boulder : Westview Press.
Mayer, P. B. (1984). "Is There Urban Bias in the Green Revolution? Report on a Field Trip to North Thanjavur," *Peasant Studies*, Vol. 2, No. 4.
Mazumdar, Dipak and Sandip Sarkar (2007). "Growth of Employment and Earnings in Tertiary Sector, 1983-2000," *Economic and Political Weekly*, Vol. 42, No. 11, March 17.
Mazumdar, Dipak and Sandip Sarkar (2008). *Globalization, Labor Markets and Inequality in India*, Oxen : Routledge.
Mazumdar, Krishna (1995). "Disproportional Growth of Service Sector in India : 1960-1990," *The Indian Economic Journal*, Vol. 43, No. 2, Oct.-Dec.
Mazumdar, Mainak (2013). *Performance of Pharmaceutical Companies in India : A Critical Analysis of Industrial Structure, Firm Specific Resources, and Emerging Strategies*, Heidelberg etc. : Springer.
McCartney, Matthew (2009). *India : The Political Economy of Growth, Stagnation and the State, 1951-2007*, London : Routledge.
Mehta, Niti and S. P. Kashyap (2002). "An Approach towards Identifying Sunrise Industries : A Regional Perspective," *Manpower Journal*, Vol. 38, Nos. 2 & 3, July-Dec.
Mencher, Joan (1978). *Agriculture and Social Structure in Tamil Nadu : Past Origins, Present Transformations and Future Prospects*, Bombay : Allied Publishers.
Mitra, Arup (1994). *Urbanisation, Slums, Informal Sector Employment and Poverty : An Exploratory Study*, Delhi : B. P. Publishing Corporation.
Mitra, Arup (2003). *Occupational Choices, Networks, and Transfers : An Exegesis Based on Micro Data from Delhi Slums*, New Delhi : Manohar.
Mizushima, Tsukasa (1983). "Changes, Chances and Choices : The Perspective of Indian Villagers," *Socio-Cultural Change in Villages in Tiruchirapalli District, Tamilnadu, India, Part 2, Modern Period, 1*, Tokyo : Institute for the Study of Languages and Cultures of Asia and Africa.
Moenchi, Marcus H. (1992). "Chasing the Watertable : Equity and Sustainability in Groundwater Management," *Economic and Political Weekly*, December 19-26.
Mohan, Rakesh (1992). "Industrial Policy and Controls," in Bimal Jalan, ed., *The Indian Economy : Problems and Prospects*, New Delhi : Viking.
Mohanty, Mritiunjoy and V. N. Reddy (2010). "Some Explanations into India's Post-Independence Growth Process, 1950/51-2002/03 : The Demand Side," *Economic and Political Weekly*, Vol. 45, No. 41.

Morris, David Morris (1965). *The Emergence of an Industrial Labor Force in India*, Berkeley and Los Angeles : University of California Press.
Morris, D. Morris (1983). "The Growth of Large-Scale Industry to 1947," in Dharma Kumar, ed., 1983.
Mosse, David (2003). *The Rule of Water : Statecraft, Ecology and Collective Action in South India*, New Delhi : Oxford University Press.
Moulik, T. K. and Ranjan Moulik (1998). "Structural Changes in Rural Economy-Gujarata," in Vernder Grover and Ranjana Arora, eds., *Encyclopedia of India and Her States 6, Gujarat, Madhya Pradesh, Maharashtra*, Second Edition, New Delhi : Deep and Deep.
Mukherjee, Dipa (2004). "Informal Manufacturing Sector in India : Pre- and Post-Reform Growth Dynamics," *The Indian Journal of Labour Economics*, Vol. 47, No. 2.
Mukherjee, M. (1973). "Sources of Growth of the Indian Economy," *Sankhya : The Indian Journal of Statistics, Series B*, Vol. 35, Part 2 (June).
Mukherjee, Mridula (2005). *Colonizing Agriculture : The Myth of Punjab Exceptionalism*, New Delhi : Sage.
Mukherjee, Shameek and Shahana Mukherjee (2012). *Overview of India's Export Performance : Trends and Drivers*, Indian Institute of Management, Bangalore, Working Paper No. 363.
Munshi, Kaivan and Mark Rosenzweig (2006). "Traditional Institutions Meet the Modern World : Caste, Gender, and Schooling Choice in a Globalizing Economy," *The American Economic Review*, Vol. 96, No. 4, September.
Munshi, Shoma (2012). *"Yeh Dil Maange More...* Television and Consumer Choices in a Global City," in Christophe Jaffrelot and Peter van der Veer, eds., *Patterns of Middle Class Consumption in India and China*, New Delhi : Sage.
Nadkarni, M. V. (1987). "Agricultural Development and Ecology : An Economist's View," *Indian Journal of Agricultural Economics*, 42-3, July-Sept.
Nadkarni, M. V. (1988). "Crisis of Increasing Costs in Agriculture : Is There a Way Out?," *Economic and Political Weekly*, September 24.
Nadkarni, M. V. (1989). *The Political Economy of Forest Use and Management*, New Delhi : Sage.
Nagaraj, R. (2003). "Industrial Policy and Performance since 1980 : Which Way Now?" *Economic and Political Weekly*, August 30.
Nagaraj, R. (2008). "India's Recent Economic Growth : A Closer Look," *Economic and Political Weekly*, Vol. 43, No. 15, April 12.
Naidu, K. Manju Sree (2009). *Growth of Footwear Industry in India (Problems and Prospects)*, New Delhi : Serials Publication.
Nair, K. N. and Arindam Banerjee (2011). "Structural Changes in Land Distribution and Their Implication for Improving Access to Land," in D. Narayana and Raman Mahadevan, eds., *Shaping India : Economic Change in Historical Perspective*, New Delhi : Routledge.
Nakamura, Hisashi (1982). "Disintegration and Re-integration of a Rural Society in the Process of Economic Development : The Second Survey of a Tank-based Village in Tamil Nadu," *Studies in Socio-Cultural Change in Rural Villages in Tiruchirapalli District, Tamilnadu, India, 5*, Tokyo : Institute for the Study of Languages and Cultures of Asia and Africa.
Nakazato, Nariaki (2001). "The Transfer of Economic Power in India : Indian Big Business, the British raj and Development Planning, 1930-1948," in Mushirul Hasan and Nariaki Nakaza-

to, eds., *The Unfinished Agenda : Nation-Building in South Asia*, New Delhi : Manohar.
Narayana, D., Mridul Eapen and Chandan Mukherjee (1992). "Growth, Technical Dynamism and Policy Change in the Indian Motor Vehicle Industry," in Arun Ghosh et al., eds, *Indian Industrialization : Structure and Policy Issues*, Delhi : Oxford University Press.
Natarajan, I (1998). *India Market Demographics Report, 1998*, National Council of Applied Economic Research, New Delhi.
National Council of Applied Economic Research (NCAER), (c. 2003). *Domestic Tourism Survey, 2002-03*, Sponsored by Ministry of Tourism and Culture, Government of India (http://statistics.unwto.org/sites/all/files/pdf/domestic.pdf).
National Council of Applied Economic Research (NCAER) (2003). *India Market Demographics Report 2002*, Delhi.
National Council of Applied Economic Research (NCAER) (2005). *The Great Indian Market : Results from the NCAER Market Information Survey of Households*, Delhi.
Nayak, P. and H. Kopresachari (2002). "Changing Patterns of Textile Consumption in India : A Case of Andra Pradesh" *Express Textile*, Oct.-Dec.
Nayar, Balder Raj (2006). "When Did the 'Hindu' Rate of Growth End?," *Economic and Political Weekly*, Vol. 41, No. 19, May 13.
Nayyar, Deepak (2006). "Economic Growth in Independent India : Lumbering Elephant or Running Tiger?," *Economic and Political Weekly*, Vol. 41, No. 15, April 15.
Nayyar, Gaurav (2012). *The Service Sector in India's Development*, Cambridge : Cambridge University Press.
NSSO (National Sample Survey Organization) (1998). *Wages in Kind, Exchange of Gifts and Expenditure on Ceremonies & Insurance in India, 1993-94*, 5th Quinquennial Survey of Consumer Expenditure, NSS 50th Round, July 1993-June 1994, Report No. 428.
NSSO (National Sample Survey Organization) (1999). *Travel and Use of Mass Media and Financial Services by Indian Households*, NSS 54th Round (Jan.-June 1998), Report, No. 450.
NSSO (National Sample Survey Organization) (2001). *Consumption of Some Important Commodities in India, 1999-2000*, NSS 55th Round (July 1999-June 2000), Report No. 461.
NSSO (National Sample Survey Office) (2013). *Key Indicators of Household Consumer Expenditure in India*, NSS 68th Round (July 2011-June 2012).
Oberoi, Bindu (2013). "Determinants of Demand for the Indian Textile Industry," *Economic and Political Weekly*, Vol. 48, No. 3, January 19.
Okada, Aya (2004). "Skill Development and Interfirm Learning Linkages under Globalization : Lessons from the Indian Automobile Industry," *World Development*, Vol. 32, No. 7.
Okada, Aya (2006). "Skills Formation for Economic Development in India : Fostering Institutional Linkages between Vocational Education and Industry," *Manpower Journal*, Vol. XLI, No. 4, Oct.-Dec.
Okada, Aya (2008). "Small Firms in Indian Software Clusters : Building Global Competitiveness," in S. R. Hashim and N. S. Siddharthan, eds., *High-tech Industries, Employment and Global Competitiveness*, New Delhi : Routledge.
Osella, Filippo and Caroline Osella (1999). "From Transience to Immanence : Consumption, Life-Cycle and Social Mobility in Kerala, South India," *Modern Asian Studies*, Vol. 33, Issue 4.

Panagariya, Arvind (2004). "Growth and Reforms during 1980s and 1990s," *Economic and Political Weekly*, June 19.
Pandit, Dhairyabala (1969). "The Myths Around Subdivision and Fragmentation of Holdings," *Indian Economic and Social History Review*, Vol. 6, No. 2.
Parikh, Karit S. and R. Radhakrishna, eds. (2005). *India Development Report, 2004-05*, New Delhi : Oxford University Press.
Patel, K. (1993). *Rural Labour in Industrial Bombay*, Bombay : Popular Prakashan.
Pathak, Akhileswar (1994). *Contested Domains : The State, Peasants and Forests in Contemporary India*, New Delhi : Sage.
Pedersen, Jørgen Dige (2000). "Explaining Economic Liberalization in India : State and Society Perspectives," *World Development*, Vol. 28, No. 2, pp. 265-282.
Pothana, V. (1994). "Rural-Urban Migration and Development : Myth and Reality," in M. Koteswara Rao, ed., *Growth of Urban Informal Sector and Economic Development, Vol. 2*, Delhi : Kanishka Publishers and Distributors.
Raj, K. N. (1984). "Some Observations on Economic Growth in India over the Period 1952-53 to 1982-83," *Economic and Political Weekly*, Vol. 19, No. 41, October 13.
Raj, K. N., Neeladri Bhattacharya, Sumit Guha and Sakti Padhi, eds. (1985). *Essays on the Commercialization of Indian Agriculture*, Delhi : Oxford University Press.
Rajakumar, J. Dennis (2005). "Corporate Financing and Investment Behavior in India," *Economic and Political Weekly*, Vol. 40, No. 38, September 17.
Raju, R. Satya (1994). "Socio-Economic Aspects of Construction Labour in India," in M. Koteswara Rao, ed., *Growth of Urban Informal Sector and Economic Development, Vol. 2*, Delhi : Kanishka Publishers Distributors.
Ramanujan, M. S., M. C. Goel, Surendra Prasad, I. C. Awasthi, U. S. Bhandari and S. K. Yadav (1994). *Employment in the Informal Sector (A Study of Selected Towns)*, Institute of Applied Manpower Research, New Delhi : Agricole Publishing Academy.
Ramaswamy, K. V. (1994). "Small-Scale Manufacturing Industries : Some Aspects of Size, Growth and Structure," *Economic and Political Weekly*, Vol. 29, No. 9, February 26.
Ramaswamy, K. V. (1999). "The Search for Flexibility in Indian Manufacturing : New Evidence on Outsourcing Activities," *Economic and Political Weekly*, February 6.
Ramaswamy, K. V. (2002). "Economic Reforms, Industrial Structure and Performance : The Case of Consumer Durable Goods Industry in India," in Shuji Uchikawa, ed., *Economic Reforms and Industrial Structure in India*, New Delhi : Manohar.
Ramaswamy, Uma (1983). *Work, Union and Community : Industrial Man in South India*, Delhi : Oxford University Press.
Rani, G. Swaroopa and S. Galab (1998). "Organisation and Economic Performance of Manufacturing Activities in Urban Slums of Hyderabad City : A Case Study of Sandal Making Activity," *The Indian Journal of Labour Economics*, Vol. 41, No. 3.
Rani, Uma and Jeemol Unni (2000). *Urban Informal Sector : Size and Income Generation Processes in Gujarat, Part II, Report No. 3*, New Delhi : National Council of Applied Economic Research.
Rao, C. H. Hanumantha (1994). *Agricultural Growth, Rural Poverty and Environmental Degradation in India*, Delhi : Oxford University Press.
Rao, M. Koteswara, ed. (1994). *Growth of Urban Informal Sector and Economic Development,*

Vol. 2, Delhi : Kanishka Publishers Distributors.

Rao, M. Koteswara and K. Gangadhara Rao (1994a). "Socio-Economic Status of Migrant Workers in Informal Sector : A Case Study," in M. Koteswara Rao, ed. 1994.

Rao, M. Koteswara and K. Gangadhara Rao (1994b). "Rural-Urban Migration and Urban Informal Sector : A Case Study," in M. Koteswara Rao, ed. 1994.

Rao, M. Koteswara and M. Prasada Rao (1994). "Migrant Labour in Informal Sector : A Case Study," in M. Koteswara Rao, ed. 1994.

Rao, S. L., ed. (1994). *Consumer Market Demographics in India*, Revised edition, New Delhi : National Council of Applied Economic Research.

Ravallion, Martin and Gaurav Datt (1996). "How Important to India's Poor Is the Sectoral Composition of Economic Growth?," *The World Bank Economic Review*, Vol. 10, No. 1.

Ravindranath, N. H. and D. O. Hall (1995). *Biomass, Energy, and Environment : A Developing Country Perspective from India*, Oxford : Oxford University Press.

Ray, Rajat and Ratna Ray (1973). "The Dynamics of Continuity in Rural Bengal under the British Imperium : A Study of Quasi-Stable Equilibrium in Underdeveloped Societies in a Changing World," *Indian Economic and Social History Review*, Vol. 10, No. 2, June.

Ray, Ratnakekha (1979). *Change in Bengal Agrarian Society*, Delhi : Manohar.

Reserve Bank of India (2007). *Reports on Currency and Finance : Special Edition, Vol. III, 2005–06*, date 31 May.

Rodgers, Gerry and Janine Rodgers (2011). "Inclusive Development? Migration, Governance and Social Change in Rural Bihar," *Economic and Political Weekly*, Vol. 46, No. 23, June 4.

Rodrik, Dani and Arvind Subramanian (2004). *From "Hindu Growth" to Productivity Surge : The Mystery of the Indian Growth Transition*, IMF Working Paper, WP/04/77.

Roy, Satyaki (2013). *Small and Medium Enterprises in India*, Oxen : Routledge.

Roy, Tirthankar, ed. (1996). *Cloth and Commerce : Textiles in Colonial India*, New Delhi : Sage.

Roy, Tirthankar (1998). "Development or Distortion? 'Powerlooms' in India, 1950–1997," *Economic and Political Weekly*, Vol. 33, No. 16, April 18.

Roy, Tirthankar (1999). *Traditional Industry in the Economy of Colonial India*, Cambridge : Cambridge University Press.

Roy, Tirthankar (2002). "Consumer Non-Durable Goods Industries : Growing Market and Increasing Competition," in Shuji Uchikawa, ed., *Economic Reforms and Industrial Structure in India*, New Delhi : Manohar.

Roy, Tirthankar (2004a). "Economic History : An Endangered Discipline," *Economic and Political Weekly*, Vol. 39, No. 29, July 17.

Roy, Tirthankar (2004b). "The Textile Industry," in Subir Gokarn, Anindya Sen and Rajendra R. Vaidya, eds., *The Structure of Indian Industry*, New Delhi : Oxford University Press, 2004.

Roy, Tirthankar (2006). "Roots of Agrarian Crisis in Interwar India : Retrieving a Narrative," *Economic and Political Weekly*, December 30.

Roy, Tirthankar (2011). *The Economic History of India, 1857–1947, Third Edition*, New Delhi : Oxford University Press.

Rutten, Mario (1995). *Farms and Factories : Social Profile of Large Farmers and Rural Industrialists in West India*, Delhi : Oxford University Press.

Saith, Ashwani and M. Vijayabaskar, eds. (2005). *ICTs and Indian Economic Development :*

Economy, Work, Regulation, New Delhi : Sage.
Sarkar, Siuli (2009). *Kolkata Hawkers : A Chronicle of Deprivation, Discontent and Struggle*, Kolkata : Worldview.
Sastry, D. V. S., Balwant Singh, Kaushik Battacharya and N. K. Unnikrishnan (2003). "Sectoral Linkages and Growth Prospects : Reflections on the Indian Economy," *Economic and Political Weekly*, Vol. 38, No. 24, June 14.
Sato, Keiko (2011). "Employment Structure and Rural-Urban Migration in a Tamil Village : Focusing on Differences by Economic Class," *Tonan Ajia Kenkyu*, Vol. 49, No. 1, June.
Satyanarayana, A. (1900). *Andhra Peasants under British Rule : Agrarian Relations and the Rural Economy 1900-1940*, New Delhi : Manohar.
Sengupta, Arjun, K. P. Kannan and G. Raveendran (2008). "India's Common People : Who Are They, How Many Are They and How Do They Live?," *Economic and Political Weekly*, Vol. 43, No. 11, March 15.
Shah, Amita (2001). "Employment Linkages of Industrial Growth in Rural Economy : Evidence from an Industrial Estate in Gujarat," *Indian Journal of Labour Economics*, Vol. 44, No. 2.
Shah, Parth J. and Naveen Mandava (2005). *Law, Liberty and Livelihood : Making a Living on the Street*, New Delhi : Academic Foundation.
Shah, Tushaar (2009a). "India's Groundwater Irrigation Economy : The Challenge of Balancing Livelihoods and Environment," in Kanchan Chopra and Vikram Dayal, eds., *Handbook of Environmental Economics of India*, New Delhi : Oxford University Press.
Shah, Tushaar (2009b). *Taming the Anarchy : Groundwater Governance in South Asia*, Washington : Resources for the Future.
Sharma, Alakh N. (1995). "Political Economy of Poverty in Bihar," *Economic and Political Weekly*, Vol. 30, Nos. 41 & 42, Oct. 14-21.
Sharma, Alakh N. (2005). "Agrarian Relations and Socio-Economic Change in Bihar," *Economic and Political Weekly*, Vol. 40, No. 10, March 5.
Sharma, N. and K. Sita (2008). "Hawkers and Venders in Mumbai, India," *The Indian Journal of Social Work*, Vol. 69, Issue 3, July.
Sharma, R. N. (2000). "The Politics of Urban Space," *Seminar*, No. 491, July.
Sharma, Rita and Thomas T. Poleman (1994). *The New Economics of India's Green Revolution : Income and Employment Diffusion in Uttar Pradesh*, Ithaca and London : Cornell University Press.
Shaw, Annapurna (2012). "Urban Growth and Change in Post Liberalized India," Paper presented at INDAS International Conference on "Actualities of Indian Economic Growth at Rural-Urban Crossroad," held at the University of Tokyo, December 15-16, 2012.
Shiva, Vandana (1991). *The Violence of the Green Revolution : The Third World Agriculture, Ecology and Politics*, Penang (浜谷喜美子訳『緑の革命とその暴力』日本経済評論社 1997年).
Shrinivasan, M. (1965). *A Decade of Agricultural Development in India*, Bombay : Asian Studies Press.
Shukla, Vibhooti (1991). "Rural Non-Farm Activity : A Regional Model and Its Empirical Application to Maharashtra," *Economic and Political Weekly*, Vol. 26, No. 45, November 9.
Siddiqi, Asiya (1973). *Agrarian Change in a Northern Indian State : Uttar Pradesh 1819-1833*, Oxford : Oxford University Press.

Singh, Bishwa Nath (2000). "Employment Generation in India's Service Sector," *The Indian Journal of Labour Economics*, Vol. 43, No. 4.

Singh, Himmat (2001). *Green Revolutions Reconsidered : The Rural World of Contemporary Punjab*, New Delhi : Oxford University Press.

Singh, Navsharan and Mrinalini Kaur Sapra (2007). "Liberalization in Trade and Finance : India's Garment Sector," in Barbara Harriss-White and Anushree Sinha, eds., *Trade Liberalization and India's Informal Economy*, New Delhi : Oxford University Press.

Singh, Sukhpal (1990). "Bicycle Industry since Independence : Growth, Structure and Demand," *Economic and Political Weekly*, August 25.

Singh, Surjit (2000). "Employment in Restaurant and Hotel Sector in India," *The Indian Journal of Labour Economics*, Vol. 43, No. 4.

Singh, Surjit (2001). "Informal Tourism Sector : Insights from Two Cities," in Amitabh Kundu and Alakh N. Sharma, eds., *Informal Sector in India : Perspectives and Policies*, New Delhi : Institute for Human Development & Institute of Applied Manpower Research.

Sinha, Rajeev Ranjan Kumar (2009). *Dynamics of Land-Caste Relations in India (A Case Study of Bihar)*, New Delhi : Manak.

Sivakumar, S. S. and Chitra Sivakumar (1979). "Class and Jati at Asthapuram and Kanthapuram : Some Comments Towards a Structure of Interests," *Economic and Political Weekly*, Annual Number, February.

Sivasubramonian, S. (2000). *The National Income of India during the Twentieth Century*, Delhi : Oxford University Press.

Sivasubramonian, S. (2004). *The Source of Economic Growth in India : 1950-1 to 1999-2000*, Delhi : Oxford University Press.

Sivertsen, Dagfinn (1963). *When Caste Barriers Fall : A Study of Social and Economic Change in a South Indian Village*, London : George Allen & Unwin.

Sreeramamurty, Kudamala (1986). *Urban Labour in Informal Sector (A Case Study of Visakhapatnam City)*, Delhi : B. P. Publishing Corporation.

Sridharan, E. (2008). *The Political Economy of the Middle Classes in Liberalising India*, ISAS Working Paper, No. 49, 22 September.

Stokes, Eric (1983). "Agrarian Relations : Northern and Central India," in Kumar, ed. 1983.

Streefkerk, Hein (2006). *Tools and Ideas : The Beginnings of Local Industrialization in South Gujarat, 1970-2000*, Delhi : Manohar.

Subrahmanya, M. H. Bala (2004). "Small Industry and Globalisation : Implications, Performance and Prospects," *Economic and Political Weekly*, Vol. 39, No. 18, May 1.

Sundaram, K. (1998). "Development of Informal Sector in India : Some Perspectives," *Manpower Journal*, Vol. 34, No. 1, Apr.-June.

Suryanarayana, M. H. (2009). *Nutritional Norms for Poverty : Issues and Implications*, Concept paper prepared for the Expert Group to Review the Methodology for Estimation of Poverty, Planning Committee, Government of India, New Delhi.

Suryanarayana, M. H. (2012). "Estimating Rural Poverty : Distributional Outcomes, Evaluations, and Policy Responses," in Chetan Ghate, ed., *The Oxford Handbook of the Indian Economy*, Oxford : Oxford University Press.

Suryanarayanan, S. S. (2000). "Services Sector and Employment," *The Indian Journal of Labour Economics*, Vol. 43, No. 4.

Tewari, Meenu (1998). "Intersectoral Linkages and the Role of the State in Shaping the Conditions of Industrial Accumulation : A Study of Ludhiana's Manufacturing Industry," *World Development*, Vol. 26, No. 8.
Tewari, Meenu (1999). "Successful Adjustment in Indian Industry : The Case of Ludhiana's Woolen Knitwear Cluster," *World Development*, Vol. 27, No. 9.
Tiwari, R. S. (2005). *Informal Sector Workers : Problems & Prospects*, New Delhi : Anmol Publications.
Thomas, Jayan Jose (2012). "India's Labour Market during the 2000s : Surveying the Changes," *Economic and Political Weekly*, Vol. 47, No. 51, December 22.
Thomas, P. J. and K. C. Ramakrishnan (1940). *Some South Indian Villages : A Resurvey*, Madras : University of Madras.
Tomlinson, B. R. (1979). *The Political Economy of the Raj 1914-1947 : The Economics of Decolonization in India*, London : Macmillan
Trehan, Prerana (2004). "The Big Fat : Indian Wedding," *The Sunday Tribune*, Spectrum section, August 29.
Tsujita, Y. and H. Oda (2012). *Caste, Land, and Migration : A Preliminary Analysis of a Village Survey in an Underdeveloped State in India*, IDE Discussion Paper 344.
Twomey, Michael J. (1983). "Employment in Nineteenth Century Indian Textiles," *Explorations in Economic History*, Vol. 20, Issue 1, pp. 37-57.
Tyabji, Nasir (1989). *The Small Industries Policy in India*, Calcutta etc. : Oxford University Press.
Tyabji, Nasir (2000). *Industrialisation and Innovation : The Indian Experience*, New Delhi : Sage.
Uberoi, Patricia (2008). "Aspiration Weddings : The Bridal Magazine and the Canons of 'Decent Marriage'," in Peter Jaffrelot and van der Veer, eds., *Patterns of Middle Class Consumption in India and China*, New Delhi : Sage.
Uchikawa, Shuji (2011). "Small and Medium Enterprises in the Indian Auto-Component Industry," *Economic and Political Weekly*, Vol. 46, No. 25, June 18.
Unni, Jeemol (1988). "Agricultural Labourers in Rural Labour Households, 1956 to 1977-78 : Changes in Employment, Wages and Incomes," *Economic and Political Weekly*, Vol. 23, No. 26, June 25.
Unni, Jeemol (1998). "Non-Agricultural Employment and Poverty in Rural India : A Review of Evidence," *Economic and Political Weekly*, March 28.
Unni, Jeemol (2000). *Urban Informal Sector : Size and Income Generation Processes in Gujarat, Part I, Report No. 2*, New Delhi : National Council of Applied Economic Research.
Unni, Jeemol (2003). "Economic Reforms and Labour Markets in India : Organised and Unorganised Sectors," in Shuji Uchikawa, ed., *Labour Market and Institution in India : 1990s and Beyond*, New Delhi : Manohar, 2003.
Unni, Jeemol and Uma Rani (2003). "Employment and Income in the Informal Economy : A Micro-perspective," in Renana Jhabvala, Ratna M. Sudarshan and Jeemol Unni, eds., *Informal Economy Centrestage : New Structures of Employment*, New Delhi : Sage.
Upadya, Carol Boyak (1988). "The Farmer-Capitalists of Coastal Andhra Pradesh," *Economic and Political Weekly*, Vol. 23, Nos. 27 & 28.
Upadya, Carol (2004). "A New Transnational Capitalist Class? Capital Flows, Business Net-

works and Entrepreneurs in the Indian Software Industry," *Economic and Political Weekly*, Vol. 39, No. 48, November 27.

Vaidyanathan, A. (1986). "Labour Use in Rural India : A Study of Special and Temporal Variations," *Economic and Political Weekly*, Vol. 21, No. 52.

Vaidyanathan, A. (1994a). "Performance of Indian Agriculture since Independence," in Kaushik Basu, ed., *Agrarian Questions*, Delhi : Oxford University Press.

Vaidyanathan, A. (1994b). "Employment Situation : Some Emerging Perspectives," *Economic and Political Weekly*, December 10.

Vaidyanathan, A. (2006). *India's Water Resources : Contemporary Issues on Irrigation*, New Delhi : Oxford University Press.

Varshney, Ashutosh (2012). "Two Banks of the Same River? Social Order and Entreneurialism in India," in Partha Chatterjee and Ira Katznelson, eds., *Anxieties of Democracy : Tacquevillean Reflections on India and the United States*, New Delhi : Oxford University Press.

Veeramani, C. (2007). "Sources of India's Export Growth in Pre- and Post-Reform Periods," *Economic and Political Weekly*, Vol. 42, No. 25, June 23.

Veeramani, C. (2012). "Anatomy of India's Merchandise Export Growth, 1993-94 to 2010-11," *Economic and Political Weekly*, Vol. 47, No. 1, January 7.

Venkatachalaphy, A. R. (2002). "'In Those days There Was No Coffee' : Coffee-Drinking and Middle-Class Culture in Colonial Tamilnadu," *Indian Economic and Social History Review*, Vol. 39, Nos. 2 & 3.

Verma, Rubina (2012). "Structural Transformation and Jobless Growth in the Indian Economy," in Chetan Ghate, ed., *The Oxford Handbook of the Indian Economy*, Oxford : Oxford University Press.

Vijayabaskar, M. (2005). "ICTs and Transformation of Traditional Workplaces : The Case of the Automobile Industry in India" in Saith and Vijayabaskar, eds. 2005.

Vijayabaskar, M. and J. Jeyaranjan (2011). "The Institutional Milieu of Skill Formation : A Comparative Study of Two Textile Regions in India and China," in Moriki Ohara, M. Vijayabaskar and Hong Lin, eds., *Industrial Dynamics in China and India : Firms, Clusters, and Different Growth Paths*, Hampshire : Palgrave Macmillan.

Wadley, Susan S. (2000). "The Village in 1984," in Wiser and Wiser 2000.

Wadley, Susan S. and Bruce W. Derr (1989). "Chapter 4 : Karimpur 1925-1984 : Understanding Rural India Through Restudies," in Bardhan, ed. 1989.

Wagle, Dileep M. (1981). "Imperial Preference and the Indian Steel Industry, 1924-39," *Economic History Review*, Vol. 34, No. 1.

Wallack, Jessica Seddon (2003). "Structural Breaks in Indian Macroeconomic Date," *Economic and Political Weekly*, Vol. 38, No. 41, October 11.

Wiser, William H. and Charlotte Viall Wiser (2000). *Behind Mud Walls ; Seventy-five Years in a North Indian Village*, With Chapters by Susan S. Wadley and a Forward by David C. Mandelbaum, Berkeley : University of California Press.

Wishwakarma, R. N. (1993). "Informal-Formal Sector Linkages : Its Implication for Employment Policy," *Manpower Journal*, Vol. 29, No. 3, Oct.-Dec.

World Bank (2007). *India : Land Policies for Growth and Poverty Reduction*, World Bank, Agriculture and Rural Development Sector Unit, South Asia Region, New Delhi : Oxford University Press.

Yanagisawa, Haruka (1983). *Socio-Economic Changes in a Village in the Paddy Cultivating Areas in South India*, Tokyo : Institute for the Study of Languages and Cultures in Asia and Africa, Tokyo University of Foreign Studies.
Yanagisawa, Haruka (1993). "The Handloom Industry and Its Market Structure : The Case of the Madras Presidency in the First Half of the Twentieth Century," *Indian Economic and Social History Review*, Vol. 30, No. 1 (also included in Roy 1996).
Yanagisawa, Haruka (2006). "Free Trade System and Economic Development in India : A Comment on Roy's Argument,"『南アジア研究』第 18 号（10 月）．
Yanagisawa, Haruka (2008). "The Decline of Village Common Lands and Changes in Village Society : South India, c.1850-2000," *Conservation and Society*, Vol. 6, Issue 4.
Yanagisawa, Haruka (2010). "Growth of Small-Scale Industries and Changes in Consumption Patterns in South India, 1910s-50s," in Douglas Haynes, Abigail WcGowan, Tirthankar Roy, and Haruka Yanagisawa, eds., *Towards a History of Consumption in South Asia*, Delhi : Oxford University Press.
Yanagisawa, Haruka (2011). "Village Common Land, Manure, Fodder and Intensive Agricultural Practices in Tamil Nadu from the Mid-Nineteenth Century," *Review of Agrarian Studies*, Vol. 1, No. 1.

邦文

石上悦朗（2008）「インド鉄鋼業の発展と変容——先発一貫メーカー，新興大手メーカーおよび小規模部門鼎立の構図」佐藤創編『アジア諸国の鉄鋼業——発展と変容』アジア経済研究所．
石上悦朗（2011）「産業政策と産業発展」石上悦朗・佐藤隆広編『現代インド・南アジア経済論』ミネルヴァ書房．
石上悦朗・佐藤隆広編著（2011）『現代インド・南アジア経済論』ミネルヴァ書房．
伊藤正二（1972）「独立後の独占資本の発展と経済的従属」中村平治編『インド現代史の展望』岩波書店．
井上恭子（2002）「インドの農地改革の評価をめぐって——社会正義実現と経済性重視の狭間で」『アジア経済』第 43 巻第 8 号．
岩谷彩子（2012）「露店はモールを夢見るか——グローバル化するインドにおける露天商ビジネスの現在」三尾裕子・床呂郁哉編『グローバリゼーションズ——人類学，歴史学，地域研究の現場から』弘文堂．
宇佐見好文（近刊 a）「労働力移動と農村社会」柳澤悠・水島司編『激動のインド 4 農業と農村』日本経済評論社．
宇佐見好文（近刊 b）「労働市場を巡る農村と都市」水島司・柳澤悠編『現代インド 2 溶融する都市・農村』東京大学出版会．
絵所秀紀（1996）「インド——『東アジアの奇跡』とインド工業化の展望」法政大学比較経済研究所・粕谷信次編『東アジア工業化ダイナミズム』法政大学出版局．
絵所秀紀編（2002）『現代南アジア 2 経済自由化のゆくえ』東京大学出版会．
絵所秀紀（2008）『離陸したインド経済——開発の軌跡と展望』ミネルヴァ書房．
応地利明（1974）「インド・パンジャーブ平原における農村の展開と「緑の革命」——アムリッツァー県ガッガルバナ村を事例として」『史林』第 57 巻第 5 号．
大野昭彦（2001）「第 12 章 インド——巨像は立ちあがるのか」原洋之介編『アジア経済論新版』NTT 出版．

押川文子 (1997)「原皮流通の変化と『皮革カースト』」小谷汪之編『インドの不可触民——その歴史と現在』明石書店.
籠谷直人 (1996)「日中戦争前の日本の経済外交——第二次『日印会商 (1936-37 年)』を事例に」『人文学報』第 77 号.
木曽順子 (2012)『インドの経済発展と人・労働』日本評論社.
清川雪彦 (2002)「市場の開放度と技術移転の形態——『輸入代替』型から複合型移転の時代へ」絵所編 (2002).
清川雪彦 (2003)『アジアにおける近代的工場労働力の形成——経済発展と文化ならびに職務意識』岩波書店.
黒崎卓 (2002)「南アジアの貧困問題と農村世帯経済」絵所編 (2002).
黒崎卓 (2010)「パキスタン・バングラデシュにおける長期農業成長」『経済研究』Vol. 61, No. 2.
佐藤隆広編 (2009)『インド経済のマクロ分析』世界思想社.
佐藤隆広 (2011)「インドの不動産市場と資産価格バブル」INDAS Working Papers 4.
島根良枝 (2006)「地場企業の基盤が注目されるインド自動車産業の発展」内川秀二編『躍動するインド経済——光と陰』アジア経済研究所.
杉本良男 (2010)「消費される奇蹟——南インド,ヴェーラーンガンニ聖堂のメディア戦略」柳澤悠編『消費パターンの長期変動と社会構造・社会意識——南インドの事例を中心に』千葉大学.
鈴木信貴・新宅純二郎 (2010)「インドの経済発展とインド企業,日本企業のものづくり——前編」『赤門マネジメント・レビュー』第 9 巻第 4 号.
中溝和弥 (2012)『インド 暴力と民主主義———党優位支配の崩壊とアイデンティティの政治』東京大学出版会.
中谷純江 (2009)「新しいコミュニティ祭礼の出現——ラージャスターン農村におけるラームデーヴ信仰と巡礼」『南アジア研究』第 21 号.
奈良毅・水島司 (1981)「ネイクラム村調査報告 (その 1)——南インド乾地農村の社会変化」Studies in Socio-Cultural Change in Rural Villages in Tiruchirapalli District, Tamilnadu, India, 東京外国語大学アジア・アフリカ言語文化研究所.
朴英元 (2009)「インド市場で活躍している韓国企業の現地化戦略——現地適応型マーケティングからプレミアム市場の開拓まで」『赤門マネジメント・レビュー』第 8 巻第 4 号.
浜口恒夫 (1990)「農業の開発と再編成」西口章雄・浜口恒夫編『新版 インド経済』世界思想社.
速水佑次郎 (2005)「インド・デリー市における廃品回収業者——都市貧困層の分析」『経済研究』Vol. 56, No. 1.
藤田幸一 (2002)「インド農業論」絵所編 (2002).
藤田幸一 (2004)「農村の貧困と開発の課題」絵所秀紀編『貧困と開発 第 1 巻』日本評論社.
藤田幸一 (2005)『バングラデシュ農村開発のなかの階層変動——貧困削減のための基礎研究』京都大学学術出版会.
柳沢悠 (1971/72)「インド在来織物業の再編成とその諸形態 (I)(II)」『アジア経済』第 12 巻第 12 号・第 13 巻第 2 号.
柳沢悠 (1975)「インドにおける賃労働者の存在形態——『労働調査委員会報告』にみる」山口博一編『インドの経済政策と諸階層』アジア経済研究所.

柳沢悠（1980）「第一次日印会商をめぐる英印関係」『経済と貿易』（横浜市立大学）第 129 号。
柳澤悠（1991）『インド社会経済史研究』東京大学出版会。
柳澤悠（1992）「植民地期南インド手織業の変容と消費構造」『東洋文化研究所紀要』第 118 冊。
柳沢悠（2001）「英印経済関係とインド工業化の一側面——第二次日印会商（1936〜37 年）を中心に」秋田茂・籠谷直人編『1930 年代のアジア国際秩序』渓水社。
柳澤悠（2004）「小規模工業・企業の展開と消費構造の変化——1920 年〜1950 年のインド」『千葉大学 経済研究』第 19 巻第 3 号。
柳澤悠（2008）「現代インドの経済成長と農村社会の変容」『千葉大学 経済研究』第 23 巻第 3 号。
柳澤悠（2011）「インドの共同利用地の歴史的変容と森林」井上貴子編『森林破壊の歴史』明石書店。
柳澤悠（近刊）「引き続く課題——格差社会の構造」水島司・柳澤悠編『現代インド 2 溶融する都市・農村』東京大学出版会。

あとがき

　本書は，1980年前後から始まるインド経済の高度成長を，農業・農村社会，工業部門，サービス部門など諸部門や分野の相互関係に注目しながら，20世紀前半の時期からの歴史的な視点をいれつつ，理解しようとしたものである。現地調査などいくつかの体験が，本書の構想成立の背景になっている。

　インド経済が成長率の加速を始めた1980年前後の時期に，筆者は，南インドの一村落を延べ1年かけて調査を行った。19世紀末から今日までのそれぞれの家族の長期変動のデータを集める作業を通して，「緑の革命」を旺盛に進める「後進カースト」の人々の農業への熱意を感じ，下層階層の村民の中での長い反カースト運動の経験と自立への志向を肌身に感じながら，農業と農村の社会関係がダイナミックに動いている様子を見ることができた。同村を2007年に再調査したが，茅葺きであった指定カーストの家屋がパッカーな家に建て変わり，テレビ，自転車などは非常に広く浸透し，さらには指定カースト世帯でもかなりの世帯がバイクをもつなど大きな変化を知ることができた。指定カースト世帯からの巡礼旅行への参加や高い質の教育への関心など，変化は予想以上であった。今なお人口の7割が住む農村社会の100年にわたるダイナミックな変動を重視することなしに現代インドの経済成長を理解することはできないのではないか，という考えを非常に強める体験であった。

　手織業など工業分野のインフォーマル部門への関心も，筆者の修士論文時代からである。英領時代から，手織業は，大規模綿工場との競争によって打撃を受けながらも生き残っただけではなく，さらに織物市場でそのシェアを拡大するなど発展する勢いをも見せた。1990年代に行った南インドの織物生産地の現地調査では，農村下層向けの安価な絹のサリー生産の拡大や，手織からパワールーム工場に発展してゆく経営を見て，インフォーマル産業のダイナミズ

ムとそれを支える下層階層消費の多様化と拡大に強く印象づけられた。

　本書の記述では，農村や産業の事例研究やフィールドワークの報告が，重要な位置を占めている。1970-80年代の農村社会経済の変化をめぐっては，全国標本調査など統計資料の経済学的な分析にもとづく研究と，文化人類学者や経済学者による村落調査などフィールドワークにもとづく研究とでは，異なった農村変化像を提出していた。筆者の南インド村落調査を含めて多くの村落調査は，非農業就業の増大による農村労働市場のタイト化を指摘し，下層を含めて農村社会の社会経済的上昇の傾向を指摘していた。これとは対照的に，統計にもとづく分析は，農村過剰労働力の存在に注目しその堆積を強調する傾向があった。その後の1990年代に入ってからの研究の推移は，本書の中でも説明したように，農業労働者賃金が全インド的に上昇している事実が広く認識され，統計にもとづく研究の多くも，農村労働市場のタイト化や農村諸階層の社会経済的水準の上昇を認識する方向に移行しつつあるといってよいであろう。80年代にこの問題を議論した Pranab Bardhan, eds., *Conversations Between Economists and Anthropologists : Methodological Issues in Measuring Economic Change in Rural India* (Delhi, 1989) は，現代インドの社会科学的認識の方法にかかわる基本的な論点を提出している。その議論では，それぞれの方法の長所と短所を意識しながら，両方の方法の相互補完的な関係の構築が模索されている。本書の記述も，この2つの方法にもとづく研究成果をできるだけ補完的に結合することを試みた。

　本書の記述は，筆者の行った村落調査や第一次資料にもとづく部分もあるが，同時に多くの部分を第二次文献にもとづいている。本書の論旨の展開に当たっては，可能な限り実証的な根拠を挙げる努力をおこなったが，「農村-都市インフォーマル部門経済生活圏」など明示的に仮説的な枠組みとして提出される議論のほかにも，十分な実証が行われていない部分は小さくないことを理解している。特に，本書の議論のいくつかは事例研究に主として依拠しているが，少数の地域の事例をもってインド全体を推論することに難点があることはいうまでもない。これらの点で，本書の議論には，なお今後の実証や考察を必要とする部分が少なくないことを確認しておきたい。このような今後の課題を

残しながらも，現代のインド経済の発展を，歴史的な視点を踏まえ，農業・工業・サービスの諸部門間の関連，および生産，流通と労働市場・労働力移動などの諸局面の関連に焦点をあて，また社会構造や人々の社会的運動，教育，社会意識や生活意識，文化・宗教などの諸側面をも視野にいれて，構造的に理解しようとする試みとして，本書の議論が今後のインド経済研究の中でたたき台のひとつになれば幸いである。

本書の執筆は，人間文化研究機構の研究プロジェクト「現代インド地域研究」への参加が契機となっている。このプロジェクト準備のための全体集会での筆者の報告が，本書の基本構想の原型となった。田辺明生（プロジェクト代表），杉原薫，岡橋秀典，三尾稔の各氏をはじめとするインド地域部会委員の方々との現代インドをめぐる討論や意見交換は非常に刺激的で，本書の基本構想の形成に大変有益であった。また，このプロジェクトの東京大学拠点と科学研究費・基盤研究（S）「インド農村の長期変動に関する研究」の研究会では本書のかなりの部分を発表し，多くの重要な指摘をいただくことができた。代表の水島司，絵所秀紀，宇佐美好文，川島博之，黒崎卓，佐藤隆広，藤田幸一，山崎幸治，和田一哉の諸氏からいただいた，現代インドの経済，統計，データ，把握の方法などにかんする多くのご教示は，非常に重要だった。なかでも，石上悦朗氏には，本書の原稿を読んでいただき，貴重なご意見をいただくことができた。本書の社会構造の認識では，押川文子氏からいただいた示唆が中核的な柱のひとつをなしている。さらに，本書の議論の中では消費パターンの変化が重要なキーワードとなっているが，科学研究費・基盤研究（B）「独立後インドの消費変動」（代表：柳澤悠）および科学研究費・基盤研究（B）「インドにおける都市消費市場の構造と農村・都市間の物的・人的循環：生活文化の視点から」（代表：杉本大三）の2つのプロジェクトの中で，粟屋利江，井上貴子，杉本星子，杉本大三，杉本良男の諸氏からいただいたご意見は，消費を社会変動の中で捉えるうえで重要な示唆となった。そのほか，写真を提供していただいた辛島昇氏，さまざまな場でご意見をいただいた佐藤宏氏，篠田隆氏，木曽順子氏，内川秀二氏，鈴木信貴氏，S. スッバイヤ氏（マドラス大学

元教授），アントニサーミ・サガヤラージ氏，髙橋昭子氏など，非常の多くの方々のご教示と支援によって，本書の執筆は支えられてきた。ここで，記して感謝の意を表したい。

　本書刊行の直接のきっかけは，籠谷直人氏の熱心なお勧めと名古屋大学出版会への紹介であった。同氏の強力な支援と励ましなしには，本書の刊行はまったくありえなかったといってよく，心から感謝する次第である。本書を担当された，名古屋大学出版会・三木信吾氏の優れた編集にも，感謝したい。

　本書の刊行にあたっては，2013年度日本学術振興会科学研究費補助金「研究成果公開促進費・学術図書」が交付されている。

　ベトナム戦争の最中に大学院に進学した筆者は，アジアの社会と人々の動向が世界の変動の起動力になりつつあるという認識のもとに，インドの経済と社会の研究を目指した。それ以来，主たる研究の対象は植民地期であったが，現代インドの解明は常に問題意識の基底に存在し続けていた。また，研究の進展の中で，独立を挟んだ2つの時期の経済と社会の連続的側面が非常に大きいことを認識していった。現代インドの経済・社会の歴史的・構造的な把握を目指した本書は，大学院生時代以来の関心の到達点でもある。

　筆者の生まれ育った東京都荒川区日暮里は，インフォーマル産業の街であった。製紙原料，「ウエス業（古着・古布の再利用）」など再生資源業にたずさわる世帯が非常に多く，筆者の生家もそうした業種のひとつで露店商向けの商品を扱っていた。高度成長に向かう日本の経済と社会を底辺から支える人々の営みであった。日暮里の人々の粘り強い努力の毎日を思い起こしながら，圧倒的多数が農村・都市のインフォーマル部門で働くインドの人々の歴史的達成，日々の生活，自立への志向，さらにその困難と希望を理解する上で，本書が少しでも貢献していることを祈る次第である。

2013年11月17日

柳　澤　　悠

図表一覧

表序-1	インドの GDP 成長率	1
表 4-1	インドの実質 GDP 成長率	88
表 4-2	工業生産指数	90
表 4-3	工業生産の構成	91
表 4-4	工業部門の輸入依存率	92
表 4-5	貯蓄と投資	94
表 4-6	所得の階層別分布	96
表 4-7	農村地域における資産の分布	96
表 4-8	製薬業における生産と薬剤輸出入	101
表 5-1	現インド地域の農業生産の成長率	110
表 5-2	現タミルナードゥ州相当区域における土地利用の区分と変化	111
表 5-3	現タミルナードゥ州相当区域における灌漑地面積	112
表 5-4	現タミルナードゥ州相当区域の米（籾なし）の ha 当たり収量 (kg)，坪刈調査による	113
表 5-5	灌漑の発展	119
表 5-6	インドの食糧作物の作付面積，高収量品種作付率，収量，生産	120
表 5-7	北アルコット村落における世帯消費支出額の変動	126
表 5-8	土地改革の影響を受けた世帯と土地の比率	143
表 5-9	所有地の世帯グループ別分布	145
表 5-10	所有地の規模別分布	147
表 6-1	調査村の住民構成 (1981 年)	150
表 6-2	農業に従事する世帯の構成 (1981 年)	156
表 6-3	ビハール 12 カ村における土地移動，土地売買世帯比率と売買平均規模 (1999/2000 年)	167
表 6-4	グジャラート州の土地所有構造 (1961/62-1980/81 年)	169
表 6-5	ラージャスターン西部一村落における貧困層のパトロン（富裕層）への依存度の変化	170
表 6-6	ラージャスターン西部一村落における貧困層の世帯経済の安定性	171
表 6-7	インドの賃金労働者の平均日収入 (1977/78-1987/88 年)	177
表 6-8	インドの日雇い労働者の実質賃金	178
表 6-9	インドの農村と都市における 1 人当たり消費支出の変動	182
表 6-10	インドの支出階層別非食糧支出の額とその変動	183
表 6-11	食費外消費の都市農村別支出階層別分布	184

表6-12	耐久消費財の農村市場の比率	188
表6-13	ラージャスターン西部一村落における貧困層世帯の旅行・消費・家屋	189
表6-14	タミルナードゥ州M村民の耐久消費財の所有状況	190
表6-15	小中学生の通学校の分布	192
表7-1	組織部門・非組織部門製造業における国内純生産・雇用・生産性の成長率	203
表7-2	製造部門別綿製品の都市農村地域の消費(1984・1985年)	209
表7-3	アーンドラ・プラデーシュ州における繊維品の市場シェア	210
表7-4	主要繊維製品の需要量と変化(1990-2000年)	211
表7-5	アーンドラ・プラデーシュ州における繊維品のm当たり単価とその変化	214
表7-6	ティルップールにおける雇用規模別工場数とその変化	235
表8-1	部門別成長率	243
表8-2	インドのGDP・就業者に占める産業部門別比	243
表8-3	サービス産業の構成別成長率(1980-2004年)	244
表8-4	アフマダーバード市における雇用・付加価値・労働生産性(1997/98年)	247
表8-5	平均1人当たり消費支出区分別第三次産業就業世帯比率	250
表8-6	産業別就業者と所得(アフマダーバード,1976/77年)	251
表8-7	インドにおける所得階層別1人当たり食物消費量	257
表8-8	農村部・都市部における住居	269
表8-9	農村と都市における住宅の建築着工件数・建築費・購入費の推計(2002年)	270
表8-10	一村当たりの中等学校建設数	271
表9-1	アフマダーバード市におけるインフォーマル部門就業者とインフォーマルな雇用	285
表9-2	デリーのスラム居住者の送金	293
表9-3	デリーのスラム居住者の送金者と出身地との関係	293
表9-4	テレビ(白黒とカラー)所有台数における白黒テレビの比率(2001/02年)	295
表9-5	産業別部門別雇用の年成長率(1972/73-1987/88年)	306
表9-6	所得階層別の就業者(2004/05年)	309
表9-7	所得階層別インフォーマル部門就業者の社会層別分布(2004/05年)	309
表9-8	インフォーマル部門事業所の産業別分布(1999/2000年)	310
表9-9	所得階層別年間支出額	311
表9-10	テレビ・オートバイ・自動車の所得階層別所有分布(2005/06年)	312
表9-11	都市・農村における収入別世帯分布(2001/02年)	315
表9-12	社会層別インフォーマル部門就業者の所得階層別分布	317
表9-13	15歳以上人口の教育水準別所得階層別分布(2004/05年)	318
表10-1	組織部門における雇用	323
表10-2	インド車の国際的な競争力	340
表10-3	製造業の成長率(1994/95-2004/05年)	343
表10-4	インドの輸出成長(1950-2005年)	351

表 10-5	インドのサービス輸出の年平均成長率	352
表 10-6	インドの商品輸出成長の構成	352
表 10-7	要素集約度別輸出品の構成	353
表 11-1	タミルナードゥ州 M 村における職業別就業者比率（2007 年）	362
表 11-2	4 世代の職業（プネー市におけるサンプル調査）	364
表 11-3	タミルナードゥ州 M 村における主要職業別世帯分布（2007 年）	369

図 1-1	マドラス管区における米価の 3 カ年移動平均指数（1915/16 年＝100）	28
図 8-1	インフォーマル部門の商業事業所数と雇用者数の変動	263
図 9-1	インフォーマル部門の製造業事業所数と雇用者数の変動	305
図 10-1	耐久消費財と非耐久消費財の価格変動	337
図 10-2	耐久消費財の相対価格の変動	338

索　引

【事　項】

ア　行

IT産業　2, 4, 16, 18, 102-103, 107, 277-279, 323, 325, 332-333, 343, 346, 348-349, 354
アウトソーシング　→外注
アグリビジネス　326
アフリカ　99, 106, 119
アメリカ　50
イギリス綿工業　63　～ランカシャー
衣服　13, 65-68, 75, 77, 193, 304　～既製服，シャツ，メリヤス（ニット）
イーラワ　194, 327
イミテーション　13, 67, 69-70, 80
移民・移住　31, 172, 290-291, 316　～出稼ぎ，農村・都市インフォーマル経済生活圏
医療・病院　194, 326
インド機械産業連合（AIEI）　333
インド産業連合（CII）　333-334
インド商業工業会議所連合会（FICCI）　325, 333
インフォーマル部門　10, 15-17, 60, 62-84, 173, 201-241, 245-275, 282-318, 323, 360, 366, 371, 374　～小規模・零細部門
ヴァンカル　195
腕時計　186-187, 299　～耐久消費財
運輸・交通　173-174, 248, 252, 262　～オート・リキシャ，リキシャ曳き
エンゲル係数　182-183
オート・リキシャ　249, 252, 258, 281, 298
オートバイ　→モーターサイクル
オペレーション・バルガ　144
織物　15　～パワールーム産業，ミル

カ　行

カーヤスタ　165, 325
海外プランテーション　12, 31-32　～移民・移住，出稼ぎ
外国資本　17, 89, 100, 337, 339, 341　～多国籍企業
　──規制　100
階層社会　29-35, 148-181, 356-370, 373
外注　220, 231, 280, 299, 304, 348
開放体制　7, 335　～自由貿易，グローバル化
ガウンダル　229, 235-236, 238-239, 327
家屋　170-171, 188, 190-191, 194, 286　～住宅建設
価格　17, 80-82, 102, 107, 336-344　～低価格品
　農産物──　11, 26-28, 34
化学　332
科学技術　6　～技術形成・開発
果樹・果物　122, 254, 257, 261　～食生活
家族経営　33, 167, 380
家畜　25　～ヤギ，羊
カティーク　226
カトリー　325-326, 334
家内サーバント　249
灌漑　24, 127, 130
　井戸──　11, 24, 110, 112-114, 116-118, 121-123, 127, 133, 137
　河川──　25, 122
関税　1, 36-37, 41-42, 45-46, 76, 88-89
乾燥地帯　32, 115, 162, 170-172
カンマ　326, 329
機械
　──工業　17, 45-46, 50-53, 59, 228, 230, 239, 303, 326-327, 332, 356
　中古──　16, 237
疑似ブランド品　13, 15, 17, 84, 193-197, 214-215, 374, 377-378　～低価格品
技術革新　68, 70　～技術形成・開発
技術形成・開発　91-92, 105-108, 321　～技術導入
技術習得・訓練　18, 51, 93, 224, 236, 344-351, 378

技術集約型産業　10, 17, 19, 108, 349-350, 353-355
技術導入　1-2, 89　～技術形成・開発
技術輸出　105
規制緩和　341-342
既製服　211-212, 217-218, 224, 228, 237, 327
絹織物　66
規模の経済　15, 69, 78, 83-84, 203-207
教育　33, 149, 157, 190, 194-195, 236, 262, 270-274, 281, 288-289, 302, 317-318, 326, 328, 367-369　～産業訓練校（ITI），中等教育修了資格（SSLC）
　基礎――　89-90
　高等――　6, 90, 108, 309, 330
行商人　→露店
銀行・金融　16, 269, 279-280
近代的小売業　253, 297
靴　→履物
クルミ　165
グローバリゼーション　5-7, 19, 216, 233-238, 246, 349, 355　～開放体制，世界市場，自由貿易
軍需　37, 45, 50, 89
クンビー　57, 365-366
経営者　62, 70, 229-231, 303, 313, 323-336, 374-376
計画経済　49, 88　～国家主導の経済建設，輸入代替工業化
経済改革　2, 19, 282, 299, 319-320, 333-336, 344, 350, 355, 376　～規制緩和，経済自由化
経済自由化　1, 17, 19, 243-246, 278, 355, 376　～規制緩和，経済改革
経済政策　7　～経済改革，産業規制，小規模工業保護
携帯電話　10, 190, 276-277　～通信
ケイン／ホプキンズ　14, 38, 40-41　～ジェントルマン資本主義
結婚式　191-192, 274-275
建設業　10, 16, 164, 252, 268-270, 282, 313, 326, 342　～住宅建設
公営部門　1, 89, 93, 280-281
公共投資　3, 95
工業投資　4
高コスト経済　7, 14, 19, 96-98, 319
高収量品種　110, 117-121, 127, 171
後進カースト（OBC）　12, 149, 152-153, 160, 172, 191, 194, 265, 289-290, 325, 361, 366, 369-370　～ムッディリヤン
合成繊維　208, 341
荒蕪地　→村落共同利用地
公務員　280-281, 330, 358
コエリ　165
ゴーカレー（G. K. Gokhale）　49
コーヒー　13, 67, 80, 196, 258
国民会議派　49
国民経済　13-14, 48-49, 379　～輸入代替工業化
小作　30, 33, 35, 138-139, 153, 159, 165
　刈分――　31, 166
　――制度改革　139-142, 144-145, 157
国家主導の経済建設　14, 49-50, 88　～計画経済，輸入代替工業化
小麦　24, 119
米　13, 24, 67, 71-72, 80, 119
コモンズ　→村落共同利用地

サ 行

財閥　→ビジネス・グループ，大企業・大企業家
サービス部門　4-5, 8, 16, 242-283, 351-352, 354　～第三次産業
　近代的――　4, 16, 244-245, 282-283　～IT産業，銀行・金融
　伝統的――　4, 16, 244-245, 282　～商業
在来産業　14　～手織業
砂糖　170　～製糖業
ザミンダーリー制度　31, 138-139, 165
ザミンダール　31
産業規制　203-207
産業訓練校（ITI）　151-152, 273, 345, 358, 360
産業政策決議（1956年）　89　～輸入代替工業化
ジェントルマン資本主義　14, 38　～ケイン／ホプキンズ
指定カースト　55, 57-58, 150, 153-156, 159, 168, 172, 191-192, 226, 234, 265, 289-290, 308, 325, 361, 356-357, 370　～ダリット
自転車　159, 186-187, 189-190, 240, 299, 325
自動車　18, 103-105, 312-313, 322, 339-340, 344, 348-349, 377　～商業車
　――部品産業　104-105, 304, 326, 345-346
資本
　――集約型産業　353-354

索　引 | 413

──の民主化　19, 329-331, 335
ジャータブ　225, 230-231, 316-317
社会革命　379　〜自立
社会保障　54, 223, 371
シャツ　13　〜衣服
重工業　14, 91　〜生産財生産, 鉄鋼業
住宅建設　10, 16, 268-270, 279, 282, 344
　　〜建設業, 家屋
ジュート産業　46-48, 50-51, 55-60, 356
自由貿易　→貿易
集約的農業　24, 33
修理店　173
手工業・サービスカースト　168, 239　〜手織
シュスター（G. Schuster）　49
手紡　63, 68-69
需要　15, 65, 78-79, 96, 185, 206　〜消費
巡礼　16, 192, 263, 265-267, 282
小規模工業保護　205-207, 331-334, 336
小規模農民　30, 32, 122　〜家族経営
小規模・零細部門　10, 15, 62, 75-79, 83-84, 151, 160, 201-241　〜インフォーマル部門, 中小零細企業
昇給制　358, 360
商業　249, 252, 259-263, 282, 309, 323　〜露店
　　──化　33-34
　　──コミュニティ　324-325, 329, 331
商業車　98-99, 339　〜自動車
商人・商人資本　34, 43　〜商業コミュニティ
消費　13, 62, 65-69, 80-84, 126, 170-172, 174, 182-185, 193-196, 256-258, 294-296, 310-313, 322　〜需要, 農村市場（需要）
食生活　71-74, 126, 158-159, 170-171, 261, 283　〜果樹・果物, コーヒー, 食用油, ミルク, 野菜
食用油　72-73, 261
ジョトダール　31
自立
　　下層民の──　12-13, 32-35, 67, 80-84, 129, 131, 145, 147, 153-156, 159, 170, 172, 179-181, 192, 196, 296, 330, 375, 379-380
　　技術の──　106　〜技術形成・開発
飼料　25, 128
人絹　67, 81, 196
人口　24, 27

新資本家　10, 17, 241, 324-336　〜経営者
人的資源　93, 103, 106-107　〜教育
森林　133-134, 136-137
スウェーデン　47　〜西部インド・マッチ会社
スラム　286, 292
スワデーシー（国産品振興）　41, 44　〜民族運動
生活習慣　13　〜衣服, 消費, 食生活
生産財生産　14, 46, 89　〜重工業
製紙業　47, 325
成長率　3-5, 7-8, 10, 23, 29, 87, 90, 94, 109-110, 201-202, 242-245, 282, 306-307, 321, 343
製糖業　46, 272, 326-328, 332
西部インド・マッチ会社（WIMCO）　47, 332
製薬業　6, 10, 17, 100-102, 106-107, 325-326, 332, 334
世界恐慌　11, 28-29　〜価格
世界市場　11, 29, 34　〜グローバリゼーション
セピダール　31, 35
セメント　47, 326, 332, 342
繊維製品・産業　173, 202, 332, 341　〜メリヤス, 既製服
先進カースト　149, 160, 308-309, 317, 360-361, 366, 369　〜チェッティ, ピッライ
扇風機　187, 190, 194
送金　291-292
総要素生産性　3, 5, 87, 90, 94
ソ連　49
村落共同利用地　25-26, 111-112, 128-133, 145

タ　行

タークル　164
タークルダース（P. Thakurdas）　49, 88
ターター　44, 324-325
第一次産業　8　〜農業生産, 農業部門
大企業・大企業家　49-50, 324-336, 358　〜経営者, 新資本家, フォーマル部門
耐久消費財　10, 17-18, 126, 186-188, 190, 193-194, 279-280, 299, 303, 311-313, 320-322, 342-343　〜腕時計, 自動車, 扇風機, テレビ, モーターサイクル
第三次産業　8, 173　〜サービス部門
大衆的市場　344, 377　〜農村市場, 農村・

414

都市インフォーマル部門経済生活圏
第二次産業　8, 90, 94
薪　128, 136
多国籍企業　6　～外国資本
ダリト　12, 30-32　～指定カースト
チェッティ　149, 151-152　～先進カースト
茶　158, 258
チャマール　31, 35, 164, 180, 225
中間介在者制度廃止　138-139, 141-142, 144, 165
中間層　2, 17, 258, 267, 281, 298, 307-310, 322-324, 339, 344, 366, 371, 374
中国　43, 64, 224-225, 377-378　～東アジア
中小零細企業　14　～インフォーマル部門
中等教育修了資格（SSLC）　151-152, 191, 273, 289, 357, 367
長期雇用　345, 350
通信　16-18, 252, 276-277, 282, 341, 343　～携帯電話
低価格品　15, 79, 84, 210, 214-215, 217-232, 322　～価格, 疑似ブランド品
テーヴァル　161, 163
テーリー　57
手織　14, 43, 63-70, 204, 229, 300
出稼ぎ　31-33, 52-53, 156, 180, 206, 216, 223-226, 283, 286-287, 293-294　～移民・移住, 労働移動, 労働力・労働者
鉄鋼業　14, 44-46, 97-98, 332
テレビ　186-187, 190, 194, 295, 312, 336-339
電子工業　332-333　～テレビ
電力　206
ドイツ　37
都市
　——形成　68, 176, 262, 299-307
　——雇用　157
土壌塩化・湛水化　134-135
土地改革　138-147, 153-154, 165, 172, 326
土地所有　30, 32, 34, 130, 140-146, 149-151, 154, 159-160, 166, 168-172, 181, 194, 371
土地保有上限法　141-142
特許法　6, 100
特恵関税　44-45
トディー（地酒）　81
トライブ（指定部族）　168, 265
トラクター　325　～農業機械

ナ 行

ナーイドゥ　163, 327
ナーダール　327, 330-332
内部コントラクト　220-221, 224
内部昇進　359
日印会商　38-42
日常消費財　303, 311　～衣服, 既製服, 食生活, 履物, メリヤス
日本　37-38, 43
日本的生産システム　345-346, 350
乳製品　257, 261　～ミルク
ネルー（J. Nehru）　49, 88, 90, 107
農外就業　→非農業就業
農業機械　118, 123-124, 174, 178, 327　～トラクター
農業生産　11-12, 109-117, 175, 335-336, 379　～農業部門
農業投入財　12　～農業機械, 肥料
農業部門　8, 16, 109　～第一次産業, 農業生産
農業労働者　12, 30, 148, 152-156, 161, 166　～パンナイカーラン, パンナイヤール
　——雇用　124-125, 127, 155, 160, 170-172
　——賃金　11-12, 57-58, 82, 125, 127, 144, 166, 169, 176-179, 181, 313-315, 356-357, 369
　日雇——　32, 154-156, 160
　隷属——　12, 30-31, 148, 161, 170, 180
農耕カースト　19, 55, 325-327
農村市場（需要）　9-10, 16, 19, 181-197, 208-213, 296, 302-303, 374
農村・都市インフォーマル部門経済生活圏　16-17, 19, 299-318, 322-324, 338, 371, 376, 380
農民運動　166　～自立

ハ 行

ハーリー　31
バイヤーチャーラー制度　31
履物　171, 188, 212-213, 218-219, 221, 225-227, 230, 301, 308
パッラン　149　～指定カースト
パティダール　327-329
パテール　195
バニヤー　324
バニヤン　210, 229

索　引

ハ 行

バヤ　55
パライヤン　149　〜指定カースト
バラモン　33, 148-150, 156-159, 161, 163-165, 172, 272, 325-326, 331, 358, 360-361, 365, 371
パルシー（拝火教徒）　43, 324
パワールーム産業　14, 69, 204-208, 221, 228-229, 234, 296-297, 301
反カースト運動　148, 153, 155, 330-331
パンナイカーラン　152-153
パンナイヤール　161-162
ビーディ　50-51, 57-60, 67, 73-74, 81, 173, 356
東アジア　16, 144, 146, 237, 377　〜中国
被差別カースト　→ダリト
ビジネス・グループ　97, 320　〜大企業・大企業家
羊　26　〜家畜
ピッライ　149, 151-152　〜先進カースト
非農業就業　9, 11, 34, 173-176, 179, 181
肥料　25-26, 110, 114, 116-118, 120-121, 127-128, 151, 332
　化学——　29, 115, 118, 120, 132-133, 158
　牛糞——　29
　購入——　11, 27, 132
　自家栽培——　27
ビルマ　39-41, 72
ビルラー　324
品質　17　〜疑似ブランド品, 高コスト経済
ファッション　193
ブーミハル　165
フォーマル部門　15, 93, 267, 283, 297, 304-305, 324-336, 360-361
「不可触民」　→ダリト
プラスチック再生業　213, 222, 226-230, 295-296
閉鎖体制　7, 14　〜保護貿易
ベルギー　37, 45
貿易　48, 89
　自由——　5-6, 11, 29, 36
　——自由化　2, 237
　保護——　6, 36, 41
保護関税　→関税, 貿易
ポリテクニック　152, 360
ホワイトカラー　33, 157, 230-231, 272, 283, 360-361

マ 行

マールワリー　324
マッチ製造業　46-47, 151, 163, 327, 331-332
マハール　57
マハラノビス（P. C. Mahalanobis）　88
マラーター　55, 168-169, 272, 327-329, 365-366
マルティ・ウドヨグ　339-340, 345, 350
「緑の革命」　11, 16, 19, 109-110, 117-128, 133-135, 137, 159, 164-165, 171, 175-176, 182, 196, 208, 241, 258-263, 271, 282, 287, 301-302, 326, 329-330
ミル　15, 77-79, 204-208, 301　〜綿工業
ミルク　122, 158, 171　〜乳製品
民間資本　94　〜大企業・大企業家, ビジネス・ハウス
民族運動　14, 42, 45, 48　〜スワデーシー（国産品振興）
ムッディリヤン　149-153　〜後進カースト
ムラオ　164
メリヤス（ニット）　15, 75-82, 196, 204, 209-211, 303, 327　〜繊維製品, バニヤン
綿花　38-40, 63, 75
綿繰工場　74-75, 81
綿工業　43-44, 50-51, 53-55, 59, 64, 75, 356　〜パワールーム産業, ミル
綿製品　37　〜パワールーム産業, 綿工業, ミル
モーターサイクル　187, 190, 312, 325, 344

ヤ 行

ヤーダヴ　165
ヤギ　26, 133, 159, 162　〜家畜
野菜　122, 170-171, 254, 257, 261
輸出　4, 48, 80, 203, 211-212, 216, 233-237, 278, 308, 327, 351-355
輸入　48, 237-238, 333
輸入代替工業化　5-6, 14, 19, 42-43, 46-48, 88, 91, 319　〜計画経済, 国家主導の経済建設

ラ 行

ラージプート　165
ラージュ　326-327
ラームガリア　239
ライーヤットワーリー制度　138-139

ライスミル　71-72, 151, 160
ライセンス（認可）　1, 50, 89, 97, 333
ラジオ　186-190
落花生　27, 72-73
ランカシャー　38-42　～イギリス綿工業
リキシャ曳き　252, 291, 298
離村　55　～移民・移住，出稼ぎ
旅行・観光　16, 263-268, 281, 298, 302
リライアンス　325
レッセフェール政策　49
レッディ　161, 326, 329
煉瓦製造　173
労働移動　156　～移民・移住，出稼ぎ，労働市場
労働市場　15, 50-61, 222-226, 356-372
労働集約型産業　108, 236, 353-355, 378
労働力・労働者　43, 50-60, 71-72, 77, 181, 232, 234-235, 306-307, 321　～労働市場

熟練──（熟練工）　51-53, 151, 160, 230, 239, 345, 356, 358
女性──　51, 59, 174, 315
単身──　55-56, 225-226, 291
低学歴──　15, 222-226, 236, 346
年少──　51
非正規──　350
不熟練──（不熟練工）　52, 54
臨時──（臨時工）　206
──規制　203, 207
──賃金　52, 54, 56-59, 286, 313-315, 356-361, 373
──の工場間移動　52
──のコミットメント　346, 378, 380
露店　249, 252-258, 296-298

ワ 行

ワーキングプア　377, 380

【欧　文】

Apollo Hospitals　326
BPO（ビジネス・プロセス・アウトソーシング）　277, 348　～IT産業
Dr. Reddy's Laboratories　101
Hero Moto Corporation　325
HMT（Hindustan Machine Tools）　92
IBM　6, 103

Infosys Technologies　325, 327
Mahindra　325-326
Ranbaxy Laboratories　101, 325, 334
Satyam Computer Services　327
TELCO（Tata Engineering and Locomotive Co.）345-346

【インド内地名】

ア 行

アーグラー　218-219, 221, 225-226, 230, 259, 308, 316
アーラニ　176, 262, 301
アーンドラ・プラデーシュ　119, 326-327, 330
アッサム　32-33
アフマダーバード　43, 246-258, 278, 284-287, 300, 304

ヴィシャーカパトナム　290-291
ヴィジャヤワーダ　291
ヴィルプラム　162
ウッタル・プラデーシュ　105, 119, 163-166, 180, 226, 301, 316

カ 行

カルカッタ　→コルカタ
カルナータカ　330
グジャラート　31, 34, 168, 195, 251-252, 270,

索引

324, 326, 328, 330
ケーララ　13, 139, 193
コインバトール　26, 74, 327
コルカタ（カルカッタ）　57, 225, 254

サ 行

サバリマライ　262
シヴァカーシ　327, 332
西部インド　35　～グジャラート，マハーラーシュトラ
ソーラープル　69

タ 行

タミルナードゥ　30, 105, 111-117, 119, 121, 149, 180, 327, 330
タンジャーヴール　162
中央州　→マディヤ・プラデーシュ
ティルチラーパッリ（ティルチ）　25, 161, 189-192, 357
ティルップール　210, 218-221, 224, 228-229, 234-235, 238, 303, 327
ティルネルヴェーリ　74
ティルパティ　263
デカン　32
デリー　105, 217, 222, 226, 237
東部インド　119

ナ 行

西ベンガル　144, 316　～ベンガル

ハ 行

パトナー　254
ハリヤーナー　105, 119, 260, 330
バンクラ　57　～西ベンガル
パンジャーブ　24, 31-32, 34, 119, 121, 326, 330
ビハール　33, 57, 165-168, 180, 225, 277, 316
ファリダーバード　345
プネー　168, 363
ベンガル　31-32, 34, 76
ボンベイ　→ムンバイ
ボンベイ州　→グジャラート，マハーラーシュトラ

マ 行

マインプリー　260, 262
マディヤ・プラデーシュ　24, 57, 59
マドラス　24-25, 74　～タミルナードゥ
マハーラーシュトラ　105, 168-169, 326, 330
ムンバイ（ボンベイ）　43, 53-55, 59, 64, 254-255, 300, 356
メーラト　175, 301

ラ 行

ラージャスターン　170-172, 188-189, 226, 293-294
ラトナーギリ　54-55
ルディヤーナ　227-228, 230, 239-240, 290-291, 303

《著者略歴》

柳澤　悠（やなぎさわ　はるか）

1944 年生
1972 年　東京大学大学院経済学研究科博士課程中退
　　　　横浜市立大学助教授，東京大学東洋文化研究所教授，千葉大学法経学部教授を経て，
現　在　東京大学名誉教授
著　書　『南インド社会経済史研究』（東京大学出版会，1991 年）
　　　　A Century of Change : Caste and Irrigated Lands in Tamilnadu, 1860s-1970s（Manohar, 1996）
　　　　Local Agrarian Societies in Colonial India : Japanese Perspectives（co-edited, Curzon Press, 1996）
　　　　『現代南アジア 4　開発と環境』（編著，東京大学出版会，2002 年）
　　　　Towards a History of Consumption in South Asia（co-edited, Oxford University Press, 2010）他

現代インド経済

2014 年 2 月 10 日　初版第 1 刷発行

定価はカバーに表示しています

著　者　柳　澤　　　悠
発行者　石　井　三　記

発行所　一般財団法人　名古屋大学出版会
　〒464-0814　名古屋市千種区不老町 1 名古屋大学構内
　　　　電話（052）781-5027/ FAX（052）781-0697

ⓒ Haruka YANAGISAWA, 2014　　　　Printed in Japan
印刷・製本　㈱クイックス　　　　ISBN978-4-8158-0757-3
乱丁・落丁はお取替えいたします。

Ⓡ〈日本複製権センター委託出版物〉
本書の全部または一部を無断で複写複製（コピー）することは，著作権法上での例外を除き，禁じられています。本書からの複写を希望される場合は，必ず事前に日本複製権センター（03-3401-2382）にご連絡ください。

脇村孝平著
飢饉・疫病・植民地統治
―開発の中の英領インド―

A5・270 頁
本体5,000円

S. スブラフマニヤム著　三田昌彦／太田信宏訳
接続された歴史
―インドとヨーロッパ―

A5・390 頁
本体5,600円

籠谷直人著
アジア国際通商秩序と近代日本

A5・520 頁
本体6,500円

清川雪彦著
近代製糸技術とアジア
―技術導入の比較経済史―

A5・626 頁
本体7,400円

末廣昭著
キャッチアップ型工業化論
―アジア経済の軌跡と展望―

A5・386 頁
本体3,500円

川上桃子著
圧縮された産業発展
―台湾ノートパソコン企業の成長メカニズム―

A5・244 頁
本体4,800円

中兼和津次著
開発経済学と現代中国

A5・306 頁
本体3,800円

岡本隆司編
中国経済史

A5・354 頁
本体2,700円